励耘史学文丛

新出简帛的学术探索

李 锐／著

北京师范大学出版集团
BEIJING NORMAL UNIVERSITY PUBLISHING GROUP
北京师范大学出版社

本次出版得到教育部人文社会科学重点研究基地
北京师范大学史学理论与史学史研究中心的大力支持

序

　　李锐博士把他近些年的论作汇编成书，即将付印出版。我认为这是一本对简帛学、文献学、学术史等学科都有价值的好书，值得向读者推荐，因此尽管我这段时间特别忙碌，还是要在这里写几句话。

　　我见到李锐，是在他来清华读研究生的时候。他先受业于廖名春教授。大家知道，廖教授是吉林大学金景芳先生的嫡传弟子，于研究传世与出土文献有甚深造诣，李锐得其熏陶培养，很快就确定了治学道路。到我指导他读博士学位时，学术路数业已定型，所以他在我这里虽有几年，我能给他的帮助却很有限。那段时间，李锐在简帛讲读班和学术研讨会上提出的论文，有的已收入本书，如第三章中的《上博〈诗论〉"怀尔明德"探析》等，足以显示他的功力。他取得学位之后，去北京师范大学任职，又得到刘家和等先生的教诲。刘先生是我的老友，学兼中西，这使李锐的学术视野进一步开阔。

　　读者很容易从本书看到，李锐博士对长沙马王堆帛书、荆门郭店楚简和上海博物馆藏楚简等一系列新发表的简帛文献，都进行了及时而又深入的研习把握。学术界由于大量珍贵材料的出现和公布而引发的种种讨论，李锐大都积极参加了。他对有关问题提出了很多自己的见解，其举证之详，论辨之精，析说之细，很有值得称道之处。他还由之推论出若干关系重大的基本观点，例如对古代"家"或"学派"性质的理解等，也富于创新性。

　　简帛书籍本来是原本的古代文献，其研究与文献学密切结合，是自然的。至于学术史这一学科，历来与简帛学关系较远，这是由于早期发现的简牍多属文书之类，与学术史少相干涉。但在 20 世纪 70 年代，银雀山汉简、马王堆帛书等发现以后，由于其内容性质，竟使简帛学与学术史研究互相结合起来，形成学术界的新潮流，吸引了国内外许多学者对其进行研究。特别是由于新出简帛珍异重要，前所未见，经过大家探讨，发现学术史这一学科中不少久已形成的定论有重新推敲和考虑的必要，这甚至包括若干带有根本性的问题，于是有些学者提出了"重写学术史"的呼吁，这便不能不说是"兹事体大"了。具体说来，比如由银雀山简引起的兵家源流问题，由马王堆帛书引起的"黄老"道家问题，由睡虎地简引起的法律史问题，由郭店简引起的"思孟学派"问题，由上博简引起的《诗论》研究问题等，其影响都很重大。

简帛书籍研究的影响，不能理解为只限于简帛所属时代的学术史，也就是战国以至汉初的学术史。因为那个时代是中国传统文化经典形成的时代，故而对那个时代学术的一些基本认识一旦改变，无疑会牵动其后整个历史时期学术史的认识，比如汉代以来的今古文之争，宋至清代的汉宋学之争等，影响之深远，恐怕要等到几十年后才能充分体现出来。李锐博士这本书的意义，如果放在当前简帛学与学术史研究的潮流背景之中，便能看得更为清楚。

李锐博士研究工作的一个特点，是不局限于个别问题的实证研讨，而是把自己的工作时时联系到理论与方法层次的探索上。正由于此，他在古史研究的方法论这一"久而弥新"的问题方面，投入了相当多的精力，形成了独到的见解，这也是我愿在这里向大家介绍的。需要指出的是，他在本书中第四章"学术史研究"集中讨论了有关问题，但不仅这一章，第一章"研究反思"也有好几篇与之相关，希望读者不要忽略。

李学勤

2010 年 3 月 18 日

目　录

第一章　研究反思

　　新近出土的战国秦汉简帛之中，有着无比丰富的材料。幸生于今日者，孜孜于释文断句、上下贯串以求解千古疑惑，查前修之陋，与昔贤商榷，实乃幸事。然而新出简帛的功用不应该仅此而已，尚有需要全体学界共同认真反思的问题存在。过去的研究逐渐形成的思维定式、研究方法之中，有应当借助新出土文献查其纰漏，考其所不足或所致误之源者，以有助于我们日后以较可靠之认识、方法来从事研究。今天的反思，虽然以破坏旧有之观念、方法为主，建设或不足；但破坏之目标，正在于建设。

一、对《老子》之"道"的思索

　　中国古代的学问，以"道"为最崇高的概念、最终的目标、最基本的原动力[①]，似乎得到不少人的认同。英国汉学家葛瑞汉将他研究先秦思想的著作定名为《辩道者：中国古代哲学论辩》[②]，美国汉学家本杰

[①]　参见金岳霖：《论道·绪论》，16 页，北京，商务印书馆，1987。

[②]　［英］葛瑞汉（A. C. Graham）：*Disputers of the Tao*：*Philosophical Arguments in Ancient China*，Open Court Publishing Company，1989。此书有张海晏中译本：《论道者：中国古代哲学论辩》，北京，中国社会科学出版社，2003。不过根据英国学者劳埃德（G. E. R. Lloyd）对于葛瑞汉此书的批评来看，似宜译为"辩道者"，见［英］劳埃德（G. E. R. Lloyd）：*Adversaries and Authorities*：*Investigations into Ancient Greek and Chinese Science*，Cambridge University Press，1996，p. 34。

明·史华慈也认为"道"的观念是先秦诸家的根本主题①，类似的观点还有很多②，这说明对于"道"的探究，已经成为一个国际性的话题。

然而如何对"道"进行探索，则颇费思量，因为《老子》开篇就"正言若反"地讲："道可道，非常（恒）道"，并且说过"吾不知其名，字之曰道，强为之名曰大"（第二十五章）。金岳霖先生倒是作有名著《论道》，只是他使用了旧瓶装新酒的方法，书中所谈的"道"（"道是式-能"），距西方的哲学思辨较近，离中国学问或者说中国学者心目中那温情脉脉的"道"，似乎有些距离③。古代中国的"道"应该如何理解呢？

历代汗牛充栋的解老著作，并没有提供一个清晰的对于"道"的解说。综观近现代以来对于"道"的探索，大约有两个趋向：一是从哲学角度来正面探讨"道"之含义，或分析，或综合；一是从文化人类学、历史文献学、哲学史等角度进行体会、探赜索隐。这两个趋向至今尚未能互相利用，而且，由于学界是从不同专业角度来讨论有关问题，有一些文章或观点因种种原因未能引起彼此的注意，所以本文将略为引述先哲时贤之说，随后提出笔者之陋见，以就教于闻道高士。

（一）

近几十年来，据笔者不完全的统计，讨论"道"尤其是《老子》中的"道"之含义的文章有一百余篇，但是有分量的文章却是寥寥。台湾袁保新先生研究《老子》之"道"时，选取了几个代表性人物的观点，做了评论，在此基础上提出了一种贯通性的解释④，较有影响。刘笑敢先生在

---

① 参见［美］本杰明·史华慈（Benjamin I. Schwartz）：*Transcendence in Ancient China*，in Daedalus，spring 1975. pp. 57-68. 转引自［美］许倬云：《中国文化与世界文化》，104 页，贵阳，贵州人民出版社，1991。

② 参见葛兆光：《七世纪前中国的知识、思想与信仰世界·导论》，第三节，上海，复旦大学出版社，1998。

③ 参见俞宣孟：《移花接木难成活——评金岳霖的〈论道〉》，载《学术月刊》，2005（9）。陈康先生也曾谓金先生所著《论道》的方法为"用从半空中飞下来的结论作推论的前提（'道是式，曰能'）"，颇有批评。见陈康：《陈康哲学论文集》，214 页，台北，联经出版事业公司，1985；转引自汪子嵩、王太庆编：《陈康：论希腊哲学·编者的话》，ⅱ页，北京，商务印书馆，1990。

④ 参见袁保新：《老子哲学之诠释与重建》，台北，文津出版社，1991。

袁氏之说的基础上，将学界对于"道"的大部分理解，归纳为四类①：

第一，本体和原理类。这一类解说包括"道"是宇宙本体，是原初物质，是绝对观念，是精神实体，是原理或法则、规律、动力。把"道"看作实体的，又分为物质性实体和精神性实体。看作物质实体的多强调实体与规律的结合。诸说虽有实体与非实体之别，但都是"客观实有"的，属于形而上之论。诸说滥觞于胡适、冯友兰，绝大多数华人学者的观点均属于此类，但有以西观中、隔靴搔痒之弊。

第二，综合解说类。这里的综合包括了探讨形而上、形而下两方面的意义。其做法是并列"道"的若干意义或以"道"的一种意义为主同时介绍其他意义，避免单从客观实有方面来定义或解说"道"。此说以方东美为代表，他分"道"为本体论（道体，是实体、是活动的法式）、宇宙发生学（道用，遍在一切万物之中）、现象学（道相，在无界中即用显体，在有界中即体显用）、特征学（道征，道之高明可以具体而微地显现在圣人身上，道成肉身）。

第三，境界形态说类。这是牟宗三先生的独特理解，他认为尽管《老子》对"道"的描述含有客观性、实体性的意思，但这只是一种姿态。"道"的观念来自主体修养所证成的主观境界，"道"之创生万物，实乃万物自生自济。

第四，贯通性解说类。以袁保新先生为代表，认为"道"为价值世界的形而上基础。因为把"道"解释成第一因、实体、规律这些存在原理，都无法与人生实践的应然原理构成关联。而中国哲学的传统，存有学也就是价值论。所以存在界就是价值世界，"道"也就是规范一切事物的地位与关系的价值之理。老子心目中的"道"也就是人类理解自己在存在界中的地位，决定自己与其他人、物、鬼、神、天地之间关系的意义基础，或规范一切的价值理序。

---

① 参见刘笑敢：《关于老子之道的新解释与新诠释》，载《中国文哲研究通讯》（台湾），第7卷第2期，1997-06；刘笑敢：《老子之道：关于世界之统一性的解释——兼论"道"在科学与宗教之间的位置与意义》，见陈鼓应主编：《道家文化研究》第十五辑，北京，生活·读书·新知三联书店，1999。

袁保新先生的贯通性解说，思想来源有三：一是方东美先生所说的中国哲学的传统：存有学也就是价值论；二是傅伟勋先生以创造性诠释学论老子与海德格尔的文章；三是陈康先生的名文《老子哲学中"道"之意义》。我国著名的古希腊史研究专家陈康先生，在沉浸希腊哲学多年后，致力于《老子》之"道"的含义的理解，其文非常值得重视。为后文讨论方便，将其说大概引用于下。

陈先生指出，道有数义：一为本源，二为贮藏之所（奥，藏也，河上注），三为一切之楷式。凡此三义皆偏于静止。与此相对，复有动义数焉：一则为生，再则为长，三则表示反复之历程。凡此诸义皆指普遍原理，独一无偶，不为时空所限。自此观之，"道"为一普遍有效之原理，其拘束力永恒弗替，此"道"之所以曰"常"。然老子又言"大道废"，大道苟废，胡可曰"常"？按老子之义，大道废弛，乃由于人之违道。人事范围而外，"道"则周行不殆。于是"道"有总义二焉：一为存有之原理，一为规范性之原理。规范性之原理可从可违，向背任人自择。物则不能如是，唯受制于存有原理而已。①

陈先生的文章厘析"道"的含义非常详尽（尽管少了诸如言说这个在开篇的"道可道"中即有的意思，以及"大道甚夷，而民好径"中作为道路讲的"道"），而且又将之合为总义，启人深思。袁保新先生就是在此基础上继续追问而提出了他的贯通性意见，他所追问的是：存有原理与规范原理属于不同层次，却都隶属在"道"之下，是否老子混淆了实然与应然？

刘笑敢先生在充分承认袁氏之说的贡献基础上，复提出了批评：袁氏所讨论的问题之所以成为问题，完全是因为学术界在解释老子之"道"时未加说明地使用了"存在（存有）""实然""应然"等西方哲学的概念而引起的，所谓必然性和规范性的矛盾，或存有原理和应然原理之间的对立，在老子之"道"中本来是不存在的。袁氏之说把"道"的概念规约和限

---

① 参见 Chung-hwan Chen："What Does Lao-Tzu Mean By the Term 'Tao'?"，载《清华学报》（台湾），新第 4 卷第 2 期，1964-02。

定在价值意义之中，略去了"道"和本体论相似或相通的内容。如果说老子之"道"是价值之理，是价值世界的形上基础，那么孔孟之"天"、宋儒之"理"又何尝不是价值之理或价值世界的形上基础？在此基础之上，刘笑敢先生也提出了自己的见解：老子之道是对世界之统一性的根源与根据的解释和诠释。

对于刘笑敢先生这种新的贯通性解说，袁保新先生回应说：老子的"道"相当于西方哲学中的"存有"，存有与存有物不同。"道"与万物的关系，不是因果关系，"道"是万物的虚理①。袁先生认为他们二人的差别似乎在于如何看待《老子》中的宇宙生成论意涵。他认为老子的宇宙生成论有"气化"特点，道与气是一体的两面，指涉的都是形上的根源、造化力自身；它们都不是经验界中的任何一物，而是这些存在物得以生续长养的形上根源或依据；而刘笑敢先生的说法，为了保留宇宙论成分，试图提炼"总根源"这一概念，保留了"道"为实存之对象的说法，不免推论太过。

刘、袁二位先生没有继续往复问难。不过关于刘笑敢先生所提到的中国哲学研究过程中不可避免的借用西方哲学而产生的"反向格义"，袁保新先生在上述回应文章中有所补充，二人在此点上可谓达成了共识。后来，刘笑敢先生有专文讨论"反向格义"，指出：传统的格义是普及性、启蒙性、工具性的，是权宜之计；而近代反向格义却是研究性、专业性的，是主流的或正统的方法。对反向格义的利弊得失应该进行严肃的反思和讨论②。他认为："袁氏对陈康之说感到不安的根源在于他心中的理论前提（assumption），而不在于陈康的解释本身。这种不安正说明'实然-应然'对立两分的概念不适于对老子之道的诠释"；"以一个现成的现代的（实际上来自西方）哲学概念来定义或描述老子之道是非常困

---

① 参见袁保新：《再论老子之道的义理定位——兼答刘笑敢教授〈关于老子之道的新解释与新诠释〉》，载《中国文哲研究通讯》（台湾），第 7 卷第 2 期，1997-06。

② 参见刘笑敢：《"反向格义"与中国哲学研究的困境——以老子之道的诠释为例》，见刘笑敢主编：《中国哲学与文化（第一辑）：反向格义与全球哲学》，桂林，广西师范大学出版社，2007。

难的"。他将自己的贯通性解说阐释为不是狭义的定义，而是采取了一种通过"功能性、描述性定义（引者按：指泛化后的定义）"来解释"道"的方案。

关于袁保新先生的解释，可以补充的批评是，他很注重考虑海德格尔的意见，将"道"和"存在"比看。然而海德格尔本人对于"道"有所研究，而且很看重"道"作为道路的本源意义，并着重"为一切开出道路之道"①。如前所述，作为道路讲的"道"，确实见于《老子》中（第五十三章）。

刘笑敢先生所归纳的种种对于"道"的解释，是许多前贤时哲的呕心沥血之作，虽然存在一些问题，但都是特定历史时期的精神之花，值得崇敬。类似的用"反向格义"来探究"道"之含义的文章还有很多，譬如金岳霖先生所说"所谓道就是合起来说的道，道一的道"②（对于"道一"，金先生后来还有所论述③）；叶秀山先生所说的"道"是一切"物"（万物）之所以为"物"之本④，等等⑤。可以说，"反向格义"从种种不同的思想角度加深了我们对于《老子》之"道"的理解。

然而"反向格义"的不足也是明显的：学者们可以从不同角度"格义"出不同的意思，各有其理。如果要强分轩轾，势必要牵涉"格义"背后的西方思想背景，学者们仍有可能由此产生不同的理解，乃至引起进一步的歧异——这种歧异或许对于中西文化交流有益，但是对于我们探求"道"本身则无甚益处，因为诠释者所讨论的问题看似论"道"，实际上很大程度上乃是西方的语境下的"道"。多数西方学者也是自觉或不自觉地

---

① 参见张祥龙：《海德格尔所理解的"道"》《海德格尔与"道"及东方思想》，均见《海德格尔思想与中国天道：终极视域的开启与交融》（修订版），426～428、444～446 页，北京，生活·读书·新知三联书店，2007。

② 金岳霖：《论道·绪论》，18 页。

③ 如金岳霖：《道、自然与人》，见《金岳霖集》，94～95 页，北京，中国社会科学出版社，2000。

④ 叶秀山：《我读〈老子〉的一些感想》，见陈鼓应主编：《道家文化研究》第二辑，上海，上海古籍出版社，1992。

⑤ 如杜保瑞：《反者道之动》，台北，鸿泰出版社，1995；吴汝钧：《老庄哲学的现代析论》，台北，文津出版社，1998。

在这种语境下讨论"道"，只有少数西方学者如郝大维和安乐哲对于"道"的解释是要着力突破"主体/客体"（subject/object）、"形式/功用"（form/function）、"机能/行动"（agency/action）等二元对立模式①。还有一个不足是，不少解说并没有关注"道"的多种不同意义，即便注意到了，也有略过不表者，如上述陈康先生对于"道"的解释中，就没有包括"道可道"中第二个"道"之言说的含义，以及"使我介然有知，行于大道，唯施是畏。大道甚夷，而民好径"（第五十三章）中的"道"之道路的含义。

此外，上述从哲学的角度来解释"道"，虽然对于我们理解"道"的含义大有裨益，但是以上的解释，基本上都是从一个共时性的角度来解读《老子》中的"道"。虽然说我们今天对于《老子》一书到底是一时形成的文本还是历时形成的文本尚难以达成一致，但是大约其最终定本可以看作一个相对共时性的文本。可是《老子》之"道"的诸种含义彼此之间是共时性的抑或是历时性的关系，则还值得探究；而上述的讨论，则都不免将之预设为共时性的了（而相对共时性的文本，并不能保证文本中的内容、思想也是共时性的，不含有经过历时积淀的核心观念；也就是说，对于共时性之历时性的研究，尚比较缺乏），由此认为"道"的诸种含义可以通过某种方式贯通，或可以图示为一种结构系统。这里借用索绪尔（Saussure）提出的"共时"与"历时"这一对概念，目的只在于说明用哲学的方法来讨论《老子》中的"道"，未免过于执着于或预设了《老子》之"道"所拥有的内部结构，而忽视了"道"之含义本身所可能有的来源、发展和变化。

（二）

从文献学或人类学的角度来研究"道"之含义者，很好地看到了"道"的历时性发展；不过因为所论并不专门针对《老子》，所以尚缺乏一定的共时性分析。

郭沫若先生曾指出《管子》中的《内业》《白心》《心术上》《心术下》等篇

---

① 参见［美］安乐哲、郝大维：《道不远人——比较哲学视域中的〈老子〉》，何金俐译，66～68页，北京，学苑出版社，2004。

为宋钘、尹文的遗著(引者按：此四篇一般被称为"《管子》四篇"，郭氏原文还包括《管子·枢言》)，并说："《内业》和《心术》的基调是站在道家的立场的，返复咏叹着本体的'道'以为其学说的脊干……宋钘这一派，无疑是战国时代的道家学派的前驱。"①由于郭沫若先生认为《老子》成书甚晚，所以不难推知他心目中的宋钘、尹文的遗著中所论的"道"，是《老子》的前驱。与其观点相近的还有刘节先生②。

冯友兰先生认为尚不能确信这几篇是宋钘、尹文的遗著③，蒙文通先生则认为"《管子》四篇"是田骈、慎到遗著④，后来裘锡圭先生也有相近意见⑤。但是至今这些篇章的作者还难以确定，裘先生后来就曾指出其说与郭说，"证据都嫌不足"⑥。冯友兰先生在晚年所著《中国哲学史新编》中，就是将这些篇通称为"稷下黄老之学"⑦。重要的是，这几篇中所论的"道"以及与"道"相关的思想或其来源，有可能很早，即使不是《老子》的思想来源，或也可以看作《老子》的思想背景。

冯友兰先生在研究"《管子》四篇"时曾指出："在《内业》等四篇中，道就是精气，也称为灵气。"⑧裘锡圭先生则进一步提出："《心术》、《内业》这一派稷下道家的'道'的概念，跟他们的精气说是紧密联系在一起的。前面说过，他们时常直接以'道'来指称精气。这在其他道家著作里是看不到的，可见在他们那里，'道'除了用于规律、方法等意义外，是

---

①　郭沫若：《宋钘尹文遗著考》，《青铜时代》，见《郭沫若全集·历史编》第 1 卷，563、570 页，北京，人民出版社，1982。按：笔者尚难以认同将"道家"运用到先秦时期。

②　参见刘节：《管子中所见之宋钘一派学说》，见《古史考存》，北京，人民出版社，1958。

③　参见冯友兰：《先秦道家所谓道底物质性》，见《中国哲学史论文集》，上海，上海人民出版社，1958。

④　参见蒙文通：《杨朱学派考》，见《古学甄微》，成都，巴蜀书社，1987。

⑤　参见裘锡圭：《马王堆〈老子〉甲乙本卷前后古佚书与"道法家"——兼论〈心术上〉〈白心〉为慎到田骈学派作品》，见《文史丛稿——上古思想、民俗与古文字学史》，上海，上海远东出版社，1996。

⑥　同上书，17 页。

⑦　冯友兰：《中国哲学史新编》(修订本)第二册，北京，人民出版社，1984。

⑧　冯友兰：《先秦道家哲学主要名词通释》，见《中国哲学史论文二集》，190 页，上海，上海人民出版社，1962。

被当作精气或精气的总体来理解的……《心术》、《内业》这一派稷下道家所说的'道'既然指天的精气，其位置就只能在'天'之下，而不能像老、庄所说的'道'那样居于'天'之上，真正成为宇宙的根源……《老子》说'道''窈兮冥兮，其中有精。其精甚真，其中有信'。这是否反映了道即精气的思想的影响呢？"①关于"精"，冯友兰先生曾有过讨论。裘锡圭先生则根据中外文化人类学的材料，有详细的申论。他所论"精"和原始思维中的"马那"之关系，揭示了"精"这个概念的原始性，足以证明《管子》四篇的某些思想，可以看作《老子》的思想背景。

裘先生区分"精"与"气"的意见尤其值得注意："《内业》等篇里确有把精气简称为'气'的情况，但是我们不能因此就在精气和一般的气之间画等号。一般的气没有精气的那种'神性'，但是单靠精气也构不成万物。例如按《内业》等篇的说法，精气在人心中能使人聪明，但是人的形并不是天的精气构成的，而是地之所'出'。"②《内业》说："人之生也，天出其精，地出其形，合此以为人。"因此，中国古代有些"道"的含义，我们可以称它为"道精"。它不是构成万事万物的宇宙本体或原初物质，它虽然赋予万事万物以动力，但是还不足以构成原理或规律。当然，由裘锡圭先生所引文化人类学的资料不难看出，这样的"道"，有发展成为哲学上的宇宙根源的观念的潜力。③

不过关于"道"与"精"的时代先后，冯友兰和裘锡圭先生都曾有过反复。冯先生在论证《老子》中的"道"是物质性时，认为《管子》四篇"中的"精"是物质，《老子》吸收了这种思想，所以《老子》中的"道"也主要是物质性的④。但是后来在《中国哲学史新编》中，则将这些篇章放在《老子》之后。裘先生先是认为"精气"的观念早，而《老子》关于"道"的思想是高

---

① 裘锡圭：《稷下道家精气说的研究》，见《文史丛稿——上古思想、民俗与古文字学史》，44～46页。

② 同上书，44～45页。

③ 裘锡圭：《〈稷下道家精气说的研究〉补正》，见《文史丛稿——上古思想、民俗与古文字学史》，55页。

④ 参见冯友兰：《先秦道家所谓道底物质性》，见《中国哲学史论文集》。

于道即精气的思想当晚；后来则认为《老子》之"道"的观念，最初是直接受比较原始的"精"的观念的启发而形成的，而不是在稷下道家以精气为"道"的思想的影响下产生的。①

这种思想观念之时代先后的问题，比较复杂。由于哲学思想的产生、发展，往往是以一种突破的形式出现，未必遵循简单直线进化的态势；而且先秦古书的产生、流传、主体定本的年代等问题比较复杂，所以"道精"与《老子》"道"之观念的先后，不易于判断。不过，"《管子》四篇"中，"道"虽然和"精"有些相近，但是这几篇中"道"还表示规律、方法等意义。而且《心术上》篇的"心处其道，九窍循理""有道之君""以无为之谓道""道之与德无间""事督乎法，法出乎权，权出乎道""道贵因"，以及《白心》篇有关"道"的论述中，"道"的意味绝非"精"所能尽。郭沫若先生曾指出《管子·心术下》是《内业》的副本②，如果一定要把这四篇看作一个整体的话，则即便《内业》《心术下》中的"道"较为接近"精"之义（"道"之外延，恐怕仍当比"精"大），《心术上》《白心》中的"道"，当比"精"之义更复杂，已经就"道"谈论人事，只是尚没有将"道"作为宇宙本源。所以，《内业》篇里的"道"的概念，有可能是受"精"观念的启发而形成的特殊称谓（其含义已经不止于"道精"）。若然，则"道精"恐怕要早于《老子》中含义丰富的"道"——当然，所论二者也可能有更早的思想源头，或者一如裘锡圭先生所指出过的，《老子》关于"道"的思想比《内业》关于"道"的思想晚，却并不代表《老子》成书的时代比《内业》等晚。这涉及中国古书逐渐形成，以及思想内容的形成与文本形式的写定不统一等较复杂的问题，同时也并不因为有了更发达的思想之后，较不发达的思想就不会再流传、发展，不再受较发达思想的影响。

在《内业》等篇中，还谈到了"一"。冯友兰先生认为《内业》等篇中的

---

① 参见裘锡圭：《稷下道家精气说的研究》《〈稷下道家精气说的研究〉补正》，均见《文史丛稿——上古思想、民俗与古文字学史》，46、56 页。

② 参见郭沫若：《宋钘尹文遗著考》，《青铜时代》，见《郭沫若全集·历史编》第 1 卷，553～557 页。

"一"都只作"专一"解，《老子》《庄子》中的"一"则就是"精气"。[1] 这个观点恐怕有些问题。《内业》中讲"执一不失，能君万物"，讲"得一"，这个"一"虽然其本源可能和"精"有关，但是并不适合落实为"精气"。相较于比较原始的"精"而言，"一"要抽象得多。《老子》中的"一"，恐怕也不能全然以"精气"当之，比如《老子》第二十二章讲"圣人抱一为天下式"，很难说这里的"一"是实实在在的"精气"，抱守精气能成为天下的法式（虽然《老子》第十章的"载营魄抱一"可能有养生守精之义，但这只不过说明了"一"可能有从"精"发展而出的特点）。所以，很多学者将《老子》"得一"章（第三十九章）的"一"当作"道"之别名来解释，是比较合适的。否则将"侯王得一以为天下正"之"一"，解释为"精气"，恐怕实在难通。

"一"有可能是从"精"发展而出的一个特殊称谓，或二者思想有相关之处（如《古文尚书》中说到过"惟精惟一"），而"一"这个称谓很特别。将"一"或者"大一（太一、泰一）"作为天地万物的根本，是东西方都有的一种观念，但是略有不同。古代中国以"一"为宇宙生成论之开始阶段的论述有很多，如郭店简《太一生水》"太一生水。水反辅太一，是以成天。天反辅太一，是以成地"，《淮南子·诠言》"洞同天地，浑沌为朴，未造而成物，谓之太一。同出于一，所为各异"。古代中国礼乐制度，也被认为源于"一"，如《礼记·礼运》（《孔子家语·礼运》略同）"是故夫礼，必本于大一"，《吕氏春秋·大乐》"音乐之所由来者远矣，生于度量，本于太一……万物所出，造于太一"。在古希腊，米利都学派的泰勒斯说"水是万物的始基（本原）"，阿那克西曼德则说本原是"无定"，阿那克西美尼认为本原是"气"，后来德谟克里特等又认为万物由原子构成。但是毕泰戈拉学派则提出数是万物的本原，晚期的毕泰戈拉学派还有过万物的本原是"一"的观点。这里的"万物"，已经包括了抽象的东西如正义、理性、灵魂等，类似于古代中国思想中的礼乐。

古希腊哲学比较特别的地方，是巴门尼德提出了"存在（存有，是）"

---

[1]　参见冯友兰：《先秦道家哲学主要名词通释》，见《中国哲学史论文二集》，190 页。

是唯一真实的，是"一"，其意就是说"存在（存有，是）"是万物的本
原①。顺此而下，柏拉图、亚里士多德等建构了独特的古希腊哲学，亚
里士多德在《形而上学》中，多次说到"存在（存有，是）"与"一"意义相
同，但是哲学最终选择了"存在（存有，是）"。而在中国，是逐步将"一"
作为"道"的别名，并最终"道"超越了"一"，如《吕氏春秋·大乐》说：
"道也者，至精也，不可为形，不可为名，强为之，谓之太一"，马王堆
帛书《道原》说："一者其（道）号也。"到《老子》说"道生一，一生二，二生
三，三生万物"时，"一"就不能等于"道"了，"道"比"一"更具有优先性
（马王堆帛书《经·成法》也说，"黄帝曰：一者，一而已乎？其亦有长
乎？力黑曰：一者，道之本也，胡为而无长"）。或许因为中西方都曾重
视"一"，"一"似乎可以沟通中西方两个终极性的观念："道"和"存在（存
有，是）"，故袁保新先生要根据海德格尔的有关意见，将"道"和"存有"
打通，不过二者恐怕终究有些不同。

需要强调的是，和上文《礼记·礼运》《吕氏春秋·大乐》《太一生水》
等相应，古代中国思想中也曾有过重视"一"甚于"道"的思想或者二者并
重的思想（后文将略有论述②）。这些思想的来源年代有可能很早，故我
们也至少可以将之作为《老子》的思想背景。无论是更重视"道"，还是更
重视"一"，都让"道"和"一"更进一步地彼此融合起来，故《老子》中的某
些"道"或者"一"（如《得一》章的"一"和《老子》第二十九章的"道之为物，
惟恍惟惚"等），或可以称为"道一"。但这是从"道"和"一"的相近相关性
上来说的，并不是金岳霖先生所表述过的形而上学式的"道一"。

试将上述学者对于"道"的分析，放入到《老子》这个相对为共时性的
文本之中来考察。不难发现，《老子》中的"道"，蕴含了"道精"和"道一"
这两个当时思想背景中的通义。而"精"和"一"虽有联系却并不等同，则
《老子》之"道"很可能确实积淀了历时性观念于其中。试借用陈康先生对

① 参见方朝晖：《"存在"作为本原》，见《思辨之神：西方哲学思潮选讲》，107～111 页，上海，复旦大学出版社，2007。

② 可参见[日]赤冢忠：《中国古代思想家们对"一"的探求》，[日]佐藤将之、朱湘钰合译，载《鹅湖》（台湾），2004(11)。

于"道"的厘析来看，则本源、贮藏之所、一切之楷式诸"静"义，以及反复之历程这一"动"义，可以由"一"而得；而生、长这二"动"义，可以循"精"而求。然则陈先生对于《老子》中"道"义之厘析，正相关其时之通义，而且这几个方面恰好是陈康先生所谓普遍原理、存有之原理。

上述郭沫若、冯友兰、裘锡圭等先生的研究，主要是运用哲学史、历史文献学的方法，利用文化人类学的资料，对于《管子》四篇进行研究，多不直接与《老子》的"道"相关，而仅可以看作《老子》之"道"的思想背景。从此种角度来看，则《老子》中之"道"为历时性的思想产品，"道"之名下，有不同之实义，恐怕值得注意。

（三）

"道"的"道精"和"道一"两方面的含义，是当时思想背景下的"公言"。那么，《老子》在此公言之外，是否还另有新的意蕴呢？《老子》中的"道"义，很多有与人事相关者，"道精""道一"不能尽之，如仁义、智慧、治民、用兵等，此或可以用"道德"来表示。论"德"，在古代中国早有根源，也非《老子》一派之专利，在《老子》之后也有单独重视此领域者。其实这正如同在《老子》之前，有较原始的重视"精"的观念，在《老子》之后，也有专门重视"精"而将之转入保精养生者；在《老子》之前肯定有重视"一"的思想，在《老子》之后仍有重视"一"甚于"道"者（参见后文）。但是《老子》或许特别注意从"道"的角度，吸取当时思想背景中的"道精""道一"，并着力开拓出"道德"这个领域①，故而《老子》又名《道德经》。马王堆汉墓帛书甲、乙本《老子》，都是《德》篇居前，《道》篇在后。

前引《管子·心术上》中，已经有"道之与德无间"，说明该篇于"道德"也有所注意。但是一则我们尚不能判断此篇与《老子》的早晚及影响等问题，二则此篇论"道德"远远不及《老子》详尽。所以我们仍然可以说，《老子》着力开拓出了"道德"。于是《老子》中的"道"，至少有三方面意义："道精""道一""道德"。"道精""道一"是当时之通义，"道德"则是

---

①　"精""一"与"德"，也是有思想联系的。比如《内业》讲对于"精气"，要"敬守勿失，是谓成德"；《尚书》中有"咸有一德"。

《老子》特别着意的地方。后来的《文子》《庄子》等继承了《老子》从三方面来论述"道"的传统，尤其注重讨论"道德"方面的问题；申子、韩非子的刑名法术，被认为"原于道德之意"（《史记》），而"慎到、田骈、接子、环渊"等，则被称为"学黄老道德之术"，皆重"道德"。因此，可以说自《老子》之后，曾经流行的"道精""道一"所受重视的程度，有被涉及人事领域的"道德"所超越的趋势。这里关键的当然不是"德"论（其他诸子多有之），而是从"道"的角度来谈论德。《老子》在这一转折过程中的作用，或尚需要重新估量。自然，其时之思想界，亦有虽受其影响，然而仍然更注重"道精""道一"者。如马王堆帛书《道原》，既说"一"是"道"之号（"一者其号也"），也说"复此道者，是谓能精"，论"一"论"精"，对于人事方面的"道德"领域，则较少论述。《管子》等书中有一些篇章也是如此，对于人事方面讨论得不充分。

"道德"所探讨的，多是陈康先生所谓人事范围内的规范性之原理，正是陈先生所说和普遍原理存在矛盾的地方，也就是"大道废"之所指。现在既知《老子》之"道"有"道精""道一""道德"三义，前两者为思想界之通义，而"道德"是《老子》新开拓的领域，则所谓存有之原理与规范性之原理的矛盾，或可能换一个角度来看，可能只是通义和私意之间的隔膜。其来源既各不同，势必难以统一于一个对于"道"的简单解释之下（其实即便"道精"与"道一"也难以完全统一）。故而《老子》可能仅仅是使用"道"这个"名"（或者"字"）将三者勾连起来，而同名之下的实义虽然有思想关联，但是并不尽同。可能"周行而不殆，可以为天下母"的"道"（第二十五章），并不同于"大道废"的"道"（第十八章）。

看来《老子》很可能只是在当时的思想背景和自己的理解中去使用"道"，而不必强求对这些"道"的内涵有整齐的规定。然则这些历时发展而成的同名异实的"道"，是否能够在今天由后人来做一种共时性的贯通，求出一个可以通约的定义，就很让人怀疑了。但是笔者更重视的是，除了"名"相同之外，它们有思想关联，或可以称为"玄通"。名为"玄通"，是表明它不像一以贯之的贯通那样简洁、全面，几个解释可以视作"道"的结构，形成一个对于"道"的共时性的解释；而是几种思想之间有可能在历史上有渊源，其最终统一于"道"之下，乃是一个历时性的发展过程，而这个过程后来可能已被遗忘。就《老子》来看，这个长期的历时性过程，无疑是被浓缩、敉平在《老子》这个相对为共时性的文本之中了；《老子》中"道"的诸种意涵之间的思想联系早已被今人所遗忘，人们反而乞求从诸种意涵之间寻求一个共时性的可以通约的解释。然而于《老子》中求一个简单概括的对于"道"的通约性解释，可能本身就有问题，可能是出于用"反向格义"研究《老子》所带来的思想误置。至少，上述各种对于"道"的解释，都没有关注"道"之"言说"的意义。这就好比西方的"逻各斯"(也有学者以此与"道"相联系进行考察)，在使用过程中分化出了很多义项，从词源上来考察，有可能能够勾连、玄通诸义项，但恐怕不能以一个简单概括的解释贯通各处文本。《老子》既然说过"道可道，非常(恒)道"，也说过"道"只是勉强的一个"字"，那么《老子》在使用"道"时，或者在当时的思想情景中，根本就不会考虑需要一个一以贯之的简单定义，而只不过是使用了一个含义丰富的"道"。

(四)

前文曾指出"道可道"中的第二个"道"，以及"大道甚夷"中的"道"，分别是作言说和道路讲，多为论"道"之含义者所忽略，或是因为此二义不能贯通于《老子》中其他的"道"，或者是此两义不够玄味。但是晚年的西方大哲海德格尔甚至更看重这两个意义的"道"，它们或许比其他本体、原理之类的道更有哲理味道。作言说和道路讲的"道"，或可以称为"道说"(这里借用孙周兴先生翻译海德格尔的"Sage"时所用的名词[①])、"道路"。现在反过来的问题是，"道说""道路"与"道精""道一""道德"是否有思想渊源？我们是否确实有必要避开"道说""道路"这两个义项呢？

"道说"与"道精""道一""道德"的思想渊源，在新出《上海博物馆藏战国楚竹书(七)》中的《凡物流形》篇，有一些线索，或也可以玄通。上博的整理者已经对《凡物流形》篇作出了筚路蓝缕的工作，我们在其基础

---

① 　参见孙周兴：《后期海德格尔基本词语的汉译》，见《我们时代的思想姿态》，242页，北京，东方出版社，2001。

上，对于简序以及某些关键字的释读，提出了一些新的意见。有一些意见，学界尚处于讨论之中，有一些则基本达成共识。我们发现《凡物流形》篇多有与《老子》《文子》《管子》三书，以及马王堆帛书《经法》诸篇接近的思想，相应部分可能有共同的思想背景或来源。这是一篇较多论"道"、论"一"的战国学术作品，但是因为先秦时期未必有所谓道家，所以本篇简文并不能算作道家的作品。其具体的学派属性，目前尚难以断定。由其以"闻之曰"（整理者多读为"问之曰"）连缀全篇，可以看出这是一个取材广泛的思想作品。全篇虽多有疑问而且是韵文，但只不过是思想作品，并非如整理者所说的类似《天问》、属于《楚辞》。

《凡物流形》篇述及"道"，但是没有详论"道"和"一"的关系，从"是故识道，所以修身而治邦家。闻之曰：能识一，则百物不失；如不能识一，则百物具失"以及其他论述来看，大约"道"和人事关系较紧密，而"一"和万物关系较紧密。《凡物流形》篇多处论"一"，述及"一"之效用之语很多，有"闻之曰：一生两，两生三，三生四，四成结。是故有一，天下无不有顺；无一，天下亦无一有顺"之语，与《老子》的"道生一，一生二，二生三，三生万物"相比较，《凡物流形》篇在"一"之上没有更高一级的"道"，此篇显然对于"一"更为推崇。《凡物流形》篇况"一"之语谓"是故一，咀之有味，嗅之有臭，鼓之有声，近之可见，操之可抚，操之则失，败之则高，测之则灭"，和《老子》说"道之出口，淡乎其无味。视之不足见，听之不足闻，用之不足既"（第三十五章），"视之不见"，"听之不闻"，"抟之不得"（第十四章），全然不同乃至相反。《庄子·大宗师》也说"道""不可见"，马王堆竹简《天下至道谈》开篇很可能当读为"天下至道淡如水"，凡此皆谓道不可见，无味，无声，不可抟；而《凡物流形》篇反而谓"一"有味，有香，有声，可见，可抚，这很可能是在有了对于"道"之描述之后的反模拟，很可能是受到了《老子》的影响。① 但是《凡物流形》篇这种对于"一"之重视的特别思想，在后世看来还是抵不过

---

① 郭店简《老子》丙组有相应于今本《老子》第三十五章之论"道"无形者，没有相近的相应于第十四章者，估计是墓主未收录。若然，则郭店简本《老子》当为节选本。

"道"的影响力。

值得注意的是,《凡物流形》开篇所谓"凡物流形,奚得而成？流形成体,奚得而不死？既成既生,奚呱而鸣？……闻之曰：民人流形,奚得而生？流形成体,奚失而死,又得而成?"有问无答,大概就是以《管子》中的"天出其精,地出其形",或与之相近的思想为其论说背景,故读者自明。若然,前述"精"之生、成义,于此可以见之。而且,由"既成既生,奚呱而鸣",或也可以看出"道"之"言说"的含义本也孕育于"道精"之中。《逸周书·官人》也说："气初生物,物生有声。"(《大戴礼记·文王官人》作："初气主物,物生有声")物生下来就有声,可以"呱而鸣"；就人来说,就是能哭能叫,长大后能言能说。中国古代不乏圣人生而能言的传说,如上博简《子羔》记禹"生而能言",而契"生乃呼曰：'□[1]金'"。因此,"道可道"中,第二个"道"的"道说"义,可谓是"道精"的题中应有之义。

《上海博物馆藏战国楚竹书(三)》中的《恒先》篇也说："'有'出于'或','生'出于'有','音'出于'生','言'出于'音','名'出于'言','事'出于'名'。"古代"音""声"或不别,《恒先》不仅说"生"之后有"音"[2],而且将"言"与"音"作了区分,为"道精"与"道说"之间的联系做了说明。《恒先》更进而论至"名""事",这就属于"道德"的领域了。《恒先》的开篇,是气化宇宙生成论,"或""有""生""音""言""名""事"等序列,是宇宙生成论中的生化步骤,而"精"与"气"有相关性,所以《恒先》或可谓将"道精""道说"与"道德"相连在一起了。《凡物流形》还说道"能寡言乎,能一乎,夫此之谓小成",说到了"言"与"一"的关系。然则"道说"之与"道精""道一""道德",也是有思想关联,可以玄通的。"言说"

---

① 将香港简与同等位置者比较,要少两字,而其顶部为圆弧形,因疑折断处有残缺。《子羔》诸篇,全简长约55.5厘米,简12残长44.2厘米,香港简长接近10.2厘米(此长度蒙陈斯鹏先生据《香港中文大学藏简》原书图版测得,并指出上博简2所附图版长10.1厘米,谨致谢忱),合计约54.2厘米,因断定折断处尚有残字(残缺为一字,为陈斯鹏先生的意见)。

② 笔者曾据《逸周书·官人》《大戴礼记·文王官人》之说解释《恒先》"音"字,有学者根据王念孙校《管子》之说读"音"为"意"。现在看来,此说虽有利于解释后文的"言",但是却无法解释"'音'出于'生'",似仍当以读"音"为是。

是当时思想界所关心的重要问题，《老子》从"道"的角度所提出的对于"言"的态度，是"行不言之教"（第二章），"多言数穷，不如守中"（第五章，帛书本作"多闻"），"贵言"（第十七章）、"希言"（第二十三章），"知者不言"（第五十六章），这些很明显仍然是当时思想界的通义。

至于作为"道路"讲的"道"，确实如多数人所领会以及海德格尔所讲的，是"道"最本源的含义，是不言而喻的公言。"道"是道路、路径，它才让一切通达成为可能。《内业》说："凡物之精，此〈出①〉则为生。下生五谷，上为列星。流于天地之间，谓之鬼神；藏于胸中，谓之圣人。"《内业》说"出"，《吕氏春秋·尽数》则说"入"："精气之集也，必有入也。集于羽鸟，与为飞扬；集于走兽，与为流行；集于珠玉，与为精朗；集于树木，与为茂长；集于圣人，与为夐明。"可见"道精"之流行，还需要"道路"之保证，才可能出、入。"道路"之义虽未之言，而实际上已经先在。同理，"道路"也是"道一""道德""道说"之来源、保证，这些都如同海德格尔所说的，是从"道"开出的"路"，是表现"道"的方式。当然，"道"开出"道路"的原初意义，也必然会被扬弃或者说只能限制在一定的范围之内。《老子》中讲天道、人道，褒扬的是天道，批评的是人道——而从开出"道路"的角度来讲，人道也是"道"，但这恰恰是《老子》所着力批评的："大道甚夷，而民好径"，而"大道废"就是因为民多欲有为。

于是，《老子》中的"道"，至少和"道路""道精""道一""道说""道德"有关，"道路"是诸说的来源和保证；本源、贮藏之所、一切之楷式诸"静"义，以及反复之历程这一"动"义，可以由"道一"而得；而生、长这二"动"义，可以循"道精"而求；言说这一"动"义，可以自"道说"而获；"大道废"这一"道"义，可以从"道德"而溯。"道路""道精""道一""道说"四个公言和"道德"这个私意，可谓《老子》中之"道"的五个重要维度，而《老子》所着重开拓的，在于"道德"这一维度。这几个维度之间，彼此有

---

① 或以为"化"之讹，恐不可信。战国文字尤其楚文字中，"此"与"出"仅有一笔之差，今人考释时或有误；齐文字以及楚文字中有可能源于齐的篇章中，"此"与"出"亦相近，猜想《内业》此处亦是字误。

一定思想渊源，但是这种渊源的历时性发展过程比较幽微，在《老子》本文中基本上没有呈现出来。所以这几个维度不能视作《老子》中的"道"的结构组成部分，"道"的这些意义不是共时性的，而是历时发展而出的。《老子》中的"道"，或许尚有其他思想背景或者重要维度，还有待于我们继续研究。

已经有综合解说《老子》之"道"的学者指出过："《老子》书上所有的'道'字，符号形式虽然是同一的，但在不同章句的文字脉络中，却具有不同的义涵……因而，同是谈'道'，而义涵却不尽同。义涵虽不同，却又可以贯通起来的。"①但是这里所谓的贯通，既不是直接的贯通，也不是曲折的思想上的玄通，而是一个"符号形式"。笔者研究的路径，不是专注于《老子》本文而进行共时性的哲学的区分与贯通，而是从历时性的思想背景出发，探究"道"的通义与《老子》中"道"的私意，做的是历史文献的勾勒，是分析共时性的历时性方面。这并不是要刻意强调哲学与史学的差别，而是感觉哲学的"反向格义"及概念区分，做的多是共时性的分析，难以贯通"道"之名下的各种不同含义。我们似乎有必要在借助"反向格义"来加深对"道"之认识的同时，回到中国古代思想史的情景中来，尝试从思想史的路径，从历时性的角度去把握《老子》中的"道"。

二、"同文"分析法评析

《大学》有云："苟日新，日日新，又日新"，求新似乎是文艺之士乃至世界的潮流，要求后人从形式乃至内容上超越前人；如果沿袭前人成法或文辞，则难免受讥；艺术界也有"法我者死"的训诫。著作上若有雷同，便有抄袭之嫌，在今日是可以对簿公堂的。在古人，只因班固《汉书》多有因循之作，刘知幾在《史通·书志》篇中就讥讽班固为"因人成事"。但是今日所说的"抄袭"，能否应用到先秦秦汉时期的著述上去，

---

① 陈鼓应：《老子注译及评介》，2 页，北京，中华书局，1984。

却是一个问题。

（一）

当然，我们尚不敢说先秦秦汉时期绝无"抄袭"之事，譬如《史记·屈原列传》载上官大夫欲夺屈原草稿；而秦《诅楚文》与《左传·成公十三年》"吕相绝秦书"相类，前人多言之。如果说这些不过是中原之外的事情的话，那么《韩诗外传》卷八第十七章所载的一则故事更有意味：

> 梁山崩，晋君召大夫伯宗。道逢辇者，以其辇服其道。伯宗使其右下，欲鞭之。辇者曰："君趋道岂不远矣，不如捷而行。"伯宗喜，问其居。曰："绛人也。"伯宗曰："子亦有闻乎？"曰："梁山崩，壅河，顾三日不流，是以召子。"伯宗曰："如之何？"曰："天有山，天崩之。天有河，天壅之。伯宗将如之何？"伯宗私问之。曰："君其率群臣素服而哭之，既而祠焉，河斯流矣。"伯宗问其姓名，弗告。伯宗到，君问伯宗。以其言对。于是君素服率群臣而哭之，既而祠焉，河斯流矣。君问伯宗何以知之，伯宗不言受辇者，诈以自知。孔子闻之曰："伯宗其无后。攘人之善。"《诗》曰："天降丧乱，灭我立王。"又曰："畏天之威，于时保之。"①

《左传·成公五年》载此事，没有"君问伯宗何以知之"以下之文。《韩诗外传》的记载表明，至晚在汉代，就已经有"攘人之善"的事情发生了。不过，《韩诗外传》的这一则故事，并不足以证明某些学者判定古书真伪时的一个"预设"——古人好作伪。

在先秦秦汉时期的古书中，不同的古书之间，乃至同一古书内的篇章之间，有许多文意相近乃至字句相同的文字。这些文字，学界或称之为"异文"，也有人称之为"重文"。然而称为"异文"者，有时并不异；称为"重文"者，则有时又有不同，且与表示重文符号的"重文"容易相混。西方学者使用 Parallel texts 来称呼之，倒比较方便。有鉴于此，本文用牟庭《同文尚书》之名，称之为"同文"。古书读得多的学者，自然能发现

---

① 参见许维遹：《韩诗外传集释》，288～289 页，北京，中华书局，1980。

"同文"这种情况，并利用他们对古书进行校勘、训诂的工作。

汉唐时期，古书多未定型（刘向、刘歆父子等校定中秘书，仅是为皇家作定本），当时尚有同一种书的很多异本流传，校书只需广求诸本互校，不必求助于"同文"；但是已经可以看出有学者在利用"同文"分析问题，譬如郑玄对于《礼记·月令》，就指明此篇和《吕氏春秋》的渊源关系[①]。到唐代孔颖达作疏时，指出的《礼记·乐记》和《礼记·祭义》《易·系辞》等之间的"同文"关系就多了。清人尤精于此道，借助类书、古书之间的"同文"来分析问题，校勘、注疏古书，并熟练运用通假等方法解决异文的问题，取得了极大的成绩。

首先专门讨论"同文"这一现象的，可能是明人郎瑛。郎瑛《七修类稿》的"秦汉书多同"一节说：

> 《孟子》所书，齐景公问于晏子曰："吾欲观于转附、朝儛，遵海而南，放于琅邪，吾何修而可以比于先王观也？"晏子对曰："天子诸侯无非事者。春省耕而补不足；秋省敛而助不给。今也不然，师行而粮食。从流下而忘反谓之流，从流上而忘反谓之连，从兽无厌谓之荒，乐酒无厌谓之亡。先王无流连之乐、荒亡之行。"景公说，大戒于国。《管子·内言·戒》篇曰：威公将东游，问于管仲曰："我游犹轴转斛，南至琅邪。司马曰：'亦先王之游已。'何谓也？"对曰："先王之游也，春出，原农事之不本者，谓之游；秋出，补人之不足者，谓之夕。夫师行而粮食其民者，谓之亡；从乐而不反者，谓之荒。先王有游夕之业于民，无荒亡之行于身。"威公退，再拜，命曰："宝法！"洪容斋读而疑之，以管氏既自为书，必不误也，何二子之语相似。因而载之《三笔》，欲细考也。
>
> 元人郑元祐以贾谊《新书》多同《大戴》之篇，意古或有是言。予

---

①　何志华先生曾讨论了"古人据异文为注"的问题，指出"毛亨曾参考三家《诗》异文"，《孔子家语》王肃注、《国语》韦昭注，以及《淮南子》高诱注，都曾参考异文（对文）。何志华：《高诱据〈文子〉注解〈淮南子〉证》，见《〈文子〉著作年代新证》，汉达古文献研究计划，香港，香港中文大学，2004。

尝记忆所知者。《荀子·劝学》篇与《大戴》之《劝学》，前面俱同，或句有先后，字有多寡，乃《大戴》刊误也。《礼论》与《史记·礼书》后段同，《乐论》与《乐记》互有详略，内中"三年问"即《礼记》之所载也。《哀公》篇前半段即《大戴》"哀公问五义"章也。《大戴·三本》一篇，是截《荀子·礼论》中之一段"天地者生之本也"五百言，而《史记》又截五百言之后"礼岂不至哉"以下作自已极言礼之损益，为《礼书》之结。礼经《聘义》后子贡问比德于玉一段，亦《荀子》之所有。礼有《礼运》，《家语》亦有之，始则俱同，而中后则未详于礼也。《大戴·曾子大孝》篇与《小戴·祭义》同；《礼察》篇与《小戴·经解》篇同，且又重出于贾谊《治安策》；《文王官人》篇与《汲冢周书·官人解》相出入。《新书·保傅》前一段千六百言，无一字之不同《大戴》，中则《大戴》增益三公三少之事，末段胎教几二千言，又无也。但其中《大戴》说巾车之处，《新书》却说悬弧之礼，此则不同也。然《大戴》总为一篇，而《新书》各条分之。《家语·执辔》篇言人物之生数一段，又与《鸿烈解·地形训》、《大戴·易本命》数百言相同。《列子·黄帝》篇言海上之人好鸥一段，与《吕览·精喻》篇海上之人好蜻者全类。《战国策》楚宣王与群臣问答狐假虎威一事，与《新序》并同，但其后二十余言不同。二者所同，皆不下二百余言。

予尝反覆思维，岂著书者故剽窃耶？抑传记者或不真耶？非也。二戴之于《礼记》，彼此明取删削定为礼经。其余立言之士，皆贤圣之流。一时义理所同，彼此先后传闻。其书原无刻本，故于立言之时，因其事理之同，遂取人之善以为善，或呈之于君父，或成之为私书，未必欲布之人人也。后世各得而传焉，遂见其同似。于诸子百家偶有数句、数百言之同者，正是如此耳。①

---

① （明）郎瑛：《七修类稿》卷二十三，353～354 页，中华书局上海编辑所，1959。胡兰江女士曾节引此文，并指出："这种依照相同的字句去判断学派归属的做法本来是一种不得已而为之的办法，它让我们在考古资料与传世文献之间搭起一座桥梁，为我们的释读提供方便，并可以借它纠正传世文献中的一些错误。但其作用仅此而已。如果一定要赋予它更多责任，把它作为推论的主要依据，恐怕就不可取了。"见胡兰江：《七十子考》，63～64 页，博士学位论文，北京大学中文系，2002-05。

洪迈在《容斋三笔》中抄录了上述《孟子》和《管子》之中的故事之后，说："观管、晏二子之语，一何相似！岂非传记所载容有相犯乎？管氏既自为一书，必不误，当更考之《晏子春秋》也。"①洪迈虽然发现了管子、晏子言语相似的现象，但是受当时学术观念的影响，错误地认为《管子》书为管子自著，恐怕很难找到二人言语相似的原因。

郑元祐在其《侨吴集》卷七《大戴礼卷后跋》中，提到古书相近者有："(《大戴礼记》)其间《礼察》篇与小戴《经解》同，《曾子大孝》篇与《祭义》同，《劝学》则荀卿首篇也，《哀公问》《投壶》二篇尽在小戴书……至于《文王官人》篇，则与《汲冢周书·官人解》相出入。"不难发现郎瑛由此借鉴了不少内容。郑元祐还提道："若夫取舍《保傅》等篇，虽见于贾谊政事书，然其增益三公三少之贵任与夫昭教，古必有其说，否则不应有是也。"②贾谊《新书·傅职》有关三公三少之文，同于《大戴礼记·保傅》。郑元祐虽然好像仅仅根据《汉书》中贾谊的《治安策》做评论，是否注意到《新书》尚难确定；但是他的意思应该是《大戴礼记·保傅》包含"三公三少"这一段落，或者说这一段落本来就属于《保傅》，"古必有其说"（郎瑛所谓"古或有是言"）。郎瑛提到了贾谊《新书》，而且说"《大戴》总为一篇，而《新书》各条分之"，就是对郑元祐之说的具体阐释。郑元祐虽然推测《保傅》应该包含"三公三少"的内容，但是没有寻求原因。

与洪迈、郑元祐相比，郎瑛之说的重要之处，并不在于指出古书中有许多相同之处——这样的"同文"现象太多了。郎瑛之说的重要性在于他指明了古书相同的缘由："其余立言之士，皆贤圣之流。一时义理所同，彼此先后传闻。其书原无刻本，故于立言之时，因其事理之同，遂取人之善以为善，或呈之于君父，或成之为私书，未必欲布之人人也。后世各得而传焉，遂见其同似。"章学诚著名的"言公"之论，就与之接近：

---

① （宋）洪迈：《容斋随笔·三笔》卷一，424 页，上海，上海古籍出版社，1978。

② （元）郑元祐：《侨吴集》卷七，《四库全书》第 1216 册，503 页 A，台北，台湾商务印书馆，1982。

> 古人之言，所以为公也，未尝矜于文辞而私据为己有也。志期
> 于道，言以明志，文以足言。其道果明于天下，而所志无不申，不
> 必其言之果为我有也。①

这应该是我们看待古书"同文"比较正确的态度。

（二）

与上述将"同文"作为校勘、注疏工具，推导古书中"同文"的原因这
些做法不同，还有另外一种做法，那就是根据"同文"现象，推断彼此之
间的先后关系乃至判定真伪，讨论学派属性；当然，也有根据"同文"，
而论断多个文本的时代必然是相近的——而这不仅与前一个推断有一定
的矛盾，恐怕也是难以令人信服的（下文对此推断不做过多论述）。可见
在这里，发现"同文"是最重要的，至于要得出何种结论，那就要看研究
者要回答何种问题以及他有何"成见"了。

譬如柳宗元《辩鹖冠子》有：

> 余读贾谊《鵩赋》，嘉其辞，而学者以为尽出《鹖冠子》。余往来
> 京师，求《鹖冠子》，无所见。至长沙，始得其书。读之，尽鄙浅言
> 也。唯谊所引用为美，余无可者。吾意好事者伪为其书，反用《鵩
> 赋》以文饰之，非谊有所取之决也。太史公《伯夷列传》称贾子曰：
> "贪夫殉财，烈士殉名，夸者死权。"不称《鹖冠子》。迁号为博极群
> 书，假令当时有其书，迁岂不见耶？假令真有《鹖冠子》书，亦必不
> 取《鵩赋》以充入之者。何以知其然耶？曰：不类。②

这不但说明柳宗元是在根据对文认《鹖冠子》为伪书，而且表明在他
之前，就已经有人在这样做了，只是所得结论相反。

这种辨伪方法，后来也很受重视，尤其在清代，伴随着校勘工作，
学者也顺势用之于辨伪。譬如柳宗元《辩文子》已经指出《文子》一书"剽

---

① 参见叶瑛：《文史通义校注》，169 页，北京，中华书局，1994。按：章学诚《文史通
义》中有《言公》上、中、下三篇，列举了不少事例，上引文为其主旨，所说或可能有得于郎瑛。

② （唐）柳宗元：《柳河东全集》，50～51 页，北京，中国书店，1991。

窃"他书，清代顾观光的《文子校勘记》，本来是校勘之作，也下结论认为"（《文子》）出《淮南》者十之九"（却又很幽默地指出"间有《淮南》误而《文子》尚不误者"）[①]。但是孙星衍的结论正好相反，"《文子》胜于《淮南》，此十二篇，必是汉人依据之本，由当时宾客迫于成书，不及修辞达意。或有非贤，厕于其列，杂出所见，聊用献酬群心"。[②] 并举数例为证。

《鹖冠子》和《鹏赋》之间，《文子》和《淮南子》之间，是否有抄录或剽窃的关系？这种争论或许还将继续讨论下去。但是如果比照郎瑛之言和章学诚的"言公"之论，或许对于先秦秦汉时期的这些书，我们不应该以"抄袭""剽窃"的眼光去看待它们。根据"同文"现象来判定先秦秦汉的一些古书为"抄袭""剽窃"，为伪书，是把后代的观念强加给古人，恐怕是不太合适的。

（三）

或曰，不当以"抄袭""剽窃"的眼光看待古书是可取的，但是我们可以分析"同文"之间的逻辑关系，而推出孰先孰后（当然也有人竭力证明出现了"同文"，就表明"同文"之间时代接近，思想属性接近）。

曾经讨论过《尹文子》一书真伪问题的唐钺先生[③]，归纳出了如下考订"同文"关系的通则（唐先生指出，这些通则"亦适用于同一书中之两段相关文字"）：

第一，二书有一段文字相似或表述相同之内容，其中一书之文字无可疑之处，而其他一书之文字显是误解彼书之文义，则此含有误解之一段文字，必较被误解之文字后出，且由剽窃彼段文字而成。

---

① （清）顾观光：《文子校勘记》，《四部备要·子部·文子》，45 页 A，北京，中华书局，1989。或以为作者为钱熙祚，恐不确，参见胡文辉：《文子的再考辨》，见《中国早期方术与文献丛考》，57 页，广州，中山大学出版社，2000。

② （清）孙星衍：《文子序》，见《问字堂集　岱南阁集》，89 页，北京，中华书局，1996。孙星衍还说："淮南王受诏著书，成于食时，多引《文子》，增损其词，谬误迭出。"但是据《汉书》，淮南王受诏是作《离骚传》，不是《淮南子》。《淮南子》是否因为淮南王准备入朝觐献而使"宾客迫于成书"，史无明文。

③ 参见唐钺：《尹文和〈尹文子〉》，见罗根泽编著：《古史辨》第 6 册，上海，上海古籍出版社，1982。

第二，抽象名词，或其他词类，本为单字者，有以此种两单字连成一词而又只表一义，则此词必较单字之词后出。

第三，二书有一段文字大部相同，其中一书之语句自然整齐，意较易晓，而别一书之语句参差破散，意较费解，则破散一段殆较整齐一段后出，而系窜改整齐一段而成。

第四，二书有词语意义相同，其中一书之文朴质条达，别一书之文则雕饰特甚。雕饰之文当出朴质之文之后，乃有意改朴为华而成。

第五，二书有一段言理之文，大旨相同，其中一书之文简要易解，而别一书之文繁冗隐讳，繁冗之文当是晚出，乃增衍彼书简要之文而成。

第六，前人常用检查书中内容与时代不合来考订古书年代，唐先生则进而以古书彼此措辞相较而断其中一书撰作时代（措辞亦可间接涉及史事，但究与内容涉及史事不同）。①

唐先生在其所举通则之下，都举出了具体例证。如果不考虑唐先生文末"剽窃"之类说法，只考虑他分析"同文"之间先后关系的方法，唐先生的六条说法可谓有理有据；而且，甚至是对于"疑古派"的辨伪书方法颇有批评的郑良树先生，目前也是在通过"同文"分析法具体分析古书篇章的问题②。

唐先生的六条通则，第一、第三、第四、第五条是针对一段文字，第二、第六条则是针对字词或短语。其中的第三、第四、第五条通则，很明显地带有进化论的观念，认为事物的发展是由简到繁，由朴到质（可是就某一个时段内思想的发展、流变来说，这是难以证实的）。其余的尤以第一条和第二条最让人深信不疑，乃至作为"法宝"。在现存的"同文"之间，确有可能存在彼此的先后关系，其原因或不出唐先生所归

---

① 唐钺：《考订古书撰作年代通则补说》，见《文史》第十五辑，293～299 页，北京，中华书局，1982。

② 如郑良树有《从重文的关系，论〈列子·黄帝〉的流传》《从重文的关系，论〈列子·说符〉的流传》，其论论《晏子春秋》的成书等文，也用了相近的方法。均参见郑良树：《诸子著作年代考》，北京，北京图书馆出版社，2001。

纳的六条内容。然而，唐先生之说需要一个前提，那就是"同文"之间，肯定有一个一一对应的关系，非早即晚。而这个前提默认了一个预设——现存古书就是古代人所见的全部古书。

这个预设当然是荒谬的，没有谁不知道古书大量佚失。但是一进入具体的研究工作时，却很少有人对于其立说的预设、前提进行质疑。许多学者在讨论"同文"之关系时，明确地说不是甲早于乙，就是乙早于甲（甚至说不是甲抄乙，就是乙抄甲）。其实，这个前提也是成问题的。从逻辑上来讲，相近二者甲、乙之间的关系，除了甲在先或乙在先这两种可能外，还有甲、乙有共同来源丙这第三种情况。只要稍微考虑一下古书曾经大量佚失，那么不难推想："同文"之间，还可能有另外一种关系，那就是甲、乙同源于丙，因而甲、乙之间不存在一个一一对应的因袭关系——现存古书并不是古代人所见的全部古书，在某个佚失了的古书之中，可能存在着丙。出土的简帛古书，就为这种"古书佚失"观提供了最好的证据。先秦时期，各学派之间，有些资源可以共用，尤其是同派小宗之间，每每流传一些相近的资料，而又有传闻异辞。我们切不可依据今天残存的文献，倒推回去，以为这些文献有先后抄袭关系，而看不到佚失的文献。

由这个"古书佚失"观，我们不难推导出"同文同源说"——只要我们不是又简单地根据出土的文献（或许是丙），去推断甲、乙、丙之间的早晚关系。我们应该面对出土简帛古书，冷静地反思我们过去一些方法上的疏漏了，要举一反三，不要一误再误。我们甚至可以推想，在甲、乙和丙之间，还可能存在更多的中间环节。

当然，古书的形成过程是非常复杂的，虽然今天所见的具体的"同文"之间，确有可能存在因袭的关系；但是如何判断是否属于因袭，则仍有很大疑问。大抵有一些史书、子书常抄撮或引述他书；而有时候一段文字有误，抄者因袭其误，也较容易证明其为抄袭。然而上述所谓抄袭、引述之对象，指向的多是今天所见文本，可是今所见文本只是众多古本之一。因此我们很难保证我们的袭用证据是绝对客观的，因为古人所见的书比我们多，他有可能抄自今本的某一佚失的"族本"，也可能只是背诵、引述一些片断写入书中……总之，我们不能简单、静止地根据一些所谓的"事实"而认为两则"同文"之间必定有先或后或同时的逻辑关系，并且要将这种逻辑分析法运用到所有"同文"之上。我们需要注意方法所适用的范围，要反思自己的预设。

（四）

本着"古书佚失"观和"同文同源说"，唐先生的六条通则，不免都会受到质疑。下面讨论唐先生最重要的第一、第二条通则，这两条通则其实并非毫无疑问。

譬如《诗经·大雅·皇矣》有"帝谓文王，予怀明德"之语，《墨子·天志(中)》引为"帝谓文王，予怀明德"，《墨子·天志(下)》则作："帝谓文王，予怀而(尔)明德"。初看似乎《墨子·天志(下)》有误，因为《礼记·中庸》也引有"予怀明德"。但是新出上博简《诗论》简7中有"怀尔明德"，前有缺简，可能佚失了"帝谓文王，予"几字。因此，倒有可能是《诗经》《墨子·天志(中)》等有问题，尚待具体分析(详后文《上博〈诗论〉"怀尔明德"探析》)。

再如唐先生所说的《庄子》外杂篇中性、命连用的问题，这种汉语史的方法，很为人所称道。然而且不说古书的形成较复杂，可能有后世文字窜入或后人改易文字；也不说一个事例立论不足。首先，有可能性、命二字连用，但并非表示一个含义。金景芳先生曾指出："'性'与'命'有联系，但却是两个概念。《易》经多次讲到'性'、'命'……都没有把'性'、'命'说成是一回事。"[1]《易传》中"性命"连用，但是《说卦》开篇有"穷理尽性以至于命"，这表明此时的"性命"可能仍然是并列的词组而还没有完全形成一个复合词。其次，不晚于公元前300年的郭店简《唐虞之道》中，出现了"性命"。而公元前300年，庄子可能还在世。

刘笑敢先生还举出了精、神和道、德，运用同样的方法，得出了和唐先生相同的结论。他考察《左传》《论语》《墨子》《老子》《孟子》，还查证了《诗经》《尚书》《国语》，发现"在战国中期以前，约略相当于《孟子》的

---

① 金景芳：《〈周易·系辞传〉新编详解》，31页，沈阳，辽海出版社，1998。

时代以前，还没有出现道德、性命、精神这三个复合词"，而此后的《荀子》《韩非子》《吕氏春秋》等书中，就出现了这三个概念①。和唐先生同样的问题是：两字连用，是表示一个词还是仅是联合词组？有关的讨论，请看下一篇。

总之，汉语词汇的发展、变化，应该是一个较长期的历史过程。汉语史的方法，应该是用于考察长时段内词汇变化的工具；不宜用来考察短时段，尤其是想凭借它在战国中晚期之间作出"一刀切"式的分别。

（五）

"同文同源说"，过去可能因为缺少出土简帛古书的刺激，并不被重视。陋见所及，阎若璩曾在《尚书古文疏证》卷二第三十二"言古书如此类者颇多"条中，发明朱子之语，提出古人"述而不作"，称述"古来流传得此个文字"的主张。但细核朱子原文，皆有针对性，并非通论先秦书籍。阎氏之说倒可以反映他自己的观念，不必托古。

其后，较早有黄方刚先生讨论《金人铭》和《战国策》卷二十二引《周书》之文、《太公兵法》引黄帝语之关系时说："三处文虽略异而义则相似，语气亦一，可信其出一源，不能谓其于同时异地假造而成也。"②

后来浦江清先生论《逍遥游》许由对尧一节故事与《吕览·求人》篇关系时说："如比较观看，则《吕览》拙而《庄子》文，拙者近古。虽不足以证明今本《庄子》此节出于《吕览》，即使各有同源，《庄子》文必已经后人润色，可以断言。"③浦先生之说，不把今本《庄子》看作一成不变的文本，已经足以直接动摇唐钺先生通则中与进化观念有关的三条，乃至其他几条通则。

曾教过季羡林的德国哈隆（Gustav Haloun）教授，在一篇讨论《鬼谷子》《慎子》《管子》《韩非子》《鹖冠子》等书中相关的法家佚文的文章中，明确提出彼此之间存在一个原型，是诸书的共同来源；而且他认为《慎子》

① 参见刘笑敢：《〈庄子〉内篇的年代》，见《庄子哲学及其演变》，北京，中国社会科学出版社，1988。

② 罗根泽编著：《古史辨》第 4 册，368 页。

③ 浦江清：《逍遥游之话》，见《浦江清文录》，221 页，北京，人民文学出版社，1958。

《管子》《六韬》《战国策》等皆存在原本和今本的演变过程①，皆为卓识。

裘锡圭先生曾在《考古发现的秦汉文字资料对于校读古籍的重要性》一文指出古代文字资料与传世古籍的关系中，有"二者虽非一书但有很密切的关系，或者其中一种出自另一种，或者二者同出一源"②。不过对于传世文献之间的关系，如关于《史记》与《书序》，裘先生也讲过"二者究竟谁抄谁，尚无定论"③。

陈鼓应先生在讨论《象传》与《庄子》的关系时，指出二者"概念上的相似，绝非偶然现象。如果不是《象传》受到了《庄子》的影响，或《庄子》受到《象传》的影响，那就很可能是两者出于同一作者群"。后来又说道："《象传》作者与庄子《天道》等篇可能属于同一作者群，或属于同一文化圈。"④此处的"两者出于同一作者群""或属于同一文化圈"，和同源说略有不同，或和陈先生"《易传》道家说"的观点有关。

李学勤先生在继续张岱年先生讨论《系辞》"天尊地卑"一节与《乐记》"天高地下"一节的关系时，指出："文字的递用沿袭，在古代文献中屡见不鲜。当时引用前人作品，不像现在那样严格地要标明，以至加上引号。近年发现的各种先秦到汉代的简帛书籍，也多次证实了这一点。《系辞》与《乐记》的关系，肯定也是这样。问题是两者哪一个在前，抑或有同出一源的情形。"直接将同源说和早晚关系并列而出。不过，他最后的结论是"《乐记》沿袭和包容了《系辞》的文句"⑤。

其后在讨论《黄帝书》四篇和《管子·心术》几篇的关系时，李学勤先生再一次提出："这种关系的性质，不外有三种可能，就是：（1）《黄帝书》早于《管子》，《管子》袭用《黄帝书》；（2）《管子》早于《黄帝书》，《黄

---

① ［德］哈隆（Gustav Haloun）："Legalist Fragments，Part Ⅰ：Kuan-tsǐ 55 and related texts," *Asia Major*（NS）2（1951），pp. 85-120。

② 裘锡圭：《古代文史研究新探》，3 页，南京，江苏古籍出版社，1992；原载《中国社会科学》，1980（5）。

③ 裘锡圭：《中国出土古文献十讲》，50 页，上海，复旦大学出版社，2004。

④ 陈鼓应：《〈象传〉与老庄》《〈象传〉与道家的思维方式》，并见《易传与道家思想》，16、26 页，北京，生活·读书·新知三联书店，1996。

⑤ 李学勤：《周易经传溯源》，81 页，长春，长春出版社，1992。

帝书》袭用《管子》；(3)两者同时，类似文句是出于学派相同，或系袭用同一来源。最后这种事例，在先秦以至汉晋古书中也是屡见不鲜的。"
"两者同时"，"学派相同，或系袭用同一来源"，比前说又有改进；"学派相同"，比陈鼓应先生的"两者出于同一作者群"，范围更大，而且还涉及了学派的问题。不过李先生最后的结论是："《管子·心术》等篇的作者曾读过《黄帝书》，引用了其中的思想以及文句。"①

后来李学勤先生在讨论《管子》中某些篇章和银雀山汉简《王兵》的关系时，对于同出一源的现象进行了深入分析："古书篇章间重复迭出的现象很是普遍，但并不是偶然的。这种情形的出现，不外乎两种原因：有的是由于当时学多口传，学者在传授记录以至著诸竹帛时有所不同；有的是由于学说思想的影响传播，学者在著作时彼此辗转引述。无论如何，总是表现着学术上的一定联系。"但是他最后的结论是《管子》中，《轻重》的《事语》篇文字因袭《管子·七法》《王兵》②。

李学勤先生的"学派相同""学说思想传播"等推测，足以动摇唐钺先生的第六条通则。不过，李先生虽然提出同源的情形，而且其分析不断深入，但是他最后的分析结论，还是指明了先后因袭关系。

而李学勤先生在讨论马王堆帛书《易之义》(整理者曾以为是帛书《系辞》下篇)和《说卦》开篇三章文字相近的问题时，曾指出"《说卦》的这三章和《系辞》同出一源"③。"我们不能认为传世《说卦》系采自《易之义》。很可能《易之义》是来自《说卦》的原型，或两者有共同的渊源……《易赞》等的作者，曾引据'十翼'的《彖》、《象》、《系辞》，可能还有《说卦》。"④基本认同"同出一源"说。在讨论帛书《易之义》中与《系辞下》论《易》之兴、作年代相关的文句时，直接说"以孔子这段话和《系辞下》对比，便

① 李学勤：《〈管子·心术〉等篇的再考察》，见《古文献丛论》，186 页，上海，上海远东出版社，1996；原载《管子学刊》，1991(1)。

② 李学勤：《〈管子·轻重〉篇的年代与思想》，见《古文献丛论》，199 页；原见陈鼓应主编：《道家文化研究》第二辑。

③ 李学勤：《周易经传溯源》，236 页；《周易溯源》，343 页，成都，巴蜀书社，2006。

④ 李学勤：《周易溯源》，365、368 页。

知道两者出于一源"①。则李学勤先生也承认了"同文"同源之可能性，看来他是相信根据分析，可以判定到底是同源还是先后因袭。

值得注意的是，关于《国语·齐语》与《管子·小匡》，罗根泽认为《小匡》晚，"乃汉初人作"②。顾颉刚先生后来提出了相反的看法，但并未详细论证③。李学勤先生也曾撰文讨论"两篇孰先孰后"，认为"《小匡》晚于《齐语》，好多地方不如《齐语》"，但是"并不意味《小匡》是一篇'伪书'。我们曾根据近年发现的简帛古籍论证，'古书的形成每每要很长的过程。除了少数书籍立于学官，或有官本，一般都要经过改动变化。'《齐语》和《小匡》为大家提供了古书如何改动变化的佳例，使我们对古籍的形成过程能有更多的了解，是很宝贵的"④。

这应该是李学勤先生同源之说的思想发端，而胡家聪先生就在李先生此说基础上，"提出一种新的见解，即：（1）《小匡》和《国语》均出于同一个古时的底本，两者是分别辗转传抄的两种传抄本，当时书写于简册，传抄过程中难免有改字错写、或删或增之处。（2）有一种接近古时底本的传抄本，文词古奥，被《国语》编者得到作了一些删削，收进《国语》作为《齐语》……（3）出于同一个古底本的另一种传抄本，经后人多次传写因其文词古奥，故多有改字，改得明白易晓。有的改字合于原意，但有的改错了，不合原意，甚至窜入了'关内侯'等后世词语"⑤。胡先生的这个"新见解"（当然并不真正是前无古人的"新见解"）颇有价值，他对于《管子》的研究中，还有不少与此说相近的内容。不过，就"共源"说而言，或并非一定是抄自另一典籍，也有可能是根据某个原始资料集（恐多为口传）而有所采撷、编订、补充。

① 李学勤：《周易溯源》，393～394 页。

② 罗根泽：《〈管子〉探源》，见周勋初选编：《罗根泽说诸子》，322～326 页，上海，上海古籍出版社，2001。

③ 参见顾颉刚：《"周公制礼"的传说和〈周官〉一书的出现》，见《文史》第六辑，20 页，北京，中华书局，1979。

④ 李学勤：《〈齐语〉与〈小匡〉》，见《古文献丛论》，183 页；原载《管子学刊》，1987 年创刊号。

⑤ 胡家聪：《管子新探》，266 页，北京，中国社会科学出版社，1995；273～274 页，北京，中国社会科学出版社，2003。后文引胡氏书，为方便，皆据 1995 年版。

此后刘笑敢先生指出在简帛考证中使用"类同举例法"，其实和"古史辨派"的"推理、论证、考据的方法似乎并没有根本不同"，他反对"简单地依靠'类同举例'法来断定出土简帛的学派、作者和年代"。他所说的"类同举例法"，就是根据"同文"来判断文本之间的关系。这是一篇重要的反思方法论的文章，可惜很多问题尚未展开；而且他谈的较多是根据"同文"来"怀疑甚至断言甲书和乙书属于同一时代或同一作者或同一学派"①，没有论及据"同文"来争论"引用""抄袭"等问题。而他所批评的这一方法，并非是"古史辨派"的方法，倒是古来的传统方法。

（六）

就"同文"之间的"同出一源说"，我们也举一个例子，以见其具体运用。

比如《系辞》"天尊地卑"一节与《乐记》"天高地下"一节之间，存在"同文"的关系。张岱年、李学勤先生认为《系辞》在前，而金春峰先生则认为《乐记》在前②。《系辞》这一节，如上文所说过的，恐怕并不是一个一成不变的文本，今本《系辞》和帛书本《系辞》，就小有差别，"鼓之以雷霆，润之以风雨"，帛书本将通假字写出正字后是作"【鼓之】雷霆，浸之风雨"，而《乐记》则作"鼓之以雷霆，奋之以风雨"。"润""浸""奋"三者音韵并不很近，"之以"与"之"有不同，可见三处"同文"文字并不完全相同，很有可能是同出一源，或皆利用了儒家学派内部的资源，不烦用"同文"分析法来推定孰早孰晚；当然，我们也无法证明这三则"同文"时代接近。

而且，对于大段的"同文"，分析彼此之间的年代早晚还有一个疑问：我们讨论《系辞》这一节的年代早晚，究竟是讨论今传本或帛书本《系辞》这一节的年代，还是讨论倒推回去、想象中更早的《系辞》这一节的年代？而如果当时这一节还没有和《系辞》其他篇章连缀成篇，那么，我们还能由《乐记》的年代，推论《系辞》的年代吗？何况《乐记》也由许多

---

① 刘笑敢：《略谈简帛考证中"类同举例法"的局限性》，见艾兰、邢文编：《新出简帛研究》，北京，文物出版社，2004。

② 参见金春峰：《〈周易〉经传梳理与郭店楚简思想新释》，76～77页，北京，中国言实出版社，2004。

章节组成，其形成年代也可能是一个长期的过程。

根据郎瑛推断"同文"的原因和章学诚的"言公"之说，我们不难明白，一个思想（内容）的最先形成的年代，和某个乃至某几个文本的最后定型（形式）的年代，并不是同一个问题——因此才存在诸多的中间环节。古人立言、"言公"，是为了传述思想，内容应该重于形式，形式是为内容服务。所以，"同文"分析年代法，最多只能表明现存的文本形式之间有可能存在一个形式上的逻辑先后（这个逻辑先后，是我们只关心现存"同文"之间的先后关系而人为造成的），但是这不能必定代表实际的内容之间或历史上，真的有这样一个先后关系存在。

因此，与其毫无把握地去论证先秦秦汉时期的古书"同文"之间，有可能存在一一对应的因袭关系这个前提，在此基础上再证明二者是因袭的关系，不如更多地设想当时有那么多的佚失不传的古书，以及口耳相传的文献。所以我们应该把问题设想得复杂一些；不能斤斤计较于今天所见的"同文"之间的早晚关系，把问题简单化（虽然它们确有可能存在先后因袭关系，但这种可能性有多大，如何证明，都是疑问）。我们应该专注于古书的思想内容，不能让形式来决定内容，更不能通过推导形式的先后而推定内容时代先后。不能得其"迹"而忘其"所以迹"，本末倒置。过去有不少学者根据古书形式上的先后以及思想的演进法等工具，推导出古代诸子篇章的年代先后，排出时间链条，他们的不少结论已经被否定了。可是现在还有不少学者延续这种思路（仅将某些结论稍做修改），尤其是把出土文献根据"同文"现象，归入其心目中的文本时间链条中去，为出土文献确定年代。这种结论仍然只是形式上、逻辑上的，只具有参考价值，指导其思路的观念并没有根本改变。

但是，就古书的校勘、训诂工作来说，寻求"同文"是很值得推崇的方法。当然，在具体操作的时候，尤其是涉及出土文献和传世文献的"同文"，利用传世文献解读出土文献的时候，要注意防止不恰当的"趋同"和"立异"两种倾向①。

---

① 参见裘锡圭：《中国古典学重建中应该注意的问题》，见《中国出土古文献十讲》，1～16 页。

总之，"同文"分析法，对于校勘、训诂的工作，非常有帮助；但是超出了校勘、训诂的范围，进而要用它分析古书篇章的年代先后、真伪，恐怕就不是很有帮助了。对于"同文"，我们更应该考虑到同出一源的可能性。这样的观念，或许会对于古书考辨的方法乃至已经"定伪"的成果、已有的年代序列造成"破坏"，引起长期的"混乱"。但是如果它能使我们的工作摆脱简单化，走向接近真实的方向，那么我们没有必要害怕再一次重建我们的古典学。古书的形成比较复杂，我们需要从思想认识上摆正方向，进行仔细研究，尤其需要探索更合适的研究方法。

三、《庄子》内外杂篇的关系问题

在我国的古典学研究领域中，常常会为解决某个问题而出现一个新的方法或假说，得出一个研究结论。不仅这个结论将变为"定论"，成为相关研究的基础；而且这些方法或假说会成为一种有效的工具，为解决其他问题而效力。然而，因为古典学的材料有限，故这个方法或假说本身，仍然值得被追问是否确实无误。一旦发现这个方法有问题，值得怀疑，那么所得的"定论"以及其他被这个方法所解决的问题，就可能都是假象了；而我们的古典学研究所"已经"解决了的这些问题，就需要推倒重来。

唐钺先生和刘笑敢先生都曾举出了性、命在《庄子》内篇中是分别使用，而在《庄子》外杂篇中是连用这一现象，还举出了其他类似的概念，以证明《庄子》内篇早出[1]。这样一种"根据汉语词汇发展的历史"来考察《庄子》内外杂篇年代的方法，影响非常大。尤其刘笑敢先生是专门论述《庄子》问题，加之不少知名学者对于其方法给予了高度评价，如张岱年

---

[1]　参见唐钺：《考订古书撰作年代通则补说》，见《文史》第十五辑。刘笑敢：《〈庄子〉内篇早于外杂篇之新证》，见《文史》第十八辑，北京，中华书局，1983；《〈庄子〉内篇的年代》，见《庄子哲学及其演变》。按：本文引述刘先生有关说法主要据后者，下同。

先生云"《庄子》书中内外杂篇的先后早晚便得到无可争辩的证明"①，李泽厚先生谓"引入了现代科学观念和方法"②，陈鼓应先生说"这些论证有着无可辩驳的说服力"③。

于是，这种被认为很科学的方法很快就被广泛运用到其他古籍年代的考订之中，譬如对《易传》年代等的考辨，就与此方法紧密相关。

但是，笔者认为，这一方法不仅在论据上存在问题，而且对于"汉语词汇发展的历史"之理解也可能存在歧异，因此，这一方法不足以论证《庄子》内篇早出（当然，《庄子》内篇是否比《庄子》外杂篇早，这是另一个问题）。同理，其他运用这一方法考订古籍年代的意见，也是值得怀疑的。

下文将首先引述唐钺、刘笑敢先生的观点，而后分析其论据之不足，再讨论其对于"汉语词汇发展的历史"之理解。

（一）

唐钺先生在《考订古书撰作年代通则补说》中提出：

> 抽象名词，或其他词类，本为单字者，有以此种两单字连成一词而又只表一义，则此词必较单字之词后出。如《论语》《孟子》书中，性字，命字均单用；此后之书始有以此二字连用而表一义者。其有二字虽连用而分表二义者，则当别论。如《孟子》第一篇第一章云"亦有仁义而已矣"，但章末云"未有仁而遗其亲者也，未有义而后其君者也"，仁义明指二事，不在此例之列。
>
> 例甲：《孟子》书中，性字命字分用。《尽心下》云："孟子曰，口之于味也，目之于色也，耳之于声也，鼻之于臭也，四肢之于安

---

① 刘笑敢：《庄子哲学及其演变·张岱年序》，1 页。按：据刘笑敢先生回忆，张岱年先生曾评价其文为"这很好，像数学一样，别人很难反驳"。并且还说："这是你自己的创见。唐钺先生有一篇文章提到类似的想法，但是他的文章还在我这里，没有发表，你肯定没有见到。"参见刘笑敢：《为学　为师　为人——岱年师散忆》，见陈来主编：《不息集——回忆张岱年先生》，251 页，北京，北京大学出版社，2005。

② 刘笑敢：《庄子哲学及其演变·李泽厚序》，3 页。

③ 同上书，10 页。

佚也，性也；有命焉，君子不谓性也。仁之于父子也，义之于君臣也，礼之于宾主也，知之于贤者也，圣人之于天道也，命也；有性焉，君子不谓命也。"性命二字义异，极为显然。至《吕氏春秋》则连用性命二字而不分表二义者不一而足……

庄子与孟子略同时，《庄子》书内篇亦无连用性命二字以表一义者。外篇《在宥》……《天道》……《缮性》……《知北游》……杂篇《徐无鬼》……凡此诸章非庄周之作，当为庄周死后为庄学者之言。

……二字连用以表一义之后，自不妨亦可分用。如《淮南王书·俶真训》云"古之真人，其和愉宁静，性也，其志得道行，命也。是故性遭命而后能行，命得性而后能明"；《缪称训》云"性者所受于天也，命者所遭于时也"。其明确分用，与《孟子》同。

例乙：情字性字，《论语》《孟子》均分用、至《荀子·非十二子篇》及《儒效》篇则云"纵情性"、"忍情性"，情性仅表一义。《庄子》内篇亦不连用情性二字。杂篇《庚桑楚》首章云："惘惘乎，汝欲反汝情性而无由入，可怜哉！"《盗跖》篇首章云："孰论之，皆以利惑其真而强反其情性，其行乃甚可羞也。"此二章非庄周之作，乃后人之言。[1]

唐文之意，在于说明考订古书"同文"（或"异文"）之先后关系的一个通则。其通则之可疑，前文已经有所说明。但是唐文这里举的"性命""情性"的例子，却似很能支持《庄子》内篇早出说。

刘笑敢先生采用主证和辅证相结合的方法，论述《庄子》内篇和外杂篇的时代先后。在主证中，刘先生指出"内篇虽然用了道、德、命、精、神等词，但没有使用道德、性命、精神这三个复合词（由词根和词根合成的词），而在外杂篇中，道德、性命、精神这三个复合词都反复出现了"。刘先生说根据汉语词汇发展的历史（唐钺先生显然也含有这个意思），可以得出内篇早出，外、杂篇晚出的结论；并进一步考察《左传》《论语》《墨子》《老子》《孟子》，还查证了《诗经》《尚书》《国语》，发现"在

---

[1]　唐钺：《考订古书撰作年代通则补说》，见《文史》第十五辑，294 页。

战国中期以前，约略相当于《孟子》的时代以前，还没有出现道德、性命、精神这三个复合词"，而此后的《荀子》《韩非子》《吕氏春秋》等书中，就出现了这三个概念，由此断定《庄子》内篇基本上是庄子所作。刘先生之说，举出三例，专门论述《庄子》，旁采同时代书籍作为证据，所述比唐先生更充分。刘文列出了《庄子》外杂篇中道德、性命、精神的所有用例，我们将在后文分析。此外，刘先生还从思想的源流、文章的体例、特殊词汇的用法等方面提出辅证，支持其结论①。

综上，关于《庄子》内篇早出，唐钺和刘笑敢先生总共提出了性命、情性、道德、精神四个概念作为证据。唐钺、刘笑敢先生由此认为《庄子》内篇为庄子本人所作，外杂篇为庄子后学所作，而且刘先生认为外杂篇之完成在战国末年。

（二）

张松辉先生曾认为刘笑敢先生"这一方法是科学的"，"但是有一个漏洞"：外杂篇26篇中只有13篇用过以上复合词，那么如何证明其余13篇也是庄子后学的作品呢？"当然刘先生也采用了其他证明方法，但同词汇证明法相比，其他方法的可靠性就差多了。"②可见张先生并不反对刘先生的方法，只是认为有未足之处。

刘笑敢先生也意识到外杂篇其余13篇的问题，他曾有所论述：

> 外杂篇中，并不是所有的文章都有道德、性命、精神这几个概念，那么为什么不说外杂篇中没有这三个概念的文章，也是战国中期的作品呢？对这个问题可以从两个方面来回答。首先应该明确，要进行词汇的考察，必须依据足够的文字材料，考察的范围越小，偶然性越大，可靠程度就越差；这就是说，只有在一定的范围内，有了较完备的文字材料，才能有较可靠的结论。因此我们不能孤立地就《庄子》书中某一篇某一段来进行概念的比较，只能在若干类作品之间进行考察……其次，我们也可以从其他角度指出外杂篇中没

① 参见刘笑敢：《〈庄子〉内篇的年代》，见《庄子哲学及其演变》。
② 张松辉：《庄子考辨》，13页，长沙，岳麓书社，1997。

有道德、性命、精神等概念的文章晚于内篇的根据，其中某些新的根据将在下文提到。①

但是，刘先生后来在其专著的修订版中说：

> 很多问题光靠某种语言现象的统计是不足以说明问题的……我们不能认为《外杂篇》中没有道德、性命、精神三个复合词的篇章都一定是早于《外杂篇》其他篇章的。因为，晚出的文章也可能因为内容的原因或作者的习惯风格等原因而不使用这三个复合词。脱离开一定的具体的历史条件，孤立地考察词汇的有无和数字，不一定有重要意义。②

刘先生后来的话是否表明他对早年的考证方法有了根本改观，我们尚不得而知。但是我们所可以见到的是这一方法的示范作用非常大，不少学者也采用相近的方法，列举一些词汇（如后文《郭店〈穷达以时〉再考》所述张立文先生举出的"穷达"之例），考证文献篇章的年代。

更常见的则是继续利用道德、性命、精神这一既有成果进行发挥，如陈鼓应先生后来申述刘笑敢先生之说："由此我们大至可以归纳出这样一个结论：战国中期及以前的子书不使用'道德'、'精神'、'性命'等复合词，而后期的子书则使用。根据这点来考察《黄老帛书》四篇，'道'字出现 86 次，'德'字 42 次；'精'字 9 次，'神'字 14 次；'性'字 1 次，'命'字 13 次，却无一例'道德'、'精神'或'性命'的复合词出现。因此，从一般的情况来看，这四篇应写成于战国中期或以前，至少与《孟子》、《庄子》内篇同时。"③

---

① 刘笑敢：《庄子哲学及其演变》，13 页。

② 刘笑敢：《庄子哲学及其演变·序言》(修订版)，1997。转引自张京华：《评近十余年出版的四部庄子研究博士论文》，载《河南科技大学学报(社会科学版)》，2003(3)。

③ 陈鼓应：《关于〈黄老帛书〉四篇成书年代等问题的研究》，见湖南省博物馆编：《马王堆汉墓研究文集——一九九二年马王堆汉墓国际学术讨论会论文选》，10 页，长沙，湖南出版社，1994。按："大至"，或为"大致"排印之误。又可参见陈鼓应：《关于〈黄帝四经〉的几点看法——序余明光先生《黄帝四经》今注今译》，载《哲学研究》，1992(8)。

朱伯崑先生根据《说卦》中有"和顺于道德而理于义"和"顺性命之理","道德""性命"连称，遂认为《说卦》"是战国后期的作品"①。更有甚者，因为《易传》中一般被认为出现较早的《彖传》中有"各正性命"，已经使用了"性命"，于是陈鼓应先生据此断定《彖传》晚于庄子②；朱伯崑先生的弟子王博则由此论定《彖传》晚于《孟子》③。

但是，由个别例证就断定文献年代，是陈鼓应先生曾经激烈批判过的存在逻辑错误的方法。在马王堆帛书《老子》甲、乙本出土之后，陈先生曾回顾了《老子》成书年代的问题，指出：晚出说认为"《老子》书中'王侯'、'仁义'、'尚贤'、'万乘'这几个名词术语是战国时才出现的。然而这些论点当其提出之时，就已经被张煦等人驳倒了……上述论点之所以被一些人用来否定《老子》成书的年代，主要是因为他们在考证的思想方法上犯了很严重的错误：抓住一些片言只字，或一些孤证，便对整本书进行论断，也就是以一些特称命题扩展而为对全称命题的论断，这在形式逻辑上是犯了'急速推广的谬误'（The Fallacy of Hasty Generaligation)"④。

按照陈鼓应先生的说法来看，他由"性命"就断定《彖传》晚于庄子，恐怕是犯了"急速推广的谬误"。而一个极有意思的矛盾现象是，许抗生先生已经提到"《系辞传》中出现了道、德、精、神等词，但皆是以单词出现的，而没有道德、精神等复合词。而现存的通行本《说卦》与帛书中'昔圣人之作易也'至'故易逆数也'一段文字相同，却出现了道德与性命的复合词。可见《说卦》与帛书中这一段文字的写作时代一定晚于《系辞》"⑤。但是许多学者并没有利用这个成果说明《系辞》早出（按照刘笑

---

① 朱伯崑：《易学哲学史》第一卷，53 页，北京，华夏出版社，1995。

② 参见陈鼓应：《〈彖传〉的道家思维方式》，见《易传与道家思想》，20 页。

③ 参见王博：《易传通论》，49～50 页，北京，中国书店，2003。

④ 陈鼓应：《论〈老子〉晚出说在考证方法上常见的谬误——兼论〈列子〉非伪书》，见陈鼓应主编：《道家文化研究》第四辑，414～415 页，上海，上海古籍出版社，1994。按："Generaligation"，当为"Generalization"排印之误，此为李学勤先生修改笔者旧作时所指出。

⑤ 许抗生：《略谈帛书〈老子〉与帛书〈易传·系辞〉》，见陈鼓应主编：《道家文化研究》第三辑，56 页，上海，上海古籍出版社，1993。

敢先生的成果来推断,《系辞》应该早于《庄子》外杂篇,起码和庄子的生存年代接近)。尤其是朱伯崑先生举出范畴、概念、命题等方面的五条证据,认为"《系辞》的上限当在《彖》文和《庄子·大宗师》之后,乃战国后期陆续形成的著述,其下限可断于战国末年"[①]。同样,运用刘笑敢先生的成果以说明《黄老帛书》早出的陈鼓应先生,也不再运用相同的方法证明《系辞》早于《庄子》外杂篇了。陈鼓应先生很可能是出于有选择地利用证据以说明《系辞》是道家作品,以维护他的"道家主干说"。朱伯崑先生不论证《系辞》早出,则是为了维护他的《系辞》作于战国晚期说。可见学界对于刘笑敢先生之方法的称赞,只不过是一种表面现象,合于己则利用之,不合则隐瞒之。然而陈鼓应先生的"《易传》道家说",朱先生的五条证据背后的思想分析法,都存在疑问(详后文)。

(三)

上引刘笑敢先生之说曾提到"要进行词汇的考察,必须依据足够的文字材料,考察的范围越小,偶然性越大,可靠程度就越差;这就是说,只有在一定的范围内,有了较完备的文字材料,才能有较可靠的结论"。刘先生也确实努力在较大范围内,考察概念的使用情况。在当时的条件下,他考察了《左传》《论语》《墨子》《老子》《孟子》,还查证了《诗经》《尚书》《国语》,相当不易(当时对于《左传》等书的年代,仍然认为较晚)。可是先秦古籍佚失者太多,而我们无法保证现存古书相对于全部古籍是"合比例的存在"[②],故而刘笑敢先生所使用的是不完全归纳法,而这种方法,"说有易,说无难"。并且,刘先生回避了也许是问题比较复杂的《逸周书》《战国策》《易传》等书篇。

应该说,"不完全归纳法"在很多的学术条件下是无奈之举(而且在疑伪书思潮的笼罩之下,刘先生考察《左传》《国语》已经属于很不容易),所以我们一定要对所得结论持谨慎的态度。在近年出土的郭店楚墓竹简《唐虞之道》篇中,简11就赫然有(为方便,通假字直接写出正字):

□卩(节?)乎肌肤血气之情，养眚(性)命之正。①

原注释[一五]指出："眚，简文字形与一般'性'字有别，疑为'眚'字异体。"②注释之意，似当是简文字形与一般"眚"字有别，因为郭店简中，常以"眚"作为"性"的通假字。此处简文字形从生从田，当为"眚"之变体(相近例如楚文字的"胃"字多从目形，少数则从田形)，或可分析为从"生"声，读为"性"(性从生声)。《唐虞之道》的字体不类常见楚文字，小有差别，不足奇怪。"□卩"，原简作""，字形左半不能完全确定，李家浩先生隶定为"柙"③。简文若果从"朮"，疑读为"述"，《说文》："循也。"这句话可以读为："述乎肌肤血气之情，养性命之正。""养性命之正"，对应《易·乾·象》的"乾道变化，各正性命"。这句简文中，最关键的是出现了"性命"。

考古工作者根据郭店一号墓出土文物，推断郭店一号墓"具有战国中期偏晚的特点，其下葬年代当在公元前4世纪中期至前3世纪初"④。虽有个别学者对于考古工作者的楚墓序列提出了质疑⑤，但是，这种怀疑本身存在许多问题，难以成立⑥。池田知久先生则对于郭店简中的《五行》《穷达以时》等篇，从文献的关联出发，断定其年代晚于荀子，由此推论郭店简很晚⑦；王志平先生也从文献关联论证《穷达以时》很晚⑧；还有张立文先生运用和唐钺、刘笑敢类似的方法，认为《穷达以时》篇

---

① 荆门市博物馆：《郭店楚墓竹简》，159页，北京，文物出版社，1998。

② 同上。

③ 根据李家浩先生2003年1月15日在湖北荆门市博物馆"郭店楚简考查·高级研究班"上的发言。

④ 湖北省荆门市博物馆：《荆门郭店一号楚墓》，载《文物》，1997(7)。

⑤ 参见王葆玹：《试论郭店楚简各篇的撰作时代及其背景——兼论郭店及包山楚墓的时代问题》，见《中国哲学》第二十辑，366～389页，沈阳，辽宁教育出版社，1999；《试论郭店楚简的抄写时间与庄子的撰作时代——兼论郭店与包山楚墓的时代问题》，载《哲学研究》，1999(4)。

⑥ 参见刘彬徽：《关于郭店楚简年代及相关问题的讨论》，见李学勤、谢桂华主编：《简帛研究二〇〇一》，47～54页，桂林，广西师范大学出版社，2001。

⑦ 池田知久：《郭店楚简〈五行〉研究》《郭店楚简〈穷达以时〉研究》，均见《池田知久简帛研究论集》，北京，中华书局，2006。

⑧ 王志平：《郭店楚简〈穷达以时〉丛考》，见艾兰、邢文编：《新出简帛研究》。

"'穷达'两字是作为复合词出现的……可能作于孟子晚年，或孟子稍后"①。这三种说法均存在不少问题，不可信，详后文《郭店〈穷达以时〉再考》，《评池田知久著〈马王堆汉墓帛书五行研究〉》。

墓葬中出土的带有思想性内容的简文，应该是墓主人生前所有，不像遣策一样是临葬时书写，所以，郭店楚墓中所出土竹简之作品的年代下限，应略早于墓葬年代。如果考虑到竹简文本还有一个著述、抄写以及流传到楚地的过程，那么竹简文本形成的时代当更早，不会晚于公元前300年。李学勤先生曾指出："郭店一号墓的年代，与孟子活动的后期相当，墓中书籍都为孟子所能见。《孟子》七篇是孟子晚年撰作的，故而郭店竹简典籍均早于《孟子》的成书。"②李先生后来还指出："根据钱穆《先秦诸子系年》，庄子的生卒年代是公元前365—前290年，所以郭店、上博简中各种书籍也都为其所能见。"③

在充分考虑到郭店楚墓竹简年代的基础上，我们大体可以断定，公元前300年之前，很可能在唐钺先生所提到的《孟子·尽心下》中出现"性也，有命焉……命也，有性焉"以前，在庄子还在世的时候（甚至《庄子》内篇还没有完成之前乃至更早），性、命就已经连在一起使用了。

此外，《逸周书·谥法》有"道德博厚曰文""道德纯备曰思"。《战国策·秦策一》"苏秦始将连横"章有"道德不厚者不可以使民"，《齐策四》"齐宣王见颜斶"章有"成其道德而扬功名于后世者"，《赵策二》"王破原阳"章有"仁义道德"，《中山策》"阴姬与江姬争为后"章有"不好道德"。《易·乾·象》有"各正性命"，《说卦》有"和顺于道德而理于义""顺性命之理"。《逸周书·谥法》或可谓递有增补；《秦策一》或可说是追录之文④，至于其他的《战国策》几篇，则时代可能并不晚于公元前300年。

---

① 张立文：《论郭店楚墓竹简的篇题和天人有分思想》，载《传统文化与现代化》，1998（6）；又略同于《〈穷达以时〉的时与遇》，见《中国哲学》第二十辑。

② 李学勤：《先秦儒家著作的重大发现》，见《中国哲学》第二十辑，15页。

③ 李学勤：《孔孟之间与老庄之间》，见李学勤、林庆彰等：《新出土文献与先秦思想重构》，7页，台北，台湾书房出版有限公司，2007。

④ 参见诸祖耿：《战国策集注汇考》，121页注二金正炜说，南京，江苏古籍出版社，1985。

对于《象传》《说卦》的成文时间，虽然有不同说法，但是不少学者都同意《象传》较早。虽然有学者想由《象传》中有"各正性命"，已经使用了"性命"，论定《象传》晚于《孟子》。但是现在不晚于公元前300年的郭店简《唐虞之道》篇中出现了"性命"，其语与《象传》相关，我们就有理由相信，《象传》未必晚；而很可能在《庄子》内篇写定之同时或以前，道德、性命就是可以连用的了。

因此，刘笑敢先生所举论证《庄子》内篇早出的三个概念中，有两个其实在《庄子》内篇的时代就已经可以运用了，只是尚不见于《庄子》内篇罢了。现在还剩下一个"精神"，传世文献中有记载较早期的人物提到"精神"者，但是因为书篇年代本身还有一些疑问，我们就不举例了。

至于唐钺先生所提到的"情性"，《庄子》外篇《马蹄》《缮性》又出现了"性情"，似乎"性""情"之连用，并不固定，则唐钺先生所说的"成词"，恐怕还有些疑问。而《慎子》佚文"古之全大体者"一节有"不伤情性"之说，出现了"情性"。慎子与庄子大略同时，上博简中有《慎子曰恭俭》篇，文中有"故曰"之语，当为慎子弟子记述慎子之言并解释之，这表明其时慎子的学说已经成熟且流传到楚地（详后文《上博〈慎子曰恭俭〉的学派属性研究》）。李学勤先生估计上博简所自出的墓之时代为战国中期偏晚到晚期偏早[①]，应该不晚于白起拔郢之年（公元前278年）。则《慎子》中出现的"情性"，有可能接近《庄子》内篇的年代。至于《荀子·非十二子》及《儒效》所批评的"纵情性"的它嚣、魏牟，"忍情性"的陈仲、史鳅，正说明"情性"之使用当在荀子之前就已经非常流行，成为这些人的学术宗旨，因而荀子才批评他们。而荀子之时，"情性"或"性情"是否确实表示"一义"，也有疑问。因为郭店简《性自命出》等明确说到"情生于性"，当时思想史的背景很可能是诸家俱知之[②]，故情性不妨连用，而未必表示一义。此外，《易·文言》有"利贞者，性情也"。《文言》的年代有不同说法，可以讨论，但是未必一定晚于《庄子》内篇的年代[③]。因此"情性"

---

① 参见李学勤：《孔孟之间与老庄之间》，见李学勤、林庆彰等：《新出土文献与先秦思想重构》，4页。

② 郭店简《语丛二》以及陆机《演连珠》也有"情生于性"。

③ 参见金景芳：《关于周易的作者问题》，见《学易四种》，217页，长春，吉林文史出版社，1987；廖名春：《〈周易〉经传十五讲》，213～214页，北京，北京大学出版社，2004。

或"性情"恐怕也很难支持《庄子》内篇早出说。

所以，用以证明《庄子》内篇早于外杂篇的性命、情性、道德、精神四个证据中，性命、情性、道德三个概念其实在和《庄子》内篇相当乃至更早的年代就已经在使用了，只不过未见于《庄子》内篇罢了。能用而未见用，则我们不能由此推断使用了这几个概念的《庄子》外杂篇就一定比没使用的《庄子》内篇的时代晚。因此这三个概念恐怕是不足以证明《庄子》内篇早出的。而根据前述陈鼓应先生陈述的逻辑推理原则，我们可以相信，仅凭"精神"一个孤证，是难以断定《庄子》内篇早于外杂篇的。至于刘笑敢先生所提出的思想的源流、文章的体例、特殊词汇的用法等辅证，借用前述张松辉先生的说法，这些方法的可靠性恐怕不如"词汇证明法"。同理，陈鼓应、朱伯崑、许抗生、王博等先生附属刘先生的结论所得出的一些推论，都有必要重新讨论。

（四）

上文主要是讨论唐钺、刘笑敢先生的论据，而之所以出现这种论据，恐怕是出于对"汉语词汇发展的历史"之理解存在一定问题。

唐钺、刘笑敢先生的方法，初看起来似乎并没有太大问题。但是这个方法本来是应该用于考察长时段的工具；恐怕不适宜于用来考察一个短时段，尤其是想在战国中、晚期之间，庄子与弟子后学之间，作出判若鸿沟的词汇用法分别（刘先生认为外杂篇之完成在战国末而内篇为庄子自作）。为什么说这个方法是应该用于考察长时段的呢？因为"汉语词汇发展的历史"，是一个较长时期的发展过程。过去的学者考察《列子》晚出，举出了不少魏晋时期的词汇，由之证明今存本《列子》并非先秦著作。因为先秦至魏晋有四五百年的时间，而且魏晋时期的文字材料比较多，所以这个结论相对比较令人信服（然而绝大多数学者的举例还是存在不少问题，详另文）。而战国中晚期之间，几乎没有时间段，中国社会也没有发生重大的变故，很难说突然之间词汇就发生了巨变，所以唐钺、刘笑敢先生对于词汇发展的说明恐怕难以令人信服。

而且他们对于什么为词的说法，也非常模糊。唐钺先生说："抽象名词，或其他词类，本为单字者，有以此种两单字连成一词而又只表一义，则此词必较单字之词后出"；刘笑敢先生说："内篇虽然用了道、德、命、精、神等词，但没有使用道德、性命、精神这三个复合词（由词根和词根合成的词）"。

在这里，唐先生判断两个单字和词的区别是"连成一词而又只表一义"，刘先生所说的复合词是"由词根和词根合成的词"。他们显然是将道德、性命、精神、情性看作一个词，复合词，并且认为它们只表示一个意义，而不是如唐先生所举的"仁义"一样，表示仁和义两个意义。

所谓"只表一义"和"由词根和词根合成的词"，唐、刘二先生并没有直接叙述具体该如何理解这些词义。根据唐钺先生的意见，"其有二字虽连用而分表二义者，则当别论"，以及"二字连用以表一义之后，自不妨亦可分用"，我们推测这里的"只表一义"，应该是指两个字（词根）的意思中的相同或相近部分，否则如果二字连用是表示两个语素的意思，或者组合成新词表示了新的意思之后，拿它们和单字进行比较，虽能表示时间早晚，但是没有太大意义。比如"仁义"，早期表示仁和义，这是两个意义，是唐先生明确举出的反证；"仁义"后来有道德之义，和仁、义就不太相关了。再如"性命"，从唐先生所举例来看，应该是本于性和命的相关之义来立论；而"性命"作为一个词，还有"生命"的意思（较早的例子如嵇康《养生论》："导养得理，以尽性命"），这是一个新的意义，今天还在使用，但是早期单独使用的性或者命似乎多无此义。

战国时期的道与德有关，《老子》早有说；郭店简《性自命出》说"性自命出"，"情生于性"，性与命、情与性意思相关，恐也是众所周知，至少很有影响；精与神倒有可能较早就意思相近，这一点在《管子》中的《心术》诸篇里比较明显，但是这种相近可能源自于原始观念，指的是精气①。

可是仍然存在疑问的是，两个字连在一起使用，是不是就能够"只表一义"？"只表一义"是不是作者当时的想法？我们今人该如何判断？

---

① 参见冯友兰：《先秦道家哲学主要名词通释》，见《中国哲学史论文二集》，181 页；裘锡圭：《稷下道家精气说的研究》，见《文史丛稿——上古思想、民俗与古文字学史》，18～22 页。

　　金景芳先生曾专门指出过："'性'与'命'有联系，但却是两个概念。《易》经多次讲到'性'、'命'。乾卦《象传》说'乾道变化，各正性命'，《说卦传》也说圣人作《易》是'穷理尽性以至于命'，'将以顺性命之理'，都没有把'性'、'命'说成是一回事。"①《象传》《说卦传》中性命已经用在一起，但是又有"穷理尽性以至于命"之分用。金先生认为这种现象不是唐先生所说的连用只表一义，又不妨分用；而是即使性、命连用，也并不代表它们就是一个只表一义的复合词。金先生的意思可能是说这里的"性命"有可能点读成"性、命"。这样的话，它就和"仁义"连用没有太大差别了。可见"性命"连用到底是表一义还是两个概念，金先生和唐先生的意思正相对。

　　古汉语合成词中，联合式的合成词，和我们上面所讨论的问题（唐先生所说的"词"，刘先生所说的"复合词"）相关。这类合成词的各个词素，都表示着具体意义，多数还能单独运用。但是词素完全融合之后，往往就表示一个新的意义了。比如"社稷"指代的是国家，而"社"本身多指土地之神，"稷"多指五谷之神。现代汉语中，联合式合成词和联合词组往往存在划界的疑难。但是根据意义的特定性和结构的可扩展性标准，还是可以做一些区分，比如"饭菜"是指"饭"和"菜"两种事物，其中每个成分都能独立成词，联合起来以后仍然保留原意，而且可以在不改变原意的条件下在中间加上"和"字。而"买卖"是多义单位，如果是指"商店"或"交易"（做买卖）时，后一音节读轻声，是词，不是词组②。不过以词素是否完全融合来讨论道德等概念，或许唐、刘先生不会同意。因为他们是借用外来的语法概念"词"，在现代汉语的语境之中，很不清晰地表达他们的观念。

　　我们看性命、道德、精神、情性，每一个词素都能单独使用，有具体意义。但是在早期连用之后，它们是联合式合成词还是联合词组，还

---

① 金景芳：《〈周易·系辞传〉新编详解》，31 页。
② 参见杨春霖主编：《实用古汉语教程》，98 页，西安，陕西人民出版社，1986；张静主编：《新编现代汉语教学自修手册》，154 页，上海，上海教育出版社，1984。

真是很难判断。唐、刘二先生模糊的表示，加剧了我们区分问题的难度。

我们试看刘笑敢先生所举"道德"各例：

(1)多方乎仁义而用之者，列于五藏哉，而非道德之正也。（《骈拇》）

(2)则仁义又奚连连如胶漆缠索而游乎道德之间为哉。（同上）

(3)余愧乎道德，是以上不敢为仁义之操，而下不敢为淫僻之行也。（同上）

(4)道德不废，安取仁义。（《马蹄》）

(5)毁道德以为仁义，圣人之过也。（同上）

(6)夫虚静恬淡寂寞无为者，天地之平而道德之至也。（《天道》）

(7)夫帝王之德，以天地为宗，以道德为主，以无为为常。（同上）

(8)是故古之明大道者，先明天，而道德次之。（同上）

(9)道德已明，而仁义次之。（同上）

(10)夫恬惔寂寞，虚无无为，此天地之平而道德之质也。（《刻意》）

(11)若夫乘道德而浮游则不然。（《山木》）

(12)弟子志之，其唯道德之乡乎。（同上）

(13)士有道德不能行，惫也。（同上）

(14)道德不能持，而况放道而行者乎。（《庚桑楚》）

(15)道德于此，则穷通为寒暑风雨之序矣。（《让王》）

(16)天下大乱，贤圣不明，道德不一。（《天下》）[①]

需要指出的是，第(15)条《庄子·让王》的"道德于此，则穷通为寒暑风雨之序矣"，《吕氏春秋·慎人》作"道得于此，则穷达一也，为寒暑风雨之序矣"。《让王》的"德"字当从《吕氏春秋》读为"得"，不能作为"道

---

① 刘笑敢：《庄子哲学及其演变》，5～6页。

德"之例。

这里的"道德"，并没有近现代的伦理规范的意思，不是新的词义。《庄子》外杂篇的作者在使用这些道、德时心中是把它们作为词还是词组，似乎还缺乏明确的判断工具。但是"道德"多和"仁义""天地""贤圣"一类联合词组连用，有可能也是词组。比如《庄子·马蹄》中说"毁道德以为仁义，圣人之过也"，此句可能就是取于《老子》第三十八章的"失道而后德，失德而后仁，失仁而后义"。而道和德在《老子》那里是有明确区分的。

再看"性命"之例：

(1)彼[至]正者，不失其性命之情。（《骈拇》）

(2)不仁之人，决性命之情而饕富贵。（同上）

(3)吾所谓臧者，非所谓仁义之谓也，任其性命之情而已矣。（同上）

(4)自三代以下者，匈匈焉终以赏罚为事。彼何暇安其性命之情哉。（《在宥》）

(5)天下将安其性命之情，之八者，存可也，亡可也。（同上）

(6)天下将不安其性命之情，之八者，乃始脔卷猾囊，而乱天下也。（同上）

(7)无为也，而后安其性命之情。（同上）

(8)大德不同，而性命烂漫矣。（同上）

(9)轩冕在身，非性命[之有]也。（《缮性》）

(10)莫得安其性命之情者，而犹自以为圣人，不可耻乎。（《天运》）

(11)君将盈耆欲、长好恶，则性命之情，病矣。（《徐无鬼》）

(12)性命非汝有，是天地之委顺也。（《知北游》）[①]

按照通行的《庄子》篇章顺序，似宜将第(10)条列在第(9)条之前，

① 刘笑敢：《庄子哲学及其演变》，6～7页。

将第(12)条列在第(11)条之前。

《知北游》的上下文是"生非汝有，是天地之委和也；性命非汝有，是天地之委顺也"，说到"生非汝有"，或可以表明"性命"还不是后来明确作为词的"生命"之义。这里面多次出现"性命之情"，从《淮南子·诠言》《淮南子·泰族》的"故通性之情者，不务性之所无以为；通命之情者，不忧命之所无奈何"来看，性、命的意思并不同。则将这里的"性命"点读为"性、命"，或亦未尝不可。

再看"精神"之例：

> (1)水静犹明，而况精神。（《天道》）
>
> (2)此五末者，须精神之运，心术之动，然后从之者也。（同上）
>
> (3)精神四达并流，无所不极。（《刻意》）
>
> (4)汝齐戒，疏瀹而心，澡雪而精神。（《知北游》）
>
> (5)夫昭昭生于冥冥，有伦生于无形，精神生于道。（同上）
>
> (6)彼至人者，归精神乎无始而甘冥乎无何有之乡。（《列御寇》）
>
> (7)小夫之知，不离苞苴竿牍，敝精神乎蹇浅。（同上）
>
> (8)独与天地精神往来而不敖倪于万物。（《天下》）①

按照通行的《庄子》篇章顺序，似宜将第(7)条放在第(6)条之前②。

早期的"精神"，明确地独立作为一个词，能表示"神志"之义（较早的例子如宋玉《神女赋》："精神恍惚，若有所喜。"）。上举的"精神"，有一些或可能含有这个意义，那么如前所述，它们和精或者神的对比意义不大。有一些可能表示精气的意思，如《刻意》和《天下》的"精神"是可以流动的。但是此处的作者心中到底是将它们作为一个词还是默认为"精、神"，我们恐怕仍然无从知晓。

最后，我们也搜集一下《庄子》中的"情性"以及"性情"：

> (1)惘惘乎，汝欲反汝情性而无由入，可怜哉！（《庚桑楚》）

---

① 刘笑敢：《庄子哲学及其演变》，7页。

② 按：刘先生《〈庄子〉内篇早于外杂篇之新证》（《文史》第十八辑）一文，是遵照此顺序。

（2）孰论之，皆以利惑其真而强反其情性，其行乃甚可羞也。（《盗跖》）

（3）道德不废，安取仁义！性情不离，安用礼乐！（《马蹄》）

（4）文灭质，博溺心，然后民始惑乱，无以反其性情而复其初。（《缮性》）

第（3）条的"道德不废，安取仁义！性情不离，安用礼乐"一句中，从排比句式来看，"性情"很可能表示性和情的意思，是作为词组，而不是词。至于这里所说的反情性或反性情，则又难以判断作者心中性和情的关系到底是词还是词组了。

总之，在道德、性命、精神、情性以及性情出现的初期，除非这些概念明确地表示出一个和原有语素不同的意思，否则我们还较难判断作者心中到底是将之作为词还是词组在使用。但是一旦表示和原有语素不同的新意思，又超出了我们的讨论范围了。

因此，《庄子》外杂篇虽然出现了道德、性命、精神、情性以及性情，但是这些概念很可能尚处于单字向词过渡的一个中间环节。而在公元前300年以前，《唐虞之道》以及其他文献已经在使用"性命""道德""情性"了。从时间上来看，假如承认《庄子》内篇是庄子所作的话，那么其时的庄子是有可能用这些概念的，但可能因为某些原因而没有使用。这些原因，既可能有前述刘笑敢先生所说过的因为"内容的原因或作者的习惯风格等原因而不使用这三个复合词"，也有可能是时间以外的诸如地域、文化传播等方面的原因。譬如说，文化思想活跃的地区已经运用了"新概念"，而处于边缘的楚地还在用旧概念，要到庄子弟子辈才喜欢使用这些"新概念"。但是这只是做解释，如果我们没有《庄子》内篇是庄子自作，因此时间最早的先入之见，我们其实没有确凿的证据来区别《庄子》内篇与外杂篇的早晚。

（五）

这就难怪有学者对于今传《庄子》之分为内、外、杂篇，也提出了质疑。王叔岷先生曾经在前人研究的基础之上，根据自己的一些心得，指出今天郭象注本《庄子》"内、外、杂篇之区划，盖由私意所定"。[①] 他从前人注疏以及论说《庄子》的文献中，找到了一些证据（若然，证明《庄子》内篇早出，就没有太大必要了）。然而从学者们已有的批评和新出土文献的启发等来看，这些证据的可信度不太高。

王先生之举证，前后有两篇重要文字[②]，有些地方有重合，有些说法则有细微改变。由于学界较多引用王先生的少作，有些评述在当前已经不合适。为讨论方便，今以王先生的后说为主，将其重要内容编次为如下八种类型。为讨论方便，逐一条辨，而学者们已经不合适的评述，就不再引用。

1. 外篇合入内篇

内篇《齐物论》第二"夫道未始有封"下，释文引崔譔云："《齐物》七章，此连上章，而班固说在外篇。"此可注意，汉时所传《庄子》已有内、外篇；而班固所见五十二篇本"夫道未始有封"章，原在外篇也。

王先生所说，有人解释为此章本来在内篇，班固认为应该放入外篇[③]。刘笑敢先生根据孙冯翼所辑佚的《司马彪庄子注》，在"夫道未始有封，言未始有常"一句下有司马彪注："常，久也"，认为如果辑佚可靠，就说明司马彪本这一章在内篇[④]。

按：即便信从王先生的解释，这一条最多只能说明：《齐物论》篇中的"夫道未始有封"章，班固所见在外篇。崔譔所闻见的《庄子》文本应该不少，他记述这一点，说明这种情况不多见，这一章多数还是在内篇。那么这里可能就没有外篇合入内篇之事，即使有，也恐怕不是郭象所为。也有可能有些本子内篇有，有些是外篇有，于是被人删重去复，最后只留在内篇了。

---

① 王叔岷：《庄子校诠》下册，1434 页，台北，"中研院"历史语言研究所专刊，1986。
② 同上书，1434～1437 页；王叔岷：《庄子校释·自序》，转引自冯友兰编著：《中国哲学史史料学初稿·附录》，212～214 页，上海，上海人民出版社，1962。
③ 参见黄华珍：《庄子音义研究》，174～175 页，北京，中华书局，1999。
④ 参见刘笑敢：《庄子哲学及其演变》，29 页。

2. 外篇移为内篇

隋释吉藏《百论疏》卷上之上云："《庄子》外篇，庖丁十二年不见全牛。"今本庖丁解牛事在内篇《养生主》第三。

对于王先生之说，刘笑敢先生认为今本《养生主》中并没有与吉藏所引相同的话（只有"三年之后未尝见全牛也"和"今臣之刀十九年矣"），此篇也没有断简的明显痕迹，所以不能肯定"十二年不见全牛"出自今本《养生主》。由此推断无法肯定今本《养生主》原在外篇。并推测所谓"庖丁十二年不见全牛"很可能是外篇中关于庖丁解牛的又一种记述，因其重复被郭象等人的缩编本删掉了。他举今本《齐物论》与杂篇《徐无鬼》中并有"南郭子綦隐机而坐"之事，还列举了今本中很多相同的比喻，推测五十二篇本中可能有更多的重复。

按：刘先生之说颇有道理。如果把他的意思说得更直接的话，那就是吉藏所见《庄子》未必是郭象注本。而且古人引书，多凭记忆，仅举大意，未必是原话[①]。

3. 内篇移为外篇

唐释湛然《辅行记》卷四十云："《庄子》内篇，自然为本。如云'雨为云乎？云为雨乎？孰降施是'，皆其自然。"今本"雨为云乎？云为雨乎？孰降施是"在外篇《天运》第十四。

按：此处问题和第二类相近。

4. 两篇合为一篇

杂篇《盗跖》第二十九"几不免虎口哉"下，郭注："此篇寄明因众之所欲亡而亡之，虽王纣可去也；不因众而独用己，虽盗跖不可御也。"此篇以盗跖名篇，而述盗跖事于此已终，则此篇当止于此。郭氏于某篇之中言某章之义，决无言"此篇"者。独于此云"此篇"，则《盗跖》篇本止于此甚明。下文"子张问于满苟得曰"，至篇末，所记非盗跖之事，郭氏分为二章，当是他篇之文，郭氏移合于此篇者耳。又《北齐书·杜弼传》，

---

①　崔大华认为吉藏及下文湛然的"引证可能记诵有误"，见崔大华：《庄学研究》，62 页注 1，北京，人民出版社，1992。

称弼注《庄子·惠施》篇。郭本《庄子》无《惠施》篇，而杂篇《天下》第三十三"惠施多方"以下，专述惠子学说，旧或另为一篇，而郭氏合入《天下》篇者也。

按：王先生的眼光是非常敏锐的。比如他根据《盗跖》篇"几不免虎口哉"下郭注中的"此篇"二字，判定《盗跖》篇当止于此，这已经得到了出土文献的证明[①]。但是今本下文"子张问于满苟得曰"至篇末，是郭象将之合于《盗跖》篇，还是其他原因造成的呢？从郭象已经用"此篇"来看，似乎不应是郭象所为；王先生认为郭象自乱其例，似乎不妥。若然，今传本郭象注之正文的分篇，就不一定与郭象息息相关了。毕竟古代曾流行注疏单行，有可能是后人在将正文与注疏汇合时，按照某种章次移动了郭象注。

5. 一篇分为两篇

杂篇《寓言》第二十七末"阳子居南之沛"章，与杂篇《列御寇》第二十三首"列御寇之齐"章，旨意相承（苏轼《庄子祠记》，谓二章"是固一章"。宋陈碧虚《南华真经音义》、罗勉道《南华真经循本》，并以二章相连），旧或在一篇。伪《列子·黄帝》篇正以二章相连，唐卢重玄注云："'子列子之齐'章，言列子之使人保汝；'杨朱南之沛'章，言杨朱使人无保汝也。"是也。

按：此处仅涉及杂篇。是本来就有两种不同的篇章分划，还是郭象故意拆分之，还有待考察。

6. 内篇篇次颠倒

内篇《逍遥游》第一云："尧治天下之民。平海内之政，往见四子藐姑射之山，汾水之阳，窅然丧其天下焉……"按外篇《天地》第十二云："尧之师曰许由，许由之师曰啮缺，啮缺之师曰王倪，王倪之师曰被衣。"据此，则《天地》篇记四子事，应在《逍遥游》篇称四子之前，不得晚

---

① 参见廖名春：《竹简本〈盗跖〉篇管窥》，见钱逊、廖名春主编：《清华大学思想文化研究所集刊》第一辑，北京，清华大学出版社，1996。按：2002 年初，笔者与廖名春先生赴荆州市博物馆参观，竹简整理者之一彭浩先生证实了廖名春先生关于竹简《盗跖》篇只包含盗跖这一章的推测。此外，廖文指出马叙伦已经指出了郭象注"此章"的问题。

于《逍遥游》篇。此犹内篇《应帝王》第七云："啮缺问于王倪，四问而四不知。"所谓"四问"，在内篇《齐物论》第二。《齐物论》篇载啮缺四问王倪事，绝不当在《应帝王》篇之后也。《大宗师》篇第六"此古之所谓县解也"下，释文引向秀注云："县解，无所系也"，而《养生主》篇第三"古者谓是帝之县解"下，向氏反无注，可知向氏所见《大宗师》篇，当在《养生主》篇之前也。

按：王先生的意见并不充分。因为庄子之学，有其来源。很可能"四子"之所指，当时在某些学派内，是很清楚的。《天地》篇只是记下了这个道统，但并不代表这个道统是庄子首创的，也难以保证《天地》篇是庄子自作的。至于内篇内部可能有不同的排列，这是很有可能的。

7. 外杂篇有庄子自作之文

《荀子·正论》云："语曰：坎井之蛙，不可与语东海之乐。"杨倞注："事出庄子。"案事出《庄子》外篇《秋水》第十七。荀卿去庄子未远，则《秋水》虽在今本外篇，其中有庄子自记之事，当可无疑。《韩非子·难三》云："一雀过羿，羿必得之，则羿诬矣。以天下为之罗，则雀不失矣。"此引《庄子》杂篇《庚桑楚》第二十三之文也。（庄子，宋人。）韩非去庄子亦未远，则《庚桑楚》虽在今本杂篇，其中有庄子自撰之文，亦无可疑。

对于王先生之说，刘笑敢先生已经讨论了《荀子》中的引语，指出两篇文字有所不同，"坎井之蛙"有可能是大家共同使用的比喻之语。但是刘先生后面用文体和概念来论证《秋水》并非庄子所作，则并不具备很大说服力，因为庄子之文体、概念应该如何，今人并不知道。刘先生举《秋水》记载魏牟与公孙龙的对话以及记载"子哙让而绝"用"昔者"，则勉强可以为据，因为古书多有附益。如果前文为庄子自作，后学可以附益一些篇章。

按：《荀子》所引为"语"，类似郭店简《语丛》。《韩非子》所引，也比较相近。这些经典的话，是诸子的公言，大家都可以用。像郭店简《语丛四》有："窃钩者诛，窃邦者为诸侯。诸侯之门，义士之所存。"[1]这就

---

[1]　荆门市博物馆：《郭店楚墓竹简》，217～218页。

表明今本《庄子》外篇的《胠箧》之"彼窃钩者诛，窃国者为诸侯。诸侯之门，而仁义存焉"，以及杂篇的《盗跖》之"小盗者诛，大盗者为诸侯。诸侯之门，义士存焉"，有更早的来源，而过去我们以为这些话始于《庄子》。

8. 编辑篇章痕迹

《田子方》篇末，"楚王与凡君坐"章，《释文》云："俗本此后有'孔子穷于陈蔡'及'孔子谓颜回'二章，与《让王》篇同。众家并于《让王》篇音之。检此二章无郭注，似如重出，古本皆无，谓无者是也。"但审今本《让王》篇，文多杂凑，"孔子穷于陈蔡"，及"孔子谓颜回"二章，实不合于《让王》篇之旨（"鲁君闻颜阖得道之人也"，"子列子穷"，"楚昭王失国"，"原宪居鲁"，"曾子居卫"五章亦然），则不当在《让王》篇，俗本在《田子方》篇，或尚存古本之旧亦未可知。古本即不在《田子方》篇，亦不当在《让王》篇，盖今本《让王》篇之杂凑，必非古本之旧，识者自能辨之也。

按：此处恐不能因《让王》篇之杂凑，就推定俗本更可信。因为古书之形成，有的只是聚集故事，如今天所见上博简中自题"子羔"者，从字体和简制来看，至少所谓《子羔》《鲁邦大旱》都在其中，而后一篇乃孔子与鲁君、子贡对话，与子羔无关。而且，即便《让王》篇是杂凑而成的，也未必是郭象所为，而很可能是众家并同。

当然，以上否定王先生的说法，主要是从还存在另外的解释这个角度而言的。由于《庄子》流传时间长，古书多单篇别行，民间藏书或有残缺，不能尽合刘向、刘歆父子校定之本，所以王先生的说法还是有值得重视之处的。

总之，当前有关《庄子》内外杂篇的材料，相对于古籍以及古人所见而言，远远不足。我们只能说在种种论点之外，还有其他诸多的可能性。也许有许多问题，在当前还不足以完全解决，我们只能谨慎地留待将来，以期有更多的材料或更好的方法来解决它。

四、考证古籍年代之反思

今日所见诸子古籍，都面临着一个作者年代、作品年代的问题；而作者、作品的年代，也和学派、真伪(或早晚)等问题相关，罗根泽先生曾经说过："考年代，则真伪亦因之而显；辨真伪，而年代或仍不得定。"①将作者或作品划归不同的学派，或断其为真伪、早晚，也含有一种年代判断在内。因此作者与学派、作品、作品真伪、时代，是互相关联的问题，而其要归在于作品的年代。然而要确定古代作品的作者、年代、学派、真伪，却是一个很复杂的问题。司马迁在作《史记》之时，刘向、刘歆父子在校书之时，班固在编《艺文志》《古今人表》之时，均会涉及人物、书籍的年代、学派这些问题，乃至父子之间也会有不同的判断。譬如司马谈的"法家"，司马迁没有用；刘向《别录》中的"刑名"，刘歆没有用。后来的唐宋人未明古书通例，不知古今有别，根据诸子书中记有其身后事，由此判定其为伪书，并将古人的一些学派分类重作划分，这也牵涉了作者与书籍的时代问题。后人辨伪，相当关注作者、作品的时代与学派。前文讨论了几种考证方法中存在的问题，不由得使我们要回顾、反思近现代的研究。

近代真正将确定作者、作品年代推上日程的标志性事件，应该是胡适先生《中国哲学史大纲(卷上)》的撰著。蔡元培先生在序中就指出："中国古代学术从没有编成系统的记载。庄子的《天下》篇，《汉书·艺文志》的《六艺略》、《诸子略》，均是平行的纪述。我们要编成系统，古人的著作没有可依傍的，不能不依傍西洋人的哲学史……适之先生此编，不但孔墨两家有师承可考的，一一显出变迁的痕迹。即便是从老子到韩非，古人划分做道家和儒墨名法等家的，一经排比时代，比较论旨，都

---

① 罗根泽：《〈管子〉探源》，见周勋初选编：《罗根泽说诸子》，286 页。

有递次演进的脉络可以表示。此真是古人所见不到的。"①

因此，照蔡元培先生的看法，确定古籍年代，是一个在西学东渐的影响下，打破中国传统上的平行纪述法的结果。其后经由胡适的影响，以及考辨古籍真伪与年代的实践，尤其是《古史辨》的影响和后来人书写中国古代哲学史、思想史的层层建构，确定作者、作品年代被当作了首要任务——虽然对于同一作者、作品的时代，可能有不同的看法；平行纪述法也在确定古籍年代的大框架下被广泛使用。

胡适在《中国哲学史大纲》中，将老子放在孔子之前，由此所引发的老子问题大讨论，却反把胡适推到了反思考辨古籍年代方法的道路上来。本来，胡适先生在《中国哲学史大纲》中提到了五种审定史料的方法根据：(1)史事；(2)文字；(3)文体；(4)思想；(5)旁证。前四种为"内证"，"都是从本书里寻出来的"，"从别书里寻出的，故名为旁证"②。但是在《评论近人考据〈老子〉年代的方法》一文中，胡适先生针对当时考辨《老子》问题的方法，批驳了积聚许多"丐辞"，从"思想系统"上或"思想线索"上，用文字、术语、文体，替古人著作做"凡例"等证明《老子》晚出的方法。他指出：再多的"丐辞"也不是证据；从"思想系统"上或"思想线索"上做证明，他是"始作俑者"，但这种方法"不能免除主观的成见"；"用文字、术语、文体"等方法很有用，但是"(1)我们不容易确定某种文体或术语起于何时；(2)一种文体往往经过很长期的历史，而我们也许只知道这历史的某一部分；(3)文体的批判往往不免夹有主观的成见，容易错误"；替古人著作做"凡例"，是劳而无功的工作。③

胡先生所批评过的一些方法，广泛见于今人考证年代的文章之中。对此，后文有很多讨论，如由思想定马王堆帛书《二三子问》与黄老思想之关系，由"朝请"定竹简《文子》在汉初等，皆是如此。

---

① 胡适：《中国哲学史大纲（卷上）》，见姜义华主编：《胡适学术文集·中国哲学史》上册，1～2页，北京，中华书局，1991。

② 同上书，20～22页。

③ 胡适：《评论近人考据〈老子〉年代的方法》，见姜义华主编：《胡适学术文集·中国哲学史》下册，北京，中华书局，1991。

　　然而比照胡适先生两文，不难发现，《中国哲学史大纲》里所介绍的五种方法，实际上就只有史事和旁证两条方法有效了。所说"史事"，是"书中的史事，是否与作书的人的年代相符。如不相符，即可证那一书或那一篇是假的。如庄子见鲁哀公，便太前了；如管仲说西施，便太后了。这都是作伪之证"①。但是胡适先生所举例，其实未明《庄子》多寓言故事，以及古书为学派著作的通例。而事实上，有些古书并未明记史事，有一些书旁证不足，所以这两个方法也要大打折扣。

　　徐复观先生后来在讨论老子其人、其书的年代、《道德经》的作者等问题时，回顾了过去学者的一些讨论，并指出了"考证上对材料批判的若干观点问题"，主要有四点：

　　　　(1)在资料中所发现的矛盾、漏洞，可以导使研究者作正反两方向的探索时，应当有一个质与量的比重上的比较。即是，对传统说法作翻案文章的人，所提出的证据，在质与量的比重上，是否够得上推翻传统的说法，这是考据上应最先决定的问题。

　　　　(2)先秦产生某一思想之人，并非即是将同一思想记之于竹帛之人……一家学说，在其发展过程中，原始记录的传承者既非一人；在传承中之原始记录，亦将有内容之发展，与文字上之歧异或修正。由此不难推想现在所看到的先秦诸子之书，多系经过一段时期的演变而成。仅由某书的少数字句，或内容之某一点，以断定某家某书的思想，系出现于某一时间，多不合当时实际情况。

　　　　(3)古人引用典籍，不是出于"文献学"的意识，而是出于理论、教训的印证的意识。加以竹简繁笨，翻阅不易。所以有的引用原典，只概括大意；有的则又随意加以伸缩。

　　　　(4)即使顺着思想发展的线索，以论定古书之先后，若仅把握住文化中单线的发展，而不了解我国紧承春秋时代以后的思想动

---

　　① 胡适：《中国哲学史大纲(卷上)》，见姜义华主编：《胡适学术文集·中国哲学史》上册，20～21页。

向，并不是单线的发展，则其所谓思想的线索，亦多不可信。①

这些总结，都切中时人之病，很有参考意义。这里所谈到的第二个问题，下文还将重点申述。在与屈万里讨论《尚书》中《甘誓》诸篇年代时，徐复观又指出：

> 想把"发展"的观念，导入于人文科学研究方法之中，欧洲到了十九世纪，才被多数人应用。中国人便以为同一名词，一定是包含同一内容，所以一直到现在，许多人因为缺少此一发展观念，便以对于历史上许多与思想有关的问题，越说越糊涂。②

确实，不少考辨古籍的作品，都缺乏"发展"的观念。然而，也许是知易行难。虽然徐复观先生在批驳别人时很有力，但是他自己论证《老子》的年代之文，就未必十分周全。对于《老子》，他"先作这样的一个假定：这是老子的直接门徒，阐述他的先生——老子学说的著作。其中有的是引用老子的话，但有的却是门徒为了发明他先生的思想而自己说的话"③。但是这个假定和《史记》所记不同，能否成立，尚待研究。而且，就算假定成立，这个老子及其弟子生活的年代，也不免可以上下滑动，难以固定。

上述徐复观先生所说四个问题中的第二个问题，涉及了古书形成的问题。李学勤先生曾根据近现代出土古书，指出古书存在"后人增广""后人修改""改换文字"等现象，并指出：

> 以前有不少著作，对古书的成书采取一种静止不变的观点，以为汉以前的书籍和后世一样，一经写定，不再作出修改。不知古代没有纸张和印刷术，任何书籍，如无官方保证，就只能传抄甚至口

---

① 徐复观：《有关老子其人其书的再探讨》，见《中国人性论史（先秦篇）·附录一》，465~468 页，台北，台湾商务印书馆，1994。

② 徐复观：《由〈尚书〉〈甘誓〉、〈洪范〉诸篇的考证，看有关治学的方法和态度问题——敬答屈万里先生》，见《中国人性论史（先秦篇）·附录三》，598 页。

③ 徐复观：《有关老子其人其书的再探讨》，见《中国人性论史（先秦篇）·附录一》，491 页。

传，师弟相因，其间自然难免增删笔削。①

李零先生也指出：

> 古人著书之义强调"意"胜于"言"，"言"胜于"笔"。古书的原始
> 性质……更重要的是体现在知识的渊源和师法的追溯上。从根本上
> 讲，它是把思想看做超越了个别创作者的主体以及其外在语言形式
> 的东西。②

廖名春先生则对"论述最为系统、详密，最具代表性而又影响最大"
的梁启超所提出的辨伪方法，进行了条辨，指出其方法前提或举例上的
错误，最后仅对于"用后代的人名、地名、朝代名"，"用后代的事实或
法制"，"以文法、音韵辨伪"的方法比较赞成，但是对于前两种方法提
出"要避免'以偏赅全'"③，对于第三种方法也有两点重要修正：

> 一是标准要定准，标准一错，全盘皆误。汉语史的研究表明，
> 过去我们对许多语法现象的认识，过于靠后；而古代的语音现象，
> 又异常复杂，所谓的定论往往有误。许多的语音、语法现象，公认
> 是隋唐才出现的，结果后来发现汉代早有了；大家认定是汉代才有
> 的，结果后来发现先秦早有了。这与过去汉语史研究的不深入有
> 关，也与这种研究是建立在不完全归纳法的基础上有关。正因为是
> 不完全归纳，所以新材料一出现，结论往往就得改写。执着错误的
> 文法、音韵尺子去定古书的真伪，往往不伪者成伪。二是要将语言
> 的真伪与思想的真伪、史实的真伪区别开，将局部的伪与主体的伪
> 区别开。先秦古书，往往是先生之言，经过很久一段时间才由后学
> 整理而成。就思想而言，属于先生；但就语言风格而言，失真度就

----

① 李学勤：《对古书的反思》《论新出简帛与学术研究》，并见《当代学者自选文库：李学
勤卷》，17～19、364 页，合肥，安徽教育出版社，1999。
② 李零：《出土发现与古书年代的再认识》，见《李零自选集》，31 页，桂林，广西师范
大学出版社，1998。
③ 廖名春：《梁启超古书辨伪方法的再认识》，载《汉学研究》，第 16 卷第 1 期，
1998-06。

很大了。同为孔子之言，鲁国的弟子和齐国的弟子、三晋的弟子和楚国的弟子记录下来的肯定有所不同，鲁人所传带有鲁方音，齐人所传带有齐方音，三晋人所传带有三晋方音，楚人所传带有楚方音。春秋末期的孔子之语，战国中后期才著于竹帛，必然会带有战国中后期的语言特色。从语言研究的角度而言，其字体非孔子之书，不能据此去研究孔子的书法；其方音、语法习惯也可能与孔子有别，不好说这就是孔子的方音和语法习惯。但从思想研究的角度看，这些不同都没有太大的关系。所以，语言形式上的伪并不等于思想内容上的伪，我们不能简单地画等号。同时，局部的伪也不等于主体的伪。①

这里所谈到的，主要是古籍逐渐形成的问题。由于古书篇章的形成比较复杂，因此我们切不可由今推古，以为古书篇章一成不变。古书思想内容的年代与语言形式的年代之间，往往并不对应。思想内容可能来源很早，语言形式则可能形成很晚；思想内容可能源自其他人物、典籍，语言形式则可能归之于本门家学。更复杂的是，前文讨论《系辞》《乐记》时已经揭示出，二者在流传过程中，已经存在形式上的变异，并非是一成不变的文本。所以，意图运用文字等方法来分析文本乃至思想的年代，仅是执着于形式外壳，而未必对应思想内核。

中国古籍有上述这些特点，过去未能受到重视，因此很可惜的是，现今之考定古籍年代的方法，多数是立足于语言形式而进行的。而这些方法本身，多数也都存在疑问。即便我们幻想有朝一日，能发展出精密的方法，将战国时期的古书篇章一一定其年代于具体时间。其所得结论，却也只不过是对形式而言的结论，并不足以完全决定思想的年代。宜乎对于古籍年代的辩论，聚讼纷纷，难以定夺。

这种推论，似乎过于悲观。但从中西方学术思想流传的特点来看，确实存在一些根本性的差异。古希腊时期，学派林立，与先秦百家争鸣

---

① 廖名春：《梁启超古书辨伪方法的再认识》，载《汉学研究》，第 16 卷第 1 期，1998-06。

相近。但是除毕达哥拉斯等少数学派有与中国古代学派相近似的学派著作皆推本先师的习惯之外（柏拉图的作品虽然多为苏格拉底与人之对话，似也有类似习惯，但是后人的研究已经可以考见苏格拉底与柏拉图之间的区别），其他古希腊学派内之著述，大体上可以分清著作权的归属，而且各人的鼎盛年也多有记载，也就是说，古希腊乃至以后的西方思想著作，作者、作品年代是比较清楚的。而在中国的诸子时代，作者、作品与时代的联系，很难考定清楚：子书为学派作品，凡未能自成一家之言者，其思想都归之本师，附入子书之中——而有些子书如《管子》，情况更为复杂。古代印度的情况，有与古代中国相近的情形。

看来对于古代子书作者、作品的问题，需要更多地研究中国的特殊情况，寻找更合理的研究方法。我们当然不应该完全排斥考定年代的做法——像钱穆先生的《先秦诸子系年》一书，就很有参考价值，虽然诸子年代与子书年代还有较大差别。但是我们也许可以重新考虑适当地使用平行纪述法（比如以之为主，而辅以年代论述），或探询其他方法来叙述诸子。

鄙意关于讨论古籍的真伪、年代、学派，有一个问题需要澄清，即辨文字和辨"主体部分"或"主题思想"。以往的考辨，多执着于文字，将文字和"主体部分""主题思想"等同起来，这是不合适的。古书有一个发展变化的过程，语言形式上的伪或者晚，并不等于思想内容上的伪或晚。

当然，将辨文字和辨"主体部分""主题思想"做区分，绝不是说将二者截然分开，文字和"主体部分"是一个多少的关系，而文字和"主题思想"则是一个"迹"和"所以迹"的关系。"主体部分"和"主题思想"之间，也可能有差异。比如郭店楚墓竹简《性自命出》和上海博物馆藏战国竹简《性情论》之间，篇章分布乃至多寡不一，可以说它们"主体部分"接近，也许还可以说"主题思想"也接近；但是郭店简《五行》和马王堆帛书《五行》虽然"主体部分"也接近，不少学者却认为其中"主题思想"并不一致。我们讨论年代问题，要立足于"主体部分"，而不是其枝节或少数文字。因此，《性自命出》中与子游相近的一段话，是不适宜于我们用来分析

《性自命出》的学派属性的——至少可以说这个证据的可靠性不高。而我们讨论学派属性，则可以考虑首先清理出其"主题思想"中与其他文献有"同文"关系的部分，我们不能过度关注这些"公言"，而是应该考究它"言公"之后的"私议"。

当然，我们将思想内容和语言形式区分开来，并不意味着为一切有争议的古籍翻案。因为上述李学勤、李零、廖名春三位先生所论，主要是立足于出土古书，我们的举例，也多谈的是出土古书。出土古书虽然告诉了我们很多东西，譬如确实存在《孙子兵法》《孙膑兵法》等，这促使我们更好地反思过去的观念和使用的方法；但是目前出土的古书毕竟有限，有一些问题还有待研究，理有固然而势无必至，尚不可推论过度。譬如《列子》，有不少学者从思想上论证它并非伪书，而一些汉语史的研究者则指出其中存在魏晋语言特色——当然也有一些学者竭力从语言方面进行重辨的工作，虽然争论的双方都有一些不足之处（详另文），但是《列子》的语言中存在大量的有魏晋特色的词语，在目前还是可以断定的；又有鉴于胡适先生所说的思想方法"不能免除主观的成见"，所以至少在当前，为《列子》翻案的理由并不充分。但是那些没有魏晋语言特色的《列子》篇章，该如何看待呢？也许我们的考辨年代的工作，还应该更深入到篇章内部。有不少学者已经在从事这方面的研究，但是研究方法和理论预设还存在问题。

五、"六家""九流十家"与"百家"

"诸子百家""百家争鸣"，是我们描述先秦时期思想界状况时，最习惯的用语。但是在运用它时，很少有人会去质疑：到底有哪"百家"？在当前思想史的研究、写作中，司马谈的"六家"，刘向、刘歆父子的"九流十家"，是真正用来描述、把握先秦乃至秦汉时期思想界的基础"话语"。可是使用这种"话语"，实际上给我们的研究工作带来了巨大的混乱。我们归纳出了所谓"儒家""道家"等的特点，然后就用这些特点去演绎、推理，以确定其他人物、观点的属性。结果使两千多年前具体的情景和鲜活的历史，装在了"法家""名家"这样的思想套子里，奄奄一息——我们现代人是在运用"墨家""阴阳家"这样格式化的思维原型在思考问题，在利用它们艰难地与两千多年前的人"对话"；而事实上是，这些疏阔的"话语"，也把我们套牢了，仿佛离开了它们，我们就无法"说话"。我们努力所得出的最后结论，往往不过是海市蜃楼，思想前提就未必牢靠。比如说谈论到父慈子孝，主惠臣忠，我们马上会调出儒家思想作为原型来思考问题，会认为凡是有这些思想的人，应该都属于儒家或受到了儒家思想的影响。而实际上，孔子之前早已有了类似的理想，先秦诸子很多人在谈论社会人伦时，都复述了相近的话，只不过达到目标的手段不一致罢了(详后文《从"六位"到"三纲"》)。

其实，自诩为中国哲学史开山者的胡适，曾经明确反对使用"六家"这种做法来描述先秦的思想家，他指出过所著《中国哲学史》的特点：

> 我这本书的特别立场是要抓住每一位哲人或每一个学派的"名学方法"……这个看法根本就不承认司马谈把古代思想分作"六家"的办法。我不承认古代有什么"道家"、"名家"、"法家"的名称。我这本书里从没有用"道家"二字，因为"道家"之名是先秦古书里从没有见过的。我也不信古代有"法家"的名称，所以我在第十二篇第二章用了"所谓法家"的标题，在那一章里，我明说："古代本没有什么'法家'……我以为中国古代只有法理学，只有法治的学说，并无所谓'法家'。"至于刘向、刘歆父子分的"九流"，我当然更不承认了。

> 这样推翻"六家"、"九流"的旧说，而直接回到可靠的史料，依据史料重新寻出古代思想的渊源流变：这是我四十年前的一个目标。我的成绩也许没有做到我的期望，但这个治思想史的方法是在今天还值得学人的考虑的。[1]

---

[1]　胡适：《〈中国古代哲学史〉台北版自记》，见姜义华主编：《胡适学术文集·中国哲学史》上册，5~6页。

其后，任继愈先生有《先秦哲学无"六家"》之文①，指出"先秦有的只是老子学派、庄子学派、公孙龙学派等"②，承认有很多学派，但是这个观点没有贯穿到他所编写的《中国哲学史》和《中国哲学发展史》之中。美国学者苏德恺也认为："先秦哲学本来没有六家，而司马谈自己创造了汉初的'六家'概念及其抽象的类目。"③陈启云先生也有相近的观点④。

但是，冯友兰先生有专门的文章《论"六家"》，考证司马谈和刘歆所分的"六家"或"九家"的说法是有根据的：

> 在先秦事实上是有这些派别……第一，在先秦的学术界和知识分子中，本来有各种的人，他们自称，或者被称为某种人，或者某种专家。第二，这些某种人或某种专家，在他的思想中间，确有一些自己的中心问题，对于这些问题的回答和解决，有一个共同的倾向，因此他们成为哲学上一个流派。每一个流派，都围绕着自己的中心思想，同别的流派进行斗争……在先秦的典籍里，我们常看见有"儒"或儒者"、"墨者"、"隐者"、"辩者"、"法术之士"、"轻物重生之士"等名称。这些名称都专指一种人……这些不同的人，都有不同的思想。他们的思想发展成为体系，就成为各种学术流派。这些流派是本来有的，司马谈和刘歆在记录中把他们明确起来，给以相当的名字，其中有些名字，是沿用原来有的名称，例如儒家和墨家，有些是他们给的新名称，例如名家、法家、阴阳家、道家。⑤

---

① 参见任继愈：《先秦哲学无"六家"——读司马谈〈论六家要旨〉》，载《文汇报》，1963-05-21。此文有可能是受到汤用彤《论中国佛教无"十宗"》[《哲学研究》，1962(3)]的影响，而反驳冯友兰。

② 任继愈认为先秦有"法家"，这可能是受到了当时意识形态的影响；任继愈认为司马谈"讲的六家，是汉初当时流行重要学派"，不确，详苏德恺文。

③ [美]苏德恺：《司马谈所创造的"六家"概念》，载刘梦溪主编：《中国文化》，1992(7)。

④ 参见[美]陈启云：《"儒家"、"道家"在中国古代思想文化史中的定位》，见《中国古代思想文化的历史论析》，北京，北京大学出版社，2001。

⑤ 冯友兰：《中国哲学史论文二集》，86~87页。原载《哲学研究》，1959年第11、第12期合刊。

　　二说壁垒分明，看起来势难两立。但是儒、墨这样的称呼，在先秦确实常见，由此不能不让人疑心道家、法家等称呼也是有来源的；而且胡适先生的书中，恰恰就列有"公孙龙及其他辩者"一节，并且虽不承认法家而书中却说"但法家之名沿用已久了，故现在也用此名"①，自乱其例，似乎冯先生说得比胡先生有道理。

　　当前，多种论述到先秦学术史、思想史或哲学史的著作②，总是将儒、墨、道、法等不到十个部派，及其不同时段的代表人物，一个个排衙来写。譬如在儒家，先列孔子，次列曾、思、孟，再列荀子等小节。或者这种分家分派并不完全行之于章节结构，研究者按照时间先后分述诸子，依次写老子、孔子、墨子等，但讨论到诸子的学术性质时，"道家""法家"等称呼还是存在。而各种讨论到"百家争鸣"的文章，也似乎多是说说而已，要不就搬出儒、墨、道、法等家。于是，名义上的"百家"，变成了几家、十几家，有学者甚至明确说先秦没有"百家"③。

　　也有不少学者认识到"六家""九流"之说不足，但认为可以沿用④。英国著名学者鲁惟一，已经认识到刘向、刘歆父子的"九流十家"是书目，划分有许多问题⑤，也还是因袭"儒家""道家""法家"等称呼。史华

---

① 胡适：《中国哲学史大纲（卷上）》，见姜义华主编：《胡适学术文集·中国哲学史》上册，243 页。

② 包括笔者所查阅到的［日］狩野直喜：《中国哲学史》（东京，岩波书店，1953），劳思光：《新编中国哲学史》（台北，三民书局，1984），吴怡：《中国哲学发展史》（台北，三民书局，1984），韦政通：《中国思想史》（台北，水牛出版社，1986），臧广恩：《中国哲学史》（台北，台湾商务印书馆，1987），以及［美］本杰明·史华慈：*The World of Thought in Ancient China*，1985 by the President and Fellows of Harvard College, pp. 173-175、186-187、321。此书有程钢译、刘东校：《古代中国的思想世界》，南京，江苏人民出版社，2004；［英］葛瑞汉：*Disputers of the Tao：Philosophical Arguments in Ancient China*；［美］倪德卫（David Shepherd Nivison）：《剑桥中国先秦史》第十一章，《经典哲学著作》（剑桥大学出版社，1999）。

③ 参见夏乃儒主编：《中国哲学史三百题》，36～38 页，上海，上海古籍出版社，1988。

④ 参见庞朴：《"六家"浅说——兼评"四人帮"的儒法扩大化》，见《沉思集》，49～50 页，上海，上海人民出版社，1982；杨宪邦主编：《中国哲学通史》第一卷，114、115 页，北京，中国人民大学出版社，1987；孙开泰：《春秋战国百家争鸣及相互影响》，载《文史知识》，1988（2）。

⑤ 鲁惟一明确指出："刘向和刘歆所编的书目，作为遗产，所留下的对中国哲学进行重大划分的分类却往往是错误的。"参见［英］崔瑞德、鲁惟一编：《剑桥中国秦汉史》，杨品泉等译，696 页，北京，社会科学出版社，1992。

慈、葛瑞汉等先生同样如此(葛瑞汉先生指出"道家学派,像儒墨以外的其他学派一样,是一种后人回溯性的产物,也是对诸子派系的最大混淆",特别指出"儒墨以外")①。可见"六家""九流"的框架,不仅影响了中国人,也深深影响了西方汉学界。

"六家""九流十家"到底能否用来描述先秦乃至汉初的思想界?这需要我们仔细梳理它们的来历和产生的背景。

(一)百家

打开先秦至汉初的子书,最常见的是"百家"。比如《荀子·儒效》:"百家之说,不及后王,则不听也。"《荀子·解蔽》:"今诸侯异政,百家异说。"《荀子·正名》:"是故邪说不能乱,百家无所窜。"《荀子·成相》:"复慎、墨、季、惠,百家之说诚不详。"《庄子·秋水》:"公孙龙问于魏牟曰:'龙少学先王之道,长而明仁义之行;合同异,离坚白;然不然,可不可;困百家之知,穷众口之辩;吾自以为至达已。'"《庄子·天下》:"其数散于天下而设于中国者,百家之学时或称而道之……犹百家众技也,皆有所长,时有所用……悲夫,百家往而不反,必不合矣!"贾谊的《新书·过秦上》:"于是废先王之道,燔百家之言,以愚黔首。"《淮南子·俶真》:"百家异说,各有所出。"《淮南子·齐俗》:"故百家之言,指奏相反,其合道一也。"《淮南子·氾论》:"百川异源而皆归于海,百家殊业而皆务于治。""百家"的说法在汉代还有很多例子,此不赘述。

"百家"与"六家""九流十家",同是用"家",其实意义并不相同。《庄子·则阳》借少知之口说:"季真之'莫为',接子之'或使',二家之议,孰正于其情?孰偏于其理?"《韩非子·定法》载:"问者曰:'申不害、公孙鞅,此二家之言孰急于国?'"篇末则有:"故曰:二子之于法术,皆未尽善也。"在这里,季真、接子二人,申不害、公孙鞅二子,被称为"二家"。这里二人、二子、二家交替使用,而中国古代有"家""人"对言之例②,

---

① 参见[美]本杰明·史华慈:《古代中国的思想世界》,180~181、195~196、336页;[英]葛瑞汉:*Disputers of the Tao*:*Philosophical Arguments in Ancient China*,p.170。

② 参见王利器:《"家"、"人"对文解》,见《晓传书斋集》,上海,华东师范大学出版社,1997。

故诸子百家实际上是以不同的人为区别，与"法家"等说法无关。我们看
"百家"之所指，《荀子·成相》中有："凡成相，辨法方，至治之极复后
王。复慎、墨、季、惠，百家之说诚不详（祥）。"这里的"慎、墨、季、
惠"，应该只是荀子所举的"百家"之代表。《庄子·天下》篇中，所谓古
之道术"其数散于天下而设于中国者，百家之学时或称而道之"，文中所
列举的"百家"，有"墨翟、禽滑釐……相里勤之弟子五侯之徒，南方之
墨者苦获、己齿、邓陵子之属""宋钘、尹文""彭蒙、田骈、慎到"，
"关尹、老聃""庄周""惠施……桓团、公孙龙辩者之徒……黄缭"
（容易发现，《天下》篇比《荀子·成相》多了"之徒""之属"这样的表述），
应当也只是举其要者。

　　战国诸子多有门徒，余嘉锡先生曾经指出子书的通例是："向歆班
固条别诸子，分为九流十家。而其间一人之书，又自为一家……学有家
法，称述师说者，即附之一家之中……其学虽出于前人，而更张义例别
有发明者，则自名为一家之学。"[①]因此，确切地说，战国时代，论及
"百家"时，"子"是"家"的代表，举一"子"可以赅括一"家"。

　　司马谈的"六家"，刘向、刘歆父子的"九流十家"中的"家"，与"百
家"的"家"有不同含义。这应当既是余嘉锡先生说"向歆班固条别诸子，
分为九流十家。而其间一人之书，又自为一家"的缘故，也是《汉书·艺
文志·诸子略》提及"九流十家"，又说到"凡诸子百八十九家"的缘
故——同时使用两个"家"而所指不同。古人用语简略，语言逐渐发展，
同一个字有不同含义，不足为奇。那么，"家"的不同含义是如何发展而
出的呢？

　　前举《庄子·天下》篇中，"相里勤之弟子五侯之徒"，与"桓团、公
孙龙辩者之徒"，两个"之徒"，或可为我们提供一些线索。这两个"之
徒"，意义有区别。很明显前者是指有师承、学术渊源关系的一批人，
他们的思想宗旨应该差不多；而后者则仅是指思想宗旨或学术特点相近
的一批人，未必有师承关系。按照冯先生的观点来看，这两种人都是某

---

① 余嘉锡：《四库提要辨证》上册，514 页，昆明，云南人民出版社，2004。

种专家，都有自己的"中心问题"和回答倾向，似乎没有差别。但是我们就师承渊源这一角度来看，就有区别了。

类似"辩者"这样的称呼，前引冯友兰先生《论"六家"》一文还举出了其他例子。但是冯先生没有注意到《战国策·赵策二》中，苏子对秦王所说的"夫刑名之家皆曰：白马非马也已……"①这里"刑名之家"的"家"，也是指的"某种人"——喜好刑名，他们有自己的"中心问题"和回答倾向——"白马非马"。这些人同"桓团、公孙龙辩者之徒"这一说法接近，大家都讨论乃至同意"白马非马"，但是不必然有师承关系（当然也并不是排斥师承渊源。当时持"白马非马"这种观点的人，著名者有兒说、公孙龙，二人未见记载有师承关系）。这与前面以子为代表的有师承渊源的"家"大不相同，而与后来"道家""法家"等"家"的意义接近。

因此，在先秦时期，表示思想团体的"家"至少有两种意涵，一种是针对有学术师承、学术渊源的学派而言的；一种是针对有相近的学术宗旨、学术兴趣、学术问题的学者群而言的，有可能有直接的师弟子关系，也可能没有师承渊源，或者是私淑弟子，也可能是同倡某一学说。后者的外延较前者宽泛。

所以，"百家"，是泛指当时诸多的学派，每个自成一家之言的学者都可以成为一家。从这种角度来看，说先秦有"百家"，绝不是什么夸张之说。虽然当前尚看不到一本著作提及所有的百家之名，但这恐怕只是因为时间、地域和诸子的学术方向有不同，而学有显有不显。比如《尸子·广泽》与《吕氏春秋·不二》的讨论对象就不完全一致。孔门有"七十子"，稷下学宫中的大夫也有七十六人（《史记·田敬仲完世家》）。先秦养士成风，四大公子、吕不韦等人的食客都不下千人，这些游士除掉鸡鸣狗盗、刺客游侠等专门人才外，有很多就是百家学者，他们如果没有

---

① 此句横田惟孝以为他章错简（转引自何建章：《战国策注释》，671页，北京，中华书局，1990，何氏赞同此说），其他注多不从此说。缪文远以为"此《策》为虚拟之辞，非实事也"（缪文远：《战国策新校注》，645页，成都，巴蜀书社，1987）。张清常、王延栋《战国策笺注》从之（参见该书457页，天津，南开大学出版社，1993）。盖此章全文或有夸张、讹误，但此事当有所从来，而"刑名之家"之称，极可能已经出现于战国晚期。

标举某一家或自成一家之言的本事，是不会得到尊重的。秦火之后，汉廷所藏子书，《诸子略》说"凡诸子百八十九家"，这应该是对于先秦秦汉时期的子书只会少不会多的统计。

（二）"百家"早于"六家"

我们认为，相对而言，"百家"的"家"用的是本义，"六家"的"家"则是引申义。

战国时的诸子，很明显地更重视有学术师承渊源的学派这一意义上的"家"。这一点，可以从正反两面的例子来看。如《孟子·滕文公下》篇曾说到："杨朱、墨翟之言盈天下。天下之言，不归杨则归墨。杨氏为我，是无君也。墨氏兼爱，是无父也。"杨、墨先于孟子，孟子所要批判的，应该主要是当时遵循杨、墨思想的人。孟子从根源上批判杨、墨，也就打击了当时的这些人，效果更好。相反，当孟子听说陈良的弟子陈相归附许行后，就赞叹陈良"北方之学者，未能或之先也"，而斥陈相为"南蛮鴃舌之人"。

根据前面所引余嘉锡先生的研究结论，容易看出，延续的师承渊源，是和独特的思想观念相一致的，所以当时各家学说的核心观念，常见于时人的著述之中。如《尸子·广泽》篇中说："墨子贵兼，孔子贵公，皇子贵衷，田子贵均，列子贵虚，料子贵别囿。"《吕氏春秋·不二》之说与之接近："老聃贵柔，孔子贵仁，墨翟贵廉（兼），关尹贵清，子列子贵虚，陈骈贵齐，阳生贵己，孙膑贵势，王廖贵先，兒良贵后。"这是典型的以"子"为"家"之代表的表达方式。

这两篇所采用的论各子之所"贵"的表达方式，是一个较长的时段和较广的地域之内，非常习见的叙述方式。《列子·天瑞》记："或谓子列子曰：'子奚贵虚？'"今传《列子》一书之所谓真伪，尚有争论，不过《战国策·韩策二》也记载："史疾为韩使楚，楚王问曰：'客何方所循？'曰：'治列子圉寇之言。'曰：'何贵？'曰：'贵正。'""贵正"之言明显不可靠，此文主要是用"贵正"之说喻事，故被收入《战国策》。但它却反映出当时论方术，是用问"何方"来问师法何人，用"何贵"来问学术宗旨，以明了学术师承、派别和思想宗旨。师承、派别既然不同，那么学术宗旨自然也就各异；而同一个派别之内，学生若能自成一家之言，学派就会分化，学术宗旨也会相应变化，比如《吕氏春秋·不二》就说到"老子贵柔""关尹贵清"。

重视学术师承、思想宗旨，不仅见之于诸子的言行，甚至见于一般的贵族、士人的言行之中。《吕氏春秋·应言》记载："司马喜难墨者师于中山王前以非攻，曰：'先生之所术非攻夫？'"《吕氏春秋·爱类》也记："匡章谓惠子曰：'公之学去尊，今又王齐王，何其到也？'"

相比较而言，学术师承渊源比思想宗旨更为重要，因为师承一定，那么学术宗旨也就能大体接近，虽有变化而不远。比如当时儒、墨早已分化，但是儒、墨之称却很通行，就是因为其分化之后的派别之间虽然互相批判俨若水火，但在别人看来，学术宗旨终究相去不远。当时人很重视师承，《庄子·天下》篇便说到墨家三派"以巨子为圣人，皆愿为之尸，冀得为其后世"。《吕氏春秋·去宥》则记载："荆威王学书于沈尹华，昭厘恶之。威王好制。有中谢佐制者，为昭厘谓威王曰：'国人皆曰：王乃沈尹华之弟子也。'王不悦，因疏沈尹华。"中谢能够进谗言于威王，就是部分因为当时人重视师承的心理，这恰好从反面说明了问题。

战国时的"百家争鸣"，常见诸子把握其他学说的师承渊源和学说宗旨，以进行评判，前面所举《孟子·滕文公下》《尸子·广泽》《吕氏春秋·不二》可见一斑。但很可能在其后，将不同学说之间的相似点揭露出来以进行批判，也变得流行，《荀子》或可为证。

《荀子·天论》《荀子·解蔽》两篇，据学者考证是荀子在稷下时所作，《荀子·非十二子》篇，据考证是荀子居于兰陵时的作品。[①]《荀子·天论》篇中说："慎子有见于后，无见于先。老子有见于诎，无见于信。墨子有见于齐，无见于畸。宋子有见于少，无见于多。"《荀子·解蔽》篇中说："墨子蔽于用而不知文，宋子蔽于欲而不知得，慎子蔽于法而不知贤，申子蔽于执（势）而不知知，惠子蔽于辞而不知实，庄子蔽于天而不知人。"这里的两篇虽然都批评了墨子、宋子，但是角度不一致。

---

① 参见廖名春：《〈荀子〉各篇写作年代考》，载《吉林大学社会科学学报》，1994(6)。

《荀子·非十二子》则是这样批评墨子、宋子的："不知壹天下、建国家之权称，上功用、大俭约而僈差等，曾不足以容辨异、县君臣；然而其持之有故，其言之成理，足以欺惑愚众，是墨翟、宋钘也。"这里批评的内容就与上文不同了，是纯粹从墨子、宋子思想上的相同之处来加以批判了。

此后将思想家两两相举的方式很常见，如黄老、老庄、孙吴、申韩，等等，这应该都是着眼于两种学说的相同之处，比如孙吴，就是指兵法，而不会专注于吴起的变法或者传《左传》。这样的两者之间，许多也没有师承关系。这种称呼再往前发展一步，就离"道家""法家"的称呼不远了。《尹文子·大道上》已经出现了不少名称，可惜一直被认为是晚出的伪书，没有受到应有的重视，我们将在后文讨论。

（三）六家

汉初，"学天官于唐都，受易于杨何，习道论于黄子"的司马谈，"愍学者之不达其意而师悖，乃论六家之要指"，讨论了"阴阳、儒、墨、名、法、道德"六家。今存于《太史公自序》中的"论六家之要指"，后面较长的部分或可能是司马迁的补述，我们且统称之为司马氏父子之论。

前面已经讨论了"刑名之家"，当时社会上也已经出现了"道家"这样的名称[1]，司马氏父子所论"六家"，当然是思想宗旨接近这一意义上的"家"。"夫阴阳、儒、墨、名、法、道德，此务为治者也"，这里的"六家"，是讨论的六个对于"治"有重要影响的思想理论，没有谈及纵横等与当时"为治"关系不大的学说。儒、墨本来是有师承渊源的学派名称，通行已久，人们自然容易知道其所对应的治国的学术宗旨；道、阴阳、名、法，则很明显也是指学术宗旨，而不是指称有师承渊源的具体学派。譬如司马氏父子的"法家"肯定是有一定所指的，但是《七略》中的法家重要人物申不害、韩非，在《史记》中被列入《老子韩非列传》之中，并追溯其思想渊源为"皆原于道德之意"。可见《史记》放弃了"法家"，"法家"并不是具体的学派。

---

[1]　《史记·陈丞相世家》："始陈平曰：'我多阴谋，是道家之所禁。'"《史记·齐悼惠王世家》："召平曰：'嗟乎！道家之言：当断不断，反受其乱。乃是也。'遂自杀。"

所以，这里的"六家"尽管也是称为"家"，也用了先秦常见的儒、墨这样表示学术师承渊源的名词，但是儒、墨在此却是用来指称学术宗旨，不是对于先秦秦汉时期学派的划分（否则分类有两个标准）。更值得注意的是，"六家"没有对应具体的人物。"六家"仅是谈论学术思想中，有关治国的六个重要的思想取向。就治国之术而言，先秦诸多思想家或流派中的学说，可能不止这六个倾向；而某一思想家或流派可能会同时出现若干个思想倾向，尤其常见的是杂有名学、阴阳学的学说。因为"名学既为各派辩论的工具，则名家之不当独立成家，自不言而喻，不过惠施、公孙龙等特以辩论著名而已"①；而所谓阴阳的学说，起源很早，已经成为先秦诸子的基本通识②。因此，这里的"六家"，是与"百家"不同类型的概念，并不互相排斥；在司马迁的《史记》中，我们可以看到很多的"百家"之称。

不过，恐怕司马谈不是凭空创造出"六家"的概念，而应该是有所继承、发展。《尹文子·大道上》指出："大道治者，则名、法、儒、墨自废；以名、法、儒、墨治者，则不得离道。"这里的"大道""名""法""儒""墨"，是《尹文子》所归纳出的各种治国主张，与司马谈所说的"夫阴阳、儒、墨、名、法、道德，此务为治者也"相比，少了"阴阳"。《尹文子》一书，过去被怀疑为魏晋时伪托之作，当代学者已经基本说明此书不伪、不晚③。而且，《庄子·天道》中有："礼法度数形名比详，治之末也"，论调与《尹文子》接近，这正好说明《尹文子》或有所承。故而《尹文子》这一段不太可能是因袭《论六家之要指》，舍弃了"阴阳"；而很可能

① 蒋伯潜、蒋祖怡：《诸子与理学》，23 页，上海，上海书店出版社，1997。该书原为世界书局 1942 年所出"国文自学辅导丛书"之一。

② 参见葛兆光：《七世纪前中国的知识、思想与信仰世界》，154～156 页。

③ 参见董英哲：《〈尹文子〉真伪及学派归属考辨》，载《西北大学学报（哲学社会科学版）》，1997(3)；王晓毅：《国学举要·道卷》，71 页，武汉，湖北教育出版社，2002。有西方学者认为现存《尹文子》与王弼《老子指略》相似，就认为它大约成书于公元 200 年之后。参见 Dan Daor：*The Yin Wenzi and the Renaissance of Philosophy in Wei－Jin China*，University of London Thesis，1974，pp. 1-39。转引自葛瑞汉：*Disputers of the Tao：Philosophical Arguments in Ancient China*，p. 95n。参见张海晏中译本：《论道者：中国古代哲学论辩》，115 页脚注。按：此种根据"同文"判定文献年代的方法，有可能存在问题，参见前文《"同文"分析法评析》。

是相反。但是司马氏父子不是如《尹文子》那样，独推重道家，而是分析了各家之利弊，虽然对道家比较推重，但是也指出了"其辞难知"；他们还指出了其他家不可废之处。所以司马氏父子之论，与《尹文子》不同。

《尹文子》、司马氏父子谈论诸子学说的方式，是就某一学术宗旨进行评论，没有针对具体的人，这与先秦学者常见的论述方法相比，改变比较大。战国时期的诸子，常常是点数某人某家(氏)之名，举其核心学说以评判。在司马氏父子前后，有不少人还是像先秦诸子一样，谈论诸子百家(详后文)，但是逐渐衰微。或许有人会说，先秦本来就存在两种划分诸子学派的方式，司马氏父子"六家"之划分法的流行有其必然性，这一划分、评论诸子的方法必然取代点数诸子分别论述的方法。可是这仅是从结果来倒看历史现象，而且这一现象，可能和战国末期到秦汉时期的学术风气变化有关①，拟另文讨论。更为关键的是，"九流"的来源和"六家"并不是一回事。

(四)九流十家

《庄子·天下》篇讨论学术思想发展变化，汉初有《淮南子·要略》继续这一探讨。该篇结尾论述了太公之谋，周公之训及儒者之学，墨子用夏政，管子之书，晏子之谏，纵横修短，申子刑名之书、商鞅之法、刘氏之书。(《淮南子》的出现原因，目的则是批判这些学说为"救世之弊"而起，仅"循一迹之路，守一隅之指"，只有"刘氏之书"才"与世推移"，能"置之寻常而不塞，布之天下而不窕"。)

到刘向、刘歆父子主持校书时，他们分群书为经传、诸子、诗赋、兵书、数术、方技，尊经崇古之意与《庄子·天下》接近②；其区分诸子为"十家"，在六家之外，新增添了纵横、杂、农、小说四家。他们也进

---

① 战国时期，学术中心地区是"儒分为八，墨离为三"，学派不断细分，学术边缘地区如秦、楚，则出现了像《吕氏春秋》这样的大融合著作，和《庄子》外杂篇、《鹖冠子》等这样思想折中的作品。学术中心地区守师说较严，《孟子》记陈良之弟子陈相归附许行，在学术宗旨上是尽弃前学，汉代经书传授还有家法；学术边缘地区，学者转益多师。秦火之后，学术融合和学者杂学百家言的趋势很明显。"学者之不达其意而师悖"，是汉初的实际情况。

② 《庄子·天下》说"古之人其备乎"，古之道术"其明而在数度者，旧法世传之史尚多有之。其在于《诗》《书》《礼》《乐》者，邹鲁之士搢绅先生多能明之"。

行了学术思想史方面的研究，其探讨"九流"盖出于古之某一王官，与《淮南子·要略》探究渊源相仿；分析九流长处及流弊，与司马氏父子之论接近，只是最推重儒家。

刘向、刘歆父子的本职工作，是要为汉朝的皇家藏书校勘、分类、编目。就诸子书而言，所分的"九流十家"，是一个目录名称，在图书分类学的意义上，有首创意义。他们采用《尹文子》诸家、司马氏父子"六家"的模式，并有所补充，是一种可取的选择。而且这里的"九流十家"，也不是要取代百家，我们可以与兵书部分比较。《汉书·艺文志》兵书部分记有："汉兴，张良、韩信序次兵法，凡百八十二家，删取要用，定著三十五家。诸吕用事而盗取之。武帝时，军政杨仆捃摭遗逸，纪奏兵录，犹未能备。至于孝成，命任宏论次兵书为四种。"任宏所录兵书四种当就是"兵权谋""兵形势""兵阴阳""兵技巧"。可以看出，兵书是由百八十二家删要为三十五家，最后分为四种。很明显，这里的"种"是不断删要、归并而成的。与《诸子略》相比较，此处兵书的"四种"对应于"九流十家"；而汉兴时的兵法"凡百八十二家，删取要用，定著三十五家"，恰相当于刘向、刘歆父子校书时的去重定著，颇类似于刘向重新编订《战国策》等书。这说明，刘向、刘歆父子"九流十家"中的"流"和"家"，是与"百家"不同类型的概念。以"九流十家"为框架的《诸子略》也说："凡诸子百八十九家，四千三百二十四篇。"向、歆父子"九流十家"之"流"和"家"的意义等同于"种"，应该看作"百家"上面一层的纲目名称。

但是，"六家"本来不对应具体学派和人物，"九流十家"出现之后，每一家就有了相对固定的子书、人物。当"九流十家"这个创建的目录名称，连同其所对应的书籍，由史书附录进入史学，再进入学术思想史的领域之后，身价渐增，《庄子·天下》篇和《淮南子·要略》篇难望其项背。尽管后来书差不多都丢了，但是那个名目还在。后人"循名责实"，找寻目录的名称与内容之间的关系时，当然会发现"九流"的分类不彻底①，

---

① （清）江瑔曾经指出："大氐所谓某家之学者，皆综其学术之宗旨言之。必其宗旨纯一，可以贯彻初终，成一家言者，而后举其纲以括其目。然窃援名以核实，惟名、法、墨、农、阴阳五家为名正而言顺（按墨为学术之名，与名、法诸字同，非墨子之姓，详见下），余皆于理有未安……"见江瑔：《读子卮言》卷一，20 页，排印本。

不合理；可是，却少有人去质疑那名称本身了。而学者们越是批判某个名称不合理，就越是被这一名称给套牢了。

总之，在先秦百家争鸣的时期，每一个著名的"子"及其弟子，都可以成为一"家"。在诸子互相辩难、批判的过程之中，思想接近的学者趋于一致或者被别人放到一起批判，才逐渐产生了另一种意义上的"家"。胡适、冯友兰先生，可谓各得道之一偏。

现在看来，将"六家""九流十家"作为我们讨论先秦秦汉思想史时的基础"话语"、思想原型的状况，有必要作出改变了。

关于"六家""九流十家"是如何逐渐取代"百家"而成为先秦诸子时代学术的图景，请看后文《九流：从创建的目录名称到虚幻的历史事实》。

六、古代中西方的"学派"观念比较

在中国哲学史、思想史的研究中，先秦以及后世的各种学派，是一个研究重点。"学派"之名，后世才出现，如宋黄仲元撰《四如讲稿》卷一说："于时有湖学，有浙学，有江西学派。"这表明，"湖学""浙学"是和"江西学派"相近的学派名称，可以发现"×学"这种称谓学派的名称，来源更早。"学派"之名，后世沿用，一直到近现代。因此，在研究先秦汉初诸子时，人们就将"学派"这个名称使用上了，像商鞅学派、稷下学派、思孟学派等。

当然，对于先秦诸子还有使用"六家""九流十家"来描述的传统。余嘉锡先生指出："向歆班固条别诸子，分为九流十家。而其间一人之书，又自为一家……学有家法，称述师说者，即附之一家之中……其学虽出于前人，而更张义例别有发明者，则自名为一家之学。"[①]大致说来，先

---

① 余嘉锡：《四库提要辨证》，514 页。

秦子书多为学派著作的集合①，"子"是"家"的代表（"家"又或称"氏"），举一"子"可以赅括一"家"，"九流十家"之"流"和"家"应该看作"百家"上面一层的纲目名称。所以，今人所使用的各种"学派"名称，能不能适用于先秦汉初时期，还需要研究。像"思孟学派"之有无，就引起过较大争论，被写入思想史、哲学史著作之中，作为专题讨论。

类似的争论，往往难以得到最后结论。因为今人所称呼古代学派的名称，有的并没有古代的依据，但是尚合乎义例，如上述"商鞅学派"，若依《商君书》来看，就合乎余嘉锡先生的归纳；而"思孟学派"，虽可以说有宋以后理学家的"孔、曾、思、孟"之道统作为一定的依据，但是却缺乏明确的定义。所以争论双方虽称呼同一"学派"，但可能却是各执一词，所说各异，这当然不能够得到结论。

当然，并不是所有的名称，都先有明确定义，许多也只不过是一种约定俗成的称呼。比如"商鞅学派"，先前本没有这个名称，目前好像也没有专门的定义（虽然仔细推究起来，如果按照余嘉锡先生的归纳，这个名称的外延似乎比较明确）。

面对这种情况，我们或许可以考察一下东西方的情况，看能不能找到相近似的例子，或者归纳出可以通约的学派的特性。限于学力，下面主要考察古希腊和后来西方哲学史上的情况。

在古希腊，有不少哲学流派，人物所属学派之划分，也一直是一个比较复杂的问题。他们有些与古代中国相类似的情况，比如毕达哥拉斯学派有与中国古代学派相近的学派著作皆推本先师的习惯；柏拉图的作品也多托为苏格拉底与人之对话，虽然亚里士多德和色诺芬的叙述、后人的研究，已经可以大体考见苏格拉底与柏拉图之间的区别，但是一些被认为是伪作的柏拉图对话，也可能是柏拉图的弟子后学托名柏拉图而作，可以视作柏拉图学派的作品——这一点，西方学者似乎较少措意。

---

① 《吕氏春秋》《晏子春秋》等有所不同。先秦古书在流传和经过刘向、刘歆父子等整理后，可能出现个别特殊情况，如《管子》中杂有许多内容，而统称《管子》。

在古希腊，有别立宗旨而仍旧归在一个学派之内者。如所谓"米利都学派"，泰勒斯、阿那克西曼德、阿那克西美尼对于"始基"的看法根本不同。在古代中国，也有类似的情况。比如当时儒、墨早已分化，但是儒、墨之称却很通行，就是因为其分化之后的派别之间虽然互相批判俨若水火，但在别人看来，学术宗旨终究相去不远。不过，虽则三墨之学可能仍存于《墨子》之中，但是别立宗旨者多自成一家，如《关尹子》《韩非子》之于《老子》《荀子》。

后来第欧根尼·拉尔修的《名哲言行录》介绍了古希腊哲学的一些学派及其代表，并在《序》中专门讨论了学派问题。他的言论，对于我们的研究有一些借鉴作用。比如他说：

> 有些学派的名称来自城市，如埃利斯派（Elians）和麦加拉派（Megarians）、埃雷特里亚派（Eretrians）和昔勒尼派（Cyrenaics）；有些来自所在地方，如学园派（Academics）和斯多亚派（Stoics）；有些来自偶然的境况，如逍遥派（Peripatetics）；有些来自为人嘲弄的绰号，如犬儒派（Cynics）；有些来自性情，如幸福论者（Eudae-monists）或幸福学派（Happiness School）；有些来自他们所抱持的一种自大信念，如真理的爱好者（Truth-lovers）、驳斥主义（Refu-tationism）、类比推论者（Reasoners from Analogy）；有些来自他们的老师，如苏格拉底派（Socratics）、伊壁鸠鲁派（Epicureans）等；有些因他们考察自然而得到物理学家（Physicists）的名称，另一些则因他们讨论道德而被称为道德学家（Moralists）；而那些专门从事言辞把戏的人就是时髦的辩证论者（Dialecticians）。[①]

上述名称虽主要围绕着苏格拉底，但是基本上可以表明，古希腊学派名称的来源，有城市、所在地、偶然景况、绰号、性情、信念、老师、研究对象等。而在古代中国，笔者浅学所见，据城市者有"洛学"

---

① ［古希腊］第欧根尼·拉尔修：《名哲言行录》，马永翔、赵玉兰等译，11～12 页，长春，吉林人民出版社，2003。

"永嘉之学"等；据所在地有"东林党"；据信念有"轻物重生之士"①；据老师有"墨者"；据研究对象有"名家"。这说明，古代中国和希腊的学派，有着相近的情况。

但是，上举"轻物重生之士""墨者""名家"这几个名称，见于先秦汉初，而"洛学""永嘉之学""东林党"之名，则在宋以后。《庄子·天下》篇虽有"其在于《诗》《书》《礼》《乐》者，邹鲁之士搢绅先生多能明之"的"邹鲁之士"，用来指儒生，但是这个名称是地域之名，不是城市。而且，他们虽是儒生，但是师承却可能不同，未必皆可称为孔子之徒。因为上引《天下》篇前一句是"其明而在数度者，旧法世传之史尚多有之"，"旧法世传之史"所指并非一地之人；《吕氏春秋·当染》载平王使臣史角往鲁讲郊庙之礼，被鲁惠公留在鲁，"其后在于鲁，墨子学焉"，而《淮南子·要略》说"墨子学儒者之业，受孔子之术"，则《淮南子》所说"儒者"很可能指史角后人，史角后人由史而成为儒者——可见邹鲁之士，未必有统一的师承授受渊源，并不专指孔子后学。

而古希腊以城市名命名的埃利斯派、麦加拉派、埃雷特里亚派、昔勒尼派，基本上都有师承渊源，各学派有比较接近的思想倾向，且它们曾被归入"小苏格拉底派"。不过，古希腊哲学中，也曾有过"伊奥尼亚学派"和"意大利学派"这样以较大的区域命名的称呼，后者曾见之于亚里士多德的《形而上学》。第欧根尼·拉尔修也是把泰勒斯和毕达哥拉斯分别作为这两派的首领，来为古希腊哲学家排系谱。② 但是因为赫拉克利特所住爱菲所城邦也属于伊奥尼亚地区，而爱利亚学派也在意大利，所以，后人多放弃了"伊奥尼亚学派"和"意大利学派"这样的称呼（而亚里士多德则是先举"毕达哥拉斯学派"的原理，后称"意大利学派所称'无限'"③，这样比较明确）。这对于我们进行思想史、哲学史研究是有启

---

① 《韩非子·显学》："今有人于此，义不入危城，不处军旅，不以天下大利易其胫一毛。世主必从而礼之，贵其智而高其行，以为轻物重生之士也。"

② 参见[古希腊]第欧根尼·拉尔修：《名哲言行录》，10页。

③ [古希腊]亚里士多德：《形而上学》，吴寿彭译，988a26，19页，北京，商务印书馆，1959。

发意义的——除非意义明确，否则我们最好放弃使用"楚学""齐学""鲁学"这样的称呼。像第欧根尼·拉尔修所提到的希波伯图就已经是这样了：

> 希波伯图在其著作《论哲学流派》(*On Philosophical Sects*)中宣称，共有九个派别或学派，其排列如下：(1)麦加拉派；(2)埃雷特里亚派；(3)昔勒尼派；(4)伊壁鸠鲁派；(5)安尼凯里派；(6)塞奥多洛派；(7)芝诺派或斯多亚派；(8)老学园派；(9)逍遥派。他略去了犬儒派、埃利斯派和辩证派；至于皮浪派，因为他们的结论是如此不确定，以致几乎没有任何典据家承认他们是一个派别；有些人在某些方面承认他们的主张，但在另一些方面则否。然而，看来他们仍旧是一个派别，因为我们使用这样的评判标准：在面对事物现象时，那些在态度上遵循或看上去遵循某种原则的人就成其为一个派别；根据这个理由，我们称怀疑派为一个派别应当能够得到辩护。但是，如果我们希望用"派别"这个词来理解一种支持连贯一致的肯定教义的偏见的话，他们就不能被称作一个派别，因为他们根本没有肯定的教义。①

希波伯图没有给因性情、信念、研究对象而得名的学派留下位置，第欧根尼·拉尔修在后来具体叙述中，基本遵循了这个原则。这一点，对于我们研究古代思想史、哲学史也是有启发的。前文我曾指出：我们现代人是在运用"墨家""阴阳家"这样格式化的思维原型思考问题，在利用它们艰难地与两千多年前的人"对话"；而事实是，这些疏阔的"话语"，也把我们套牢了，仿佛离开了它们，我们就无法"说话"……相对而言，"百家"的"家"用的是本义，"六家"的"家"则是引申义……将"六家""九流十家"作为我们讨论先秦秦汉思想史时基础"话语"、思想原型的状况，有必要作出改变了。参照古希腊的情况，我们更应该从"百家"学派这个角度来考察先秦汉初的哲学思想。

---

① ［古希腊］第欧根尼·拉尔修：《名哲言行录》，12～13页。

上面引文尤其值得注意的地方，是希波伯图使用了"派别或学派"，而第欧根尼·拉尔修试图为"派别"下定义："在面对事物现象时，那些在态度上遵循或看上去遵循某种原则的人就成其为一个派别。"①"派别或学派"，所用英语是"Sect"和"School"。这两个词，英译者在导论中说："在我们谈及哲学'派别（school 或 schools）'的地方，希腊人更愿意讲哲学家的'师承（succession 或 successions）'。"②因为中国的"学派"和"派别"这个词的区别越来越小，西方的"Sect"和"School"也有类似情况，所以中译者既用"派别"翻译"Sect"，又用它翻译"School"。因此，上述第欧根尼·拉尔修对于"派别"的定义，也可以适用于"学派"。这个定义显然是从思想倾向这个角度出发的，似乎没有照顾师承渊源。但是考虑到希波伯图所述派别已经包括了一定的师承因素在内（当然，关于一些师承关系的古代记述，尤其是第欧根尼·拉尔修的记载，后人也有怀疑者），英译者也强调希腊人更愿意讲哲学家的"师承"，所以我们可以说第欧根尼·拉尔修对于"学派"的定义，应该已经隐含了师承渊源这样一个前提。我曾指出：战国时的诸子，很明显地更重视有学术师承渊源的学派这一意义上的"家"……延续的师承渊源，是和独特的思想观念相一致的……学术师承渊源比思想宗旨更为重要，因为师承一定，那么学术宗旨也就能大体接近，虽有变化而不远。因此，从古代中国和古希腊来看，学术师承渊源和学术宗旨，是我们考察"学派"的两个重要视角，而学术师承渊源更重要。

其后的古希腊——西方哲学，承接"辩证派""怀疑主义"，在中世纪、近现代西方哲学中，更多的则是"唯名论""唯实论""实证主义""实用主义""实在主义"这样表示信念的名称，从其说者被称为"××论（主义）者"，表明哲学的发展越来越概念化。这和我们考察中国思想发展的结论相近："百家"早于"六家"，"六家"仅是谈论学术思想中，有关治国的六个重要的思想取向……某一思想家或流派可能会同时出现若干个思

---

① ［古希腊］第欧根尼·拉尔修：《名哲言行录》，13 页。
② 同上书，原英译者导论，12 页。

想倾向。

西方近现代哲学史上，既有"马堡学派""弗莱堡学派""牛津学派""法兰克福学派"等以城市或所在地命名的学派，也有"马赫主义"这样来自创始人、老师的学派名称。在中国，宋以后有"洛学""永嘉之学""东林党"这样以城市或所在地命名的学派，也有"王学"这样来自创始人的名称，还有"理学""心学"这样以概念命名的名称。

这样一些名称，稍微考究其内涵和外延，我们是比较容易明确其意义的。但是在近现代的思想史、哲学史研究上出现的一些新名称，如"思孟学派"，我们却很有厘清的必要。有关的问题，详见后文的分析。

第二章　古书的学派、年代研究

近些年大量竹简、帛书重见天日，使学者们耳目一新，"走出疑古时代"，"重建中国古典学"的时机已经来临。然而作为开放式的口号，无论是"走出疑古时代"，还是"重建中国古典学"，都还需要学界不停地总结经验，乃至逐一地考评文献，才能使研究的思路和方法渐趋明朗。可是旧有的思维模式常常挥之不去，时时羁绊着学界。这恐怕也是今日许多文献的学派、年代问题依然"剪不断，理还乱"的原因之一。也许，我们当前的能力还不足以对所有的问题作出结论，或者说所得结论的基础还很脆弱，那么，我们其实不必忙于匆匆下结论。

一、"朝请"与"朝廷"：简本《文子》与
传本《文子》的一个重要异文研究

河北定州八角廊竹简《文子》的出土，似乎并没有解决今存本《文子》的问题，反而牵扯出了许多新问题。本文要讨论的，是竹简《文子》中出现的"朝请"的有关问题，已有论者将之视为判别年代和断定简本性质以及简本和今存本关系的重要证据。虽然笔者已经指出此为"孤证"[①]，但是现在看来仍有必要深入分析，否则更多的论者将根据此"孤证"，断定

[①]　参见拙作：《"朝请"小议》，载"简帛研究"网，2001-11-28。注：因"简帛研究"网现已改版，本书中所引"简帛研究"网的论文已查询不到，下同。

今存本《文子》的真伪与产生年代。笔者以为最重要的问题是，简本的"朝请"和传本"朝廷"之间有何关系？其次则是，什么可以作为确凿的证据？经过研究，笔者认为"朝请"和"朝廷"之间只是异文关系①，目前有关"朝请"可以断定年代的证据皆不充分，简本《文子》与今存本《文子》的年代问题，仍然有待进一步研究。

（一）

八角廊竹简《文子》第 2212 号说："朝请不恭，而不从令，不集。平王"，今存本《文子》作"诸侯轻上，则朝廷不恭，纵令不顺"。此句《淮南子》无相应之语。

王利器先生指出："唐写本'纵'作'从'，古通。"②今存本《文子》就文义来讲，当以"纵"字为本字。今存本《文子》的"纵令不顺"，和竹简《文子》的"不从令"，虽然意思接近，但却是全然不同的表述，竹简《文子》描写诸侯不听朝廷调遣的状态更严重一些。竹简《文子》的"不集"之"集"，意思可能为和睦、安定，《广雅·释诂一》："集，安也。"《汉书·荆燕吴传赞》："由汉初定，天下未集"，颜师古注："集，和也。"竹简《文子》为散句，今存本《文子》句式较为齐整，不过这并不能作为今存本《文子》比竹简《文子》晚出之证，因为二者未必是线性的递承关系。又颇疑竹简《文子》"从令"下脱重文号，此句可能是"而不从令，从（纵）令不集"，这个"集"的意义可以为至或者会合。因竹简《文子》已基本被毁，无法复验，只能待考。总之，不论作何解释，竹简《文子》和今存本《文子》的文义是接近的，但是表达并不一致，这或者也能从一个侧面表明此两者可能并不存在线性递承的关系。

何志华先生首先指出："今本《文子》'朝请'误为'朝廷'，文义未通；考'请'字古音耕部清母，'廷'字古音耕部定母，疑今本作'廷'者乃'请'之声误。"③"请"与"廷"为邻纽叠韵，可以通假。何先生的意见是倾向于

---

① 这里使用"异文"，而不从前文使用"同文"，主要是立足于"朝请"和"朝廷"两词相异而言。

② 王利器：《文子疏义》，249 页，北京，中华书局，2000。

③ 何志华：《出土〈文子〉新证》，载香港浸会大学《人文中国学报》，1998(5)。

"请"为正字，今本《文子》文义不通；他还根据《史记集解》指出"朝请"为汉律。

后来张丰乾先生着重阐发了"朝请"为汉律的意义，意在据此而断定竹简《文子》及今存本《文子》的年代。他认为"朝请"由古代的"朝聘"和"朝觐"之礼演化而来；还指出根据《史记·货殖列传》，"朝请"作为制度在秦始皇时代已经开始实行。"但是，先秦古书中并没有'朝请'一词。最大的可能是，秦始皇称帝以后，确立了'朝请'的制度"：

> "朝请"，《辞源》解释为："汉律，诸侯春朝皇帝叫朝，秋朝叫请。"关于"请"，《辞源》又解释说："朝会名，汉制，春曰朝，秋曰请。"《说文解字》："请，谒也。"段玉裁注："周礼，春朝秋觐，汉改为春朝秋请"。按照《广韵》，作为礼法内容的"请"为"疾政切，劲韵"，应该读为去声。《辞源》的解释和段玉裁的论断是有根据的，《史记·吴王濞列传》："吴王恐，为谋滋甚。及后使人为秋请"。《集解》引孟康之言曰："律，春曰朝，秋曰请，如古诸侯朝聘也。"
>
> "朝请"的制度在西汉初年已经显得非常重要，是否有朝请的资格，和当事人的政治命运息息相关；有资格之后，是否朝请，也代表他本人对最高统治者的态度。《史记·魏其武安侯列传》："太后除窦婴门籍，不得入朝请"；"魏其侯然之，乃遂起，朝请如故。"《史记·陈丞相世家》："陵怒，谢疾免，杜门竟不朝请，七年而卒。"《史记·吴王濞列传》："吴王身有内病，不能朝请二十余年，尝患见疑，无以自白，今胁肩累足，犹惧不见释。"《史记·南越列传》："遂至孝景时，称臣，使人朝请。"《史记·匈奴列传》："匈奴新破，困，宜可使为外臣，朝请于边。"《汉书·东方朔传》："妾幸蒙陛下厚恩，先帝遗德，奉朝请之礼，备臣妾之仪，列为公主，赏赐邑入，隆天重地，死无以塞责。"与这个制度相一致的是，出现了"奉朝请"这样的荣誉性的官职，一直延续到后代。《宋书·百官志下》："奉朝请，无员，亦不为官。汉东京罢省三公、外戚、宗室、诸侯，多奉朝请。奉朝请者，奉朝会请召而已。"

是不是可以说"朝请"的制度是从西汉开始的呢？答案是否定的。《史记·货殖列传》："秦始皇帝令倮比封君，以时与列臣朝请。"毋庸置疑，"朝请"作为制度在秦始皇时代已经开始实行。

但是，先秦古书中并没"朝请"一词，可以肯定地说，秦始皇称帝以后，确立了"朝请"的制度，这当然和他废分封、立郡县有直接关系……

先秦时期，最常见的是"朝聘"。《说文解字》："聘，访也"；《尔雅·释言》："聘，问也"。"聘"是诸侯之间的礼节，《周礼·秋官·大行人》："凡诸侯之邦交，岁相问也，殷相聘也，世相朝也。"诸侯与天子之间相互派使节问候，也叫做"聘"。《春秋穀梁传》隐公九年："天王使南季来聘"。诸侯亲自拜见"天王"，叫作"朝"。《春秋公羊传》隐公十一年："滕侯、薛侯来朝。其言朝何？诸侯来曰朝，大夫来曰聘。"总之，"聘"是问候性的、相互的礼节。而"请"则是单方面的、法定的义务，《说文解字》："请，谒也。"孟康说朝请"如古诸侯朝聘也"，还不够准确。应如段玉裁所言，"朝请"由"朝觐"演化而来。《汉书·礼乐志》："有尊尊敬上之心，为制朝觐之礼。"《礼记·曲礼下》："诸侯北面见天子曰觐"，《说文解字》："觐，诸侯秋朝曰觐"。"朝觐"限于诸侯，而"朝请"在秦汉则扩大到重要的大臣。周代的诸侯派使节问候天子，是顺理成章的事，汉代的王侯则用"不朝请"或派人"代为秋请"来表示自己的不满。总之，废分封，立郡县，加强皇帝的集权，是一项极其重要的改革，与之相适应，"朝请"的制度在秦始皇那里确定下来，"朝请"一词是在秦始皇称帝以后才逐渐流传应该是很可靠的。由此来推断竹简《文子》的撰作年代也是可靠的。[①]

张先生认为传本作"朝廷不恭"是"传世本《文子》没有理解竹简《文

---

① 张丰乾：《"诸侯"与竹简〈文子〉的撰作年代》，见《出土文献与文子公案》，156～157页，北京，社会科学文献出版社，2007。又可参见《申论竹简〈文子〉的撰作年代》，载《哲学门》，第6卷第1册，2005；《"朝请"、"诸侯"与竹简〈文子〉的撰作年代》，载"简帛研究"网，2001-11-15。

子》中的说法，甚至是有意改窜'朝请'这一标志性的名词"①。他根据《文子》所说"诸侯背叛，众人力政，强者陵弱，大者侵小"，认为与秦二世末年"诸侯并起"相近；又根据竹简《文子》第 2252 号的"（倘）使桀纣修道德，汤武唯（虽）贤，毋所建"，认为与《史记·陆贾列传》"向使秦已并天下，行仁义，法先圣，陛下安得而有之"相近等证据，定出竹简《文子》撰作时间的上限（秦始皇称帝——汉高祖初年）和下限（汉武帝独尊儒术、行推恩令——魏相引五兵说）。②

张丰乾先生所说之时间范围，与王博先生曾经提出过的结论接近，张先生可以说是为王说找到了更多证据。王博先生判定竹简《文子》年代的根据是："一是思想、文字有受《庄子》、《黄帝四经》等影响的痕迹，一是其所关注之问题及背景与汉初的情形相合。"王先生指出："竹简《文子》所关注之问题，非如战国时期著作以如何取天下为主，而是帝王、天子治天下、守天下之道"，竹简《文子》"'淫乱之世'、'久乱之民'、'匡邪民以为正'、'振乱世以为治'，所反映的正是经过了暴秦统治及楚汉相争后之社会情形及要努力之方向。高祖以后，则不当如此说。"而且，竹简《文子》与陆贾《新语》"皆以守天下为务"，竹简《文子》的"以身先之，谓之教"等，与《新语·无为》篇末所引孔子语相近："移风易俗，岂家至之哉，先之于身而已矣。"③

但是王三峡先生指出："在有竹简对应的今本《文子·道德》第九章"论兵的文字中，就有"取天下"，"以'守天下'还是'取天下'来判断其写作时代，主观色彩太浓厚，不具有说服力"。④ 而王博先生所引竹简《文子》"守天下"之文，其实亦见于《孝经·诸侯章》《吕氏春秋·察微》。魏

---

① 张丰乾：《"诸侯"与竹简〈文子〉的撰作年代》，见《出土文献与文子公案》，160 页。

② 参见张丰乾：《"诸侯"与竹简〈文子〉的撰作年代》，见《出土文献与文子公案》，160～164 页。

按：张丰乾《"朝请"、"诸侯"与竹简〈文子〉的撰作年代》》（"简帛研究"网，2001-11-15）一文，认为上限最大的可能是刘邦称帝的公元前 206 年。

③ 参见王博：《关于〈文子〉的几个问题》，载（台湾）《哲学与文化》，第 23 卷第 8 期，1996-08。

④ 王三峡：《文子探索》，85～86 页，武汉，湖北人民出版社，2003。

启鹏先生由此认为《吕氏春秋》所引其实是《文子》之言。① 何志华先生则认为是高诱注引《孝经》，误入正文。② 这里涉及了《孝经》的年代问题，于此不能详论。但是，天子守山川、诸侯守境内，也是春秋战国时期的重要问题，并不是一个和"取天下"完全排斥的问题，"取"与"守"只是在一定时期、一定人物身上有轻有重罢了。观之《晏子春秋》等，例证甚多，不烦举。而那些所谓反映"暴秦统治及楚汉相争后之社会情形及要努力之方向"的语言，其实和战国时人的议论相差不远，似乎不必要到秦以后。至于王先生所论《文子》和《新语》的关系，似乎也过于单薄。

笔者以为，《文子》与《庄子》以及所谓《黄帝四经》《新语》相近之语的先后关系，不是一个可以轻易下断语的问题。要判断两个文本之间的早晚关系，首先要看二者之间是否有确定的逻辑关系，然后才可以论二者之早晚。唯有如此，方不至于出现逻辑缺陷；否则可能会因假设、默证过多而导致主观性太强。就两个相近文本之间的关系来讲，可能存在先后因袭之外常见的同源异流关系，同源遂至古书多有相近之篇章（最显著者为《墨子》许多篇存有上、中、下相近的篇章，或谓乃三墨分别保存之本，俱记墨子之言而有不同）以及诸子"言公"。有关问题，前文已经有过专门论述。我们对于古代文献所见、所知有限，现在尚不能完全确定《文子》《庄子》相关篇章（以及所谓《黄帝四经》）的年代；即便确定了绝对年代，也很难证明二者之间必定是前后确定的因袭关系而肯定不是同源异流的关系。因此我们尚不能肯定传本《文子》或竹简《文子》晚于《庄子》。总之，王博先生之说，证据并不充分。对于张丰乾先生的说法，下文专门讨论。

（二）

值得注意的是，何志华先生后来采信了张丰乾先生根据"朝请"断代的判定，在上引"声误"之说后增加了如下文字："竹简《文子》作'朝请'

---

① 参见魏启鹏：《文子学派与秦简〈为吏之道〉》，见陈鼓应主编：《道家文化研究》第十八辑，177 页，北京，生活·读书·新知三联书店，2000。

② 何志华：《〈吕氏春秋〉与竹简本、传世本〈文子〉相合书证疑义——再论〈淮南〉〈文子〉两书因袭关系》，见《〈文子〉著作年代新证》，126～131 页。

者既为汉律，则谓《文子》乃先秦已有之典籍，未敢遽信矣。"①还引用了张丰乾先生旧作之语"'朝请'出现的时间就是竹简《文子》的撰作上限"②。

对此，笔者不敢苟同。何先生前面曾经指出了"请"与"廷"古音相近，这是一个很客观、平实的说法。"请"与"廷"为邻纽叠韵，"请"从"生"得声，"生"字和"廷"字声系的字，都和"丁"字声系、"圣"字声系的字相通假③，因此，"请"与"廷"完全可以通假。至于孰为本字，孰为借字，抑或还有其他原因导致出现这种异文，还有待更多材料以助分析。

张丰乾先生指出秦始皇时已有"朝请"之名，这也是一个很平实、客观的说法。但是因为目前所见先秦古书中并没有"朝请"一词，张先生说"最大的可能是，秦始皇称帝以后，确立了'朝请'的制度"，这是一个推论，我们可以暂时接受（虽然我们说知道先秦古书中并没有"朝请"一词，这是在说"无"，运用"默证"，非常危险，但是毕竟张先生用了"可能"二字）。可是张先生在后面却似乎忘记了这个"可能"，而是一转眼就把它当成了坚实的证据，认为这就是"竹简《文子》撰作时间的上限"，这恐怕就让人难以接受了。因为"秦始皇称帝以后，确立了'朝请'的制度"本来只是一个可能的事情，既然是可能（也许是不可能），就不能以之为充分的证据，而得出"竹简《文子》撰作时间的上限"，这在逻辑上是有问题的。"朝请"这个名称有可能还有更早的来源，是秦的专名，而未必是秦始皇称帝始用之，有可能是秦始皇将专名作为统一之后的定名，其始称年代还有待研究（如我们过去对于"黔首"的认识，多根据《史记·秦始皇本纪》的"更名民曰'黔首'"，认为秦统一六国之后才有此称。实际上《吕氏春秋》等书中多有此称呼，王念孙云："盖旧有此称，至秦遂以为定

---

① 何志华：《〈吕氏春秋〉与竹简本、传世本〈文子〉相合书证疑义——再论〈淮南〉〈文子〉两书因袭关系》，见《〈文子〉著作年代新证》，53 页。
② 同上书，viii。
③ 参见张儒、刘毓庆：《汉字通用声素研究》，545、554 页，太原，山西古籍出版社，2002。

名，非始皇创为之也。"①秦始皇只是将"黔首"转用于六国之民罢了）。

张先生不理会"请"与"廷"可以通假暂时不论，传世本《文子》作"朝廷不恭"，真的就是如何先生所说"文义未通"、张先生所说"传世本《文子》没有理解竹简《文子》中的说法，甚至是有意改窜'朝请'这一标志性的名词"吗？

恐怕未必。"朝廷"的本义可能来于"朝"，古代的"朝"是诸侯见天子、臣见君、子见父母的通称。"朝廷"是朝君（诸侯、天子等）于廷，是就臣子而言的，所以《礼记·少仪》说："朝廷曰退，燕游曰归，师役曰罢"（古代"廷"也有朝见、朝贡等意义，古籍、金文多见"不廷（庭）"之说②）。引申为"在朝廷上"，也多是就臣子而言的，是故《礼记·表记》记："子曰：事君，军旅不辟难，朝廷不辞贱。"今存本《文子》的"诸侯轻上，则朝廷不恭，纵令不顺"这句话，一点也不难理解，就是说诸侯在朝廷上（或朝于廷的时候）对君主不恭敬。而且在传世文献中有相近之语，《大戴礼记·曾子立事》记："临事而不敬，居丧而不哀，祭祀而不畏，朝廷而不恭，则吾无由知之矣。"两相比较，不难发现《文子》绝无不通顺之处（或谓"祭祀"为动词，其实朝、廷亦为动词；今译则以在祭祀时、在朝廷上较为通顺）。《大戴礼记》中的《曾子》诸篇，一般认为是记曾子言行，时代比较早。尤其战国时期的上博简《内豊》篇中出现了可以和《曾子立孝》《曾子事父母》相对应的内容，则《曾子立事》篇主体的写作年代也有可能很早。因此，今存本《文子》出现"朝廷"一词可能并不晚。当然，如前所论，今存本《文子》此句与《大戴礼记·曾子立事》相近文句之间，也未必肯定只是因袭关系。

又，《汉书·外戚传下》："后月余，复下诏曰：皇后自知罪恶深大，朝请希阔……"师古曰："请，谒也。阔犹阙也。"颜师古注《汉书》，训"朝请"为春朝秋请之义较多，唯此不同，可能系特别指明；《说文》也训

---

① 参见廖名春：《梁启超古书辨伪方法的再认识》，载《汉学研究》（香港），第16卷第1期。

② 参见杨伯峻："不廷""不庭"说，见《杨伯峻学术论文集》，55～69页，长沙，岳麓书社，1984；李家浩："说'貉不廷方'"，见张光裕、黄德宽主编：《古文字学论稿》，合肥，安徽大学出版社，2008。

"请"为"谒"。这说明在颜师古看来,"朝请"可能并非只能指春朝秋请之律法,而还有其他意义。那么"朝请"能否作为判定时代的关键词,就更值得怀疑了。

所以,"朝廷"和"朝请"不但古音相近,而且在上述文本中的意思也相近,各自的使用都成立。两处为"异文"的关系,目前还难以确定二者的逻辑关系是先后沿袭还是同源异流,更难以判定孰早孰晚。

退一步讲,即使承认"朝请"是秦始皇称帝或汉初始用之,这也有可能是后人将口诵之文写于竹简或传抄竹简文字时,按照当时情况把"朝廷"改为"朝请",而不必是作"朝廷"者出自于改窜"朝请"。这种情况,在古代文献中多有其例。比如《礼记·檀弓上》有:"天子之哭诸侯也,爵弁绖,緅衣",郑玄注就指出:"此言'绖',衍字也。时人间有弁绖,因云之耳。《周礼》:'王吊诸侯,弁绖缌衰也'"[1]。这至少说明在郑玄看来,经文存在有人根据当时实际情况或《周礼》而有所改易的情况[2]。再如银雀山汉简本和今存本《尉缭子》,就有很多字不同,今存本简单,可能是为了适合文化水平不高的武将阅读[3]。当然,今存浅易本的始源时代,倒未必晚于简本。

至于张先生所举其他证据,并不很坚实。因为"诸侯背叛",或更多反映春秋战国的形势。而竹简《文子》之语与陆贾之语相近,也不能从逻辑上证明二者时代相近。二者有可能存在因袭(然而并非一定是直线的非此即彼的先后"抄袭")关系,也有可能同源或使用了"言公"的材料。

张、何二先生论"朝请""朝廷"问题的目的,在于断定竹简《文子》年

---

① 《礼记正义》卷八,(清)阮元校刻:《十三经注疏:附校勘记》,1293 页 C,北京,中华书局,1980。按:阮元校勘记指出"人间"之"间"字或作"闻"。《白虎通义·崩薨·天子吊诸侯》引《檀弓》作:"天子哭诸侯,爵弁纯衣。"

② 郑玄之说,分哭、吊为二冠。后人有不同意见,陈立从之,认为"郑说非无本也";而孙诒让则认为郑玄之说"违于《杂记》大夫哭吊同冠之例",《白虎通》无"绖"字,"疑后人依郑义删之,非其旧也。"见陈立:《白虎通疏证》卷十一,543 页,北京,中华书局,1994;孙诒让:《周礼正义》卷四十,1650 页,北京,中华书局,1987。按:郑玄也可能据师传之说以及所见《礼记》本,知无"绖"字,孙诒让本《周礼》以及《杂记》大夫之例说《檀弓》,似未可轻废郑玄之说。

③ 参见李学勤:《对古书的反思》,见《当代学者自选文库:李学勤卷》,19 页。

代在汉代，而今存本《文子》有误，当更晚。可是现在既知作"朝廷"不误，甚至可能是很早的习语，那么照其逻辑，就有可能是先有《文子》，而在汉代被改为"朝请"，著于竹简了。但是笔者并不愿意简单认为今存本和竹简本是非此即彼的先后关系，而落入不可靠的逻辑预设之中。因为今存本和竹简《文子》也有可能是同源异流关系，因材料不足，还有待进一步研究。

二、《文子》问题后案

《文子》一案，尤其是对于《文子》与《淮南子》关系的讨论①，聚讼纷纷。河北定州八角廊出土的竹简本《文子》的戏剧性，加剧了讨论，乃至有学者提出《文子》与《淮南子》的关系可以用"两次抄袭"的模型来解释②，也有古本、"传本"《文子》、"文子外编"等提法，说明了这个问题的复杂性。现在，不仅中国的学者热烈探讨这一问题，有专著，有学位论文，而且日本学界对此问题也颇有兴趣，甚至西方学界也有以此问题作为博士论文进行专门讨论者。也许，竹简本《文子》的出土，还不能完全解决《文子》尤其是其年代的问题。但正因为如此，相关的讨论，更能展现研究者的态度、方法，因此我们或许能从这个角度，反思一下当今的研究状况。

本文拟从有关的思维方式入手探讨这一问题，并对相关重要问题进行条辨。这种行文方式不免立异过多，有些怪异。然而倘若可以考见在一种"定论"之外，尚有另外的可能性，则庶几可以将反省的思维，引入

---

① 据丁原植先生的统计：今存本《淮南子》全文约 131324 字，其中有 30208 字见于《文子》。《文子》全书约 39228 字，其中有 30671 字见于《淮南子》，占全书的 78%。仅 8545 字不见于《淮南子》。参见丁原植：《〈淮南子〉与〈文子〉考辨·说明》，台北，万卷楼图书有限公司，1999。

② 参见宁镇疆：《从出土材料再论〈文子〉及相关问题》，载《华东师范大学学报(哲学社会科学版)》，2002(2)。

到我们古典学研究的指导思想、操作方法之中，迫使我们去探寻更恰当的评判标准，或求索更适宜的研究思路。至少，为文献不足征的古代典籍保留多种可能，不要为了使文章观点鲜明而主张单薄的一种观点，不要因以今律古乃至有偏颇的思维轻率地"结案"。当然，笔者的一些想法，或许有不足之处，希望大方之家指正。

(一)说可疑的预设

笔者曾多次动笔想参加《文子》成书问题的讨论，但常常发现，此处之因果，却能成为彼处之机缘，竟若阴阳互为其根；亦正亦反之语，竟被用作主要证据；而本属臆断之说，却似有铁证如山。仔细梳理自己及某些学者研究《文子》问题的思绪，笔者觉察出自身被陷在一种后设的眼光下，依某些逻辑上的预设，线性地来讨论《文子》问题。即只要承认或不自觉运用这种逻辑预设，依据相同的证据和丰富的想象力，便能得出所想要的结论。这些逻辑预设常见者有三：

第一，《汉书·艺文志》记《文子》九篇，则八角廊竹简《文子》为九篇，刘向、刘歆父子校定本与之大同小异；

第二，于某一时期，古本（今存本或延续此或羼伪或伪中出伪）《文子》已大体定本；

第三，今存本《文子》大部分与今存本《淮南子》相近，所以不是今存本《文子》抄袭《淮南子》，就是《淮南子》抄袭今存本《文子》。

八角廊竹简《文子》正式发表以前，学者们根据预设一，认为今存本《文子》有所自来；再根据预设二，认为《文子》形成早于《淮南子》；最后根据预设三，自然不难推论《淮南子》抄袭了《文子》。竹简《文子》发表后，由于竹简《文子》只有一小部分与今本《文子》内容相近，所以学者们根据预设一，认为今存本《文子》大部分非古本《文子》；再根据预设二，认为今存本《文子》之定本时间不可能早于竹简《文子》；而竹简《文子》内容几乎不见于《淮南子》[①]，所以根据预设三，自不难得出今存本《文子》

---

① 实际上，香港何志华先生指出竹简《文子》有四处与今存本《文子》及《淮南子》相应，参见何志华：《出土〈文子〉新证》。

只保留了部分古本《文子》，大部分乃抄袭《淮南子》而成的结论，剩下的事就是给今存本《文子》的定本找到时间，以及如何对待不见于《淮南子》的《文子》内容。

实际上，《汉书·艺文志》基本上本于刘歆的《七略》。余嘉锡先生《古书通例》论"别本单行"时指出："古人著书，本无专集，往往随作数篇，即以行世。传其学者各以所得，为题书名。及刘向校定编入全书，题以其人之姓名，而其原书不复分著，后世流传，多是单行之本，其为自刘向校本内析出，抑或民间自有古本流传，不尽行用中秘定著之本，皆不可知。"而刘向"编次之法，其别有二：凡经书皆以中古文校今文。其篇数多寡不同，则两本并存，不删除复重……凡诸子传记，皆以各本相校，删除重复，著为定本"①。

因此，形成时间在刘向校书前的子书，几乎没有中、外书篇数与刘向、刘歆"定著"篇数相同的情况②。证之以出土的先秦文献，也尚未见有子书与《汉书·艺文志》篇数相合的情况③。实际上，民间藏书乃自先秦流传而来，未经校订，若非转抄自中秘，篇数当然不会与《汉书·艺文志》相符，更何况入葬在刘向校书前的《文子》呢？当时民间所藏子书，既存在篇章重复的情况，也存在所藏书为中秘所无的情况。证之以出土文献，银雀山《孙子·形》篇就存在重复④，而帛书《战国纵横家书》就可能有一些篇章为中秘所无，甚至司马迁也可能未曾看到。近年出土的战

---

① 余嘉锡：《古书通例》，《目录学发微　古书通例》，174、21页，上海，上海古籍出版社，2013。

② 按：严可均辑《全汉文》，收入《韩非子书录》，题"疑是刘向作"，《关尹子书录》等疑伪托。陈奇猷指出《韩非子书录》"乃删节《史记·韩非传》，当系黄三八郎所为……篇中'五十五篇'四字，《韩非传》无，当为黄氏所增"；然而王应麟所见有五十六篇本者（《四库全书总目》解释为"殆传写字误"），王国维等或疑《邓析子》《韩非子》书非刘向原作，余嘉锡反对。参见（清）严可均辑：《全汉文》，384页，北京，商务印书馆，1999；陈奇猷：《韩非子新校注·韩非子序》，1页；《韩非子新校注·附录》，1214～1215页，上海，上海古籍出版社，2000；余嘉锡：《目录学发微》，《目录学发微　古书通例》，22页。

③ 《汉书·艺文志》未载《老子》篇数，且称《老子》为经，而帛书《老子》虽分为两篇，篇序却与传世《老子》相反，章节顺序也与传本不尽同。

④ 还可参见李学勤：《对古书的反思》之"异本并存"，见复旦大学历史系编：《中国传统文化的再估计》，上海，上海人民出版社，1987；《当代学者自选文库：李学勤卷》，19页。

国楚简中，中秘所无的书就更多了。所以，八角廊竹简《文子》不必同于刘向所校订后的《文子》，今存本《文子》也未必是《汉书·艺文志》所述九篇的《文子》，虽然它们密切相关，但在当前还没有充足的证据说明它们必定线性地先后相承。

而子书的"定本"观念，实际上是一种后设眼光，或是由经书而来的误导。我们想象有一种本子，或是祖本，或是最佳本，以为它大体上一直不变，今存本之真者即由它而来。虽然子书曾有刘向、刘歆父子的校本，但是中秘之书不外借。《汉书·宣元六王传》载东平王来朝求诸子及《太史公书》，不得。张霸上古文《尚书》，以中秘校考之，无一字相应者。可见中秘之书外界难得而知，后经汉末之乱，损佚严重。今存子书有哪些源自中秘，还有待研究。我们重视今存子书与《汉书·艺文志》的关系，但需要慎重对待，具体分析。

同样，俗称的"今本"，也是一个很含糊的说法，很多时候也并没有一个固定、公认的"今本"，甚至往往是把今存的宋以后的善本，倒推到校书的汉代。然而这种所谓"今本"，并非是一个一成不变的文本，尤其是作为在雕版印刷普及以前的抄本时，更有可能发生诸多的变化而不为今人所知。就《文子》而言，虽然"今本"并不多，但是彼此之间存在异文，乃至有文义相反的情况（详后文）。就《淮南子》而论，也可能并非大体不变。因此，本文如非引述之语，暂以"今存本"指称俗称的"今本"，大抵以唐为时限。是故，今存《文子》《淮南子》等古书本身，未必是一个单线条上先后相承传的文本，我们也切不可由今存本单线条地逆溯而上，以线性、静止的想象，代替了复杂、动态的实际。

在考辨《文子》与《淮南子》关系的文章中，有一种主要的方法，那就是比较两段"重文"（或"异文"）的优劣，由之来判断谁为抄袭。实则"重文"分析法存在观念预设上的漏洞，可能存在两段"重文"之间有共同资料、思想来源的情况（当然并不绝对排斥存在抄袭的可能性），前文已有详细论述。或许《文子》与《淮南子》的"同文"太多，许多研究者虽然指出了对文同源的可能性，但是仍然没有正式考虑这种可能性。① 笔者则仍怀疑《文子》与《淮南子》具备一一比较，以优劣定谁为抄袭的前提。因为不仅《文子》《淮南子》均经过了千年多的传抄，可能存在不少问题，我们找不到最原始的两个"祖本"；而且《文子》《淮南子》有共同资料来源的可能性也不能排除。

据《汉书·淮南衡山济北王传》载：

> 淮南王安为人好书，鼓琴，不喜弋猎狗马驰骋，亦欲以行阴德拊循百姓，流名誉。招致宾客方术之士数千人，作为内书二十一篇，外书甚众，又有中篇八卷，言神仙黄白之术，亦二十余万言。

"宾客方术之士"，大部分是诸子百家的后学。所以由"宾客方术之士"编写而成的《淮南子》中，有大量章节、语句同于今天仍然能看见的先秦子书，甚至在某些地方比它们更好，实在不足为怪。当时诸子后学称述其师说，称引、发挥其他诸子之说，是不能用后人尤其是我们今天的"抄袭"观点来看待的。相反，《淮南子》借用、综合这些材料，阐述不同的观点，在思想史上有进步意义。当然，目前没有充分材料证实"宾客方术之士"中，包括文子后学。但是当时人所能看到的各种资料，远远多于今存的文献，《淮南子》可以引用。所以今存本《文子》《淮南子》二书相近部分，绝不能排除有较早的共同来源这一可能性。我们探讨文子的有关问题，应该将这种可能性包含在内，在此基础上，再来讨论有关问题。

(二)与"文子"有关的资料

下面笔者将收集、梳理、分析有关文子问题的线索，然后依照线

---

① 陈丽桂先生曾指出：《文子·道德》篇)"与《淮南子》内容相应的部分，如果不是抄录自同一本古书，而详略有异，便是今本《文子》截取《淮南子》的要义而掺入……"但是她最后的结论却根本没有考虑《文子》与《淮南子》"抄录自同一本古书"这种可能性(按：陈先生依然没有摆脱"抄"的观念)。见陈丽桂：《从出土竹简〈文子〉看古、今本〈文子〉与〈淮南子〉之间的先后关系及几个思想论题》，载台湾辅仁大学《哲学与文化》，第23卷第8期，1996-08。后来她也重提这一可能性，但认为："就这类铺衍极盛的例子来看，答案应该是否定的"，见陈丽桂：《试就今本〈文子〉与〈淮南子〉的不重袭内容推测古本〈文子〉的几个思想论题》，见陈鼓应主编：《道家文化研究》第十八辑，208～210页。

索，尝试解释有关问题，对某些观点提出商榷。在清整散见于早期文献中的有关文子和《文子》的材料部分，本文着重辨析一些材料的可信度，将它们分别归为直接证据和间接（参考）证据，以见《文子》的流传情况。由此不难发现古人对于文子和《文子》的了解，则今存本《文子》之主体内容的时代和真假问题，不难由之作出判断。

1.《韩非子·内储说上》："赏誉薄而谩者下不用也，赏誉厚而信者下轻死。其说在文子称'若兽鹿'……齐王问于文子曰：'治国何如？'对曰：'夫赏罚之为道，利器也。君固握之，不可以示人。若如臣者，犹兽鹿也，唯荐草而就。'"

此处的"文子"，马骕《绎史》认为是"田文"[①]，钱穆以为是"尹文"[②]，然而都没有坚实的证据。从古书称引文字的体例看，此处所引当为《文子》"或传为"文子"之语。至于《韩非子》所记"《文子》"或传为"文子"之语，与今存本《文子》、竹简《文子》的关系，那完全是另外一回事（同理，我们不能由今存孔子之语的有无作为标准，推断上海博物馆藏战国楚竹书中所记与孔子有关的对话是否为伪作）。许多学者抱定《韩非子》所引，必然要对应于今存本《文子》或竹简本《文子》，实际上是以今律古，以所知断未知，和辨伪学者惯用的断某人某事之有无，以《孟子》等是否有记载为依据，是同样的思维。可以归谬的是，由《孟子》之记载，可以推断无庄子其人，由《庄子》之记载，可以说无孟子其人。而王三峡先生指出，《文子·上德》有"饥马在厩，漠然无声，投刍其旁，争心乃生"，与《韩非子》所引语相关。

此外，何志华先生曾指出《韩非子·喻老》中有与《文子》相关之文："赏罚者，邦之利器也，在君则制臣，在臣则胜君。君见赏，臣则损之

---

① 《四库全书》第 368 册，43 页。

② 参见钱穆：《先秦诸子系年》，253 页，北京，商务印书馆，2001。按：《太平御览》卷六二六引《文子》"楚人担山鸡"事，略同于《尹文子·大道上》；卷八〇五引《文子》"郑人谓玉未理者璞，周人谓鼠未腊者璞"之事，略同于《尹文子·大道下》，似或可以之说明《尹文子》与《文子》容有相混。然即便真有相混之事，也是后世之事。而《太平御览》卷八〇五所引，《战国策·秦策三》有略同者，《尸子》佚文也存有"郑人谓玉未理者为璞"，此故事可能是同源关系，而未必是相混。

以为德；君见罚，臣则益之以为威。人君见赏，而人臣用其势；人君见罚，人臣乘其威。故曰：'邦之利器，不可以示人。'"不过何先生认为：《韩非子·喻老》的解释，虽然与《文子》之语相近，但是此篇完全没有提到《文子》。[①] 然而王三峡先生则指出，《喻老》篇中的"随时以举事，因资而立功(用万物之能而获利其上，故曰：'不为而成')"，在《文子》中出现了两次，是《文子》中最重要的思想之一。《道原》有"故圣人随时而举事，因资而立功"，《精诚》有"随时而举事，因资而立功(进退无难，无所不通)"。[②]《文子》其他篇中，还有用语相近者。因此，虽说《喻老》之语未必引自《文子》，但是二者语意相近，或可以说明它们之间的联系。上述事例，可以作为参考，说明《韩非子·内储说上》这个"文子"的身份。

2. 河北定州八角廊 40 号汉墓所出竹简《文子》，发掘者推断墓主是中山怀王或孝王，但倾向于前者[③]。李学勤先生已指出：中山怀王卒于宣帝五凤三年(公元前 55)，比刘向校书(公元前 26)早 29 年，孝王卒于成帝随和元年(公元前 8)，则接近刘歆开始领校秘书之年(公元前 8)[④]。而刘安"献所作《内篇》"，约在汉武帝建元二年(公元前 139)[⑤]，由此时间差距，遂展开了简本《文子》与《淮南子》关系的新意见。

3. 王应麟(1123—1196)《困学纪闻》卷十曾指出《文子》之言为《荀子》等所取。这一观点或有可商之处，但参之以马王堆汉墓《经法》等文献，则战国、秦汉时期有与今存本《文子》相近之语流传，当可论定。这些相近之语，不必出于文子本人，在当前没有必要，也不可能证实它们先出自于某人某书，其他为抄袭。而《韩非子·内储说上》明称引"文

---

① 参见何志华：《〈吕氏春秋〉与竹简本、传世本〈文子〉相合书证疑义——再论〈淮南〉〈文子〉两书因袭关系》，见《〈文子〉著作年代新证》，123~124 页。

② 王三峡：《从竹简〈文子〉看"传本"〈文子〉》，载《武汉大学学报(人文科学版)》，2002(5)。

③ 参见河北省文物研究所：《河北定县 40 号汉墓发掘演示文稿》，载《文物》，1981(8)。

④ 参见李学勤：《试论八角廊简〈文子〉》，见《古文献丛论》。

⑤ 参见刘汝霖：《汉晋学术编年》卷二，3~4 页，上海，上海书店出版社，1992 年影印本。

子",《汉书·艺文志》收有《文子》，因此认为战国末至汉初已有《文子》流传，无可厚非。

王应麟《困学纪闻》卷十认为以下《文子》之语为汉人所引用，值得注意：

"山有猛兽，林木为之不斩，园有螯虫，葵藿为之不采"（《文子·上德》略同①）——《汉书·盖宽饶传》：郑昌（秦末人）"愍伤宽饶忠直，以言事不当意，而为文吏所挫。上书颂宽饶曰：'臣闻山有猛兽，藜藿为之不采；国有忠臣，奸邪为之不起。'"

"寸而度之，至丈必差，铢而解之，至石必过，石称丈量，径而寡失"（《文子·上仁》略同）——《汉书·枚乘传》枚乘（？—公元前 140）"谏曰：'……夫铢铢而称之，至石必差；寸寸而度之，至丈必过。石称丈量，径而寡失。'"②

"譬若积薪燎，后者处上"（《文子·上德》略同）——《汉书·汲黯传》：汲黯（？—公元前 112）"见上曰：'陛下用群臣，如积薪耳，后来者居上。'"（语在公元前 120 年张汤为御史大夫之后）

"临河欲鱼，不如归而织网"（《文子·上德》略同）——《汉书·董仲舒传》董仲舒（公元前 179—前 104）《对策》曰："临河羡鱼，不如退而结网。"（《淮南子·说林》《汉书·礼乐志》略同。据刘汝霖说，对策在公元前 134 年③）

"用兵有五：有义兵，有应兵，有忿兵，有贪兵，有骄兵。义兵王，应兵胜，忿兵败，贪兵死，骄兵灭[，此天道也]④"，（《文子·道德》略同）——《汉书·魏相传》魏相（？—公元前 59）"上书谏曰：'臣闻之，救乱诛暴，谓之义兵，兵义者王；敌加于己，不得已而起者，谓之应兵，

---

① 按：与今存本《文子》相应文字、人物年代以及相关文献，为笔者所加。

② 《文选》李善注认为此语本《文子》，钱钟书也赞同此说，见《管锥编》第 3 册，902 页，北京，中华书局，1979。参见王三峡：《从竹简〈文子〉看"传本"〈文子〉》，载《武汉大学学报（人文科学版）》，2002(5)。

③ 参见刘汝霖：《汉晋学术编年》卷二，16～21 页。

④ 按："[此天道也]"，王应麟原未引用，笔者所加。

兵应者胜；争恨小故，不忍愤怒者，谓之忿兵，兵忿者败；利人土地货宝者，谓之贪兵，兵贪者破；恃国家之大，矜民人之众，欲见威于敌者，谓之骄兵，兵骄者灭；此五者，非但人事，乃天道也。'"

"欲治之主不世出"（《文子·下德》略同）——《汉书·王吉传》王吉（？—公元前48）"上疏言得失，曰：'欲治之主不世出。'"（《淮南子·泰族》略同）

"孔子无黔突，墨子无暖席"（《文子·自然》略同）——班固（32—92）《答宾戏》："孔席不暖，墨突不黔。"（《文选》卷四十五，《淮南子·修务》略同）

"文之所加者深，则权之所服者大，德之所施者博，则威之所制者广"（《文子·下德》略同）——班固《汉书·刑法志》曰："文之所加者深，则武之所服者大；德之所施者博，则威之所制者广。"（《淮南子·缪称》稍不同，作"是故德之所施者博，则威之所行者远；义之所加者浅，则武之所制者小矣"）

"人之将疾，必先厌鱼肉之味；国之将亡，必先恶忠臣之语"（《文子·微明》有本"厌"作"不甘"）——约于建武末年（51?[1]）前由所谓袁康、吴平编定之《越绝书·德序外传记》有："传曰：'人之将死，恶闻酒肉之味；邦之将亡，恶闻忠臣之气。'"（《太平御览》卷七三八引《尹文子》、卷四五九引《晏子》略同）

"再实之木，其根必伤"（《文子·符言》略同）——《后汉书·皇后纪》建初二年（77），明德马皇后报曰："……再实之木，其根必伤……"（《淮南子·人间》略同）

"乳犬之噬虎，伏鸡之搏狸"（《文子·上德》略同）——何休（129—182）《公羊解诂·庄公十二年》："乳犬攫虎，伏鸡搏狸。"（《淮南子·说林》略同）

---

① 《越绝书·越绝外传记吴地传》言及："到今……建武二十八年"，然而该段小有误。李步嘉先生认为《越绝书》最后成书在西晋初年，可供参考，参见李步嘉：《〈越绝书〉研究》，上海，上海古籍出版社，2003。

"德均则众者胜寡，力敌则智者制愚"（《文子·上礼》略同）——《三国志·吴·陆抗传》陆抗（226—274）"上疏曰：'臣闻德均则众者胜寡，力侔则安者制危。'"（《淮南子·兵略》略同）

王应麟也曾指出，汲黯"学黄老言，故用《文子》之语。颜注云'积薪之言，出《曾子》。'当考。"①虽然王氏有所怀疑，态度较为审慎，但仍不免以宋时之见闻，度汉人之耳目。

以上诸人之语，并未明言出自《文子》。这种"引用"只是后人就后世所知部分先秦文献，推定汉人此语出于《文子》，实际上不能排除汉人所引古语，另有来处之可能性，譬如类似马王堆汉墓《经法》等之类的文献。而且丁原植先生指出王应麟所引许多话"似格言或谚语"，"不能明确断定，班固所言九卷本《文子》即包含此项资料"②。所以，为客观起见，这些引语在当前并不能说绝对出自《文子》。根据其相关性，在当前，我们最多可以将它们视为"引用"《文子》的参考证据。

但李定生先生为证成汉人引用《文子》之说，认为：汉武帝建元初，淮南王入朝"献所作内篇（按即《淮南子》），新出，上爱秘之"（《汉书·淮南王传》），而东汉末年，高诱（147—225）注《淮南子》时，"睹时人少为《淮南》者，惧遂陵迟"③，遂推断《淮南子》在一段时期内流传不广④。

然而陈静先生曾指出：刘向之父刘德参与审理淮南一案时，肯定得到了《淮南子》；并指出扬雄在《法言·君子》中评价过《淮南子》，但是扬雄可能只是在校书时读过；还指出《论衡》三次提到《淮南子》，虽然王充也有"受业太学，师事扶风班彪"的经历，"但是他所阅读的大量书籍，是在市井的书肆上读到的"，"可以肯定，王充是在洛阳书肆上读到《淮南子》的"，"《淮南子》已经成为书商手中的流通货物"；《东观汉纪》中，有"帝赐（黄）香《淮南》、《孟子》各一通。诏令诣东观，读所未尝见书"的

① （宋）王应麟：《困学纪闻》卷十，217 页，沈阳，辽宁教育出版社，1998。
② 参见丁原植：《文子新论》，16 页，台北，万卷楼图书有限公司，1999。
③ 参见（汉）高诱：《叙目》，见何宁：《淮南子集释》，6 页，北京，中华书局，1998。
④ 参见李定生、徐惠君：《文子要诠·论文子》，4 页，上海，复旦大学出版社，1988。

记载；许慎、马融都为《淮南子》作过注，以说明《淮南子》的流传情况。①

陈先生说刘德得到过《淮南子》，仅是根据高诱在《淮南叙目》里所说的"光禄大夫刘向校定撰具，名之淮南"，提到过刘向"校定撰具"。但是刘向也有可能只是做区分内、外篇等工作，是否有众本相校②，待考。说王充是在书肆上看《淮南子》，尚缺乏充足的证据；黄香之事，则与校书相关。

不过，扬雄（公元前53—18）《法言·问神》引有："或曰：'淮南、太史公者，其多知与？曷其杂也。'"③所问应该是谈看《淮南子》《太史公书》之后的感觉；所称为"或曰"，说明并非只是扬雄一人看到《淮南子》。据黄晖《王充年谱》，王充（27—约96）开始著《论衡》是在33岁归乡之后。④ 其《命禄》篇引《淮南子·齐俗》，《说日》篇引《淮南子·俶真》《淮南子·本经》，《对作》篇杂引《淮南子·天文》《淮南子·览冥》，《谈天》篇提及"淮南之《地形》"，多数并非同于原文。⑤ 然而古人著书，没有引文的规范。王充有可能是凭在洛阳书肆"一见辄能诵忆"所得，也有可能王充当时手边有《淮南子》传本。总之，不管是否与校书之事相关，看到过《淮南子》的人不少。

因此，从语言的紧密相关性和时间在《淮南子》流传之前这两个标准来看，王应麟所举例中，唯有郑昌、枚乘、董仲舒、魏相、班固（《汉

---

① 参见陈静：《自由与秩序的困惑——〈淮南子〉研究》，31～39页，昆明，云南大学出版社，2004。按：陈文中指出《法言·君子》有"乍出乍入"，"淮南，鲜取焉"，《法言》全文作："淮南说之用，不如太史公之用也。太史公，圣人将有取焉；淮南，鲜取焉尔。必也，儒乎！乍出乍入，淮南也。"

② 按：通称的《淮南子》，原称《鸿烈》，指淮南书的内篇。《汉书·艺文志》分记内、外篇，俱归入杂家。

③ 参见（清）汪荣宝：《法言义疏》，163页，北京，中华书局，1987。

④ 黄晖：《论衡校释（附刘盼遂集解）》，1224页，北京，中华书局，1990。

⑤ 按：《命禄》："《淮南书》曰：仁鄙在时不在行，利害在命不在智。"《说日》："《淮南书》又言：烛十日。尧时十日并出，万物焦枯，尧上射十日……淮南见《山海经》，则虚言真人烛十日，妄纪尧时十日并出。"《对作》："《淮南书》言共工与颛顼争为天子，不胜，怒而触不周之山，使天柱折，地维绝；尧时十日并出，尧上射九日；鲁阳战而日暮，援戈麾日，日为却还。"参见黄晖：《论衡校释（附刘盼遂集解）》，24、509、511、1183页。

书·刑法志》)之语，可以作为"引用"《文子》的参考证据。而班固《汉书·刑法志》之文，与《文子》近而与《淮南子》远，以为班固所见《文子》与今存本《文子》不同的观点，也很值得商榷。

4. 相类似的将参考证据乃至不足之证据，当作充分证据的现象还有不少。

李定生先生在《论文子》和《〈文子〉非伪书考》中指出：《老子》三十章本无"大军之后，必有凶年"两句（马王堆帛书《老子》就没有）；《汉书·魏相传》中魏相所引"军旅之后，必有凶年"，《汉书·严助传》中刘安所云"臣闻'军旅之后，必有凶年'"，均未明言出于《老子》，而此语见于《文子·微明》。由此断定《淮南子》抄袭《文子》。李定生先生在《〈文子〉非伪书考》中又指出枚乘谏吴王刘濞曰"欲汤之沧，一人炊之，百人扬之，无益也，不如绝薪止火而已。不绝之于彼，而救之于此，譬犹抱薪而救火也"，时间上早于《淮南子》。而《文子·上礼》的"故扬汤止沸，沸乃益甚，知其本者，去火而已"；《文子·精诚》的"不治其本而救之于末，无以异于凿渠而止水，抱薪而救火"，与之略同。①

但是"大军之后，必有凶年"或为习语，最多只能作为参考证据。枚乘之语，与《文子》并不紧密相关，第一句（"欲汤之沧"至"绝薪止火而已"）《文选》李善注以为出自《吕氏春秋·尽数》。它们最多也只能算参考证据。

王利器先生指出，记述盐、铁会议（公元前 81）的《盐铁论·本议》篇有"老子曰：贫国若有余，非多财也，嗜欲众而民躁也"一语，袭自《文子·自然》"故乱国若盛，治国若虚，亡国若不足，存国若有余……有余者，非多财也，欲节事寡也"；诸葛亮（181—234）《诫子书》"非淡泊无以明志，非宁静无以致远"，引自《文子·上仁》。②

然而《淮南子·齐俗》所言"故乱国若盛，治国若虚，存国若不足，

---

① 参见李定生、徐惠君：《文子要诠·论文子》，6～8 页；李定生：《〈文子〉非伪书考》，见陈鼓应主编：《道家文化研究》第五辑，上海，上海古籍出版社，1994。

② 王利器：《文子疏义·文子疏义序》，4、9 页，北京，中华书局，2000。

亡国若有余……有余者，非多财也，民躁而费多也”，更接近《盐铁论·本议》之言；但是《文子》《淮南子》所说皆非“贫国”，故此条仅可作为参考证据。《诫子书》云：“夫君子之行，静以修身，俭以养德，非淡泊无以明志，非宁静无以致远。”①此语《文子·上仁》作“君子之道，静以修身，俭以养身……非淡漠无以明德，非宁静无以致远”；《淮南子·主术》作“君人之道，处静以修身，俭约以率下……非淡薄无以明德，非宁静无以致远”。诸葛亮之语在“俭以养德”上与《文子》较接近，然而因为时间关系，我们尚无必然证据说明诸葛亮肯定是参考了《文子》，故也只能作为参考证据。

王三峡先生也指出今存韩婴之《韩诗外传》卷一的“传曰：喜名者必多怨，好与者必多辱。唯灭迹于人，能随天地自然，为能胜理而无爱名。名兴则道不用，道行则人无位矣。夫利为害本，而福为祸先。唯不求利者为无害，不求福者为无祸”，对应今存本《文子·符言》的“善怒者必多怨，善与者必善夺，唯随天地之自然而能胜理。故誉见即毁随之，善见即恶从之，利为害始，福为祸先，不求利即无害，不求福即无祸”，认为所谓“传曰”，来自“未见记载的《文子》原始本子或祖本”，还论及《韩非子·喻老》所用“随时以举事，因资而立功”来自《文子》（见前）。《吕氏春秋》《庄子》外杂篇中的“故曰”之后的某些文字，也是来自“传本”《文子》。②

《韩非子·喻老》之语，前文已经有说明。所谓《吕氏春秋》引《文子》，王三峡举出了两例，其中《吕氏春秋·君守》用了“故曰”：“故曰：中欲不出谓之扃，外欲不入谓之闭。”魏启鹏先生举出了五例③。但是何志华先生对于魏说一一条辨，指出这些相关文字都见于《淮南子》，认为

---

① （蜀）诸葛亮：《诸葛亮集》，28 页，北京，中华书局，1960。
② 参见王三峡：《从竹简〈文子〉看“传本”〈文子〉》。按：原文引《韩诗外传》文字有误，今正。后来还补充《韩诗外传》卷八“官怠于小成”一段，与《文子·符言》“宦败于官茂”一段，见王三峡：《文子探索》，126～127 页。
③ 参见魏启鹏：《文子学派与秦简〈为吏之道〉》，见陈鼓应主编：《道家文化研究》第十八辑。

应该是《淮南子》有取于《吕氏春秋》，而《文子》直取《淮南子》。何先生还涉及了上述王三峡先生的例子，他比勘《文子》与《淮南子》如下文字：

> 《淮南子·主术》："故中欲不出谓之扃，外邪不入谓之塞[闭]……不伐[代]之言，不夺之事，循名责实，[官]使有司，任而弗诏，责而弗教，以不知为道，以奈何为宝。如此则百官之事各有所守矣。"

> 《文子·上仁》："中欲不出谓之扃，外邪不入谓之闭……不伐[代]之言，不夺之事，循名责实，使自有司，以不知为道，以禁苛为主。如此则百官之事各有所考。"

他指出，《文子》袭用《淮南子》改"奈何"为"禁苛"，尤失《吕纪》原文旨意[《吕氏春秋·知度》有："不伐(代)之言，不夺之事，循名审实，官使自司，以不知为道，以奈何为实(宝)"]。[①]

何志华先生还补充了一个竹简、传世《文子》(《道德》篇："帝者，天下之适也，王者，天下之往也")的例子，它与《吕氏春秋·下贤》相合而不见《淮南子》。但是何先生又指出《穀梁传·庄公三年》《春秋繁露·灭国上》《风俗通义·三王》《白虎通·号》《说文解字》等有相近之"王"字的声训，由此怀疑这是先秦两汉习用声训，认为未必证明两书有因袭关系。[②]

前文《"同文"分析法评析》已经指出古书之间的文字比勘，其实未必具有分析文本先后因袭的功能，否则何志华先生补充之例就将与其前举例形成矛盾，不能因为补充之例是孤证等原因而怀疑、排斥。至于所谓"奈何"改为"禁苛"，其实也可能是传写之误。孙星衍《文子序》已经提出："《文子》云'以禁苛为主'，《淮南》作'以奈何为主'，则形近而误。"[③]虽然孙星衍的本意，可能是认为"禁苛"正确，以之为《淮南子》抄袭《文子》的证据。"奈"字篆书、隶书作"柰"，与"禁"字形近；而"苛"与

---

① 何志华：《〈吕氏春秋〉与竹简本、传世本〈文子〉相合书证疑义——再论〈淮南〉〈文子〉两书因袭关系》，见《〈文子〉著作年代新证》，146～147 页。

② 同上。

③ （清）孙星衍：《文子序》，《问字堂集》卷四，89 页。

"何"皆从"可"得声，可以通假。

古书中称"传曰""故曰"极为常见，今存本《文子》有相关内容与"传曰""故曰"后之语可以对应，这可能出于与之同源，而未必是"传曰""故曰"引用了所谓的"传本"或古本《文子》。① 因此，王先生所举文例，也只能作为参考证据。从《庄子》外杂篇、《吕氏春秋》等的相关文句或可以推测，战国时期可能有一个文献资源库（其始源及流传情况已很难推断，学者们欲归之为"古"《文子》而为《庄子》等采录，似未可言必。这种思维方式与另外一些学者认为《文子》在其后，采录《庄子》等，有相近之处，仅是结论一正一反罢了），与黄老之学相关的学者多采用其言而别为诸子，其他学者也偶或用之。但是这些公言之下是否有私意，是祖述师说，还是泛泛论之，尚待研究。

5. 笔者也发现过可为参考证据的例子，今存梁元帝萧绎（508—554）《金楼子·立言》中有两段文字②：

> （1）子曰："耳听者，学在皮肤；心听者，学在肌肉；神听者，学在骨髓。"

> （2）子曰："涤杯而食，洗爵而饮，可以养家客，未可以飨三军。咒虎在后，隋珠在前，弗及掇珠，先避后患。闻雷掩耳，见电瞑目。耳闻所恶，不如无闻；目见所恶，不如无见。火可见而不可握，水可循而不可毁。故有象之属，莫贵于火；有形之类，莫尊于水。身曲影直者，未之闻也。用百人之所能，则百人之力举，譬若伐树而引其本，千枝万叶，莫能弗从也。"

今存《金楼子》，是四库馆臣从《永乐大典》中辑佚而得。可惜笔者在今天残存的《永乐大典》中，没有见到这两章，文称"子曰"，待考。《立言》（1）见《文子·道德》（218页），以及八角廊竹简第2482、第0756号；

---

① 有学者认为《韩诗外传》多次援引《文子》，似乎未有确证；而且所谓《韩诗外传》"是将《易传》视为道家系统的"，尚待讨论。参周立升：《〈韩诗外传〉的黄老思想及其易说》，见陈鼓应主编：《道家文化研究》第十二辑，211～212页，北京，生活·读书·新知三联书店，1998。

② 参见《百子全书》，910页，杭州，浙江古籍出版社，1998年影印本。

《立言》(2)的几句话，大约分别见于《淮南子·诠言》(1033 页)、《淮南子·说林》(1228 页)、《吕氏春秋·贵生》(76 页)①、《淮南子·原道》(57 页)、《淮南子·缪称》(713、714 页)。依其文例及与《淮南子》等的关系，疑为《文子》佚文。

6. 其他如北齐刘昼(约 516—约 557)所著《刘子》，王应麟已指出有文与《文子》接近②。李善注《文选》，引用《文子》五十余处。《文选》中的锦句妙语，有一些可能化自《文子》，但是真正与《文子》句义非常接近，疑化用自《文子》，可以作为参考证据者，似乎只有东方朔(公元前 154—前 93)《非有先生论》中的"囹圄空虚"(《文选》卷五十一，711 页，《文子·精诚》："法宽刑缓，囹圄空虚")，但仅 4 字相同。此外还有不少学者指出了一些可能与《文子》有关的内容，但是因为年代较晚，或见于《淮南子》等书，相关的紧密性不大，未必出于《文子》，难以为参考证据。

7. 关于高诱所注《淮南子》，有学者指出《淮南·主术》"故善建者不拔"有高诱注"言建之无形也"，今本《文子·上仁》第七章"把注文一并移如"③。但李定生、徐惠君的意见正与此相反④；而江世荣先生已引王念孙说："此六字(按：指'言建之无形也'六字)乃正文，非注文也。"⑤于大成先生认为《文子》"剽窃《淮南》，往往据彼书注文以改正文"⑥。何志

---

① 按，《吕氏春秋·贵生》作："耳闻所恶，不若无闻；目见所恶，不若无见。故雷则掩耳，电则掩目。"所附页码分别为王利器《文子疏义》本、何宁《淮南子集释》本、陈奇猷《吕氏春秋校释》(上海，学林出版社，1984)本。

② 《刘子》作者尚有争论，今从傅亚庶等之说，见傅亚庶：《刘子作者辩证》，见《刘子校释》，北京，中华书局，1998。

③ 参见曾达辉：《今本〈文子〉真伪考》，见陈鼓应主编：《道家文化研究》第十八辑，257 页。

④ 参见李定生、徐惠君：《文子要诠》，181 页；李定生：《〈文子〉非伪书考》，见陈鼓应主编：《道家文化研究》第五辑。

⑤ 江世荣：《先秦道家言论集、〈老子〉古注之一〈文子〉述略》，见《文史》第十八辑；王念孙说见《读书杂志·淮南内篇第九》，843 页，南京，江苏古籍出版社，1985 年影印本。

⑥ 于大成：《文子集释自序》，载《文史季刊》，第 1 卷第 3 期，1971-04。

华先生则论证高诱注《淮南子》参考过今存本《文子》①——虽然何说的前提是认为《文子》抄袭了《淮南子》，但是他不仅指出"高《注》与《文子》重文相合例"，而且指出"高《注》与《文子》重文不合例"，并分析其原因，似胜于于先生说。何先生还指出过《吕氏春秋》高诱注中，有两则《老子》引文，实际是出自《文子》②。然而考虑到当时可能还存在不少其他相关的文献，我们当前还是以高诱注作为与《文子》相关的参考证据。

8. 真正直称文子（或《文子》），能表明比较熟悉《文子》，可以作为直接证据者，《韩非子》之后，有刘向（约公元前 77—前 6）之《别录》③；刘歆（？—23）之《七略》（已佚，当有）；王充（27—96?）《论衡·自然》云："以孔子为君，颜渊为臣，尚不能谴告，况以老子为君，文子为臣乎！老子、文子，似天地者也"；班固（32—92）《汉书·艺文志》自注"老子弟子，与孔子并时，而称周平王问，似依托者也"；曹植（192—232）《求通亲亲表》云："臣闻《文子》曰：'不为福始，不为祸先'"（见《文子·九守》）；晋葛洪（283—363）《抱朴子·至理》云"昔庚桑胼胝，文子鳌颜，勤苦弥久，及受大诀，谅有以也"，《抱朴子·释滞》云："至于文子庄子关令尹喜之徒，其属文笔，虽祖述黄老，宪章玄虚，但演其大旨，永无至言"。

9. 东晋张湛（约 330—410）曾注《文子》，有如下条见于《文选》李善注：

> (1)《文选·东都赋注》："《文子》曰：'群臣辐凑。'张湛曰：'如众辐之集于毂。'"

> （《文选》卷一，34 页④；《上仁》第二章）

---

① 何志华：《论〈淮南子〉高诱〈注〉与〈文子〉之关系》，载香港中文大学《中国文化研究所学报》，新一期，1993-12。

② 何志华：《出土〈文子〉新证》，载香港浸会大学《人文中国学报》，第 5 期，1998-04。

③ 李解民先生指出《别录》的最后成书、纂辑实际在东汉章帝年间，见李解民：《〈别录〉成书年代新探》，见《尽心集——张政烺先生八十庆寿论文集》，北京，中国社会科学出版社，1996。按：本文此处仅从早期的校书者刘向着眼。

④ 页码据中华书局 1977 年版《文选》。

（2）《文选·鹩鹌赋注》：“《文子》曰：'去其诱慕，除其嗜欲。'张湛曰：'遗其衔尚，为害真性。'”

（《文选》卷十三，202 页；《道原》第三章）

（3）《文选·游仙诗注》：“《文子》曰：'三皇五帝轻天下，细万物，上与道为友，下与化为人。'张湛曰：'上能友于道。友或为反。'”

（何敬宗《游仙诗》，《文选》卷二十一，306 页；《道德》第十二章）

（4）《文选·天监三年策秀才文注》：“《文子》曰：'群臣辐凑。'张湛曰：'如众辐之集于毂也。'”

（《文选》卷三十六，514 页；《上仁》第二章）

（5）《文选·奏弹曹景宗注》：“《文子》曰：'起师十万，日费千金。'张湛曰：'日有千金之费。'”

（《文选》卷四十，558 页；《微明》第十九章）

（6）《文选·恩幸传论注》：“《文子》曰：'群臣辐凑。'张湛曰：'如众辐之集于毂。'”

（《文选》卷五十，705 页；《上仁》第二章）

（7）《文选·辩亡论注》：“《文子》曰：'群臣辐凑。'张湛曰：'如众辐之集毂也。'”

（《文选》卷五十三，736 页；《上仁》第二章）

比较（1）、（4）、（6）、（7）的张湛注，可以看出注文有异辞，可能是因为所采张湛注底本不同，而这或是因为张湛注被广泛传抄所致。

10. 东晋慧远（334—416）《沙门不敬王者论·形尽神不灭第五》云："文子称黄帝之言曰：'形有靡而神不化，以不化乘化，其变无穷'"[1]（见《文子·九守》）；刘勰（约 465—约 520）《文心雕龙·诸子》谓："情辨以泽，《文子》擅其能"[2]；梁阮孝绪（479—536）《七录》载《文子》十卷；

---

① 参见《弘明集》卷五，32 页 B，上海，上海古籍出版社，1991；《大正新修大藏经》卷五十二，31 页 C。

② 曾达辉以为是"文子擅其能，辞约而精"，非。

北魏李暹曾注《文子》[①]；北魏贾思勰《齐民要术·栽树》引："《文子》曰：冬冰可折，夏木可结，时难行而易失。木方盛，终日采之而复生。秋风下霜，一夕而零"（见《文子·上德》），并附注："非时者功难立"[②]，王叔岷疑另有注者[③]。

11. 王利器先生提及："唐释法琳《辩正论》八引道士陆修静《答明帝所上目录》云：'《文子》十一卷，文阳所撰。'"[④]

释法琳（572—640）的《辩正论·诸子为道书谬》上承甄鸾（536—578）《笑道论·诸子为道书》。《笑道论·诸子为道书》云：

> 其四千三百二十三卷，陆修静录有其数，目及本并未得……至如《韩子》、《孟子》、《淮南》之徒……得为道书者，可须引来。未知《连山》、《归藏》……何以不在道书之例乎……修静目中，本无诸子……且去年七月中道士所上经目，止注诸子三百五十卷为道经……[⑤]

这一段文字前面是《玄都经目》，文字后面没有诸子目。而《辩正论·诸子为道书谬》云："其四千三百二十三卷，披检道士陆修静答宋明帝所上目录，其目及本今并未见"[⑥]，此一段文字前边是《玄都经目》，与《笑道论》所引略同，文字后边是《文子》等诸子目，目后又云："道士所上经目皆云：依宋人陆修静所列。检修静目中……本无杂书诸子之名。至如《韩子》、《孟子》、《淮南》之徒……并得为道书者，其《连山》、

---

① 李暹之师般若流支 516 年来华，疑李暹长于贾思勰。

② 缪启愉：《齐民要术校释》，256～257 页，北京，中国农业出版社，1998；《四库全书》第 730 册，46 页，"终日采之"作"虽日采之"。

③ 王说转引自胡文辉：《〈文子〉的再考辨》，见王元化主编《学术集林》卷十七，81 页，上海，上海远东出版社，2000；又见胡文辉《中国早期方术与文献丛考》，54 页。按：据胡文，王说引《齐民要术》，"时难得"作"时难行"。《四库提要》指出："（《齐民要术》）每句下之注有似自作，然多引及颜师古者。"

④ 王利器：《文子疏义·通玄真经序》，注[二]。按：《大正新修大藏经》卷五十二作《辩正论》。

⑤ 《大正新修大藏经》卷五十二，152 页 B（按：原文于"录"字下断句，陈国符《道藏源流考》于"目"字下断句，疑皆非）；《广弘明集》卷十，157 页，上海，上海古籍出版社，1991。

⑥ 《大正新修大藏经》卷五十二，546 页 B。

《归藏》……亦得为道书乎……《笑道论》云：妄注诸子三百五十卷为道经也……"则甄鸾犹见陆修静（406—477）之目，其中本没有诸子；《辩正论》所列诸子目，仅两百余卷，有《文子》，疑最早不过是"去年（北周武帝天和四年，公元569年）七月中道士所上经目"，并非《玄都经目》。而《玄都经目》，并非陆修静之目。释法琳多转引甄鸾之语，所说"文子"为"文阳"，缺少来历、证据，后人多不信。

12. 北周道安《二教论》云："文子称黄帝之言曰：'形有糜而神不化，以不化乘化，其变无穷。"[1]（见《文子·九守》）道安所引，曾达辉先生以为"此语以释述形神之义，当转引自慧远"[2]，认为道安并没有见过《文子》。然而道安《二教论》与慧远《沙门不敬王者论·形尽神不灭第五》的上下文并不同，且慧远引文之"靡"字，与宋本、《大正藏》本《二教论》均不同，故我们缺乏确切的证据证明道安绝对没有见过《文子》，反当应该认为道安见过《文子》。

13. 隋萧吉（？—612）所著《五行大义》中也引及《文子》，皆在《论诸人》章中：

> (1)《文子》曰："人受天地变化而生，一月而膏，二月血脉，三月而胞，四月而肌，五月而筋，六月而骨，七月而成形，八月而动，九月而躁，十月而生。形骸已成，五藏乃形，外为表，中为里，头圆法天，足方象地，天有四时、五行、九星、三百六十日，人亦有四支、五藏、九窍、三百六十节。天有风雨寒暑，人亦有喜怒哀乐。"
>
> （280页[3]，见《文子·九守》）

> (2)《淮南子》及《文子》并云："胆为云，肺为气，脾为风，肾为雨，肝为电雷，与天相类，而心为主。耳目者，日月也，气血者，

---

[1] 《广弘明集》卷八，148页C；《大正新修大藏经》卷五十二，142页C（曾达辉作142B——引者注）"糜"作"糜"。

[2] 曾达辉：《今本〈文子〉真伪考》，见陈鼓应主编：《道家文化研究》第十八辑。

[3] 页码据刘国忠：《五行大义研究》，沈阳，辽宁教育出版社，1999。

风雨也。"

（280 页，见《文子·九守》）

（3）《文子》曰："昔者中黄子云，天有五行，地有五岳，声有五音，物有五味，色有五章，人有五位。故天地之间，二十有五人，上五有神人、真人、道人、至人、圣人，次五有德人、贤人、善人、中人、辩人，中五有仁人、礼人、信人、义人、智人，次五有仕人、庶人、农人、商人、工人，下五有众人、小人、驽人、愚人、肉人。上五之与下五，犹人之与牛马也。圣人者以目视，以耳听，以口言，以足行；真人者，不视而明，不听而聪，不言而云，不行而从。故圣人所动天下者，真人未尝遇焉，贤人之所矫世俗者，圣人未尝观焉。所谓道人者，无前无后，无左无右，万物玄同，无非无是。"

（281～282 页，见《文子·微明》）

（4）文子曰："中绳，谓之君子；不中绳，谓之小人。君子虽死，其名不灭；小人虽得势，其罪不除。"①

（285 页，见《文子·上义》）

另有佚文一则：

《文子》曰："人者，天地之心。五行之端，是以禀天地五行之气而生，为万物之主，配二仪以为三材。然受气者各有多少，受木气多者，其性劲直而怀仁；受火气多者，其性猛烈而尚礼；受土气多者，其性宽和而有信；受金气多者，其性刚断而含义；受水气多者，其性沉隐而多智。五气凑合，共成其身。气若清睿，则其人精俊爽如也；浑浊，则其人愚顽。"

（279～280 页）

---

①　按：刘国忠原文未将"君子虽死，其名不灭；小人虽得势，其罪不除"视为引文，钱杭点校本点为引文（见钱杭点校：《五行大义》，139 页，上海，上海书店出版社，2001）。查《文子》原文，当为引文。

14. 敦煌残卷中，有《文子》。隋以后，有关《文子》的资料比较多，不烦引①。

15. 江世荣先生指出《太平御览》中有《文子》佚文四则，另有三则《文子》文句有附注，疑为张湛或李暹注之遗文②。但是《文选》《太平御览》以及其他类书所引《文子》佚文，于大成先生认为并非佚文，而是出自《淮南子》《尸子》《尹文子》等书③。

于大成先生又指出《记纂渊海》等所引《文子》，实际出自《文中子》；《文选》卷三十九邹阳《狱中上书自明》注所引"文子曰"，乃《汉书》注所引文颖之语，不是这里讨论的"文子"，这些应该是正确的。但是认为《文选》《说文系传》《太平御览》《事类赋》等书中所引其他的"文子曰"皆有问题，是出其他的书而非《文子》，则尚难以令人信服。古书多有重文，即便后人抄编类书时偶然有误，有可能将《尹文子》脱误为《文子》，但是很难说将《淮南子》等也误为《文子》，很难说十几处的引文全部抄得不对。当然，这些佚文抄录的时间较晚，本文暂不仔细讨论。

值得注意的倒是，《太平御览》卷七五七引《文子》曰："养鱼于沸锅之中，栖鸟于炎炉之上，虽欲其生，养理失矣。"于大成先生提到："案此袁嵩《后汉书》朱穆上疏文也。"不承认它是《文子》佚文；而对于《五行大义》中的《文子》佚文，因为找不到其他可以对应的文字，遂承认它为佚文。

于先生的取舍，恐怕完全是先有《文子》为伪书之观念，然后再来找证据。但凡可见于他人文集的，概以为不出自《文子》；只有未见别处记载的，才推测是佚文。这种"有罪推定"的取舍方法，恐怕不妥。与这种思维方式相近者，所在不少。如《史记·吴王濞列传》有"察见渊中鱼，

---

① 魏征曾说"文子曰：'同言而信，信在言前；同令而行，诚在令外'"（见［唐］吴兢：《贞观政要·诚信》）。

按：《文子》之言，《子思子》《淮南子·缪称》略同，《刘子·履信》《颜氏家训·序致》也有相近之语。魏征称引《文子》，颇值得注意。

② 参见江世荣：《先秦道家言论集、〈老子〉古注之一——〈文子〉述略——兼论〈淮南子〉与〈文子〉的关系》，见《文史》第十八辑。

③ 于大成：《文子集释自序》，载《文史季刊》，第1卷第3期。

不祥"，司马贞《史记索隐》云："此语见《韩子》及《文子》。"①《韩非子·说林上》有："古者有谚曰：'知渊中之鱼者不祥。'"今存本《文子》则无相近之语。程金造先生遂由此认为："案《文子》无此文，《列子·说符》有此语，小司马误引之也。"②可是今存本《文子》虽无相近之语，却有可能是佚文，因为唐人尤可见不同于今存本之《文子》，所以司马贞未必是误引，我们不应该以今人之见闻，规定古人之见闻。

可以注意的是，朱穆(99—163)上疏曰："养鱼沸鼎之中，栖鸟烈火之上，用之不时，必也燋烂。"③与《太平御览》卷七五七所引《文子》"养鱼于沸锅之中，栖鸟于炎炉之上，虽欲其生，养理失矣"，并不全同。因此，根据前面的惯例，我们要以朱穆上疏之文，作为《文子》流传的参考证据。不过《文选》卷四十三邱迟《与陈伯之书》注、卷四十九范晔《皇后纪论》注皆引朱穆之疏文而不引《文子》(卷四十九注引作"必见燋烂")，说明到李善时，有这一则佚文的《文子》，可能已经很难看到了。

16. 还需指出的是，丁原植先生指出《文子·精诚》有大段文字不见于《淮南子》："夫忧民之忧者，民亦忧其忧，乐民之乐者，民亦乐其乐，故忧以天下，乐以天下，然而不王者，未之有也。"此段文句略同于《孟子·梁惠王下》。《文子》紧接的下文："圣人之法，始于不可见，终于不可及，处于不倾之地，积于不尽之仓，载于不竭之府。出令如流水之原，使民于不争之官，开必得之门，不为不可成，不求不可得，不处不可久，不行不可复"，略同于《管子·牧民》篇，在该篇中被称为《士经》。此外，丁先生还指出《文子》有与《逸周书·周祝》、"月令"相关的文句④。

由于《孟子》《管子·牧民》等篇的时代可能都相对较早，而且它们与《文子》所属学派可能较远，所以有可能是"言公"的内容，尚不好考定最先称述者，故本文暂不把这些材料作为参考证据，留待以后再讨论。相

①　(汉)司马迁：《史记》，2823~2824 页，北京，中华书局，1959。
②　程金造：《史记索隐引书考实》，663 页，北京，中华书局，1998。
③　周天游：《八家后汉书辑注》，663 页，上海，上海古籍出版社，1986。
④　参见丁原植：《〈文子〉哲学史料探析》，见《文子新论》，219~246 页。

近者还有《文子》部分内容和马王堆汉墓帛书、郭店简《五行》之间的相似性问题①，等等。

为便于分析问题，我们不妨依目前所知材料，将与《文子》有关的直接证据和参考证据依时间先后，排列如下（见表2-1）：

表2-1　与《文子》有关的证据

	直接证据	参考证据	
		《庄子》外杂篇部分"故曰"	1
		《吕氏春秋》部分"故曰"	2
1	韩非(？—公元前233)《韩非子·内储说上》	《韩非子·喻老》	3
		郑昌(秦末人)上书	4
		韩婴(汉文帝博士)《韩诗外传》	5
		枚乘(？—公元前140)《上书谏吴王》	6
		董仲舒(公元前179—前104)《对策》	7
		刘安(公元前179—前122)上书	8
		东方朔(公元前154—前93)《非有先生论》	9
		魏相(？—公元前59)上书	10
2	八角廊竹简《文子》(？—公元前55?)		
		《盐铁论·本议》(公元前81)	11
3	刘向(约公元前77—前6)《别录》		
4	刘歆(？—23)《七略》		
5	王充(27—约96)《论衡·自然》		
		朱穆(99—163)上疏	12

---

① 参见邢文：《八角廊简〈文子〉与帛书〈五行〉》，见陈鼓应主编：《道家文化研究》第十八辑。按：邢先生在文中指出二者的"圣智"之论可能有共同来源，但是在思想上有差异，是"同源异流、不同学派不同思想倾向的表现"，很值得重视。

续表

	直接证据	参考证据	
6	班固(32—92)《汉书·艺文志》自注	班固《汉书·刑法志》	13
		高诱(147—225)《淮南子注》《吕氏春秋注》	14
		诸葛亮(181—234)《诫子书》	15
7	曹植(192—232)《求通亲亲表》		
8	晋葛洪(283—363)《抱朴子》		
9	东晋张湛(约330—410)《文子注》		
10	东晋慧远(334—417)《沙门不敬王者论》		
11	刘勰(约465—约520)《文心雕龙·诸子》		
12	梁阮孝绪(479—536)《七录》	萧绎(508—554)《金楼子·立言》	16
		北齐刘昼(约516—约557)《刘子》	17
13	北魏李暹《文子注》		
14	北魏贾思勰《齐民要术·栽树》		
15	《辩正论》所列诸子目		
16	北周道安《二教论》		
17	隋萧吉(？—612)《五行大义》		

　　根据表 2-1 中 17 条直接证据和 17 条参考证据，不难看出，有关
"文子"的资料不时出现。至少在魏晋南北朝以迄隋唐，广泛流传于大江
南北，注家众多，篇章不等。《道德》《九守》《上德》《微明》《上仁》等《文
子》篇目中，已有文字被直接证据引用；此外还有不少的《文子》佚文。
尤其值得注意的是，六朝时期，《文子》广见于南北方，又有佚文，传本
应该不止一个。而有关《淮南子》的流传情况，可以参看前述陈静先生的
意见。因此，那些认为今存本《文子》是此时伪作或据《淮南子》拼凑的意

见，恐怕难以令人信服。今存本《文子》相对性的"定本"的形成，可能与张湛、李暹、默希子(徐灵府)等所注《文子》有关。据学者研究，《文子》出现定本，缘于唐玄宗时期的官方旨意①。但是默希子注所用的底本，可能并未经过广集众本而校雠的工作。其他的《文子》传本，可能因为徐注等的流行而逐渐亡佚。

(三)有关问题条辨

根据以上的材料，可以分析某些有关《文子》的问题。

1. 首先可以指出的是，《文子》一书绝非如某些学者所不自觉接受的，在历史上一直都被认为是抄袭《淮南子》而成的伪书。恰恰相反，倒是不少学者认为是《淮南子》抄袭《文子》。仓石武四郎已经指出周必大、刘绩、王世贞、毕沅、孙星衍皆认为是《淮南子》抄袭《文子》②。甚至以辨伪为事的学者如胡应麟、姚际恒，也没有一概认定《文子》为伪书。直到陶方琦说《文子》割裂《淮南子》，章炳麟以今存本《文子》为张湛伪造，梁启超才说出今存本《文子》是"伪中出伪"③。

按：周必大《涉笔》云："《淮南子》多本《文子》"④，其时间在黄震之前；明代刘绩也认为《淮南子》"乃全取《文子》而分析其言"⑤；其后王世贞《读淮南子》指出："其理出于《文子》《庄子》《列子》"⑥；清初马骕说："《文子》一书，为《淮南鸿烈解》撷取殆尽，彼浩淼，此精微"⑦；后来毕沅也说："《文子》十二篇，淮南王书前后采之殆尽"⑧；沈钦韩也认为

---

① 参见朱大星：《试论敦煌本〈文子〉诸写本之写作时代及其价值》，载《文献》，2001(2)。按：此说引《唐会要》卷五十《尊崇道举》，然《文子》定本似亦当注意张湛、李暹注的影响。

② ［日］仓石武四郎：《淮南子考》，见江侠庵编译：《先秦经籍考》，356～357 页，上海，上海文艺出版社，1990 年影印本。

③ 参见张心澂编著：《伪书通考》，上海，上海书店出版社，1998。

④ (宋)马端临：《文献通考》卷二一三引，《四库全书》第 614 册，534 页。按：全卫敏《周氏〈涉笔〉考》(《古籍整理研究学刊》2007 年第 1 期)指出周氏为周端朝，非周必大。

⑤ 何宁：《淮南子集释》，1504 页。

⑥ (明)王世贞：《读淮南子》，《读书后》卷二，《四库全书》第 1285 册，16 页 B。

⑦ (清)马骕：《绎史》卷八十三，1693 页，济南，齐鲁书社，2001。

⑧ (清)毕沅：《吕氏春秋新校正序》，见陈奇猷：《吕氏春秋校释》，1867 页。

"书为《淮南》袭取殆尽"①；孙星衍之说载于《问字堂集》②；江瑔也持《淮南子》取《文子》之论③。只是这些人的说法，没有受到近代学者的重视，尤其是当近现代辨伪成了一种风气之后。然而专门辨伪者，并没有反思自己的辨伪方法。

2. 今存本《文子》一书，自当依余嘉锡先生所总结之古书通例，视作某一学派之作品集。目前可以确切知道的，是该学派作品中有"平王问"形式。王博、魏启鹏等先生根据竹简《文子》第 2391 号"天王"一语，指出与文子对话者"只能是周平王"④，其说可从。

班固《艺文志》自注"而称周平王问，似依托者也"之"依托"，孙星衍以为："盖谓文子生不与周平王同时，而书中称之，乃托为问答，非谓其书由后人伪托"⑤；余嘉锡先生认为："其授受不明，学无家法，而妄相附会，称述古人，则谓之依托。如《艺文志·文子》九篇，注为'依托'，以其与孔子并时，而称周平王问，时代不合，必不出于文子也。《杂黄帝》五十八篇，明知为六国时贤者所作，而不注为'依托'，以后人可以称述前人之说也。"⑥

按：两位先生都以问答之事为依托，但是二人对于问答之"托"是否出于《文子》（或此学派），意见不一。《汉书·艺文志》云："《力牧》二十二篇。"班固自注："六国时所作，托之力牧。力牧，黄帝相。"故所谓"依托"，确有如余嘉锡先生所言："其授受不明，学无家法，而妄相附会，称述古人，则谓之依托。"不过班固于《黄帝四经》《黄帝铭》并未说起于何时或是否依托，而很可能古人相信黄帝之言有流传者，并非依托；但是《黄帝君臣》《杂黄帝》已明说为六国时作，与《力牧》相同，为依托之义非

---

① （清）沈钦韩：《汉书疏证》卷二十五，见《续修四库全书》第 266 册，687 页 A，上海，上海古籍出版社，1995。

② （清）孙星衍：《问字堂集》，88～90 页。

③ （清）江瑔：《读子卮言》卷二第十三章"论文子即文种"。

④ 参见王博：《关于〈文子〉的几个问题》，载（台湾）《哲学与文化》，第 23 卷第 8 期，1996-08。魏启鹏：《〈文子〉学术探微》，载《哲学与文化》，第 23 卷第 9 期，1996-09；陈鼓应主编：《道家文化研究》第十八辑，156 页。

⑤ （清）孙星衍：《问字堂集》，88 页。

⑥ 余嘉锡：《四库提要辨证》，515 页。

常明显。因此余先生"后人可以称述前人之说"的辩解，恐怕难以服人。
另外从出土有竹简《文子》来看，很难说汉代时绝对没有文子的后学。因
此所谓"依托"，很可能应该是孙星衍指出的"托为问答"。

此托为周平王之问答，就《韩非子》来看，或许有其原型，不一定是
"妄相附会"。孙星衍从杜道坚之说，认"平王"为"楚平王"；李定生先生
则根据《韩非子》《别录》，认为是"齐平公"①。有可能由此而传讹为"周
平王"，但目前难以指实。

看来班固所见《文子》，既能看出文子是老子弟子，又有文子与周平
王的问答。于是《汉书·古今人表》将文子置于周平王时，《艺文志》则又
指出文子为老子弟子。这是疑以传疑，信以传信，正如同当时人可能深
信黄帝一样，他们也有可能以老子、文子为长寿之仙人。

3.《别录》佚文有："《墨子书》有文子，文子即子夏之弟子，问于墨
子。"②以为文子是子夏弟子，与《汉书·艺文志》《汉书·古今人表》所记
文子年代不合。由于缺少相关资料，今难以考定③。唯《太平御览》卷九
四九载："文子曰：禽子曰，多言有益乎？墨子曰：虾蟆蛙黾，日夜恒
鸣，口干舌擗，然而不听。今观晨鸡，时夜而鸣，天下俱动。多言何
益？唯其言之时也。"此文不见于今存本《墨子》，或与《别录》有关。但是
《艺文类聚》卷九十，《太平御览》卷三九〇、九一六皆无"文子曰"，而是
"《墨子》曰"，后世《御定渊鉴类函》则在卷二六六、四二〇与四四八将两
种说法都抄录。

不过这则佚文使笔者想到，"禽"从今声，楚简中"禽"字省作"仚"
[如《上海博物馆藏战国楚竹书（三）·周易》简 8、简 10]，也就是"仚"；
乃至作"含"[《上海博物馆藏战国楚竹书（七）·凡物流形》]。是否有可能
因为"禽子"被省作"今子"（声韵相通）、"含子"或"仚子"（《别录》佚文中

---

① 参见李定生：《文子其人考》，见陈鼓应主编：《道家文化研究》第四辑。
② （汉）司马迁：《史记·孟子荀卿列传》，《索隐》引，2350 页。
③ 孙以楷先生认为此处文字有错倒，"文子即子夏之弟子，问于墨子"，当是"文子……
子夏之弟子墨子问之"，见孙以楷：《文子与墨子》，载《学术月刊》，2002(3)。按：所改正后
之文字，难以凭信。

有前后相连的两处"文子"，在古人是用重文抄写作"文＝子＝"），而后被误为"文子"呢（"文"与"今"韵部古音为文部和侵部，相近）？因为"禽子"即禽滑釐，曾学于子夏，是见于《吕氏春秋》《史记》等书的。

又《唐钞文选集注汇存》载有"刘向《别录》云：文子，老子弟子。鲁哀、定时人，姓辛，名计然，著《文子》书"。然而按照先秦书惯例，少有以字名书者（《子思子》乃因子思为孔子之孙，不得再称孔子；《子华子书录》或以为伪作，云《子华子》本名《程子》）。且一般认为计然即范蠡之师，《越绝书》中有《计倪内经》，计倪即计然。然根据《计倪内经》以及计然佚文，和《文子》多不同。因此，计然、计倪和《文子》书所谓之文子并不是一个人，这是前人早已作出的结论。然而有学者引《续博物志》卷九所载"计然云：人受命于天地变化而生，一月而膏"云云，与《文子·九守》之"老子曰：人受天地变化而生，一月而膏"云云对应；又引《文子·上德》的"天气下，地气上，阴阳交通，万物齐同"和《上仁》篇的"阴阳交接，乃能成和，和则生成万物（引者按，此六字通行本无）"，比对《太平御览》卷十所引《范子计然》的："风为天气，雨为地气，风顺时而行，雨应风而下。命曰：天气下，地气上，阴阳交通，万物成矣"，以证明计然即文子①。但是《续博物志》中有一些内容晚至宋代，即便是按照其题名作者李石来看，也只是晋代人，不能排除作者当时以为文子即计然，乃至两书有"重文"的可能性（类似的情况习见于古书之中）。

考此处刘向《别录》和上文《别录》佚文，估计是刘向《文子书录》的佚文，当是刘向杂引诸说而考察文子之为谁，然而最终为班固所取者，只不过是"文子，老子弟子"。因此《唐钞文选集注汇存》之"鲁哀、定时人，姓辛，名计然，著《文子》书"，有可能是或曰之文而后人误合于"文子，老子弟子"之后。即便此为刘向之原文，也只能表明刘向倾向于认为文子即计然，而班固不取此说，且在《汉书·古今人表》中也分为两人。

4. 比较今存本《文子》与八角廊竹简《文子》，问答内容不同之处有

---

① 熊良智：《先秦思想家文子考论——〈文选集注〉存录刘向〈别录〉佚文印证》，见"先秦两汉文学与文献"学术研讨会论文，成都，四川师范大学，2007-10-26、2007-10-27。

很多。这说明二者不是先后直接相承的关系，这种不同，可能是因为学派内部流传不同所造成，而且许多问答内容可能出自后学附益。竹简《文子》，疑仅为文子后学中，某一学派所保留的资料。李学勤、邢文先生所标点的篇题①，赵建伟先生提出了五点疑问②，其是非尚可讨论。但胡文辉先生指出"不能真正确定竹简《文子》一定是九篇，一定就是《艺文志》所收的传本"③，其说法是正确的。

关于竹简《文子》的所谓标题，李学勤先生是根据残简 2465 的"［文子上经圣□明王］"，而标点为："《文子》上经：《圣□》、《明王》"，邢文先生补充为："《文子》上经：《圣［知］》、《明王》"，并指出另一相关简文 0909："□经者，圣知之道也。［王］也不可不"。

按：赵建伟先生提出五点疑问，确实足以怀疑此处简 2465 是否为标题。然而最关键的问题是，我们能不能将此简及简 0909 采取别的能够说得通的解释。上博简《子羔》简 7 有部分文字，裘锡圭先生在时说基础上，提出了新的解读意见，值得本文参考。此处上下文是："子羔曰：如舜在今之世则何若？孔子曰：₈ 亦纪先王之由道，不逢明王，则亦不大仕。₇"裘先生指出，这里的"纪"，是含有"治理""整理"一类意思的用法。《诗·大雅·棫朴》："纲纪四方"；郑玄笺，"理之为纪"。"纪先王之由道"的意思，就是将先王治天下的道路，也就是方法，整理出头绪来，其目的当然是要人们明了、遵循先王之道。④ 因为整理的目的是让人遵循、效法，所以整理者本身就有一种效法的目的。而古代的"经"，也有纪理之义，如《庄子·渔父》"吾请释吾之所有而经子之所以"，陆德明《释文》引司马云："经，理也。"《左传·隐公十一年》："礼经国家"；孔颖达疏，"经，谓纪理之"。值得纪理的东西，后来就被称为"经"，所

① 参见李学勤：《试论八角廊简〈文子〉》，载《文物》，1996（1）；邢文：《八角廊简〈文子·圣知〉探论》，见王元化主编：《学术集林》卷十，上海，上海远东出版社，1997。

② 参见赵建伟：《〈文子〉六论》，见陈鼓应主编：《道家文化研究》第十八辑。

③ 参见胡文辉：《〈文子〉的再考辨》，见王元化主编：《学术集林》卷十七；《中国早期方术与文献丛考》。

④ 参见裘锡圭：《说"纪先王之由道"》，见江林昌等主编：《中国古代文明研究与学术史：李学勤教授伉俪七十寿庆纪念文集》，106～108 页，保定，河北大学出版社，2006。

以经也有常法之义，作动词用则可谓效法。因此，对于简2465"[文子上经圣□明王]"，我们可以怀疑所说的是文子整理、效法以前圣哲明王的（言论、治国方略等）。而对于简0909："□经者，圣知之道也。[王]也不可不"，或可以补一"上"字，读为："上经诸圣知之道也。[王]也不可不"，"者"与"诸"古通，所说就是文子曾经整理、效法以前种种圣智之道，因此大王不可不（听）。不过，需要指出的是，简2465是残简，今已不可考定，从文字来看，似是陈述句，而竹简《文子》多为对话。是残简有些问题（竹简原文或作释文者漏抄了"文子"后的"曰"字），还是竹简《文子》原本在对话之前或对话之间尚有些介绍性文字，说明文子曾经上经圣智明王之道，就有待再研究了。

5. 竹简《文子》尚未正式发表之前，张岱年先生曾认为"《文子》即令是《汉志》之旧"，但不一定是"先秦的旧籍"。张先生认为《文子》有语本于《庄子》《孟子》《易传·文言》《荀子》《吕氏春秋》《乐记》，依据《吕氏春秋》《乐记》年代断定《文子》著作年代"最早不能早于战国后期，最晚不能晚于汉景帝时"。[①]

按：《庄子·让王》《吕氏春秋·审为》俱是引詹何语，《文子》可能另有所承，不必晚于《吕氏春秋》，而且《乐记》的年代恐未必晚至汉武帝时（详后文《上博〈诗论〉与儒家诗乐思想初探》）。

张先生主要是根据思想内容，推断"《文子》一书是汉文景之时黄老学派的著作"。相近之推断今存本《文子》作于此一时期者，尚有熊铁基（战国末年或秦末汉初）、丁原明（秦末汉初）[②]等先生。

按：就从思想上考察而言，胡适先生早就指出，依据"思想系统"或"思想线索"的思想分析法，是"很有危险性的"，"是一把双面锋的剑可

---

①　参见张岱年：《试论〈文子〉的年代与思想》，见陈鼓应主编：《道家文化研究》第五辑。

②　参见熊铁基：《秦汉新道家略论稿·对〈文子〉的初步探讨》，上海，上海人民出版社，1984；熊铁基：《秦汉新道家·〈文子〉》，上海，上海人民出版社，2001；丁原明：《黄老学论纲·〈文子〉的黄老思想》，济南，山东大学出版社，1997。

以两边割的","不能避免主观的成见"。①而且《文子》的成书时间不等于文子思想的形成、流传时间,二者之间是形式与内容的问题;而学界对于黄老思想之形成时间,未有共识。

6. 陈丽桂、胡文辉、曾达辉先生有接近的意见,认为:汉简《文子》与《文子·道德》对应的文字,全部都只见于《道德》中以"文子问,老子曰"开头的章节,而绝无见于以"老子曰"开头的章节,无一例外;《淮南子》与《文子·道德》对应的文字,见于《道德》中以"老子曰"开头的全部十一章,而绝无见于以"文子问,老子曰"开头的章节,也无一例外。② 并由此作出推论,认为今存本《文子》主要据竹简《文子》和《淮南子》而来。

按:何志华先生已指出竹简《文子》简0198"知足以知权"见于今存本《文子·上礼》以"老子曰"开头的部分;简1181、简0792、简2376、简2252与今存本《文子·道德》对应的部分,以"文子问,老子曰"开头者,见于《淮南子·人间》《淮南子·修务》《淮南子·本经》。③ 故上说难以成立。

但何志华先生根据竹简、今存本《文子》简约而《淮南子》详尽,怀疑竹简《文子》也未必早于《淮南子》。何先生之说,来自于他此前一篇文章的观点:今存本《文子》《淮南子》二书重文中,《淮南子》义胜者多;《淮南子》征引事例,往往人物年代后于文子、老子,故《文子》编者每每删去人物,只作泛论之辞。有《淮南子》合韵(《说山》:"舟在江海,不为莫乘而不浮。君子行义,不为莫知而止休")而《文子》失韵者(《上德》:"舟浮江海,不为莫乘而沉。君子行道,不为莫知而止");高诱《淮南

---

① 胡适:《评论近人考据〈老子〉年代的方法》,见姜义华主编:《胡适学术文集·中国哲学史》下册,750页。

② 陈丽桂:《从出土竹简〈文子〉看古、今本〈文子〉与〈淮南子〉之间的先后关系及几个思想论题》,载《哲学与文化》,第23卷第8期;胡文辉:《〈文子〉的再考辨》,见王元化主编:《学术集林》卷十七;曾达辉:《今本〈文子〉真伪考》,见陈鼓应主编:《道家文化研究》第十八辑。下引文据胡文辉说。

按:李学勤先生较早有相近观点,见李学勤:《试论八角廊简〈文子〉》,载《文物》,1996(1),又见《古文献丛论》。但是据胡文辉文附注,李学勤先生已放弃此说。

③ 何志华:《出土〈文子〉新证》,载香港浸会大学《人文中国学报》,第5期,1998-04。

子·序》指出《淮南子》讳"长"，改为"修"，"丛兰欲修，秋风败之"一语，当从《文子·上德》在"日月欲明，浮云盖之"下（"明""长"协阳部韵），《文子》编者以"修"字不可解，因改作"秀"，后又避光武讳改为"茂"，皆失韵之例。由此何先生认为今存本《文子》抄袭《淮南子》，但在高诱甚至光武帝之前便已成书。①

对于"《文子》编者每每删去人物，只作泛论之辞"，顾观光已有所论述，比如《淮南子·修务》的"昔者南荣畴耻圣道之独亡于己"一段，《文子·精诚》略同，顾观光遂云："文子既为老子弟子，则与南荣趎同时，安得云'名立后世'，又安得云'至今不休'！可见《文子》取《淮南》，非《淮南》取《文子》也。"②此外还有相近的几个例子。然而这类事例，从古代子书乃学派集体著作的观点来看，尚未可非议。

也有学者指出《文子》只阐述理论，而没有具体人物、故事作为事例。江世荣先生反以为是《淮南子》"举古代传说来阐明义理"，王利器先生认为是《淮南子》敷演为文、"举真人真事以实之"。③

葛刚岩先生还指出："《淮南子》中多用一些具体的历史人物、年代、古籍名称，今本《文子》中则将这些具体的名称虚化为类名，或干脆去掉。"④

按：《文子》有注比较晚，因传抄而多误，不足为怪，有字义胜于《淮南子》的地方反倒更值得注意。同理，今存《淮南子》也非一成不变，也可能有胜有劣，有存有佚。《文子》一书当为学派著作，没有具体的人物、故事，其原因还有待研究，这也可能和编订者的意图有关⑤。某些事例为当时人众所周知，编者归之于老子，可能是出于某种观念，而未

————————

①　何志华：《论〈淮南子〉高诱〈注〉与〈文子〉之关系》，载《中国文化研究所学报》，新一期，1993-12。

②　（清）顾观光：《文子校勘记》，见《四部备要》，北京，中华书局，1989。

③　江世荣：《先秦道家言论集、〈老子〉古注之一——〈文子〉述略——兼论〈淮南子〉与〈文子〉的关系》，见《文史》第十八辑；王利器：《文子疏义·文子疏义序》，10～11页。

④　葛刚岩：《〈文子〉成书及其思想》，115页，成都，巴蜀书社，2005。

⑤　后世编写书籍，也常见此事。比如前述《太平御览》所记"禽子曰：多言有益乎？墨子曰……"明代陈耀文编《天中记》卷二十六略同，而其卷五十八就改作"或问曰……对曰"。

必是伪作之证。比如《论语》所记孔子语，像"克己复礼"等，其实并非孔子的创造；而汉代人也常常将《论语》所记曾子等的话，径称"子曰"。因此，我们很难说没有具体人物、故事的，或者将他人、古籍之语归为老子的，便是抄袭、晚出。至于葛先生所说将年代虚化的例子，似乎还有些疑问，《文子》之语倒有可能自成一个系统。

何志华先生考察《淮南子》高诱注，区分出"高《注》与《文子》重文相合"与"高《注》与《文子》重文不合"者，很有参考价值。但是他是以今存本《文子》作比较，而今存本《文子》，未必全同于高诱所据本。如所谓《文子·上德》失韵，道藏默希子注本原文作"舟浮江海，不为莫乘而沉。君子行道，不为莫知而愠"，"沉""愠"元音相同且都属阳声，很有可能为侵、文合韵。

高诱说刘安避父讳，但似乎并不严格，《淮南子》中多有"长"字。何志华先生曾引吴承仕《淮南旧注校理》之说："凡长短对文，皆曰修。而长大长养长老长幼诸文，并不改长为修。疑长短长幼，彼时读音已殊，故不涉讳限欤？"由之疑"丛兰欲长"之"长"亦当读为"长大"之"长"，而仍避讳改为"修"者，"盖例外者也"。① 但《淮南子》中有明显作"修长"字意的地方，如《淮南子·主术》有"鱼不长尺不得取"，《淮南子·道应》有"筑长城"，梁玉绳疑分别为"及""修"之误；于鬯据《淮南子》出现"修城""长城"之例，指出"今本《淮南子》有经后人写乱者"②。此处或可谓并非长短对文，故不改。然而《方言》卷一记载："修，长也，陈、楚之间曰修。"则也有可能《淮南子》并非避父讳，仅因方言之故作长作修。

"丛兰欲修"一语，何志华先生推定其位置在"日月欲明"下，但这一段话为习语的格式，此例似难以作为很充分的证伪证据。何宁先生疑

---

① 详何志华：《论〈淮南子〉高诱〈注〉与〈文子〉之关系》，注10，载香港中文大学《中国文化研究所学报》，新一期，1993-12。按：何志华在《〈文子〉著作年代新证·高诱据〈文子〉注解〈淮南子〉证》中，删去"丛兰欲修，秋风败之"之例；在《〈文子〉著作年代新证·〈楚辞〉、〈淮南〉、〈文子〉三书楚语探究》中，据刘永济引《方言》说，同意"修"字未必为避讳。本文据旧作修改，仍保留此文。

② 参见何宁：《淮南子集释》，687、894 页。

"修"本作"长"，读长养之"长"，"淮南不讳长养字，疑校者误改误补"。① 然而"长大""长养"之义似皆不甚合。以笔者陋见度之，此处文意应该是"芳"，默希子注正解作"芳"。但是《淮南子》《文子》皆未用可以押韵的阳部字"芳"，那就可能是因为某种原因用的近义词。汉武帝《秋风辞》有："兰有秀兮菊有芳"，"秀""芳"义近，且正以"秀"饰兰，而修、秀皆为心纽幽部字。疑《文子》作"秀"者是，《淮南子》作"修"，或只是通假字，并非避讳之类。

王利器先生曾作文认为《淮南子》《文子》两书内容互见时，"《淮南》窜改《文子》之文而以为楚语"，举四例为证②。何志华先生为之补充一例（《文子·微明》："纣为象楮而箕子啼"，"啼"字《淮南子》作"唏"，而王利器所据默希子注本《文子》作"唏"，可能是据《淮南子》改），但是认为这些例子"并不足以证明《淮南》袭用《文子》；相反，此五例恰好证明《淮南》专用楚语"，又举十八例证之；然后反举出《文子》用楚语者四例，以说明是《文子》因袭《淮南》。③

按：《文子》是否可用楚语，特别是某些楚方言何时为其他地方人所能懂，尚有待研究，而这是此处问题能否成立的前提。尤其是何志华先生所举四例，全部为"老子曰"中的内容。而传老子为陈人，《老子》中有不少楚语方言。《文子》这些部分用楚语，或未可非议。但是王利器先生所引，包括何先生所补之例，也全部是"老子曰"中的内容，却又没有用楚方言。何以有这种现象，似乎取决于某些楚语的流传情况；当然，从何志华先生补充之例来看，也有可能是后人在传抄时改写，这都还有待研究。总之，方言有一定地域性、延续性，但是其流传、传播、变化情况比较复杂，是动态而非静态的，未可一概而论。今人于这种变动情况，所知尚少，阙疑为好。

何志华先生后作《今本〈文子〉诠释〈淮南〉考》一文，剖析了"今本《文

---

① 参见何宁：《淮南子集释》，1208 页。

② 王利器：《文子疏义·文子疏义序》。

③ 参见何志华：《〈楚辞〉、〈淮南〉、〈文子〉三书楚语探究——再论〈淮南〉〈文子〉两书因袭关系兼与王利器教授商榷》，载香港浸会大学《人文中国学报》，第 8 期，2001-09。

子》运用同义、近义、通假词诠释《淮南》例""今本《文子》修饰《淮南》文句例""今本《文子》增益、约略、概括《淮南》文辞例""今本《文子》依据《庄子》诠释《淮南》例""今本《文子》依据其他典籍诠释《淮南》例""今本《文子》诠释、发挥《淮南》原文而赋予新义例",最重要的是"今本《文子》改易《淮南》致使文义难通例"三例。①

按：此三例，何先生处处都提到了"历代传抄致误"之可能性，鄙意这一说更需要重视。第一例《文子·精诚》："浮游泛然不知所本，自养不知所如往"，《淮南子·览冥》作："浮游不知所求，魍魉不知所往"。俞樾认为"自养"当作"罔养"，与《淮南子》相应（何志华先生有引述），王叔岷先生已举影宋本《文子》作"罔养"为证。② 第二例《文子·上礼》的"田无立苗，路无缓步"，《淮南子·览冥》作："田无立禾，路无莎薠"。"步"古音并纽铎部，"薠"当从"烦"声，"烦"古音并纽元部，二者古音为通转关系。"缓"古音匣纽元部，"莎"古音心纽歌部，而心纽元部的"亘"字与匣纽元部的"爰"字通假③，因此"缓"与"莎"也可能是通假字的关系。是故"缓步"与"莎薠"，可能只是通假字关系，而并非《文子》有意改易《淮南子》致使文义难通④。第三例《文子·上仁》的"禁苛"，《淮南子·主术》作"奈何"，说已见前。

而且，何志华先生所举"今本《文子》依据其他典籍诠释《淮南》例"第38中《文子·上仁》的"政乱贤者不为谋，德薄勇者不为斗"，似乎比《淮南子·主术》的"政乱则贤者不为谋，德薄则勇者不为死"，要更合适。因为谋、斗为侯之合韵⑤，而"死"为脂部字，失韵。当然，《淮南子》失

---

① 何志华：《今本〈文子〉诠释〈淮南〉考》，见《〈文子〉著作年代新证》。

② 参见王利器：《文子疏义》，76～77页，注[一六]。

③ 参见张儒、刘毓庆：《汉字通用声素研究》，704页。

④ 按：何志华引王念孙说，要改"莎薠"为"薠莎"，谓"莎"与上下文的"禾""蠃""施"谐韵。但是从高诱注来看，当时已作"莎薠"；而"禾""蠃""施"为歌部字，"薠"为元部字，也可以为对转合韵。

⑤ 按：章太炎指出："侯之亦有旁转"，并举《易》《诗》为证，见章太炎：《国故论衡·成均图》，见刘梦溪主编：《中国现代学术经典·章太炎卷》，14页，石家庄，河北教育出版社，1996。

韵的原因还有待研究。

王三峡先生从《文子》的韵读，考察其年代，认为它具有一些先秦语音的特色，与西汉音有所不同。又考察《淮南子》的失韵，论证其抄引《文子》。还举《淮南子》的重复矛盾，比较《文子》与《淮南子》的详略情况，以及二者句式的差别，证明是《淮南子》抄引《文子》。①

按：王先生据音韵证明《文子》成书于东汉前，很有说服力。但是说先秦语音与西汉语音有不同，这却正是古韵研究的难点所在。她据周祖谟先生的《两汉韵部略说》一文所说之部尤韵字西汉时转入幽部，质、术（物）两部在西汉时合为一部这两个规律，举《韩诗外传》三例，证明尤韵字在西汉时转入幽部，而《文子》中这些"尤韵字仍然是与之部韵相押的，根本未转入幽部"；又统计《文子》中"质部自相押韵六处，术（物）部自相押韵十七处，质术（物）合韵三处。看来，质术（物）两部仍属分立，尚未合一"。但是周先生的著作是拿《诗经》和西汉用韵作比较，这两个时段之间音韵的发展变化细节，则有待研究。古音中之、幽合韵，质、术（物）合韵，这应该是之部尤韵字转入幽部，质、术（物）合为一部的原因之一。但是具体何时转入、何时合部，恐怕不能拿战国、秦汉的朝代的转变来做时间点上的截然划分。如果从战国至西汉这样一个较长的时段来考察，对比王先生所说《文子》中之部尤韵字未转入幽部，和《文子》中有质术（物）合韵三处但质术（物）两部仍属分立之论，不免会疑惑是合韵还是合部，其实很难判定。王三峡先生所说"歌部的分化，恐怕早在西汉前中期就已开始"，其实是一种假设，或者说是根据其他学者论定在东汉时期分化这一结论所做的推理，还需要进一步论证。至于所说《淮南子》失韵，王念孙多是解释为涉文或衍文误，王三峡先生则认为是《淮南子》的作者有意改之，有欲由之证明《文子》《淮南子》关系的意图在先，怕不如王念孙之说平实。关于《淮南子》的重复矛盾，这确实是很有说服力的证据。但是今存本《淮南子》也有流传的问题。王先生论《文子》注意到了《文子》文本的变动性，却以《淮南子》文本为不变，似有不妥。

---

① 参见王三峡：《文子探索》，33～60页。

不少学者可能是因为未将《文子》《淮南子》看作非单线流动的传本，故而每举清人校勘校释成果，以证明《文子》或《淮南子》之真伪。然而有时却没有仔细分析前人成果，以致被前人误导；或没有谨慎考虑自己的陈述。除前举之例外，陈丽桂先生分析《文子·道原》之误，就有可疑之处。

比如《文子·道原》的"表之不盈一握"，《淮南子·原道》作"卷之不盈一握"，陈先生指出俞樾云"表"乃"裒"字之误，古音"裒"与"卷"同。这就根本不是证明《文子》误抄《淮南子》的证据。《文子·道原》的"天常之道"，俞樾认为当以《淮南子·原道》的"太上之道"为是，"天"乃"太"之误，"常"乃"上"之误。陈先生补充说："盖上、尚通，尚、常形近而误。"①

按："尚""上""常"古音相通，"天""大（太）"古或不别。俞樾赞同"太上之道"，可能只是为了对应《淮南子》前文的"泰古二皇"（《文子》做"古者三皇"）。退一步讲，其实古书多见"天常"，郭店简中，被整理者题名为《成之闻之》的简文中，也有所论述。《乐记》中子夏对魏文侯之语："夫古者天地顺而四时当，民有德而五谷昌，疾疢不作而无妖祥，此之谓大当。""当"与"常"通，"大当"也就是"大常""天常"。以子夏之语比对《淮南子》《文子》"太上"一语之前的"父无丧子之忧，兄无哭弟之哀，童子不孤，妇人不孀，虹霓不出，贼星不行，含德之所致也"，《文子》或未必误！陈先生还认为《文子·道原》"万物之变不可救"义不可通，《淮南子》作"不可究"。《文子》的"救"当是"究"之声误。按：既是声误，则当以通假求其本字，不必说《文子》抄误。二字同为见纽幽部字，"究"字或即是本字。或曰：《文子》也可能读为"求"（群纽幽部字，"救"从求得声）。陈先生还举了另外一例，虽然很有道理，但也是以今存本《文子》为固定不变之本而视之。

7.《文子·道德》有"见小，故不能成其大也"一语，不少学者论其

---

① 陈丽桂：《试就今本〈文子〉与〈淮南子〉的不重袭内容推测古本〈文子〉的几个思想论题》，见陈鼓应主编：《道家文化研究》第十八辑，207页。

语义与简本《文子》《老子》本义相反，作为窜改之证①。张丰乾先生后来又据张元济《通玄真经校勘记》指出传世本《文子》也有作"小故能成其大"者②。

按：正统道藏《通玄真经》作"执一者，见小也，见小故能成其大功"；道藏默希子注本作"执一者，见小也，见小故能成其大也"；王利器指出唐写本作"见小故能成其大"③。《定州西汉中山怀王墓竹简〈文子〉校勘记》注(58)说"默本和杜本均作'不能'"——学者之误，当是由此处之误而来。

8. 张丰乾先生根据慧远所引与今本《文子》有不同，认为"慧远所称引的应该是古本《文子》的内容"，又据今存本《文子》所言能在《淮南子·精神》中找到原文，以为"《淮南子》有可能称引了古本《文子》的部分内容，但在文字上作了加工，而今本《文子》确是直接抄袭了《淮南子》的原话"④，推断今本《文子》的出现"应该是在慧远(334—417)之后"，并进而"有理由推测张湛所注是古本《文子》"，认为"北魏人李暹有伪造今本《文子》的嫌疑"。

按：张湛与慧远大致同时，张丰乾以张湛注为古本，而今天仍能见到部分张湛注，则不排除今存本来自张湛本之可能；张湛注北魏时当仍在流传，当时人有称引《文子》者，说李暹于此一时期作伪，难以令人信服。

张丰乾先生此前曾有一文论《文子》与《淮南子》关系⑤，认今存本《文子》晚出，此文不过是该文观点的继续。张先生于此重复了该文中的一段话："刘歆及班固所见《文子》为九篇，都为问答体，当和古本《文子》差异不大。班固时古本《文子》即使有残缺也不会很严重。故而今本

---

① 参见李学勤：《〈老子〉与八角廊简〈文子〉》，见《古文献丛论》；张丰乾：《试论竹简〈文子〉与今本〈文子〉的关系——兼为〈淮南子〉正名》，载《中国社会科学》，1998(2)。

② 张丰乾：《柳宗元以来的〈文子〉研究述评(上)》，见袁行霈主编：《国学研究》第七卷，北京，北京大学出版社，2000。

③ 王利器：《文子疏义》，232页，注五。

④ 参见张丰乾：《柳宗元以来的〈文子〉研究述评(上)》，见袁行霈主编：《国学研究》第七卷。

⑤ 参见张丰乾：《试论竹简〈文子〉与今本〈文子〉的关系——兼为〈淮南子〉正名》，载《中国社会科学》，1998(2)。

《文子》的出现不会早于东汉前期。"

按：据王应麟《困学纪闻》卷十，前已言及班固《汉书·刑法志》一语，有可能化用自《文子·下德》，彼处并非问答体。张先生认今存本《文子》晚出的主要理由是："竹简本中的一些思想为今本所误解。"张文认为："今本中的'天下大器也'，在竹简文中是'天地大器也'……帛书《老子》中的'可以为天地母'，在通行本中都改成了'可以为天下母'，意义大变。"但郭店楚简《老子》甲简二一正作"可以为天下母"，故此条理由可疑。张文还拿竹简《文子》与同时出土的《论语》比拟，这有一定的可比性。但认为"任何一种古籍的不同传本之间，无论形式还是内容都应该是大同小异"，这却似是而非。经书、子书在战国前并未定本，而众所周知，刘氏父子之校书体例，经、子有别（见前文）。马王堆帛书《易经》《易传》与今存本大有不同，其之不传，是因为刘氏父子以中秘之古文校经书。而《文子》属子书，是广收诸本，去其重复，传本不同，实不足为怪。

9. 关于慧远所引《文子》称"黄帝"，今存本为"老子"，竹简则为平王与文子对话，曾达辉先生认为可为窜改之证。[1]

按：何志华先生指出高诱所见《文子》已变成"老子"。这些称谓之不同，也有可能是派别、流传不同所致，未可遽论为窜改证据。

10. 最近，张丰乾先生又对孙星衍《问字堂集》中所举《淮南子》引用《文子》的八个例证，一一进行了条辨[2]，认为仔细分析起来，恰好可以证明"传世本《文子》对《淮南子》的窜改，而不是相反"。

按：张丰乾先生在今日仍强为牵合《文子》与《淮南子》以作比较的考论方法，恐怕可商，今姑择其可说者稍作申述，不欲一一强辩。"禁苛"之与"奈何"，前文已有所说明。《文子·道原》有"神将来舍，德将为汝容，道将为汝居"，《淮南子·道应》有"神将来舍，德将来附，若美，而道将为女居"（标点从张先生）。张先生已指出《淮南子》之言本《庄子·知

---

① 参见曾达辉：《今本〈文子〉真伪考》，见陈鼓应主编：《道家文化研究》第十八辑，262～263 页。

② 参见张丰乾：《〈淮南子〉与〈文子〉的"优劣"》，见《出土文献与文子公案》，55～68 页。

北游》，并指出《道藏》本朱弁注《通玄真经》作"美"而不作"容"。然由此就认为传世本《文子》传抄有误，则恐未必。《道藏》本《文子》与其他诸本，可能只是"异文"的关系。张先生成见在胸，其立说远不若王叔岷说"美"与"容"义近平和①，即便王叔岷是认同《文子》袭用《淮南子》的。而且，张先生对于"德将来附，若美"也未有解释，王念孙倒是指出此处有后人妄改②。《文子·符言》有"功成不足以塞责，事败足以灭身"，《淮南子·诠言》有"功之成也，不足以更责；事之败也，不足以弊身"（弊字从张先生），张丰乾先生认为王念孙所说《淮南子》衍"不"字不确，"弊"通"蔽"，庇护之意。实际上"蔽"鲜见有庇护之意，故于省吾只言"蔽谓覆盖"③，张先生引申之为庇护而不言于说，不举例证，恐怕不合适。而且"灭身"，古文献多见；"蔽身"则鲜见，于省吾亦只不过强与王念孙立异而已。《文子·符言》有"羽翼美者伤其骸骨，枝叶茂者害其根荄"，《淮南子·诠言》有"羽翼美者伤骨骸，枝叶美者害根茎"，孙星衍指出《文子》"荄"与"骨"为韵，《淮南子》失韵。张丰乾先生则认为"骸骨"常指尸骨而言，古代大臣常常上书"乞骸骨"。实际上"骸"也指"骨"（《广雅·释器》："骸，骨也"），"骸""骨"义近，《文子》此处"骸骨"并不指尸骨，而是正与"根荄"为对句，此处孙星衍不误。《文子·上德》有"薪之为缟也，或为冠，或为练"，《淮南子·说林》有"钩之缟也，一端以为冠，一端以为练"，张丰乾先生引《孟子·告子上》"钧是人也，或为大人，或为小人"为《淮南子》作解，实则二者不可比，至少《淮南子》缺少动词。其又引钱熙祚（当为顾观光，见前文）"戴枝"当为"戴致"之说，实无视王念孙以《文子》为是之言。④ 要之，以孙星衍当时之学术传统观之，立论虽或容有偏至之处，但并非所说皆误。

　　总之，以上所举例证，某些虽然有很能说服人的地方，但是也存在其他可能性。如果把《文子》《淮南子》看作动态的文本，不将之绑定在一

---

① 参见王叔岷：《庄子校诠》，814 页。
② 参见何宁：《淮南子集释》，834～835 页。
③ 同上书，1008 页。
④ 参见王利器：《文子疏义》，279 页；何宁：《淮南子集释》，1182 页。

起辨别优劣、因袭，以一种解释性的态度看待文字等方面的问题，不知则阙疑，不由这些问题做推论，也许能少一些争论。

11. 丁原植先生倒是指出："一般认为资料完整的《淮南子》一书，似乎是杂乱的……《文子》与《淮南子》二书极可能并不存在相互抄袭的问题。我们同时发现，成书于南北朝时期的《刘子》一书，其中大量引用了《淮南子》的资料。但其中却有部分与《淮南子》有异，而与今本《文子》相近者。透过研究，可确定《刘子》书中并未引用《文子》，因此，《刘子》所见的《淮南子》文本，与今日通行者不同。我们认为：见于今本《文子》中的《淮南子》资料，应当属于《淮南子》别本的残文。今本《文子》并非抄袭《淮南子》，而是此种《淮南子》别本残文的混入，经由后人编辑而纳入到《文子》的章节之中。"①

丁先生立说，有渡越"抄袭"观念之意，也注意到了《文子》《淮南子》文本的流动性。他指出今存《淮南子》资料，似已非刘安上呈武帝时原书的文本。"各篇不但文字有残缺脱漏，也有明显后人整理编辑的痕迹……除了保留《淮南子》的残文外，也有其他先秦资料的窜入，有所谓《淮南子》中书、外书的文字，有刘安所撰《庄子要略》、《庄子后解》的残文，也可能有部分刘安门客作品的残文。""《淮南子》在两汉之时，并非显学，故'时人少为《淮南》'。因而高诱'惧遂陵迟'而为之注解。"宋时苏颂在《校〈淮南子〉题序》中所说"据文推次"所得的文本，"或许就是今传《淮南子》的原始文本。它与刘安当时所编著的完整资料，有相当的差距。西汉时期，刘安在其封地，今安徽寿春附近，建立起一个重要而庞大的学术研究中心，它不但'招致宾客方术之士数千人'，由于'淮南王安为人好书'，应当也汇集大量先秦至汉初各种学术的思想资料。这些资料极可能就是后来《淮南子》编撰时的底本。在刘安被控谋反自杀后，这些资料似乎也随着其门客的逃散，而流落民间。其中包括《淮南子》不同传写的文本，详略各有不同。我们对于《文子》资料的研究，发现有部分这种资料与《淮南子》的别本文字，在六朝晚期窜入《文子》。由于一些

---

① 丁原植：《文子新论·自序》，2 页。

不见于《淮南子》的文字出现于《文子》，而这些文字的内容与竹简《文子》的思想有别，但近于《文子》，我们杜撰'文子外编'一词，来指称这些资料"①。他说有别本《淮南子》被窜入今存本《文子》，突破点是《刘子》。因为"《刘子》一书……文字相同或近似《淮南子》者，有二百五十余处，而与《文子》相关者，亦有七十余处。这七十余处中，仅六七处不见于《刘子》与《淮南子》重叠部分，而另见于《史记》、《吕氏春秋》、《国语》或《司马法》"②；《刘子》"在同一段落中，部分引用与《淮南子》重叠的《文子》文句，部分却袭用不见于《文子》的淮南子章句。刘昼不可能一时引述《文子》，又接着引用《淮南子》"③，但有时今本《淮南子》文气、义理不如今本《文子》，"今本《文子》的义理更能合于《淮南子·要略》的意指"④。

按：丁先生对于《文子》与《淮南子》的问题，做了大量的资料比较工作，他所提出的思考方向是非常有益的。《淮南子》确实多引古书，尤其是王三峡先生曾指出："《淮南子·修务》中，有一处称引'传书曰'，其前后文字与今本《文子》多相同。"⑤但是关于《淮南子》在汉代的影响，前文已有分析。考苏颂之语，似乎主要是针对高诱、许慎的注解而言。⑥而丁先生的"文子外编"之说，是以竹简《文子》作为考察《文子》文本的判断标准。但是竹简《文子》与今存本《文子》之间，或许并非有线性的先后关系。至于《刘子》所引书的问题，涉及当时刘昼所见书和他引书的习惯与个性，不能排除古人引书时的改写，如司马迁在《史记》中对《尚书》部分篇章的改写之类，恐怕还需要更多的考察。丁先生也曾答复笔者，别本《淮南子》之说，是一种假设。

以上笔者就某些学者之观点，提出了个人陋见。并非笔者存心挑剔，实在是笔者认为要说明一问题，必须有充分的证据与合理的解释。

---

① 丁原植：《〈淮南子〉与〈文子〉考辨·说明》，1、3页。
② 丁原植：《文子新论》，247页。
③ 同上书，248页。
④ 同上书，253页。
⑤ 王三峡：《文子探索》，122～123页。
⑥ 参见陈静：《自由与秩序的困惑——〈淮南子〉研究》，41～46页。

倘若证据并不充分，或解释不符合时空环境，未通盘考虑全部之可能性，仅据几则材料推理，那么就不必忙着下结论，以防诠释过当。对于今存本《文子》，应该从一个在流传中逐渐定型（甚至包括因某种原因变异式地而非自然地成形）的观念来看待它，注意其历时性、多样性、复杂性，而不可将之视为一本从某个时期起，就固定不变的书。

依当前资料，笔者以为：《文子》与《淮南子》二书相近部分，可能有共同来源。《淮南子》采撷古语，申刘安等之义，乃古人著述习惯，不可以"抄袭"视之。"周平王问文子"的形式，是文子学派托文子之名编撰子书、附益的形式之一。刘向、刘歆父子校定的九篇《文子》，与竹简、今存本《文子》的关系，仍有待研究，但可能都有平王问的内容。班固所见《文子》，应该既能看出文子是老子弟子，又有文子与周平王的问答。张湛、李暹注《文子》所据本，大概已接近今存本《文子》。但似乎在他们所选定的《文子》内容之外，还存有不少佚文。后人沿用其本，尤其当某一版本的《文子》被封为《通玄真经》，并有默希子等为之做注之后，其他的《文子》便逐渐消失、散佚。

三、论帛书《二三子问》中的"精白"

在马王堆三号汉墓所出土的帛书《周易》经文之中，有帛书《二三子问》篇。这一篇以二三子问，孔子答的形式行文，而且被放置在帛书《系辞》之前，有着重大的学术史、思想史意义。帛书的内容，已经有许多学者进行了很好的研究，但是牵涉到所谓儒道性质的问题，由此导致了对于此篇年代的不同看法。

陈鼓应先生认为帛书《二三子问》等篇中有很多黄老思想[①]。廖名春先生也在《帛书〈二三子问〉简说》一文中说：

---

① 陈鼓应：《〈二三子问〉、〈易之义〉、〈要〉的撰作年代以及其中的黄老思想》，见《易传与道家思想》。

《二三子问》虽然是孔子《易》说的遗教，但它写成时，也受了战国黄老思想的影响：论丰卦卦辞时提到了"黄帝四辅，尧立三卿"之语；《二三子问》多次提到"精白"这一概念，其中有"其占曰：能精能白，必为上客；能白能精，必为□□故以精白长众……

廖先生认为：先秦儒家尊崇尧、舜，《论语》《孟子》《荀子》诸书对尧的推崇盈篇累牍，但从不提黄帝，更不会将黄帝置于尧前。而"占"当为解《易》的一种文献，类似歌谣，句式整齐，讲究押韵（白、客同为铎部），如后世之《易林》。孔子引"占"语以解艮卦卦辞，恐不足信。因为占辞的内容颇合黄老之言。① 这两点，也见于陈先生所举出的证据。从廖先生论述其他帛书《易传》的学派性质的态度来看，他同意《二三子问》受到了黄老思想的影响，恐怕是因为陈鼓应先生的缘故。廖名春先生后来回顾其写《帛书〈二三子问〉简说》的过程，指出"本文的最后一段，原稿本无，是后来发表时应陈鼓应先生的要求补写的"②。

其实关于《二三子问》论述黄帝，以及使用"精白"这种概念，恐不能作为编著者是否受黄老思想影响的证据。这一思路，从廖先生论述帛书《系辞》的学派性质等文章中很容易看出来，他甚至曾经指出："《系辞》的阴阳说不一定就本于道家和阴阳家。"③《帛书〈二三子问〉简说》这篇文章后来收入廖先生的《帛书〈易传〉初探》，当只是因为成文较早，为保持原样，所以没有改动。因为固然儒家经典如《论语》《孟子》《荀子》中未明言黄帝，但是《礼记·乐记》中孔子答宾牟贾，说武王克商后"封黄帝之后于蓟"（"蓟"，本或作"续"，《史记·周本纪》作"祝"，而云封帝尧之后于"蓟"）。不论如何，黄帝之后曾被武王分封之事，当有所本。《大戴礼记·五帝德》《孔子家语·五帝德》中，孔子论及黄帝，《孔子家语·五帝》也提到黄帝。这几篇的时代或许遭人怀疑，但是《尸子》佚文中记有：

---

① 廖名春：《帛书〈二三子问〉简说》，见陈鼓应主编：《道家文化研究》第三辑，195页；《帛书〈易传〉初探》，6～7页，台北，文史哲出版社，1998。

② 廖名春：《帛书〈易传〉初探·自序》，3页。

③ 廖名春：《论帛书〈系辞〉的学派性质》，见《帛书〈易传〉初探》，65页。

"子贡问孔子曰：'古者黄帝四面，信乎？'孔子曰：'黄帝取合己者四人，使治四方，不谋而亲，不约而成，大有成功，此之谓四面也。'"①孔子是将流传的神话传说，给予理性的解释，这和他解释"夔一足"的风格很相似。尸子或为穀梁先师，文中多记儒家之事，此文当有所本。综合来看，说孔子曾经提到过黄帝，这应该是很有可能的。

最为关键的是，帛书《二三子问》中，孔子只是引"黄帝四辅，尧立三卿"，来说明"用贤弗害"，以解丰卦卦辞中的"亨，王假之；勿忧，宜日中"。根本不是就黄帝事来阐发什么义理。如果认为任何人只要提到黄帝，就受到了黄老思想的影响，其文当出于黄老思想出现之后，这恐怕是令人难以信服的。同样，认为孔子只祖述尧舜，宪章文武，绝不会提到其他人，那恐怕也只是据今天所见到的一点文献，来把古人画地为牢。《二三子问》此处将黄帝列于尧之前，当只是因为黄帝时间在前。据此只言片语，就认为《二三子问》产生的时间，是在受到楚地黄老思想的影响之后，难以令人信服。

关于"精白"这一概念，陈鼓应先生指出："精、白、质、素等概念，是道家用以表达道的纯一及得道的境界。如《庄子》'虚室生白'、《黄帝四经》'至素至精'、'是谓能精'、'素则精'等。在《二三子问》中，不但继承了这一概念，并且将'白'、'质'与'精'直接结合，即'能精能白'、'精白'、'精质'等，其承袭黄老之迹至为明显。"②

从观念史的角度，考察先秦学派之间的思想渊源，确实是一个值得尝试而且极有意义的工作。但关键问题是，我们需要把握好大前提，不能犯逻辑学上"丐辞"的错误。也就是说要认真考察观念的最初来源，如果某一个观念不是来自于某人某派，我们却要说这种观念前无古人，别人都受到了此人此派的影响，凡出现相近的观念，其文本形成一定晚于此人此派，那恐怕是不能令人信服的。

---

① 《二十二子》，374 页 B，上海，上海古籍出版社，1986。
② 陈鼓应：《〈二三子问〉、〈易之义〉、〈要〉的撰作年代以及其中的黄老思想》，见《易传与道家思想》，214 页。

说起"精白"，其实见于《鹖冠子·度万》，诸家偶失检。内中鹖冠子答庞子问时，提到"精白为黑"。这似乎将坐实"精白"出于黄老之学的说法，其实恐怕未必。依据汉语史，一般而言，词语是先有单字词，然后才发展成为复合词。因此应该是先有"精""白"等概念，然后才发展出"精白"的概念（而且"精白"很可能在最初只是"精"和"白"组成的联合式词组）。鹖冠子、庞子为战国末年人，故而帛书中出现的"能精能白"的"占"语，有可能早于《鹖冠子》的成书年代。另外，《庄子·渔父》有"清白"，高峤本《庄子》作"精白"。

廖名春先生指出孔子引"占"语解艮卦恐不足信，主要是认为"占"语形式类似后世的《易林》，又有黄老思想。其实《二三子问》中，释"恒"卦也引到"占"，可惜该处残缺，仅剩"丰大"二字，是否也是"类似歌谣，句式整齐，讲究押韵"，不得而知。不过即便它也很像《易林》，恐怕也并不能说明这种"占"的形式，出现得很晚。最近王家台出土了秦简《归藏》，使得我们对于传世的《归藏》佚文有了新的认识。王家台《归藏》中，记有一些周代的事情，因此它可能不是所谓的商易《归藏》的原本。但是这恐怕正如同《周易》也记有晚于文王时的事一样，存在先后的传承。在王家台秦简《归藏》中，有不少卦就是记载传说中的名占，而且往往在占之曰吉或不吉之后，记有一些话，这些话就应该是占语。比如：

　　右。曰昔者平公卜其邦尚毋［有］咎，攴占神老，神老占曰：吉。有子其□，间塚四旁，敬□风雷，不……

　　鼐。曰昔者宋君卜封□而攴占巫苍，苍占之曰：吉。鼐之苍苍，鼐之焠焠，初有吝，后果述。

　　丰。曰昔者上帝卜处□□而攴占大明，大名占之曰：不吉。□臣朣朣，牝□雊雊……

　　蛊。曰昔者殷王贞卜其邦尚毋有咎而攴占巫咸，咸占之曰：不吉。蛊其席，投之裕，蛊在北为犯……[①]

---

①　参见王明钦：《王家台秦墓竹简概述》，见艾兰、邢文编：《新出简帛研究》，30～32页。

其他还有不少，在占曰吉或不吉之后，也记有一些话，可惜残损严重；传世《归藏》的佚文中也有相近的文例。我们可以看到，这些吉或不吉之后的话，或三言，或四言，而且有不少就是押韵的。具体的文字考释，还有待于将来进一步分析，我们现在可以据此分析以下几例的用韵情况，比如"醴"当从"豊"得声，"豊"古音来纽脂部①，而"雉"古音定纽脂部，皆为脂韵；"席"古音邪纽铎部，"㛻"当从"亦"得声，"亦"古音喻纽铎部，皆为铎韵。

其实类似的韵语也见于古书所记的占筮之语中，如《左传·闵公二年》："成季之将生也，桓公使卜楚丘之父卜之……又筮之，遇大有之乾，曰：'同复于父，敬如君所。'"此处"同复于父，敬如君所"，"父"古音并纽鱼部，"所"古音生纽鱼部，皆为"鱼"韵。再如《左传·僖公十五年》："晋饥，秦输之粟；秦饥，晋闭之籴，故秦伯伐晋。卜徒父筮之，吉：'涉河，侯车败。'诘之。对曰：'大吉也。三败，必获晋君。其卦遇蛊，曰：'千乘三去，三去之余，获其雄狐。'"此处的"千乘三去，三去之余，获其雄狐"，"去"古音溪纽鱼部，"余"古音喻纽鱼部，"狐"古音匣纽鱼部，皆为"鱼"韵。再如《穆天子传》卷五："天子筮猎苹泽，其卦遇讼。逢公占之曰：'讼之繇，薮泽苍苍其中，□宜其正公，戎事则从，祭祀则憙，畋猎则获。'"此处"薮泽苍苍其中，□宜其正公"也当是占筮之语，"中"古音端纽冬部，"公"古音见纽东部，有的音韵学家认为上古音冬、东不分部，当归为一韵。类似的占筮之语，还见于其他古书中。

以上所引卦名，皆见于《周易》。但是因为《连山》《归藏》散佚，而《周易》中又不见上所引占筮之语，因此后世注疏家或称这些话为杂占之辞，或归之为《连山》《归藏》中的占辞，不大承认它们是《周易》的占语，这还有待进一步考察。但是这至少能够说明这种"占"语来源很早，而如果《连山》《归藏》有占语，或当时三《易》皆有杂占之辞，那么，《二三子问》中孔子所引"占曰"，就很可能是《周易》的占语了。

从上文所引占语来看，它们很可能是有助于解释卦象，连接卦爻辞

---

① 据唐作藩：《上古音手册》，南京，江苏人民出版社，1982。下同。

和具体的吉凶悔吝的中间环节。比如《穆天子传》"天子筮猎苹泽"得讼卦，占语说"□宜其正公"，所以就推出"戎事则从，祭祀则惪，畋猎则获"。这种占语应当晚于爻辞，和爻辞可以分开，大概是古代巫史所掌，用以专对的秘籍。因为爻辞的时代已经久远，卦象所表示的意义与所卜问的内容之间需要可以衔接的中间环节，故而巫史在长期的推演和实践中积累了新的占语，如果没有它，很多卦爻辞就不易于解释。后世的《易林》等书当是据此而来，但是因为世异时移，而世人卜问的内容又多种多样，故而这种占语的内容就需要有变化，否则就会变得同爻辞一样晦涩了。在阜阳所出土的《周易》中，每一卦爻辞后面，加入了不少具体的卜问内容，如《同人》六二爻辞："同人于宗，吝。卜子产不孝；吏……"①猜想阜阳汉简《周易》就是根据一定的占语推演而出的一种非常具体实用的占筮《易》，故而省略了占语，而直接列具体的占筮结果。

如果占语中有"精""白"，那么孔子使用"精白"就是可能的了。但是在孔子的时代，占语之中有没有可能出现"精""白"这样有着浓厚思想性的概念呢？这是极有可能的。《左传·昭公七年》记："及子产适晋，赵景子问焉，曰：'伯有犹能为鬼乎？'子产曰：'能。人生始化曰魄，既生魄，阳曰魂。用物精多，则魂魄强，是以有精爽至于神明……'"子产提到了"精"的概念，精爽已经连用，是年孔子才十七岁。《国语·周语上》更是记："十五年，有神降于莘，王问于内史过，曰：'是何故？固有之乎？'对曰：'有之。国之将兴，其君齐明、衷正、精洁、惠和，其德足以昭其馨香，其惠足以同其民人。神飨而民听，民神无怨，故明神降之，观其政德而均布福焉……'"此处用到了"精洁"，并且指出"精洁"是国君的一种德行。《周语上》又记："襄王使邵公过及内史过赐晋惠公命，吕甥、郄芮相晋侯不敬，晋侯执玉卑，拜不稽首。内史过归，以告王曰：'……民之所急在大事，先王知大事之必以众济也，是故被除其心，以和惠民。考中度衷以莅之，昭明物则以训之，制义庶孚以行之。被除

---

① 中国文物研究所古文献研究室、安徽省阜阳市博物馆：《阜阳汉简〈周易〉释文》，见陈鼓应主编：《道家文化研究》第十八辑，63 页。

其心，精也；考中度衷，忠也；昭明物则，礼也；制义庶孚，信也。然则长众使民之道，非精不和，非忠不立，非礼不顺，非信不行……'"这里具体解释了"精"的概念，而且"精"被认为是统治者和"惠民"的一个"使民之道"。按《广雅·释诂下》："祓，除也。"《小广雅·广诂》："祓，洁也。""祓除其心"，就是指洁其心；洁其心，就可以"和惠民"，就是"精"。帛书《经法·论》说："【强生威，威】生惠（慧），惠（慧）生正，【正】生静。静则平，平则宁，宁则素，素则精，精则神。"这里的正、静、平、宁、素等，应该是后世发展而出的对于"洁其心"过程的具体描述。看来所谓《黄帝四经》的"至素至精""是谓能精"等，也应该有其来源，而不是前无古人的创作。《国语·晋语一》载："公之优曰施，通于骊姬。骊姬问焉……优施曰：'必于申生。其为人也，小心精洁，而大志重，又不忍人。精洁易辱，重偾可疾，不忍人，必自忍也。辱之近行。'骊姬曰：'重，无乃难迁乎？'优施曰：'知辱可辱，可辱迁重，若不知辱，亦必不知固秉常矣。今子内固而外宠，且善否莫不信。若外殚善而内辱之，无不迁矣。且吾闻之：甚精必愚。精为易辱，愚不知避难。虽欲无迁，其得之乎？'是故先施谮于申生。"这里两次提到了"精洁"，与上文的"精洁"当有关联。《广雅·释器》："洁，白也。"因此，由"精洁"发展到"精白"，是有可能的。

传世文献中，孔子提到过"洁静精微"，如《礼记·经解》："孔子曰：'入其国，其教可知也。其为人也：温柔敦厚，《诗》教也；疏通知远，《书》教也；广博易良，《乐》教也；洁静精微，《易》教也；恭俭庄敬，《礼》教也；属辞比事，《春秋》教也……洁静精微而不贼，则深于《易》者也……'"而且将"洁静精微"和《易》联系起来，当非偶然。孔子说到"洁静精微"，那么他说到"精白"，也是很有可能的。

我们看孔子所引占语说到"能精能白，必为上客；能白能精，必为□□"，"上客"一词，古书习见。将占语与前文所引"国之将兴，其君齐明、衷正、精洁、惠和，其德足以昭其馨香，其惠足以同其民人"，以及"长众使民之道，非精不和"比较，它们是可以对应的。试想"精洁""精"是君使民之道，那么"能精能白"者，自然就可以为上客了！既然占语中有"精""白"，《国语》中又记载有"精洁"，那么在孔子的时代有"精白"这样的词或联合式词组，孔子也使用它，是完全有可能的。所谓的道家或黄老学者也使用、发展了这些概念，本不足为怪，但是我们却绝不能反过来认为，凡是使用了这样一些概念的，就是受到了道家或黄老学者的影响。以此观照陈鼓应先生所举的其他例证，实不足为凭。

因此，《二三子问》一篇当来源较早，它有可能就是二三弟子录所闻于夫子，整理而成篇。

四、《易传》道家说质疑

《易经》所附《彖传》《大象传》《小象传》《文言》《系辞》《说卦传》《序卦传》《杂卦传》八种十篇，俗称《易传》。传统上一直根据孔子赞《易》的说法，以之为孔子所作（或者说孔子后学所作，而思想来源于孔子）。后来欧阳修在《易童子问》中提出了怀疑，至疑古思潮认定《易传》晚出（甚至有认为晚至汉代者），遂将《易传》和孔子的关系完全斩断。在中国和日本，以及整个汉学界，这种思想非常流行。宋代苏轼曾指出《系辞》含有不少道家的意趣，后来冯友兰、顾颉刚、钱穆、侯外庐等学者，以及英国的李约瑟，也都以为《系辞》有很浓厚的道家风味。[①] 钱穆先生曾经提出《中庸》《易传》系"汇通老、庄、孔、孟"之说[②]，此说可以作为现代学界对于《易传》问题的一个代表性看法——至此，《易传》的成书年代，不仅晚于孟子、庄子；而且其思想的性质，也有了很大转变。

近些年来，伴随着马王堆汉墓帛书的出土，不仅《老子》甲、乙本让人叹为观止，而且所谓帛书黄帝书（主要指《经法》等四篇，或称为《黄帝四经》，但不可靠）引起了人们的注意。而帛书《易传》（含《二三子问》《系

---

① 参见［美］夏含夷：《〈系辞传〉的编纂》，见《古史异观》，289页，上海，上海古籍出版社，2005。

② 钱穆：《中庸新义》，见《中国学术思想史论丛（二）》，《钱宾四先生全集》第18册，89页，台北，联经出版事业股份有限公司，1998。

辞》《衷》《要》《缪和》《昭力》六篇）的出土，不仅将近现代人所断定的《易传》的年代大大提前，而且引出了许多新话题。当此之际，陈鼓应先生论证《易传》为道家的作品，由此"《易传》道家说"，极力倡导"道家主干说"，在学界影响较大。用他自己的话说则是："不仅打破了学界公认的看法，也推翻了两千年来经学传统的旧说。"①中国内地有胡家聪、王葆玹等先生唱和，吕绍纲、赵俪生、周桂钿、李存山、廖名春等先生则提出反对意见，但是陈先生的回应似乎也能立于不败之地②。而且陈先生以他所主编的《道家文化研究》为阵地，响应陈先生之说的学者，似乎越来越多。

在笔者看来，反驳文章较多地使用了和陈先生类似的举证方法，一边说《易传》引老庄，另一边则说老庄引《易传》，属于一正一反之辞，旁观者很难辩说清楚（也许这种论证方法本身就有可疑之处）。而且陈先生曾研究过西方哲学，对于《古史辨》的成果尤其是《老子》问题大讨论也甚有心得。所以，当论辩转入《易传》有无道家说这个问题上的时候，往往只要举一个反证就能说明问题，陈先生自然不难挑选利于自身的证据作证。而"《易传》道家说"作为一种新说，很容易造成较大影响；也很适合某些学者由一篇文献考察多家思想交融的趣味。

然而，陈先生的论点、论证，以及得出论点的"预设"，却很少受到质疑。下文即专注于此方面进行讨论，不当之处，还请大方之家指正。

（一）对"《易传》道家说"之论证的质疑

陈鼓应先生曾引用过劳思光先生对于《系辞》的看法，以证自己之言。③劳思光先生评述过陈鼓应等先生所主张的"道家主干说"和"《易传》道家说"：

> 宣扬扬道抑儒的大陆学人，要想否定儒家的主流地位，从方法

---

① 陈鼓应：《易传与道家思想·序》，1页。
② 参见陈鼓应：《易传与道家思想·附录二》。按：在台湾尚有陈启云等学者对陈鼓应之说有批评，参见陈启云：《"儒家"、"道家"在中国古代思想文化史中的定位》，见《中国古代思想文化的历史论析》。
③ 陈鼓应：《再谈帛书系辞的学派性质》，见《易传与道家思想·附录二》，240～241页。

论角度看，是要利用边缘史料来否定主流史料，这正是治史学者的大忌。边缘史料的功能在能补充主流史料之遗漏。主流史料本身之可信性，不会因边缘史料之提出而全部动摇。近年想强说道家为中国哲学的主流的人士，能运用的边缘史料其实也很有限，不过是像《黄帝四经》之类的文件而已。此外，他们所做的事基本上是一种概念游戏。例如，先将一切谈及天道与人事关系的理论定为专属道家思想的理论，然后便将《易传》思想说成道家理论的产物。其实任何时期谈及天道的人都会有依天道以断人事的倾向。同时也另有人主张人自有所谓"人道"，而不认为一切应循天道。这里并无可以重新诠释历史的理据。①

劳先生之说非常简洁。考虑到《易传》的学派属性这一问题的重要性，有必要作出具体的说明。下面，先以陈先生的《〈彖传〉与老庄》一文为例，看其是如何进行论证的。

首先，陈先生认为："至少从周初开始，中国思想中就存在着两大传统：即自然主义的传统和德治主义的传统。这两种传统在春秋末期分别被老子和孔子系统化，从而开创了后来在中国思想史上产生过重大影响的儒家和道家。儒家将关注的重点放到了伦理、政治问题上，因而对自然天道方面的问题不甚感兴趣，而道家则大谈太一、有无之论，从而在中国历史上第一个建立了系统的宇宙学说。以后中国思想史的宇宙论传统无一不从道家那里汲取了大量养料。"②

然后，陈先生花了大量篇幅证明《彖传》中的主要学说、概念语词与道家思想有关。在这一部分，陈先生讨论了"万物起源说""自然循环论""阴阳气化论""刚柔相济说""天地人一体观"等学说，证明其和《老子》有关；又从"云行雨施""品物流行""大明""终始""性命""天行""消息盈虚"等概念相似，证明《彖传》与《庄子》有关。与此同时，举《论语》《孟子》

---

①　劳思光：《帛书资料与黄老研究》，见《虚境与希望——论当代哲学与文化》，145～146页，香港，香港中文大学出版社，2003。

②　陈鼓应：《〈彖传〉与老庄》，见《易传与道家思想》，7页。

《中庸》等书，说明其重心在仁、礼、仁义，其对天的观念"不是自然性的，乃是主宰性的或义理性的"，没有阴阳说等，作为反证。

很明显，这里陈先生所做的工作中，很大一部分是根据古籍替古人做"凡例"，对儒道进行分野，认为儒道所承的传统、关注的重点不一。但是，胡适先生曾经指出："替古人的著作做'凡例'，那是很危险的事业，我想是劳而无功的工作。"①而要说明周初以来的思想传统判若鸿沟而没有互相影响，是令人怀疑的；其他还有不少值得怀疑的地方。

尤为关键的是，陈先生认为"道家则大谈太一、有无之论，从而在中国历史上第一个建立了系统的宇宙学说。以后中国思想史的宇宙论传统无一不从道家那里汲取了大量养料。"这就是说：所有有"宇宙学说"的，都是"从道家那里汲取了大量养料"。而《彖传》中有"万物起源说""自然循环论""阴阳气化论""刚柔相济说""天地人一体观"等"宇宙学说"，有"云行雨施""品物流行""大明""终始""性命""天行""消息盈虚"等概念与道家作品相近。所以《彖传》必然从道家那里汲取了养料，属于道家作品。

这里面包含了一个很典型的形式逻辑的三段论：

> 大前提：所有有"宇宙学说"的，都"从道家那里汲取了大量养料"（道家"在中国历史上第一个建立了系统的宇宙学说。以后中国思想史的宇宙论传统无一不从道家那里汲取了大量养料"）；
>
> 小前提：《彖传》有"宇宙学说"；
>
> 结论：《彖传》"从道家那里汲取了大量养料"。

按照严格的三段论，结论只能说《彖传》"从道家那里汲取了大量养料"。陈鼓应先生由《彖传》，以及《易传》其他篇章（并不一定有"宇宙学说"），推导出《易传》道家说，已经有了很大发挥。

可是，就三段论本身而言，其大前提多是根据归纳而得的结论，而

---

① 胡适：《评论近人考据〈老子〉年代的方法》，见姜义华主编：《胡适学术文集·中国哲学史》下册，760 页。

归纳除非是进行穷举的完全归纳，否则并不具有确定性，这是三段论的致命弱点所在。因此，陈鼓应先生的这个三段论，其大前提是否成立也应该受质疑。可是陈先生的大前提中，不仅所谓"在中国历史上第一个建立了系统的宇宙学说"，是一个有待证明的假设，而且最为关键的"中国思想史的宇宙论传统无一不从道家那里汲取了大量养料"，这个命题也有待穷举证明，要一一检验，包括《象传》。可是，在陈先生的三段论中，这个有待归纳证明的前提，已经被作为了演绎推理的大前提。也就是说，其前提已经包含了他要证明的结论，只要你承认了他的前提（所有有"宇宙学说"的，都"从道家那里汲取了大量养料"），那么就不得不承认其结论（《象传》从道家那里汲取了大量养料）。

在逻辑学上，"往往有人把尚待证明的结论预先包含在前提之中，只要你承认了那前提，你自然不能不承认那结论了：这种论证叫丐辞"①。"丐辞"不能作为证据，而陈先生的论证方法正是在使用"丐辞"。因此，陈先生的《象传》道家说不能成立。而一旦《象传》道家说不成立，陈先生的其他推论也将遭受质疑。

陈先生随后的《〈象传〉的道家思维方式》一文，论证方法并没有什么改变，只是"默证"使用得更多。在这篇文章中，陈先生首先证明《象传》的成书时间后于庄子，然后说"战国中期以前，儒家缺乏形上学思考的习惯与能力，也不从事宇宙论问题的探讨，这一哲学工作的重任遂由道家担当起来。从哲学的角度来看，《象传》的主体部分是属于宇宙论的范围，众所周知，中国哲学的宇宙论创始于道家，故而从老子、庄子及稷下道家，可以看出《象传》和道家各派中思想上的内在联系"。于是，陈先生又从"推天道以明人事""万物生成论""天行"等思想、观念方面，说明《象传》和道家的关系，而认为儒家的思维方式、思考的问题不涉及这些方面，在孔、孟、荀的作品中，也没有那些自然哲学用词。

有趣的是，陈先生《〈象传〉与老庄》一文尚引李镜池论证《象传》中家

---

① 胡适：《评论近人考据〈老子〉年代的方法》，见姜义华主编：《胡适学术文集·中国哲学史》下册，749页。

人卦等有儒家思想的例子，虽然是将之归为"伦理道德教训"，并一再引冯友兰先生之语，说明"《易传》的重要不在于这些道德教训，而在于它的宇宙观和辩证法思想"。《〈象传〉的道家思维方式》一文则说"'家人'卦反映的尊卑等级观念，乃是西周以来早已形成的宗法意识形态，不为儒家一派所专有"。陈先生这种通过溯源法而解构儒家思想的方法，与他不追溯所谓道家思想的源头而着力建构道家思想的影响，正形成了鲜明的对照！

陈先生《〈象传〉的道家思维方式》一文，对于《〈象传〉与老庄》也有所补充，说到了所谓稷下道家的尚阳等思想与《象传》有关；而为了补充《〈象传〉与老庄》一文不同意高亨先生的《象传》为馯臂子弘所作之说（认为馯臂子弘过早），再一次称引了朱伯崑先生的说法证明《象传》的年代，却又同时对朱先生立说的前提进行了批评。

关键的问题是，上面所说陈先生尚未证明的命题：道家"在中国历史上第一个建立了系统的宇宙学说"，现在变成了"众所周知"，依旧未得到证明。陈鼓应先生曾经批评"战国前没有私家著述"说，认为"这完全是学者们自己画地为牢"①。现在看来，他所说的道家"在中国历史上第一个建立了系统的宇宙学说"，好比说老子前没有系统的宇宙学说，也有画地为牢之嫌。当然，陈先生强调了"系统"二字。可是，这最多只不过是在使用"默证"证明问题，是在先秦古籍大量佚失的情况下，以不知为不有，根据现有的有限文献，进行不完全归纳之后所得出的结论。实际上，《尚书·洪范》中包含的五行思想等，是否也是有系统的宇宙学说呢？② 从思想史来看，论及阴阳、五行、八卦的，多数是数术类的宇宙论，此外尚有"有自生"的万物生成说，而老子学派则是持"有生于无"

---

① 陈鼓应：《论〈老子〉晚出说在考证方法上常见的谬误——兼论〈列子〉非伪书》，见陈鼓应主编：《道家文化研究》第四辑，414 页。

② 关于《尚书·洪范》的年代，参见李学勤：《帛书〈五行〉与〈尚书·洪范〉》，见《简帛佚籍与学术史》，南昌，江西教育出版社，2001（1994 年台湾时报出版公司繁体版）。有关阴阳五行学说的起源，可参见[美]艾兰、汪涛、范毓周主编：《中国古代思维模式与阴阳五行说探源》，南京，江苏古籍出版社，1998；李零：《式与中国古代的宇宙模式》，见《中国方术考》（修订本），北京，东方出版社，2000；以及本书后文《仁义礼智圣五行的思想渊源》。

的宇宙生成论，这三大系列虽然后来可能有融合，但是其始源却并不相同（详后文《〈恒先〉与中国古代的宇宙论》）。

与以"默证"所得结论做前提相比，陈先生论说中的不确或矛盾之处，也许就算不上很大的问题了。比如未考察《论语》中"天"的差别①；未注意到孟子长于庄子②；从朱伯崑先生之说而批其立说前提（此势必将动摇朱先生之立论）。尤其是根据《象传》开头"性命"连用，而《孟子》中"性"字三十五见，"命"字五十见，尚未连用，因此《象传》晚于《孟子》这一例证③，来断定《象传》的年代晚于《孟子》。但是仅凭一语而推定年代这种方法，恰恰正是陈先生曾经批评过的"急速推广的谬误"④。而且"性命"已经见于郭店简《唐虞之道》简 11"养性命之正"，郭店楚墓墓葬下葬的年代可能不晚于公元前三百年，《唐虞之道》成书年代则当更早（见前文）。

陈先生还多次提到过阴阳家，但是却把阴阳家的思想，也借助史官等关联而归入老子名下。此外，老子的思想有所从来，这是陈先生承认的。陈先生说到"'家人'卦反映的尊卑等级观念，乃是西周以来早已形

---

① 孔子所谓天，既有"天之将丧斯文也"的主宰义，也有"唯天为大，唯尧则之"的自然义，张岱年先生据此说"孔子关于天的思想可能有一个转变"，见张岱年：《中国古典哲学概念范畴要论》，20 页，北京，中国社会科学出版社，1989。

② 朱伯崑先生认为《象》与孟子思想有关，是因为孟子有"时中说""顺天应人说""养贤说"，并认为《象》的观点来自孟子。见朱伯崑：《易学哲学史》第一卷，43～46 页。而陈鼓应先生则说"孟、庄为同时代人，故其成书也后于庄子"。据钱穆先生《先秦诸子系年》，孟子生卒年为 390B. C－305B. C，庄子为 365B. C－290B. C。虽然《史记》等记载，孟子晚年才与弟子等著《孟子》，但是陈所引《庄子》，也多为外杂篇文字，所以即使《象传》晚于孟子，未必就一定晚于庄子；晚于《孟子》一书，也未必晚于《庄子》一书。

③ 为说明《象传》成书晚于庄子，陈先生称引朱伯崑先生之说，并举《象》中出现了"性命"为助证。但陈先生随后证明儒家的"时"只具常识意义，与道家及《象传》中的"时"有着根本的区别；在注 4 中还认为"养贤说"出于墨家，"顺天应人说"见于《黄帝四经》而"此书早于《孟子》"。见陈鼓应：《〈象传〉的道家思维方式》，见《易传与道家思想》。按：陈先生是要断绝朱先生所说的《象》与孟子思想有关，而建构《象》与所谓道家思想的关联。但是根据陈先生之说，除了"性命"之例外，朱伯崑先生所举的"时中说""顺天应人说""养贤说"，均可能在《孟子》之前或与之无关，这与陈先生所谓《象传》成书或在孟、庄与荀子之间有矛盾。因此，陈先生之说的关键，在于"性命"能否断代。

④ 陈鼓应：《论〈老子〉晚出说在考证方法上常见的谬误——兼论〈列子〉非伪书》，见陈鼓应主编：《道家文化研究》第四辑，414～415 页。

成的宗法意识形态，不为儒家一派所专有"，但是对于老子、道家思想的来源，却从来未予深究。① 这恐怕是出于观念先行，而不愿深究吧。

陈先生的文章中，还引出了很多值得进一步反思、追问的问题，譬如，《易传》《庄子》它们的文本形式，与思想内容之间的关系如何——这样一个内容与形式的问题，已经超出了本文的范围，留待日后再讨论。

总之，陈先生的《象传》道家说，其立说的大前提尚难以得到证明，陈先生是运用"丐辞""默证"来确立自己的观点。陈先生对于所谓"道家""儒家"思想，设立了许多判定标准，但多是在观念先行的情况下，根据后人的观念、自身的需要所设立的标准。陈先生对于古代思想的流传，也可能设想得过于简单。由此不难推断，陈先生的"《易传》道家说"，也有许多值得怀疑的地方。

（二）对"道家"名目的质疑

现在更需要追问：陈先生论点中的"道家"，以及所谈的"儒家"这些名目，是不是未经考察的"预设"？这些"预设"，是否成立，是否适宜？如果成立，如何判定思想学说的学派属性？这些问题，是各种学说的最后底线，对于这一底线，许多人会认为是不证自明的，从来没有怀疑过。

比如陈鼓应先生所追究的，就在于《易传》到底是"道家的作品"，抑或是"儒家的作品"，并认为这是一个很重要的问题；而陈启云先生则认为"这是一个不成问题的问题"②。陈鼓应先生于 1987 年"济南国际周易学术讨论会"开幕式上首次提出《易传》是道家系统的作品而非古今学者所说的"儒家之作"，在开幕典礼即将结束时，他和陈启云先生就此进行了对辩。陈启云先生认为："用'儒家'、'道家'等学派名词来分划界说

---

① 探究老子、道家思想来源的文章，可参见饶宗颐：《先老学初探——（传老子师）容成遗说钩沉》《道教与楚俗关系新证——楚文化的新认识》，均见《中国宗教思想史新页》，北京，北京大学出版社，2000。

② 陈启云：《"儒家"、"道家"在中国古代思想文化史中的定位》，见《中国古代思想文化的历史论析》，108 页。

先秦诸子思想，是汉代的历史产品"①。

　　陈启云先生的观点有其所自来，胡适先生早就说不承认司马谈所分的"六家"（详前文）。明确的"道家"一词，目前的资料是初见于汉初，如《史记·陈丞相世家》："始陈平曰：'我多阴谋，是道家之所禁。'"《史记·齐悼惠王世家》："召平曰：'嗟乎！道家之言，当断不断，反受其乱。乃是也。'遂自杀。"由此或可推知"道家"一词，可能有更早的来历。司马谈《论六家之要指》或用"道德"，或用"道家"，时代与此接近，一般认为指黄老道德之术。这里的"道家"，根据上面的分析，应该晚于老子学派。至于"道家"作为后人心目中尚有些模糊的一个名目，专指受老子思想影响的思想流派的意义（主要指老庄一系，但陈鼓应先生又有所谓黄老道家、稷下道家之称，也纳于其下），那时代恐怕就更晚了，或许是到魏晋时期才多用"道家"称老庄。因此，当前如果一定使用"道家"一词，一定要首先对其内涵、外延进行严格的定义，绝不能把一个不断变幻的历时性词语，不假思索地当作包容性的共时性的词语，把一切相关文献都纳入其下，把后设的意义强加给早先的时代。另外，"道家"一词有其来源，并非如陈启云先生所谓汉代人的历史产品。退一步讲，汉代所称的"道家"，可能主要指黄老道家，不是陈鼓应先生所在意的老庄。

　　由上述未假思索的"预设"所导致的方法论问题是学者们参考司马谈之说，用不完全归纳法，在有限的文献中，归纳出了所谓"儒家""道家"乃至儒家内部派别之间的思想特点（这些特点都是条例森严、大而化之的教科书语言），然后再用这些并不能获得公认的"标准"去演绎、推理，以确定其他人物、文本、观点的属性，有之则是，无之则非。像陈鼓应先生所说的"儒家将关注的重点放到了伦理、政治问题上，因而对自然天道方面的问题不甚感兴趣"，便是仅根据《论语》《孟子》等书来归纳、确定儒家思想。之后再根据这些归纳的结论，来考察《易传》等文献是否含有儒家思想，宜其会得出"《易传》道家说"。

---

　　① 　陈启云：《"儒家"、"道家"在中国古代思想文化史中的定位》，见《中国古代思想文化的历史论析》，108 页。

学界沿用"儒家""道家"这些名目，其实是日用而不知。如果这些名词已经有了严格的定义，那么我们自然可以对号入座，说某些东西应该是某家的作品。可是，因为是"预设"，所以大家心里其实并没有一个统一的定义或判定标准，只是有一个大概的印象，这是非常不严肃的。但是，如果有人真要给这些名目下定义，他可能又不免要先来认定《易传》之类的作品该归入哪一家，然后再进行归纳，得出定义。而这样得出的定义，又如何能够让所有人都信服呢？

在"儒家""道家"这些名目里绕来绕去，结果是把两千多年前具体的思想流传和鲜活的历史，装在了"儒家""道家"这样的思想套子里，奄奄一息。学者们是在运用"儒家""道家"这样格式化的思想型中去思考问题，利用它们与两千多年前的人艰难地"对话"；而事实上是，这些疏阔的"话语"把我们套牢了，离开了它们，许多人无法"说话"；这些后设的眼光，也把先秦思想流传的实际，给限定死了。像郭店简、上博简出版发行之后，很多人就在讨论某篇有某一家的思想，该属于哪一家，某篇有哪几家思想合流倾向等。其方法不过是寻章摘句找相同。然而不少努力所得出的最后结论，往往不过是以古就今，因为我们思考的前提有一个"儒家""道家"的"预设"及受之支配的方法论，而这个"预设"和方法却未必符合当时的实际。比如说谈论到父慈子孝、主惠臣忠，很多人马上会调出儒家思想作为原型来思考问题，会认为凡是有这些思想的人，应该都属于儒家或受到了儒家思想的影响。而实际上，这是"公言"，孔子之前早已有了类似的理想，先秦诸子很多人在谈论社会人伦时，都复述了相近的话。只是在相同的"公言"之下，达到目标的手段却并不一致（详后文《从"六位"到"三纲"》）。

总之，"《易传》道家说"，不仅是一个存在疑问的假说，而且其命题本身都值得质疑。"《易传》道家说"既然很难成立，那么"道家主干说"也就缺乏文献依托了，将成为无源之水，无本之木。近年来，郭店楚墓竹简儒学典籍《六德》中出现了六经之名（又见于《语丛一》），这对于判定

《易》与儒学的关系以及年代，很有帮助①。

当然，陈先生之说，是在学界初接触出土文献的时代而提出的观点。陈先生重视出土文献的价值，致力于推进出土文献的研究，并且反对用陈腐的古书辨伪方法说明问题。其中有不少有价值的观点，尤其是陈先生在讨论《象传》与《庄子》的关系时，指出二者"概念上的相似，绝非偶然现象。如果不是《象传》受到了《庄子》的影响，或《庄子》受到《象传》的影响，那就很可能是两者出于同一作者群"。后来又说道："《象传》作者与庄子《天道》等篇可能属于同一作者群，或属于同一文化圈。"②此处的"两者出于同一作者群""或属于同一文化圈"，对于过去讨论两本古籍之间的关系时常常持有的不是甲抄乙，就是乙抄甲这种简单的思维，就是一种很大的突破——虽然这种观点本身也还有疑问，很可能相近文献有相同来源，这就值得进一步探索了。

五、《系辞》的年代问题

《系辞》篇，是解读《易经》的重要作品，古代学者一直将之与老而好《易》的孔子联系在一起。但是后来欧阳修在《易童子问》中提出了怀疑，认为《系辞》中的"子曰"为先生之言。于是，《系辞》的年代问题就成了一个易学研究上的重要问题。

近年来的研究，尤其是马王堆帛书《易传》出土之后，使得人们对于《易传》的年代问题有了新认识。然而因为马王堆汉墓的时代限制，所能解决的年代问题有限。譬如许多学者对于帛书《系辞》与传本的关系，就有不同看法。郭店楚墓竹简儒学典籍《六德》中出现了六经之名(又见于《语丛一》)，这对于判定《易》与儒学的关系以及年代，很有帮助③。但

---

① 参见廖名春：《论六经并称的时代兼及疑古说的方法论问题》，载《孔子研究》，2000(1)。

② 陈鼓应：《〈象传〉与老庄》《〈象传〉与道家的思维方式》，见《易传与道家思想》，16、26页。

③ 参见廖名春：《论六经并称的时代兼及疑古说的方法论问题》，载《孔子研究》，2000(1)。

是对于承认《易传》的主体年代在先秦的学者来说，也还有不同的意见。当前有两种很有影响的意见：一种是以金景芳先生及其同仁、弟子为代表的意见，大体上倾向于重构传统；另一种是以朱伯崑先生及其同仁、弟子为代表的意见，大体上倾向于战国中晚期说。而出现这种差异，和刘笑敢先生论证《庄子》内篇早出的方法不无关系，两边对于刘先生之说均有回应。

前文已经根据新出土的郭店简等材料，讨论了刘笑敢先生论证《庄子》内篇早出的汉语史研究方法中所存在的问题，并涉及了两边对于刘先生之说的反应。值得注意的是，虽然刘先生这个论证有问题，但在当时，有些学者却是在选择性地利用刘先生的结论，以为自己的体系服务。

比如许抗生先生已经提到"《系辞传》中出现了道、德、精、神等词，但皆是以单词出现的，而没有道德、精神等复合词。而现存的通行本《说卦》与帛书中'昔圣人之作易也'至'故易逆数也'一段文字相同，却出现了道德与性命的复合词。可见《说卦》与帛书中这一段文字的写作时代一定晚于《系辞》"[①]。但是根据《说卦》中有"和顺于道德而理于义"和"顺性命之理"，"道德""性命"连称，遂认为《说卦》"是战国后期的作品"[②]的朱伯崑先生，却没有接受许抗生先生所指出的《系辞》早出的证据（按照刘笑敢先生的成果来推断，《系辞》应该早于《庄子》外杂篇，起码和《庄子》内篇的年代接近乃至更早），反而举出范畴、概念、命题等方面的五条证据，认为"《系辞》的上限当在《彖》文和《庄子·大宗师》之后，乃战国后期陆续形成的著述，其下限可断于战国末年"[③]。至于因为《易传》中一般被认为出现较早的《彖传》中有"各正性命"，已经使用了"性命"，于是陈鼓应先生据此断定《彖传》晚于庄子[④]；朱伯崑先生的弟子

---

① 许抗生：《略谈帛书〈老子〉与帛书〈易传·系辞〉》，见陈鼓应主编：《道家文化研究》第三辑，56 页。

② 朱伯崑：《易学哲学史》第一卷，53 页。

③ 同上书，52～53 页。

④ 陈鼓应：《〈彖传〉的道家思维方式》，见《易传与道家思想》，20 页。

王博由此论定《彖传》晚于《孟子》①，则属于陈鼓应先生所批评过的"急速推广的谬误"，就更不必说了。

现在既知刘笑敢先生的论证有可疑之处，则据之所作的结论有必要重新讨论。下面主要讨论一下朱先生范畴、概念、命题等方面的五条证据。今分条转述如下：

1. 《乐记》（尤其是其中和《系辞》相近的"乐礼"部分）尚不能断定为公孙尼子所作，有些言论是"荀子常用的语句""商鞅的言论"，不能据《乐记》推断《系辞》为战国前期作品。

2. 《系辞》说"易有太极"。"太极"一词在先秦的文献中，仅见于《庄子·大宗师》："在太极之先不为高，在六极之下不为深。"此处太极与六极对文，太极指空间的最高极限。《系辞》说的"太极"，指大衍之数或奇偶两画未分的状态，乃卦象的根源，故称其为太极。庄文说的"太极"，当是此词的最初含义，而《系辞》则是借用庄文的"太极"解释筮法。

3. 《系辞》说："精气为物，游魂为变，是故知鬼神之情状。"这是以精气之聚散解释鬼神。此种观点又见于《管子·内业》："凡物之精，此则为生……流于天地之间，谓之鬼神。"

4. 《系辞》说："天尊地卑，乾坤定矣。""天尊地卑"说，又见于《庄子·天道》："夫尊卑先后，天地之行也，故圣人取象焉。天尊地卑，神明之位也。"《系辞》以天地神明解释乾坤两卦之来源，即圣人取象说。

5. 《系辞》论述圣人观象置器时，认为包牺氏发明网罟，其后神农氏发明耒耜，又其后黄帝尧舜发明衣裳、舟楫、牛马、弓箭等。这一历史次序，又见于《商君书·更法》："伏羲、神农教而不诛，黄帝、尧舜诛而不怒。"

前文指出胡适先生曾经在讨论《老子》的年代时说过：从"思想系统"上或"思想线索"上做证明，他是"始作俑"者，但这种方法"不能免除主观的成见"；"用文字、术语、文体"等方法很有用，但是"（1）我们不容易确定某种文体或术语起于何时；（2）一种文体往往经过很长期的历史，

---

① 参见王博：《易传通论》，49～50 页。

而我们也许只知道这历史的某一部分；(3)问题的批判往往不免夹有主观的成见，容易错误"；替古人著作做"凡例"，是劳而无功的工作。①而朱先生的五条证据中，很多就是立足于相近范畴、概念、命题的年代相近，认为《系辞》合乎战国中晚期的思潮。可是，这种思潮论证法，并不具有确定性，难以令人信服。因为思想的先后承袭和同时流行等现象，从来都不新鲜。

我们仔细分析朱先生的证据，其中第一条，确实"不能据《乐记》推断《系辞》为战国前期作品"，但是也不能认为相反的观点就正确。因为《乐记》中的"乐礼"部分，未必和《系辞》是简单的彼此"因袭"关系。张岱年、李学勤先生曾认为《乐记》袭用了《系辞》②，故《系辞》的年代在公孙尼子之前。而朱伯崑先生的弟子金春峰先生针对张岱年、李学勤先生之说，反过来认为《系辞》袭用了《乐记》③。此种一正一反之说，是"同文"分析法中常见的现象。其不可信，前文已经有分析，这里就不再讨论了。

第二条的"太极"，古书只作"大极"(帛书《系辞》作"大恒"，或以为另有深意，或以为字讹，此暂不论)，曾见于《墨子·非攻下》"禹既已克有三苗，焉磨为山川，别物上下，卿制大极，而神民不违，天下乃静"。此处"大极"之含义是"大准则"，"极"字训为准则，较为常见④。《庄子》文中"太极"，王叔岷先生引《淮南子·览冥》高诱注"天地始形之时也"⑤作解，或可从。至于《系辞》中"太极"之意，说法不一。总之，至少我们看不出《庄子》所用"太极"是"此辞的最初含义"。

关于《内业》篇的时代，据郭沫若、胡家聪等先生考证，可能在《孟

---

① 胡适：《评论近人考据〈老子〉年代的方法》，见姜义华主编：《胡适学术文集·中国哲学史》下册。

② 参见张岱年：《论〈易大传〉的著作年代与哲学思想》，见《中国哲学》第一辑，北京，生活·读书·新知三联书店，1979；李学勤：《周易经传溯源》，81 页。

③ 参见金春峰：《〈周易〉经传梳理与郭店楚简思想新释》，76～77 页。

④ 参见拙作：《释〈墨子·非攻下〉之"卿制大极"》，载《中国史研究》，2003(1)。

⑤ 王叔岷：《庄子校诠》，232 页。

子》之前①。其中的"精气"，裘锡圭先生指出不能"肯定这是稷下道家首先提出来的。他们完全有可能只是继承了这种思想"②。金春峰先生也曾指出过《大戴礼记·曾子天圆》篇有："阳之精气曰神，阴之精气曰灵。"《大戴礼记》中的《曾子》诸篇，过去认为时代较晚；但是最近在《上海博物馆藏战国楚竹书(四)》的《内豊》篇中，发现了和《曾子立孝》《曾子事父母》篇相关的内容③，因此《曾子天圆》篇的来源年代可能是很早的。退一步讲，在孔子有关的话中，他说到的是"游气"④，因此《系辞》中的"精气"，也有可能经过了孔门后学的文字修饰，或者是传闻异辞，而其思想则本于孔子。

朱先生所讲的第四、第五条证据，论证方式和第一条接近，可以商榷。譬如所引《庄子·天道》，既未必能说明此文在《系辞》之前，也未必能说明二者时代相近。庄子后学中，有些对于孔子，是一种称赞的态度，《庄子·天道》或有可能是称引《系辞》。至少我们不知道是《系辞》在先还是在后，或者二者同源。而金景芳先生则认为观象制器一段是后人误增⑤。

当然，观象制器这一段尚见于帛书《系辞》。因此，虽然朱先生论证《系辞》年代的证据并不很充分，但是《系辞》的年代，仍然值得重新研究，尤其需要深入篇章内部进行分析。

---

① 参见郭沫若：《稷下黄老学派的批判》《十批判书》，见《郭沫若全集·历史编》第 2 卷，165～166 页，北京，人民出版社，1982；胡家聪：《〈内业〉道家著作与孟子思想》，见《管子新探》，325～327 页。

② 裘锡圭：《稷下道家精气说的研究》，见《文史丛稿——上古思想、民俗与古文字学史》，31 页。

③ 参见马承源主编：《上海博物馆藏战国楚竹书(四)》，219～229 页，上海，上海古籍出版社，2005。

④ 《说苑·辨物》篇第一章记："颜渊问于仲尼曰：'成人之行何若？'子曰：'成人之行，达乎情性之理，通乎物类之变，知幽明之故，睹游气之源，若此而可谓成人。既知天道，行躬以仁义，饬身以礼义。夫仁义礼乐，成人之行也。穷神知化，德之盛也。'"相近的内容，也见于《孔子家语·颜回》。此篇中许多内容与《系辞》有关。

⑤ 金景芳：《〈系辞传〉新编说明》，见《〈周易·系辞传〉新编详解》，178～181 页。

六、仁义礼智圣五行的思想渊源

自马王堆汉墓帛书本《五行》发表以来，庞朴等先生先后对之做了重要的研究，取得了很大的成就。令人兴奋的是，在郭店楚墓竹简中，又出土了竹简本《五行》。两种《五行》有所不同，相关的讨论文章应接不暇，《五行》的研究可谓已经形成了一个专门的领域。但是，关于"仁义礼智圣"五行思想的主要阐述者和时代，学界依然存在较大的争议，值得我们进一步探索。

（一）

关于《五行》的学派和时代，就笔者陋见所及，至今主要有以下一些观点：（1）韩仲民先生认为：作者是子思、孟轲学派的门徒[①]；（2）庞朴先生认为：是"孟氏之儒"或"乐正氏之儒"的作品[②]；（3）裘锡圭先生认为：是孟轲学派的作品[③]；（4）李学勤先生认为：是思、孟一派著作，但未必反映思、孟五行说的全体，子思创五行说[④]；（5）龙晦先生认为：晚于世子，略早于子思[⑤]；（6）魏启鹏先生认为：战国前期子思氏之儒的作品[⑥]；（7）李学勤先生认为：《五行》之经文为子思之说，传文乃世子之意而门人记之[⑦]；（8）庞朴先生认为：帛书《五行》的说解部分，由思孟学派的弟子们完成于荀子的批评之后[⑧]；（9）邢文先生认为：帛书

---

① 韩仲民：《长沙马王堆汉墓帛书概述》，载《文物》，1974(9)。

② 庞朴：《马王堆帛书解开了思孟五行说之谜——帛书〈老子〉甲本卷后古佚书之一的初步研究》，载《文物》，1977(10)。

③ 裘锡圭：《马王堆〈老子〉甲本卷前后佚书与道法家——兼论〈心术上〉〈白心〉为慎到田骈学派作品》，见《古代文史研究新探》，555 页。原见《中国哲学》第二辑，北京，生活·读书·新知三联书店，1980。

④ 李学勤：《帛书〈五行〉与〈尚书·洪范〉》，见《简帛佚籍与学术史》，282、278 页。原载《学术月刊》，1986(11)。

⑤ 参见魏启鹏：《马王堆汉墓帛书〈德行〉校释·序一》，5 页，成都，巴蜀书社，1991。

⑥ 同上书，105 页。

⑦ 李学勤：《从简帛佚籍〈五行〉谈到〈大学〉》，载《孔子研究》，1998(3)。

⑧ 庞朴：《竹帛〈五行〉篇比较》，见《中国哲学》第二十辑，225 页。

《五行》传文为世子之学①；（10）池田知久先生认为：成于战国后期以孟子、荀子思想为中心，折中儒家及诸子百家思想的儒者之手②；（11）丁四新先生认为：楚简《五行》很可能是世子之作，帛书《五行》说解部分属其门徒之作③；（12）李存山先生认为：简本《五行》是子思（或"子思之儒"）的作品，帛书《五行》是"孟氏之儒"之别派的改编解说本④；（13）刘信芳先生认为：《五行》的思想根源，可以追溯到孔子与子游。其成文上限可以推至战国早期，作者未明。子思对《五行》之成书有一定程度的编纂与加工，简本《五行》二十三章至二十六章，有可能出自子思之手。帛书《五行》之传的作者乃世子之传人，《传》的撰成年代早于孟子，其下限略可断至与孟子同时⑤。

后七说的提出，是在郭店楚简发表之后。我们知道，郭店楚墓的年代是公元前4世纪中期至前3世纪初，如果考虑到竹简有一个抄写、流传到楚地的过程，其时代当更早。李学勤先生指出："郭店一号墓的年代，与孟子活动的后期相当，墓中书籍都为孟子所能见。《孟子》七篇是孟子晚年撰作的，故而郭店竹简典籍均早于《孟子》的成书。"⑥得到许多学者的赞同。当然，也有学者对于考古工作者的楚墓序列提出了质疑⑦，但是，这种怀疑本身存在许多问题，难以成立⑧。池田知久先生则对于《五行》《性自命出》《穷达以时》等篇，均从文献的关联出发，断定其年代颇晚。但是他以线性的先后排列相关文本的方法，可能存在问题

---

① 邢文：《〈孟子·万章〉与楚简〈五行〉》，见《中国哲学》第二十辑，239页。

② ［日］池田知久：《郭店楚简〈五行〉研究》，见《中国哲学》第二十一辑，沈阳，辽宁教育出版社，2000。

③ 丁四新：《郭店楚墓竹简思想研究》，167页，北京，东方出版社，2000。

④ 李存山：《从简本〈五行〉到帛书〈五行〉》，见武汉大学中国文化研究院编：《郭店楚简国际学术研讨会论文集》，245～246页，武汉，湖北人民出版社，2000。

⑤ 刘信芳：《简帛〈五行〉述略》，载《江汉考古》，2001（1）。

⑥ 李学勤：《先秦儒家著作的重大发现》，见《中国哲学》第二十辑，15页。

⑦ 王葆玹：《试论郭店楚简各篇的撰作时代及其背景——兼论郭店及包山楚墓的时代问题》，见《中国哲学》第二十辑，366～389页；《试论郭店楚简的抄写时间与庄子的撰作时代——兼论郭店与包山楚墓的时代问题》，载《哲学研究》，1999（4）。

⑧ 参见刘彬徽：《关于郭店楚简年代及相关问题的讨论》，见《简帛研究二〇〇一》，47～54页。

（详后文《评池田知久著〈马王堆汉墓帛书五行研究〉》，《郭店〈穷达以时〉再考》）。

因此，由马王堆帛书《五行》所推导出的作者晚于孟子诸说，皆难成立。但是，对于《五行》经文的作者或所属学派，依旧没有统一的意见，仍有探讨的必要。而帛书《五行》中，传文①两引世子之语，也值得注意。

（二）

我们都很熟悉《荀子·非十二子》中对子思、孟子的批判：

> 略法先王而不知其统，犹然而材剧志大，闻见杂博。案往旧造说，谓之五行，甚僻违而无类，幽隐而无说，闭约而无解。案饰其辞而祇敬之曰：此真先君子之言也。子思唱之，孟轲和之，世俗之沟犹瞀儒，嚾嚾然不知其所非也，遂受而传之，以为仲尼、子游为兹厚于后世。是则子思、孟轲之罪也。

由此批判来看，子思（或子思学派）无疑最有可能是《五行》的始作者。但是有不少学者提出了不同的意见，除上举对于《五行》作者有不同意见的几种观点外，赵光贤、任继愈等先生也对于荀子所批评的五行为"仁义礼智圣"提出了质疑②；邢文认为思、孟五行有两系③；陶磊认为子思之五行是"仁礼义信强"④。

李学勤先生也曾指出《五行》未必反映思、孟五行说的全体。李先生曾由上引《荀子·非十二子》得出五点推论，对于我们考察仁义礼智圣五行与子思、孟子的关系颇有参考价值：其一，子思是五行说的始创者，"先君子"是指孔子，子思曾将此说上托于孔子之言；其二，五行说的创立，利用了某种思想数据；其三，五行是一种包容广大的理论；其四，

---

① 为便于区别，兹从李学勤、刘信芳等先生意见，以原俗称帛书《五行》之"说"的部分为"传"。

② 赵光贤：《新五行说商榷》，见《文史》第十四辑，北京，中华书局，1982；任继愈主编：《中国哲学发展史（先秦）》，298页，北京，人民出版社，1983。

③ 邢文：《帛书周易研究》，216～223页，北京，人民出版社，1997。

④ 参见陶磊：《子思五行考》，载"简帛研究"网，2001-01-21。

五行说当有费解的神秘性；其五，五行说必是思、孟学说的一项中心内容。李先生认为这几点和帛书《五行》不能一一对应。

现在结合郭店简来看，要想弄清楚子思、孟子与仁义礼智圣五行的关系，必须要弄清楚以下几个问题，否则只能是悬案：

1.《五行》与孔子、子思其他作品、《孟子》的关系；

2. 仁义礼智圣与仁义礼智信以及其他五行说的关系；

3. 世子与《五行》的关系；

4. 荀子批评"仁义礼智圣"五行说的原因。

其中第4点，黄俊杰、廖名春、李景林、梁涛等先生已经有专文解说[①]。黄文从"心""道"两个概念来说明思孟五行的特点，寻找荀子批驳五行的原因；廖名春先生指出"荀子所批判的思孟五行并不是单纯指仁义礼智圣五种德行本身，而是指仁义礼智圣这五种德行出于人性的性善说"；李景林认为荀子"是以天人之分批评思孟的天人合一"；梁涛不同意以上观点，认为原因"在于五行概念体系与'形于内'、'不形于内'主张之间的矛盾，尤其是荀子与思孟在仁、礼关系这一儒学基本问题上的分歧"。以上诸说各有独到之处，但是这些说法的成立，还依赖于荀子所批评的"五行"，确实是仁义礼智圣，在根本上同仁义礼智圣五行和子思、孟子的关系有关。

由于竹简本《五行》的出现，以往所认为的《五行》袭用《孟子》的说法，适可反之（这对于我们以文献判定古书的年代的方法来说，值得认真反思）。然而毕竟今存《孟子》中并未出现直接称仁义礼智圣为五行的地方，最重要的《孟子·尽心下》一段："仁之于父子也，义之于君臣也，礼之于宾主也，智之于贤者也，圣人之于天道也，命也，有性焉，君子不谓命也"，"圣人"的"人"字尚待定夺。因此，思孟五行说的关键，还是在于子思与仁义礼智圣五行说的关系。

---

① 参见黄俊杰：《荀子非孟的思想史背景——论〈思孟五行说〉的思想史内涵》，载《台大历史学报》，1990，12(15)；廖名春：《思孟五行说新解》，载《哲学研究》，1994(11)；李景林：《思孟五行说与思孟学派》，载《吉林大学学报(社会科学版)》，1997(1)；梁涛：《荀子对思孟"五行"说的批判》，载《中国文化研究》，2001(2)。

（三）

现存子思及其学派的作品与仁义礼智圣五行的关系，庞朴先生曾指出子思《中庸》"唯天下至圣，为能聪明睿知，足以有临也；宽裕温柔，足以有容也；发强刚毅，足以有执也；齐庄中正，足以有敬也；文理密察，足以有别也"一段，与仁义礼智圣对应①。不过关于《中庸》与子思的关系，《史记·孔子世家》虽然明言"子思作《中庸》"，但是《中庸》文中有"载华岳而不重""今天下车同轨，书同文，行同伦"两处，后人据以推定时代颇晚。李学勤、廖名春先生等对此作出了解释②。其实先秦诸子作品为学派之作，即便退一步讲，认为这两句话晚出，也不能遽定《中庸》的主题思想与子思无关。而且《汉书·艺文志》载有《中庸说》二篇，这说明《中庸》已有经的地位，应该形成较早③。

李学勤先生指出仁义礼智圣五行、《中庸》"唯天下至圣"一段与《尚书·洪范》篇"初一曰五行，次二曰敬用五事"之"五事"有对应关系，认为子思五行说所依据的思想资料，是《尚书·洪范》。《洪范》的五事是："一曰貌，二曰言，三曰视，四曰听，五曰思。貌曰恭，言曰从，视曰明，听曰聪，思曰睿。恭作肃，从作义，明作哲，聪作谋，睿作圣。"李先生作比较如下表：

---

① 庞朴：《七十年代出土文物的思想史和科学史意义》，载《文物》，1981(5)。

② 参见李学勤：《〈易传〉与〈子思子〉》，载《中国文化》，创刊号；廖名春：《思孟五行说新解》，载《哲学研究》，1994(11)。

③ 有些学者一直认为今本《中庸》当分为两篇，梁涛先生认为"今本《中庸》上半部分应包括第二章到第二十章上半段'所以行之者一也'"。而且《中庸》第二章的'仲尼曰'，可能是子思看到人们对自己的言论表示怀疑，故在'撰《中庸》之书四十九篇'时，特意在其首篇首章标明'仲尼曰'三字，说明自己所记均为孔子之言，具有绝对的权威性，不容怀疑。而在以下《缁衣》等篇，也在其首章专门用'子言之'或'夫子曰'予以突出、强调，这就是今本《中庸》第二章出现一个'仲尼曰'的原因所在。由此也可以知道，原始《中庸》是从今本的第二章开始的，而第一章及后一部分是后来加上去的。《中庸》的这个'仲尼曰'，以前不被人们重视，而经过我们的分析，却成为今本《中庸》是两个部分的一条重要证据"。见梁涛：《郭店楚简与〈中庸〉》，载《台大历史学报》，第25卷，2000。但是《上海博物馆藏战国楚竹书(三)》中的《仲弓》篇里所记仲弓与孔子问答时，"仲尼曰"与"孔子曰"交替出现，《中庸》二章的"仲尼曰"，未必能作为分章标志。

表 2-2

	《洪 范》	《中 庸》	《五 行》
土	思曰睿，睿作圣	聪明睿知，足以有临也	圣
金	听曰聪，聪作谋	宽裕温柔，足以有容也	仁
火	言曰从，从作义	发强刚毅，足以有执也	义
水	貌曰恭，恭作肃	齐庄中正，足以有敬也	礼
木	视曰明，明作哲	文理密察，足以有别也	智

　　《洪范》的"五事"与"五行"是相配的，但是《中庸》"宽裕温柔，足以有容也"与"听曰聪""聪作谋"一项不相应。李先生认为这应该是由于"仁"的范畴出现较晚，在《洪范》的时期还不可能包括。李先生还指出这时的五行尚未形成相生或相克的次序，而是与《国语·郑语》记周幽王时史伯的"以土与金、木、水、火杂"相同。[①]

　　李先生的这一发现非常重要，但是尚缺少能够证明其联系，尤其是子思发挥孔子思想提出仁义礼智圣五行的线索，所以他认为荀子的批评与《五行》不能一一对应。

　　不过我们在郑玄的注中，发现了郑玄所见到的孔子论"圣"之语。在《尚书大传·洪范五行传》中，《洪范》的第五事"思"作"思心"："次五事曰思心，思心之不容，是谓不圣。"郑注："容，当为睿。睿，通也。心明曰圣，孔子说'休征'曰：圣者，通也。兼四而明，则所谓圣。圣者，包貌、言、视、听而载之以思心者，通以待之。君思心不通，则臣不能心明其事也。"[②]（《洪范》中的"休征"，帛书《五行》"传"中曾提及："明也者，智之藏于目者，明则见贤[282]人。贤人而知之，智也，曰：何居？熟休征，此而遂得之，是智也。"）估计孔子之语只包括"圣者，通也。兼四

---

　　① 李学勤：《帛书〈五行〉与〈尚书·洪范〉》，见《简帛佚籍与学术史》，283～284 页。庞朴先生认为《尚书·洪范》中是五者并列的五行说，《国语·郑语》是尚土说，稍晚，见庞朴：《先秦五行说之嬗变》，见《稂莠集——中国文化与哲学论集》，上海，上海人民出版社，1988。依《洪范》五行配五事来看，李先生说可从，详后。

　　② （清）王闿运：《尚书大传补注》，66～67 页，"丛书集成初编"，北京，中华书局，1991。

而明，则所谓圣"一段，后面是郑玄的补充。《尚书大传》同篇又有"子曰：心之精神是谓圣"。而这段话在《孔丛子·记问》中明确记载是孔子答子思之语："子思问于夫子曰：'物有形类，事有真伪，必审之，奚由？'子曰：'由乎心。心之精神是谓圣。推数究理不以疑，心诚神通则数不能遁。周其所察，圣人难诸。'"

需要指出的是，虽然关于子思能否见到孔子以及《孔丛子》一书的出现时间尚有疑问，但是我们至少可以将《孔丛子》作为数据汇编来看，而且此条有《尚书大传》相同之语可以对应，因此所引孔子之语应该是可信的。这恐怕也就是荀子批评说"案饰其辞而祗敬之曰：此真先君子之言也"的原因。孔子的这些话在后来还有痕迹，《白虎通·圣人》《说文解字》均以"通"释圣。此外，《论语·季氏》有孔子之语，表明孔子对于"思"很重视："孔子曰：'君子有九思：视思明，听思聪，色思温，貌思恭，言思忠，事思敬，疑思问，忿思难，见得思义。'"这说明《尚书大传》、郑注当非虚造。而且，传世文献中，孔子还有一些相关的话，不少学者已经论及。

可以看出，《洪范》中的"思心"与貌、言、视、听不只是并列的关系，而且是思心为貌、言、视、听之载，思心通此四者，乃为圣。看重思心的作用，《五行》中很明显，不但有"耳目鼻口手足六者，心之役也。心曰唯，莫敢不唯；诺，莫敢不诺；进，莫敢不进；后，莫敢不后；深，莫敢不深；浅，莫敢不浅"，而且思心与仁义礼智圣的关系很密切，所谓"德之行"与"行"的区别，即在于仁义礼智圣是否形于内，而形于内者，可能就是形于心。庞朴先生已经引《周礼·地官·师氏》郑注为证："德行，内外之称：在心为德，施之为行。"[1]《五行》中也有内证，如："不仁，思不能清。不智，思不能长。……不圣，思不能轻。"《五行》又从正面申说："仁之思也清……智之思也长……圣之思也轻。"谈到了思与仁、智、圣的关系。其余的"不直不肆，不肆不果，不果不简，不简不行，不行不义"，以及"不远不敬，不敬不严，不严不尊，不尊不恭，

---

① 庞朴：《帛书〈五行篇〉校注》，见《中华文史论丛》第四辑，北京，中华书局，1963。

不恭无礼"，似乎没有提到思或心与义、礼的关系，但是传文中有"直也者，直其中心也，义气也"，和"远心也者，礼气也"。这说明思心与仁义礼智圣有很重要的关系，在思心与圣的关系上，《五行》与上述孔子的思想有一致性。

此外，圣之与貌、言、视、听的关系，在《五行》中也有反映。《五行》说："仁之思也清，清则察，察则安，安则温，温则悦，悦则戚，戚则亲，亲则爱，爱则玉色，玉色则形，形则仁。智之思也长，长则得，得则不忘，不忘则明，明则见贤人，见贤人则玉色，玉色则形，形则智。圣之思也轻，轻则形，形则不忘，不忘则聪，聪则闻君子道，闻君子道则玉音，玉音则形，形则圣。"提到了仁圣智之思与玉色、玉言（音）的关系，玉色、玉言是由思到仁圣智过程中的一个阶段。玉色、玉言，实际就是有关貌和言的问题。而对于圣智之思所得的聪明，传文中提道："聪也者，圣之藏于耳者也；明也者，智之藏于目者也。聪，圣之始也；明，智之始也。"说明耳目也与圣智有关，这就是指的耳目之视、听的功能。因此，由思心而得的貌、言、视、听，是通往仁圣智过程中的步骤，实际上也就是通达于圣的步骤。以之与上面孔子之语对比，不难发现《五行》与《尚书·洪范》"五事"的联系。《洪范》"五事"配"五行"，因而仁义礼智圣之称"五行"，渊源有自。而且，《五行》虽然对孔子之语加以改造，但是孔子的思想还是包含在文中。

关于金木水火土五行说，除我们习知的相生相克说外，还应注意尚土说，即认为五行之中土最贵，这是一种较早的五行观。后世《春秋繁露》《白虎通》等书实际上是综合了相生相克说和尚土说，以及其他诸种理论而成。在尚土说的五行观指导下，土与金木水火并列而又超越金木水火。而甲骨文中，中土、大邑商与东、南、西、北四土的关系；古人观念里中国与四夷的关系，都可能与这一思想相关。因此《尚书·洪范》"五事"是"心明曰圣"而又"包貌、言、视、听而载之以思心者，通以待之"乃为圣。《五行》则以这种观念为思想基础，据《五行》中的"德之行五，和谓之德，四行和谓之善。善，人道也；德，天道也"，以及帛书

《德圣》的"四行成，善心起。四行形，圣气作"[①]来看，圣就是与仁义礼智并列而又超越其上的。《中庸》"唯天下至圣"一段中，与"圣"相应的就是"聪明睿智"，不论是就貌言视听还是就仁义礼智来看，"圣"都是既与之并列，而又超越其上的。这些现象，正说明其思想底基是尚土说之五行观。

（四）

明白了《洪范》五行的思维模式，我们就容易理解以之为理论基础的仁义礼智圣五行说，在五行相克说因邹衍与帝运结合而风行之后，难免要与之发生矛盾。但是就逻辑上"类"的观念而论[②]，土很容易归入金木水火之中，作为五者之一，成转相胜之势（当然原来的尚土理论还可以有所保留，后代五行理论的融合较为复杂，此暂不论）；而以尚土说为理论根基的仁义礼智圣五行说中，"圣"摆脱不了对于仁义礼智或貌言视听的超越性，这受限于其理论底基。因此，在五行转相胜之说至为流行之际，不管荀子是否赞同这一理论，他都可以轻易地批评以尚土说为理论基础的仁义礼智圣五行说"甚僻违而无类"。所以，后代改"圣"为"信"以配五行，是很自然的。

相对于以思心为基础的仁义礼智圣五行而言，荀子以心"虚壹而静"作为反对。虽然同是肯定"心"的作用，但是仔细比较不难发现，上文我们已经提到的"仁之思也清……智之思也长……圣之思也轻"、中心、远（外）心等，只是一心。可是由于它所本的五行理论，这种仁之思、智之思、圣之思、中心、远（外）心，又必然有所不同，而不能一以贯之；于是《五行》中又不得不强调舍五为一的"慎独"。这种思心的细分、不同与合一，《五行》没有解释原因，颇具神秘感而又似乎有系统，但确实难以

---

① 参见国家文物局古文献研究室编：《马王堆汉墓帛书（一）》，39页，北京，文物出版社，1980。

② 钟泰指出："荀书每言'伦类''统类'。无类亦言无统、无伦耳！"梁启雄也引梁启超说指出："孟子好言仁义礼智，义礼本仁智所衍生，以之并举，实为不伦，故曰无类。"转引自董治安、郑杰文：《荀子汇校汇注》，"齐文化丛书"，第2册，183～184页，济南，齐鲁书社，1997。

解释。这应该就是荀子所批评的"幽隐而无说，闭约而无解"。荀子在《解蔽》篇以相对简洁清晰的"虚壹而静"，批评"心枝则无知，倾则不精，贰则疑惑"，所指的恐怕就包括《五行》中的矛盾。但是这一切与《五行》所本的尚土说的五行观有关，还值得我们进一步研究，不应当完全以荀子的取舍为取舍。

这种仁义礼智圣五行说，荀子批评"世俗之沟犹瞀儒，嚾嚾然不知其所非也，遂受而传之"，说明它曾广为流传。这一点，不仅从马王堆帛书中有附庸作品《德圣》，以及学者们所熟知的贾谊《新书·六术》中可以看出，文献中也有例子。

郭齐勇先生已经指出《史记·乐书》结尾有："太史公曰：夫上古明王举乐者，非以娱心自乐，快意恣欲，将欲为治也。正教者皆始于音，音正而行正。故音乐者，所以动荡血脉，通流精神而和正心也。故宫动脾而和正圣，商动肺而和正义，角动肝而和正仁，徵动心而和正礼，羽动肾而和正智。故乐所以内辅正心而外异贵贱也；上以事宗庙，下以变化黎庶也。琴长八尺一寸，正度也。弦大者为宫，而居中央，君也。商张右傍，其余大小相次，不失其次序，则君臣之位正矣。故闻宫音，使人温舒而广大；闻商音，使人方正而好义；闻角音，使人恻隐而爱人；闻徵音，使人乐善而好施；闻羽音，使人整齐而好礼。夫礼由外入，乐自内出……"明确标举"仁、义、礼、智、圣"，并把这五种德性与五音相配合……明确以"圣"作为五行之中心。[1]

这说明尚土说的五行观，也曾经与五音相配，但是五音最后还是与相生相克的五行说合流。这一段文字虽被怀疑为后人添加，但确实是仁义礼智圣五行的反映。

后来明人黄佐所说《河间献王乐记》中有："大合六乐……其始作也……及其从之也，以道五常之行也，知仁交际而百化出矣，礼义交际而百化入矣，成之者圣也。子曰：'知仁合则天地成，天地成则庶物时，

---

[1] 郭齐勇：《再论"五行"与"圣智"》，载《中国哲学史》，2001(3)。

庶物时则民财阜，民财阜然后兴礼义。'"①明确提及"五常之行"为知
（智）、仁、礼、义、圣，并引《大戴礼·诰志》中提到了知（智）、仁、
礼、义的孔子之语为证。虽然黄佐所说《河间献王乐记》有可疑之处，但
是很可能这些话有一定的来源。②

　　而且在郭店简《语丛一》中，简16、简17也有："有仁有智，有义
有礼，16有圣有善17"，可能就是说的仁义礼智圣五行，因为《五行》中
有："德之行五，和谓之德，四行和谓之善"，前引《德圣》也有："四行
成，善心起。四行形，圣气作"，所以是有圣有善。

　　对于所谓"孟轲和之"，主要见于《孟子》中的性善论和仁义礼智"四
端"说。《孟子·公孙丑上》载：

　　　　孟子曰："人皆有不忍人之心。先王有不忍人之心，斯有不忍
　　人之政矣。以不忍人之心，行不忍人之政，治天下可运之掌上。所
　　以谓人皆有不忍人之心者，今人乍见孺子将入于井，皆有怵惕恻隐
　　之心；非所以内交于孺子之父母也，非所以要誉于乡党朋友也，非
　　恶其声而然也。由是观之，无恻隐之心非人也，无羞恶之心非人
　　也，无辞让之心非人也，无是非之心非人也。恻隐之心，仁之端
　　也；羞恶之心，义之端也；辞让之心，礼之端也；是非之心，智之
　　端也。人之有是四端也，犹其有四体也。有是四端而自谓不能者，
　　自贼者也；谓其君不能者，贼其君者也。凡有四端于我者，知皆扩
　　而充之矣，若火之始然、泉之始达。苟能充之，足以保四海；苟不
　　充之，不足以事父母。"

---

①　（明）黄佐《乐典》，见《四库全书存目全书·经部》第182册，442～444页，济南，齐
鲁书社，1997。

②　黄佐《乐典》共三十六卷，卷十三至卷二十一，载有所谓"河间献王乐记"，云"河间献
王所传王氏乐记二十四卷，与今乐记不同，比齐信都芳厘为九卷。今去其繁杂，定为九篇。"
"河间献王所传王氏乐记"，当即是河间献王与诸儒所作、《汉书·艺文志》所载王禹献上的《王
禹记》二十四篇。但是《北齐书》卷四十九载信都芳著《乐书》，《隋书·经籍志》有信都芳撰《乐
书》七卷，诸书似无信都芳厘《河间献王乐记》之事。然就全文来看，又似非黄佐所可伪作。疑
全文乃前人收集古佚乐文而成。

《孟子·告子上》载：

> 公都子曰："告子曰：'性无善无不善也。'或曰：'性可以为善，
> 可以为不善，是故文武兴则民好善，幽厉兴则民好暴。'或曰：'有
> 性善，有性不善，是故以尧为君而有象，以瞽瞍为父而有舜，以纣
> 为兄之子且以为君，而有微子启、王子比干。'今曰'性善'，然则彼
> 皆非欤？"孟子曰："乃若其情则可以为善矣，乃所谓善也。若夫为
> 不善，非才之罪也。恻隐之心，人皆有之；羞恶之心，人皆有之；
> 恭敬之心，人皆有之；是非之心，人皆有之。恻隐之心，仁也；羞
> 恶之心，义也；恭敬之心，礼也；是非之心，智也。仁义礼智，非
> 由外铄我也，我固有之也，弗思耳矣。故曰：求则得之，舍则失
> 之。或相倍蓰而无算者，不能尽其才者也。《诗》曰：'天生蒸民，
> 有物有则。民之秉彝，好是懿德。'孔子曰：'为此诗者，其知道乎！
> 故有物必有则，民之秉彝也，故好是懿德。'"

《孟子·尽心上》还说过"君子所性，仁义礼智根于心"。公都子问的
是人之本性与人之为善人恶人之关系的问题，孟子说人固有四端（这一
点《五行》文中没有明确谈到），"有是四端而自谓不能者，自贼者也"，
"弗思耳矣"，"求则得之，舍则失之"。能求，即是能知扩充之（"知皆扩
而充之矣"），能思，则得，也就是让四德扩充、形于内，就可以成就德
行。其解释与上文所强调的"思心"与仁义礼智圣的关系密合，因此此处
孟子确实是在依据《五行》作解说。但是孟子为什么没有说到"圣"呢？这
当是因为，首先，公都子讨论的是人性善恶的问题，而不是圣的问题，
《五行》中明说"四行和谓之善"，孟子当然只用谈到四行和思这两个关键
要素；其次，圣本身既与仁义礼智是一类，又超越于其上，可以单论；
最后，孟子不提及圣，还可能与孟子的圣人观相关，孟子认为五百年才
有王者出，对于是否人人皆可以为尧舜的问题，孟子不是回答以"思"和
人有"圣"之端，而是答以"为之而已"，则终究会因为努力之多少而有差
别。这说明孟子对于《五行》有所修正，应该是认为人人皆性善，可以为
善，但不必能成圣成王。因此《孟子·尽心下》的"仁之于父子也，义之

于君臣也，礼之于宾主也，智之于贤者也，圣人之于天道也，命也，有性焉，君子不谓命也"之语，笔者个人意见以为"圣"后有"人"字可能更符合孟子本人的意思。

（五）

因此，荀子的种种说法都是确有其指的，仁义礼智圣之五行，上接孔子释《洪范》"休征"之语，下应孟子答性善之说，既与《中庸》相应，又散见于其他文献之中。虽然因为所本的五行理论导致"甚僻违而无类，幽隐而无说，闭约而无解"，但也曾经广为流行。荀子所说不错。

有学者认为《五行》虽然成书较早，但作者或非子思。其实只要我们能够确定荀子批判之语，那么就有理由相信"子思唱之，孟轲和之"之说（子思是发挥孔子思想）。当然，先秦诸子作品多数是学派之作，也由此而导致竹简与帛书《五行》有所不同，而且《五行》与《中庸》的核心思想也不完全一致。但今天，我们恐怕拿不出比荀子所见还有力的证据，否认子思首唱仁义礼智圣五行之说。

也有学者根据《五行》传文中引有世子之语，遂认为《五行》传文有可能是世子作品。传文中曾经两引世子之语，所引第一句话有残缺，对应于经文中的"同则善"作解。魏启鹏先生补作："世子曰：人有恒道，达□□□□□□也，间（简）则行矣。"庞朴先生将"□□□□也，间（简）则行矣"补为"【'不简不行'】也，间（简）则行矣"，属下，正对应经文中的"不简不行"，当从。则此处引世子之语，是《五行》传文以之作为解说"同则善"的补充。第二处引世子之语，是对"不匮，不辩于道"的解说。在传文已经解说了"匮者，言人行小而轸者也。小而实大□□□也"之后，引世子之语："知轸之为物也，斯公然得矣。"然后传文又解释"轸者，多矣，公然者，心道也……"可知世子的话还需要传文的再解释才能入传。当时的儒家内部对于一些公用术语，均有解释，此处传文是引世子之语解释"轸"，由此又附带要解释"公然"。可以看出，世子之学与传仁义礼智圣五行的一派儒生的话语系统之间，有所差别，否则不需要对世子话中的词语再作解释。不过此处作传者对世子之语比较熟悉，或可能曾学于世子，故而引世子之语入传。所以，这里的世子之语，应该和古书中常见的君子之语，尤其是《左传》中的"仲尼曰""君子曰"一样，是用来作进一步解释经文之用的，不能作为判断《五行》及其传文作者的标志，只能说明作传者对于世子之语比较熟悉。即便作传者曾学于世子，或者世子曾为《五行》作过解释，如同《穀梁传》保留了先师之言一样，那么《五行》也当非世子作品，世子只能被归入传授仁义礼智圣五行的学派之内，而今所见《五行》传文的最后成书者，也不是世子。此外，刘信芳先生指出，今所谓的《五行》经文中，本身就有"说"的内容①。世子为七十子弟子，与子思辈分相同，如果刘说成立，那么世子本人应当不会晚至给有说的《五行》再作传。

总之，对于《五行》传文中所引世子之语，较为妥当的看法，应该是作传者采世子之语作为传文的补充，世子本人与《五行》没有太多关系。关于《五行》传文的作者或时代，还有待更多的材料以资讨论。然而因为它是为《五行》经文作传，并未自成一家，我们倾向于仍然将之归入子思学派的作品。

（六）

顺便可以指出的是，《五行》经文开头部分的一段话，有所谓仁义礼智圣"形于内谓之德之行""不形于内谓之行"的区别。如果考虑到《五行》篇以尚土的五行说作为基础这一点，我们似乎也可以考虑这里的"德之行"和"行"的数术基础。

银雀山汉墓竹简中，属于《天地八风五行客主五音之居》篇的第1310简，或可标点如下：

> ○五行：德行所不胜，刑行所胜，五岁……②

虽然银雀山汉简谈的是刑德运行的方式③，但是其思维结构却有助于我们思考仁义礼智圣五行。很明显，银雀山汉简中，存在德、刑两个对立

---

① 刘信芳：《简帛〈五行〉述略》，载《江汉考古》，2001(1)。
② 吴九龙：《银雀山汉简释文》，85 页，北京，文物出版社，1985。
③ 参见胡文辉：《银雀山汉简〈天地八风五行客主五音之居〉释证》，见《中国早期方术与文献丛考》，293～295 页。

物，皆有其运行方式，一行所胜，一行所不胜，这一五行是以转相胜的五行为思维结构的，转相胜五行和刑德相结合；而仁义礼智圣五行中，也有德行和行两个对立的范畴，一个是形于内，一个是不形于内（也许可以说是形于外），这个五行则是以尚土的五行说为思维基础，与内外之说相结合。刑德、内外皆与阴阳之说相关，因此这两种五行说之间，内在的思维结构相差并不远，主要在于五行说的基础不同。由于以尚土的五行说为基础，仁义礼智圣五行不能转动，但是也有其变化：每一项形于内，就是德之行，"德之行五和谓之德，四行和谓之善"，"四行成，善心起。四行形，圣气作。五行形，德心起；和，谓之德"。尚土的五形说，是否也有实际应用的术数内容，还有待于进一步研究。

又《尹文子·大道上》有："大道治者，则名、法、儒、墨自废；以名、法、儒、墨治者，则不得离道。"大道与名、法、儒、墨的关系，也有尚土五行的模式在内。若然，《尹文子》之说或可能较早，而司马谈《论六家之要指》则有可能参考了《尹文子》或相关文献，并顺应汉初汉得水德尚六之观念而添加了阴阳为"六家"（贾谊在《新书》中也是添加乐，改仁义礼智圣五行为六行。当然，贾谊曾议改正朔，色尚黄，数用五）。此时"六"的模式常表现为太一与五行的关系。

七、评池田知久著《马王堆汉墓帛书五行研究》

近几十年来，中国出土了许多珍贵的战国秦汉时期的简帛古书，让今天的人们大开眼界。其中 1973 年 11 月至 12 月间在湖南长沙马王堆三号汉墓中出土的帛书，是少见的抄写在帛上的古书，不仅内容丰富，而且思想价值非常高。内中的《老子》甲、乙本，与黄帝之学、《战国策》等有关的篇章，早已引起了世人关注。而被命名为《五行》的篇章，更与荀子曾经批判过的子思、孟子的"五行"有关，是失传了两千多年的重要典籍，有可能让今人重新认识战国秦汉时期的思想发展脉络，引起了学界的热烈讨论。

自马王堆汉墓帛书整理小组出版了基本的文献整理本之后(国家文物局古文献研究室稍后也出版了一个整理本),庞朴、魏启鹏先生出版了研究专著(其中庞先生的专著还有改订版),李学勤、黄俊杰、岛森哲男等先生写了不少专题论文。池田知久先生的《马王堆汉墓帛书五行研究》,于1993年2月由东京汲古书院出版,这是日本方面系统研究《五行》的基本文献及其思想内容的第一部专著。

池田知久先生之学,以《庄子》研究为出发点,浸至于《老子》《吕氏春秋》《淮南子》《韩非子》《墨子》《周易》等传世文献;由马王堆汉墓帛书、郭店楚墓竹简等出土文献,渐及于上博楚简、睡虎地秦简,于传世文献和出土文献两方面均有精深研究,将文献译释和思想分析合为一体,是躬身疏通基本文献进而研究思想,故而立论有理有据,与凭借他人文献疏通而间有妙手偶得抑或谬以千里者,借文献缘饰己意渐至强古人以就我者,以及附会生华及至以讹传讹者,研究路数根本有别,对"东京学派"的学术传统,有继承也大有创新。据说池田先生在当今日本学术界被称为中国思想史研究的第一人(515页),此书无疑是池田先生出土文献研究方面的代表作。现在,这部书由王启发先生翻译为中文出版①,是一件值得庆贺的事。

此书分为《研究编》和《译注编》两大部分。《研究编》分为三章,包括介绍《五行》的出土,讨论成书年代和作者,以及分析基本思想三部分内容;《译注编》将《五行》分为含有经、说的二十八章(前五章有经无说),逐字逐句分析基本文献及其思想。《译注编》择善而从,解决了不少问题;而《研究编》更是目光独到,讨论了很多思想范畴,且常常迥异众说,尤其是所提出的《五行》成书于《荀子》之后的观点,可谓独树一帜。相信读过此书的人都能体会到,池田先生的书如果早日译为中文,一定会更大地推动《五行》的研究。

当然,今天的读者或许有一个遗憾,因为郭店楚墓中出土了竹简本

---

① [日]池田知久:《马王堆汉墓帛书五行研究》,王启发译,北京,线装书局、中国社会科学出版社,2005。

《五行》，不少学者比对简、帛本《五行》，提出了新的释读意见，池田先生也有《郭店楚墓竹简五行译注》以及用中文发表的《郭店楚简〈五行〉研究》，指出其旧作"有若干错误存在"①。如果池田先生能够将简、帛本《五行》排比在一起，重新做一本书，那无疑将更有利于研究的推进；至少，希望本书再版时能将池田先生对于简本《五行》的译注和研究作为附录收入。

在今天，要公正地评价池田先生的书，不仅需要理解日本学者的研究思路、方法，而且要尽量将池田先生的专著放在当时的环境中来考察。因此，池田先生虽未明确指出旧作的错误所在，但是因为郭店简本《五行》的出现而比较容易发现的错误，本评论将略而不提。此外，自韩仲民、庞朴先生等将《五行》和思孟五行相联系以来，赞同者颇多。如果秉持这种似乎已经通行的"成见"来看待池田先生的著作，或许难以作出比较"公正"的评价。然而对于思想文献的理解和解释，确实又常常受到个人"先入之见"的影响。笔者对于池田先生的某些论文有不同意见，对于《五行》的思想渊源有个人的"偏见"（如前文《仁义礼智圣五行的思想渊源》、后文《郭店〈穷达以时〉再考》）。因此，本文将通过分析、反思思想认识和研究方法来评价池田先生的一些观点，而不是仅仅针对他不同于笔者或通行意见的个别结论。

下面的评论，为叙述方便，将首先讨论《译注编》，然后讨论《研究编》。

（一）

池田先生的译注，分为"本文""口语译文"和"注释"三部分，其中"注释"部分又包含两部分内容：针对本文字句的意思所做的注释；针对原书本文和口语译文的注释（135页）。而实际上针对原书本文的注释，主要是对于本文文字与图版的辨析。就中国学界的研究习惯上讲，或许

---

① ［日］池田知久：《郭店楚简〈五行〉研究》，见《中国哲学》第二十一辑，93页。池田知久在《马王堆汉墓帛书五行研究·中文版序》中指出其旧作"内容基本上正确，但是也有一些错误的地方"（1页）。

将文字辨析单独区分开会更明晰一些。

此书的"口语译文"非常重要，因为要将出土文献翻译成现代口语，那么不仅对于《五行》中的字词要拿捏得准，而且对于整句整章都要求有贯通的理解，不使留下隐讳含混之处。中国的研究者因为语言的便利，翻译出土文献为白话文的不多，但是有时不免有藏拙之嫌，对于古今差异引起的某些问题或不免漠视。而口译虽有时而误，却至少能够明白地表明作者的理解，以供进一步的研究。因此，虽然笔者不赞成池田先生的某些口译，但相信这些地方即便确实有误，也是瑕不掩瑜。如池田先生将"不仁，思不能精"翻译为"不能获得仁德，是因为思考仁的想法不精细的缘故"（164 页），将"仁之思也精"翻译为"思考仁的想法必须精细"（169 页），若将其口译复原为古文，似乎是"不仁，思仁不精"和"思仁必精"，可能与原文有些偏差。其他关于智、圣的翻译与此类似。至于池田先生将"金声而玉振之"翻译为："（《孟子》中有）'演奏音乐以鸣钟而开始，以打击玉器而结束'"（210 页），则不仅是增字解经，而且将个人对于"金声而玉振之"来源的理解杂入口译，恐怕将影响到读者的理解。这种处置，似乎有欠考虑①。

文字与图版辨析方面，池田先生以保存《五行》"本文"为目标，详细罗列他所能见到的每一种注释意见，并将这些意见分类阐述而后断以己意，或依从，或不采用，或批评，或有自己的补充。虽然看似繁琐，但是恰恰反映出池田先生的严谨认真。而正是这种严谨认真，才使得池田先生对于《五行》篇中重文符号的解读，提出了更周到的意见（262～263页）。当然，个别地方的文字辨析或许可以再商榷，比如帛书 306 行首字，池田先生从庞朴先生《帛书五行篇研究》第二版的说法，认为是"無"字的下半部分（399 页）。但是刘信芳先生指出："帛书该字不残，字迹清晰，字形待考。"②马王堆汉墓帛书整理小组的《马王堆汉墓帛书（壹）》

---

① 这一处的解释，或当参考《汉书》卷五十八兒宽所说："唯天子建中和之极，兼总条贯，金声而玉振之"。颜师古注："言振扬德音，如金玉之声也。"

② 刘信芳：《简帛五行篇解诂》，137 页，台北，艺文印书馆，2000。

曾将此字认作"林"，现在通过郭店简《缁衣》等的字形来推测，应是"麻"字的省体，当读作"靡"①。"靡由至焉耳"，也就是"无由至焉耳"。个别地方的文字辨析则不太坚定，比如第 308 行"仁腹四海"的"腹"字，池田先生指出："研究《图版》来看，可以认为似乎应该作'復'，但是这里暂且依据 B 本。"(399 页)而 309 行又依从 B 本作"復"。其实从图版来看，两处字形皆作"復"。

对于"本文"的注释方面，此书虽然当时未能见到魏启鹏先生的专著，有一些值得参考的意见如将"休烝"读为"休征"等未能得见②。但是池田先生广收诸家、一一条辨的方法，使他能够择善而从；而且对于不少字词的考释，他也提出了很好的意见。比如"足诸上位"的"足"字，他根据马王堆帛书《系辞》的通假例证读为"措"(288 页)。而解释"循"字时指出它"是先秦时代辩论的场面多被使用的词语。是就某一主题而思考，就某一话题而进行议论的意思"(444 页)，就展示了池田先生古代思想史研究的特长。然而这样精彩的发明之处，在全书中并不多见。而过多地引用、辨析诸家之说，自家解说时过于周全的说明，有时可能会冲淡主题。如 370～371 页解释"殹"，先引用《说文》《方言》，然后再说其与"也"通用；465 页引《说文》说明"荄"与"窈"在意思上完全没有关系，再引《集韵》说明其通假。如能将自家意见以"按"字明晰地标出，将最重要的说法着重阐述，效果可能更好。此外，如果能将"本文"中的通假字用括号随文注出，将方便于阅读。

此书注释中的文献疏证颇显功夫，而且非常重视疏证文献的相关度：对于和《五行》章节旨趣并不密切相合(151 页)，或者上下文的关系和《五行》离得太远的文献(161 页)，池田先生认为它们不能"说明问题"。然而接触出土文献之初，疏证或许只是娴熟文献的一个工具，最终目的是要回到出土文献本身。疏证文献的上下文以及旨趣能和出土文献一致，那是再好不过了；如果有次一级的形式上接近可以帮助熟悉文

---

① 陈伟：《简帛五行对读》，载《湖南省博物馆馆刊》，2004(1)。

② 参见魏启鹏：《马王堆帛书〈德行〉校释》，52 页。

献的材料——这往往是证明作者的释读、理解可信的辅助工具，或也不妨作为参考。何况池田先生对于"思"之"精"、"精"就能"察"，就引用了《管子》中的三处文献作为疏证材料(161页)；然而《管子》中的"精"，恐怕指的是精气①。如果按照池田先生的严格要求，也难作为疏证。不过，最重要的是，池田先生提出了重视疏证材料的相关度的问题，很值得作疏证者思量。

与疏证有一个紧密相关的问题，那就是如果两则疏证材料的相关度非常高(包括文字内容和思想观念两方面)，我们能否由此推论两处文献的形成时间接近，乃至可以推断出其前后因袭关系，从而判断出土文献的时代，进而定位其思想。池田先生重视疏证材料的相关度，恐怕其心中就认同这样一个预设——这是贯穿此书译注与思想研究的核心思维，也见于他分析其他出土文献年代的作品之中——他判断《五行》年代的方法，正是通过排比紧密相关文献而得来的(参池田先生《研究编》第二章第三节，此节所引文献散见于注释之中)。实际上，这也是不少研究思想史的学者常用的方法，拟专文讨论。此处可以指出，这种方法大概来自于文献的校勘、注释，其实也只该限于校释工作。用之推究文献的年代先后，仅只具备或然性，必须要确证相关文献之间是先后"抄袭"的关系这一大前提，才能推断相关文献的早晚。而对于早期文献，难以证明这种大前提。某些学者在未见到出土文献的时候，凭所见古书为全部古书这种"默证"，不明于古书通例和诸子"言公"之论，不设想相关文献可能有更早的共同来源，把所见的古人言论在形式上定型成文的年代，等同于古人言论之内容最先出现、流传的年代，是由形式决定内容，得其"迹"而忘其"所以迹"，本末倒置，势必将作出许多简单乃至错误的推断(参前文《"同文"分析法评析》)。在见到大量出土文献的今天，如果我们还不能举一反三，还沿袭过去不可靠、或然的方法，将复杂的问题简单化，恐怕是不适宜的。我们不仅应该注意疏证材料的相关度，也应该注意疏证所能说明问题的有效限度。当然，池田先生的具体分析中，还加

---

① 参见裘锡圭：《稷下道家精气说的研究》，见《文史丛稿》。

入了思想演进法(注释中常常列出文献的线性先后关系)——这或许是池田先生追慕"古史辨"派的原因之一①。不过如果文献的年代判定已经被动摇了,那么思想演进也就很难说可靠了;更何况"古史辨"派的领路人胡适先生已经对类似的研究方法("思想系统""思想线索")提出了怀疑。② 总之,文献疏证最多只能对于时代判定起到有限的参考作用;通过排比文献进而推出一个精密的时间点,有着太多值得怀疑的预设,虽精巧而难凭信。

(二)

池田先生的《研究编》,在回顾了《五行》出土的情况之后,集中于讨论《五行》的成书年代和作者、基本思想这两大主题。

对于《五行》的成书年代与作者所属学派,池田先生提出了"在分析其成书年代和作者学派所属之前,必须重视对中国古代思想史整体的构想和对《五行》思想内容的解明"的原则(24页),批评了将二者分离的做法;尤其深入细致地讨论了庞朴先生的观点,分析了其作为疏证的九条材料,仅认同其第三、第五、第八条材料(29~37页)。但是,池田先生对于中国古代思想史整体的构想,恐怕是以其线性的古书年代观为基础的——古代思想史中的子书篇章,其年代先后,在池田先生心中已有一个谱。然而这个谱的形成,正是依靠文献相关度、思想演进等方法得来的。因此,仔细分析池田先生对于庞朴先生的批评,不难发现池田先生只是对于疏证材料的相关性提出了一个严格的要求。根据这种紧密相关性以及判断文献年代的思想演进法,他断定《五行》的年代上距《新书·六术》不太远;而庞朴先生则看重《荀子·非十二子》之语,只是取《新书·六术》作证,说明它和思孟五行的源流关系。二者之不同,在很大程度上是个人的"先见"之不同。

关于所谓"经"与"说"的关系,虽然池田先生举例说明如果没有"说"

---

① 参见[日]池田知久、西山尚志:《出土数据研究同样需要"古史辨"派的科学精神——池田知久教授访谈录》,载《文史哲》,2006(4)。

② 参见胡适:《评论近人考据〈老子〉年代的方法》,见姜义华主编:《胡适学术文集·中国哲学史》下册。

文，就不能知道"经"文的意思（40～41 页）。但是这很可能只是我们现代人的感觉，未必符合当时人的实际。而且有学者通过简、帛本《五行》"经"文的比较，指出二者内在逻辑顺序有不同；有学者比照简、帛本《五行》，认为有"说"文违"经"的现象。① 虽说郭店简本《五行》未必可以作为绝对参照物，但是两处"经"文的差异，却足以令人怀疑池田先生"经文与说文是同一时代的同一个人或同属一个学派的人们一起写成的"之说（41 页）。若"经"与"说"并非同时形成，那么对于《五行》"经"与"说"的年代判定，就更为复杂了。

池田先生判定《五行》成书年代在《荀子》之后的分析，可以说，从池田先生所举文献之中，很难找到破绽。但是池田先生的分析，只是基于文献最后成文的形式上的年代，而这不能代表文献内容最先形成、流传的年代。譬如《荀子·宥坐》篇，一般认为是荀子及弟子所引记传杂事而成，形成年代较晚。但是这只是形式上的年代，所谓"记传杂事"，其主体内容之形成，也有可能早于荀子。更明显者如集体著作《吕氏春秋》所记之事，其中不少部分的内容、观念之形成年代，当早于《吕氏春秋》的成文年代；但是池田先生引这些文献作疏证时，完全只考虑形式上的成文年代。前文已经指出内容和思想观念上紧密相关的疏证文献，并不能作为判定年代的绝对依据；对于某些古书篇章年代的判定，只依据形式上的形成年代来做推论，很可能就将问题简单化了。这里还想指出，不重视"言公"，不重视史文阙佚的历史现实，不推究古书形成的复杂情况，而将寥寥几部传世子书排比出线性的时代先后，将出土文献安插其中，实际上恐怕是对出土文献价值的最大漠视。

至于学派问题，池田先生指出《五行》有浓重的"杂家倾向"（41、64 页），这和武内义雄划分"诸子时代"为"创设""折中""总合"三阶段的学说可以配合（59 页）——中国学界也有类似的划分，但是这只不过是宏

---

① 参见邢文：《〈孟子·万章〉与楚简〈五行〉》，见《中国哲学》第二十辑；陈丽桂：《从郭店楚简〈五行〉检视帛书〈五行〉说文对经文的依违情况》，见陈福滨主编：《本世纪出土思想文献与中国古典哲学研究论文集》上册，191～196 页，台北，辅仁大学出版社，1999。

观架构，并不是具体入微的分析。其实学派之间的问难与融合，在孔子、墨子之时就已经存在了，具体情况可能非常复杂；而与学派相关的"六家""九流十家"之说，也不是一个简单的问题（详前文）。

对《五行》篇基本思想的分析，是池田先生的专长所在，其讨论"五行"和"四行"，"德"和"善"，"天道"和"人道"，身心与"慎独"，可资参考者很多。因为笔者有《五行》和金木水火土"五行说"相关的"偏见"，并根据传世文献中"孔子说休征"之语接续"孔子"与《五行》的关系（详前文），理解与池田先生不同；对于《五行》和相关思想文献关系的看法，也与池田先生不同。因此有关的具体内容，就不宜基于"偏见"来做评价了。

不过池田先生将"仁形于内谓之德之行，不形于内谓之行"，翻译为："将人类的内在方面（先天而自然地）形成的仁称作德的实行，将不是在人类的内在方面形成的（通过后天的人为的努力而获得的）仁称作实行。"（140页）把"五德行"看作先天地自然地赋予所有的人的内在之中的，但是不是最终的完成形态，而只是一种端绪，需要后天的人为的努力来完成（73～74页），而将"四行"和后天的人为的努力相联系（84页），这一解释区分出先天和后天，与一般将"五德行"和"四行"看作形于内、不形于内的区分（内有/无仁之行？），大相径庭。但是，池田先生的这种解释，和他所认同的疏证文献并不密合，尤其是《淮南子·要略》："德不内形，而行其法藉，专用制度，神祇弗应，福祥不归，四海不宾，兆民弗化。故德形于内，治之大本。"（143页，池田先生的引文省略了"而行其法藉……兆民弗化"）这里的"德不内形"与"行其法藉"，无法证实先天、后天之说，反而有利于说明通行解释。因此，池田先生之说虽然新颖，但是尚得不到文献疏证作为支持。另外，其有关的分析和解说，多依赖《五行》的说文而非经文（74～75页）。而虽然池田先生论述"五行"之端绪的扩充很有意味，但是将之移植到通常的理解上——如何使五行形于内，也是可以说得通的。

（三）

总之，池田知久先生的《马王堆汉墓帛书五行研究》一书，基础研究非常扎实，思想论述有理有据。此书可以说是将"东京学派"研究传世文献的理论、方法运用于出土文献研究的代表作。笔者虽然在一些前提性的预设上与之有不同理解，但是丝毫不妨碍此书自成一家之言的厚重分量。今后任何讨论《五行》基本文意和思想内容的文章，都不可能绕过此书。

《五行》等新出文献还有不少问题，有待进一步研究，也还有待其他出土文献的启发。譬如帛书230行的"善也者，有事焉者，可以刚柔多鉿（合）为故□善"，这里的"多"字，可能和郭店简《六德》中常见的"多"字用法相近，具体如何释读，还有待讨论。

出土文献中还有许多问题有待我们探索，这种研究将是一个长期的过程，需要全世界汉学学者共同努力。更重要的是，新学问大都由于新发现，如果能根据新出土的文献，"见而知之"，"闻而知之"，反思过去的认识和研究方法，发展出比较完善的理论和研究方法，那或许需要圣智之德行，或者通过同仁发挥聪明之端绪而努力扩充得至；后来者"知而安之"，"安而行之"，"行而敬之"，也能和同而至于善（"和则同，同则善"）。

八、"思孟学派"的问题

"思孟学派"，是马王堆帛书《五行》尤其是郭店楚墓竹简出土之后，学界研究的一个重点问题。然而关于"思孟学派"是否能够成立，却有着很多争论。下面谈一下我们的粗浅看法。我们考虑问题的一个基本原则是，既照顾到中西方对于"学派"含义的通约部分，又考虑到中国的特殊性。

考"思孟学派"之名，当来自于"思孟"。其关键，就在于《荀子·非十二子》中的一段话：

> 略法先王而不知其统，犹然而材剧志大，闻见杂博，案往旧造说，谓之五行，甚僻违而无类，幽隐而无说，闭约而无解，案饰其辞而祇敬之曰：此真先君子之言也。子思唱之，孟轲和之，世俗之

沟犹瞀儒，嚾嚾然不知其所非也，遂受而传之，以为仲尼、子游为
兹厚于后世，是则子思、孟轲之罪也。

这里将思孟和五行联系了起来。我们知道，宋儒表彰孔曾思孟的道
统（也有作"孔颜思孟"者），虽将思孟并题，乃至有说"孔曾思孟之学"
（或作"颜曾思孟之学"）者，但是多重道统之义，也因此而批评荀子。

后来也出现了"思孟之学"这样的名称，如明茅坤编《唐宋八大家文
钞》，卷一三一评论苏轼的《子思论》，说："虽非知思孟之学者，而其文
自圆。"苏轼论辩思孟之异同，说："子思论圣人之道出于天下之所能行，
而孟子论天下之人皆可以行圣人之道，此无以异者。而子思取必于圣人
之道，孟子取必于天下之人，故夫后世之异议，皆出于孟子，而子思之
论天下同是而莫或非焉，然后知子思之善为论也。"讲论子思和孟子的不
同，由此来看，茅坤所说"思孟之学"，可能未必指思孟学派。

明冯从吾《少墟集》卷十四《论荀卿非十二子》说："卿妄以道自任，
明知思孟之学，故为排之，以自继仲尼之统。不知有此一念之胜心，而
已不可与入道矣，何足为思孟损益哉。"这里针对《非十二子》立论，所以
这个"思孟之学"颇有"思孟学派"之义。

后来郭沫若先生在《十批判书》中《儒家八派的批判》这一篇里，跟随
章太炎先生之说，讨论了思孟五行的问题。侯外庐等先生则在《中国思
想通史》第 1 卷中，正式提出了"思孟学派"这个名称。1973 年底发现了
长沙马王堆帛书《五行》后，1974 年刊出的帛书概述，指出"作者是子
思、孟轲学派的门徒"[①]，正式确立了思孟学派及其文献。庞朴先生随
之回顾了章太炎、梁启超、顾颉刚等人对于思孟五行的不同态度，根据
《五行》与《孟子》的关系来讨论问题，他提道"以公认可以作为思孟学派
资料看的《孟子》七篇作根据，看看佚书同《孟子》有无思想上的源流关
系，佚书的五行说是否来自《孟子》"[②]。但是后来出版的帛书《五行》释

---

① 晓菡(韩仲民)：《长沙马王堆帛书概述》，载《文物》，1974(9)。
② 庞朴：《马王堆帛书解开了思孟五行说之谜——帛书〈老子〉甲本卷后古佚书之一的初
步研究》，载《文物》，1977(10)。

文，则只谈孟轲学派①。赵光贤先生对于荀子所批评的五行为"仁义礼智圣"提出了质疑②，其后任继愈先生主编的《中国哲学发展史》，则不同意先秦有思孟学派。他们虽然承认"从孟子对曾子和子思的推崇看，孟子和曾子、子思有师承关系，是可能的"，但是认为"孟子的思想体系是在继承孔子思想的基础上加以创新的，这种继承关系在《孟子》中是有确凿证据的。从《孟子》中却看不出孟子和子思有思想继承的关系。因此，说先秦有思孟学派的主张，就缺少证据了"③。

此后的相关讨论还有不少，尤其是1998年《郭店楚墓竹简》出版之后，竹简《五行》有经无说，引发了更多讨论。前文对相关结论有过综述，并根据郑玄注中所保存的文献材料，说明仁义礼智圣五行说的思想渊源来自孔子。荀子以之为子思首创，应该是正确的。所谓"孟轲和之"，主要见于《孟子》中的仁义礼智"四端"说。仁义礼智圣五行说所依据的理论基础是后来式微的尚土的五行说，因此在后世出现了理论危机。不过日本学者池田知久先生认为《五行》的年代晚至汉代，此说在西方学界影响较大。但是笔者认为池田先生的论证前提存在一定的问题（详前文）。

可是，即便《五行》的问题明确了，是否存在"思孟学派"，却依然是一个问题。后来陈来先生就提出《五行》经文为子思作，说文为孟子作之说④，但似乎并没有有力的证据。有学者尝试拉长子思的生年，但仍然无法使思孟上下相接。郭沂先生则提出《孔丛子》等文献中的孟子车非孟子⑤——这样一来，所谓的思孟学派，就成了子思孟子学派了。这个观点虽然新颖，但显然已不是此处要讨论的问题。

宋代王应麟曾釜底抽薪，认为荀子没有批判过思孟：

---

① 参见国家文物局古文献研究室编：《马王堆汉墓帛书（一）》，24～25页。

② 参见赵光贤：《新五行说商榷》，见《文史》第十四辑。

③ 参见任继愈主编：《中国哲学发展史（先秦）》，293页。

④ 参见陈来：《竹帛〈五行〉篇为子思、孟子所作论——兼论郭店楚简〈五行〉篇出土的历史意义》，载《孔子研究》，2007(1)。

⑤ 参见郭沂：《孟子车非孟子考：思孟关系考实》，载《中国哲学史》，2002(3)。

> 荀卿《非十二子》，《韩诗外传》引之，止云十子，而无子思、孟子。愚谓：荀卿非子思、孟子，盖其门人韩非、李斯之流，托其师说以毁圣贤。当以《韩诗》为正。①

但是陈静先生指出：王应麟的考辨文字有一个不太准确的暗示，好像荀子所非的十二子里去掉子思、孟子，就是《韩诗外传》的十子。其实不是这样。《韩诗外传》所非的十子，除了没有子思、孟子，还没有它嚣、陈仲、史鳟，而多了范雎、田文、庄子。也就是说，《非十二子》所非的对象有五个没有出现在《韩诗外传》中，而多出了另外三个《非十二子》里没有的人物。这样减五增三，构成了《韩诗外传》的十子，并不是《非十二子》里去掉子思、孟子而成十子②。不过陈先生从文体、称呼两个角度上，认为《荀子》批判思孟存在一定问题，怀疑是后人附益，认为：就思孟学派的名称而言，这是一个现代名号，这个名号表达了一个渊源有自的理解传统。如果认为思孟学派直指先秦某一时段的思想事实，而忽略这一名称蕴含的历史建构过程，是不准确的③。

我们同意陈先生从理解传统上考虑"思孟学派"的成立。但是正如陈先生所指出的，扬雄所见的《荀子》书中，当已经有了批评思孟之文，所以荀子或者其后学批评思孟，是很有可能的。而且我们认为，现代名号如果合乎一定的义例，施之于古，也有一定的可行性。

那么，"思孟学派"这个名称到底合不合义例呢？

在西方哲学史上，曾经有过"莱布尼茨-沃尔夫学派"④这个名称。沃尔夫是莱布尼茨的弟子，他继承了莱布尼茨的哲学，并使之系统化。他自己提出的将哲学分类，以及重视逻辑学的观点，也很有影响。但是"莱布尼茨-沃尔夫学派"这个名称，主要还是着重于莱布尼茨、沃尔夫

---

① 王应麟：《困学纪闻》卷十，211 页。
② 有关问题，金德建先生在《古籍丛考》和《先秦诸子杂考》中已经有较详细讨论。
③ 参见陈静：《〈荀子·非十二子〉与思孟学派的成立》，"第十五届国际中国哲学大会"论文，武汉大学，2007-06。
④ 参见康德：《纯粹理性批判》，A 273、B 329，邓晓芒译、杨祖陶校本，244 页（A 是康德书初版，B 是二版，此书都是将 A、B 合排），北京，人民出版社，2004。

思想相关的地方，而不是沃尔夫自己的独特观点。

莱布尼茨与沃尔夫相及，而中国古代有年代不相及而成学派者，像冯从吾《元儒略考》卷一就有"程朱理学"之名，而"程朱学"则很早就成了一个专名，后来还被收入《御定佩文韵府》。二程与朱熹之间，有师承渊源。二程传杨时，杨时传罗从彦，罗从彦传李侗，李侗传朱熹。二程与朱熹，皆足以自成其家，将之联系到一起称呼，不乏道统意味。但是其学说之间的继承性和相近性，是可以考见的。而且，朱熹认同二程。

不过，孟子虽然据司马迁的《史记》记载是"受业子思之门人"，但是却未必认同子思，他是私淑于孔子（《孟子·离娄下》："予未得为孔子徒也，予私淑诸人也"）。而且，宋代的"程朱理学"这种学派名称，能否用到先秦，还是一个问题。

前文曾指出：思想家两两相举的方式很常见，如黄老、老庄、孙吴、申韩，等等。这应该都是着眼于两种学说的相同之处，比如孙吴，就是指兵法，而不会专注于吴起的变法或者传《左传》。这样的两者之间，许多也没有师承关系。这种称呼再往前发展一步，就离"道家""法家"的称呼不远了。

思孟虽然同属于儒家，但是儒家内部分化严重。《韩非子·显学》说："自孔子之死也，有子张之儒，有子思之儒，有颜氏之儒，有孟氏之儒，有漆雕氏之儒，有仲良氏之儒，有孙氏之儒，有乐正氏之儒。"这里子思与孟氏并列，而前述余嘉锡先生之说曾指出："学有家法，称述师说者，即附之一家之中……其学虽出于前人，而更张义例别有发明者，即自名为一家之学。"所以，按照先秦的"学派"义例来看，子思学派与孟子学派是并列的。

因此，如果一定要称呼"思孟学派"，那很可能只宜于在一种意义上来说，才不致产生矛盾。那就是着重于子思的思想，以及孟子因袭其说的部分。这之中很大一部分，当主要就是荀子所说的关于"仁义礼智圣"五行的理论。而孟子与之不同的思想，像性善这些内容，就属于余嘉锡先生所谓"更张义例别有发明者，即自名为一家之学"了。

九、郭店《穷达以时》再考

郭店楚墓竹简《穷达以时》一篇，与传世文献颇多能对应者，学者们都认为简文与孔子在陈绝粮之事有关。整理者指出："其内容与《荀子·宥坐》、《孔子家语·在厄》、《韩诗外传》卷七、《说苑·杂言》所载孔子困于陈蔡之间时答子路的一段话类似，与后二书所载尤为相近。"①

按《说苑·杂言》有前后两段与《穷达以时》相关，为讨论方便，先将这几则文献引录如下。

1.《荀子·宥坐》

孔子南适楚，厄于陈、蔡之间，七日不火食，藜羹不糁，弟子皆有饥色。子路进问之曰："由闻之：为善者天报之以福，为不善者天报之以祸。今夫子累德、积义、怀美，行之日久矣，奚居之隐也？"孔子曰："由不识，吾语女。女以知者为必用邪？王子比干不见剖心乎！女以忠者为必用邪？关龙逢不见刑乎！女以谏者为必用邪？吴子胥不磔姑苏东门外乎！夫遇不遇者，时也；贤不肖者，材也。君子博学深谋，不遇时者多矣。由是观之，不遇世者众矣，何独丘也哉！且夫芷兰生于深林，非以无人而不芳。君子之学，非为通也，为穷而不困，忧而意不衰也，知祸福终始而心不惑也。夫贤不肖者，材也；为不为者，人也；遇不遇者，时也；死生者，命也。今有其人，不遇其时，虽贤，其能行乎？苟遇其时，何难之有！故君子博学、深谋、修身、端行，以俟其时。"孔子曰："由！居，吾语女。昔晋公子重耳霸心生于曹，越王句践霸心生于会稽，齐桓公小白霸心生于莒。故居不隐者思不远，身不佚者志不广。女庸安知吾不得之桑落之下？"

---

① 荆门市博物馆：《郭店楚墓竹简》，145 页。

2.《孔子家语·在厄》

楚昭王聘孔子，孔子往拜礼焉，路出于陈、蔡，陈、蔡大夫相与谋曰：“孔子圣贤，其所刺讥，皆中诸侯之病，若用于楚，则陈、蔡危矣。”遂使徒兵距孔子，孔子不得行，绝粮七日，外无所通，藜羹不充，从者皆病，孔子愈慷慨讲诵，弦歌不衰，乃召子路而问焉曰：“《诗》云：‘匪兕匪虎，率彼旷野。’吾道非乎？奚为至于此？”子路愠，作色而对曰：“君子无所困，意者夫子未仁与？人之弗吾信也；意者夫子未智与？人之弗吾行也。且由也昔者闻诸夫子：‘为善者天报之以福，为不善者天报之以祸。’今夫子积德怀义，行之久矣，奚居之穷也？”子曰：“由！未之识也，吾语汝。汝以仁者为必信也，则伯夷、叔齐不饿死首阳；汝以智者为必用也，则王子比干不见剖心；汝以忠者为必报也，则关龙逢不见刑；汝以谏者为必听也，则伍子胥不见杀。夫遇不遇者，时也；贤不肖者，才也。君子博学深谋，而不遇时者众矣，何独丘哉？且芝兰生于深林，不以无人而不芳；君子修道立德，不谓穷困而改节。为之者，人也；生死者，命也。是以晋重耳之有霸心，生于曹、卫；越王句践之有霸心，生于会稽。故居下而无忧者，则思不远；处身而常逸者，则志不广，庸知其终始乎？”子路出，召子贡，告如子路，子贡曰：“夫子之道至大，故天下莫能容夫子，夫子盍少贬焉？”子曰：“赐！良农能稼，不必能穑；良工能巧，不能为顺；君子能修其道，纲而纪之，不必其能容。今不修其道而求其容，赐！尔志不广矣，思不远矣。”子贡出，颜回入，问亦如之，颜回曰：“夫子之道至大，天下莫能容；虽然，夫子推而行之，世不我用，有国者之丑也，夫子何病焉？不容然后君子。”孔子欣然叹曰：“有是哉！颜氏之子。吾亦使尔多财，吾为尔宰。”

3.《韩诗外传》卷七第六章

孔子困于陈、蔡之间，即三经之席，七日不食，藜羹不糁，弟子有饥色，读《诗》《书》习礼乐不休。子路进谏曰："为善者，天报之以福。为不善者，天报之以祸。今夫子积德累仁，为善久矣。意者尚有遗行乎，奚居之隐也？"孔子曰："由来！汝小人也，未讲于论也。居，吾语汝。子以知者为无罪乎，则王子比干何为剖心而死？子以义者为听乎，则伍子胥何为抉目而悬吴东门？子以廉者为用乎，则伯夷叔齐何为饿于首阳之山？子以忠者为用乎，则鲍叔何为而不用，叶公子高终身不仕，鲍焦抱木而立，子推登山而燔？故君子博学深谋，不遇时者众矣。岂独丘哉？贤不肖者，材也；遇不遇者，时也。今无有时，贤安所用哉？故虞舜耕于历山之阳，立为天子，其遇尧也。傅说负土而版筑，以为大夫，其遇武丁也。伊尹，故有莘氏僮也，负鼎操俎调五味，而立为相，其遇汤也。吕望行年五十，卖食棘津，年七十屠于朝歌，九十乃为天子师，则遇文王也。管夷吾束缚自槛车，以为仲父，则遇齐桓公也。百里奚自卖五羊之皮，为秦伯牧牛，举为大夫，则遇秦缪公也。虞丘名闻于天下，以为令尹，让于孙叔敖，则遇楚庄王也。伍子胥前功多，后戮死，非知有盛衰也，前遇阖闾，后遇夫差也。夫骥罢盐车，此非无形容也，莫知之也。使骥不得伯乐，安得千里之足？造父亦无千里之手矣。夫兰茝生于茂林之中，深山之间，不为人莫见之故不芳。夫学者非为通也，为穷而不困，忧而志不衰，先知祸福之终始，而心无惑焉。故圣人隐居深念，独闻独见。夫舜亦贤圣矣，南面而治天下，惟其遇尧也。使舜居桀纣之世，能自免于刑戮之中，则为善矣，亦何位之有？桀杀关龙逢，纣杀王子比干，当此之时，岂关龙逢无知，而王子比干不慧乎哉？此皆不遇时也。故君子务学，修身端行而须其时者也。子无惑焉。"《诗》曰："鹤鸣九皋，声闻于天。"

4.《说苑·杂言》两则

孔子遭难陈、蔡之境，绝粮，弟子皆有饥色，孔子歌两柱之间。子路入见曰："夫子之歌，礼乎？"孔子不应，曲终而曰："由，君子好乐为无骄也，小人好乐为无慑也，其谁知之？子不我知而从我者乎?"子路不悦,援干而舞,三终而出。及至七日,孔子修乐不休,子路愠见曰:"夫子之修乐,时乎?"孔子不应,乐终而曰:"由,昔者齐桓霸心生于莒,句践霸心生于会稽,晋文霸心生于骊氏。故居不幽则思不远,身不约则智不广,庸知而不遇之?"于是兴。明日免于厄。子贡执辔曰:"二三子从夫子而遇此难也,其不可忘也!"孔子曰:"恶,是何言也! 语不云乎:三折肱而成良医。夫陈、蔡之间,丘之幸也。二三子从丘者,皆幸人也。吾闻人君不困不成王,列士不困不成行。昔者汤困于吕,文王困于羑里,秦穆公困于殽,齐桓困于长勺,句践困于会稽,晋文困于骊氏。夫困之为道,从寒之及暖,暖之及寒也,唯贤者独知,而难言之也。《易》曰:'困,亨,贞,大人吉,无咎。有言不信。'圣人所与人难言,信也。"

孔子困于陈、蔡之间,居环堵之内,席三经之席,七日不食,藜羹不糁,弟子皆有饥色。读《诗》《书》治礼不休。子路进谏曰:"凡人为善者,天报以福;为不善者,天报以祸。今先生积德行为善久矣。意者尚有遗行乎? 奚居隐也?"孔子曰:"由,来! 汝不知。坐,吾语汝。子以夫知者为无不知乎,则王子比干何为剖心而死? 以谏者为必听乎,伍子胥何为抉目于吴东门? 子以廉者为必用乎,伯夷、叔齐何为饿死于首阳山之下? 子以忠者为必用乎,则鲍庄何为而肉枯? 荆公子高终身不显,鲍焦抱木而立枯,介子推登山焚死。故夫君子博学深谋,不遇时者众矣,岂独丘哉! 贤不肖者,才也;为不为者,人也;遇不遇者,时也;死生者,命也。有其才,不遇其时,虽才不用。苟遇其时,何难之有? 故舜耕历山,而陶于河畔,立为天子,则其遇尧也。傅说负壤土,释板筑,而立佐天子,则其遇武丁也。伊尹,有莘氏媵臣也,负鼎俎,调五味,而佐天子,则其遇成汤也。吕望行年五十,卖食于棘津,行年七十,屠牛朝歌,行年九十,为天子师,则其遇文王也。管夷吾束缚胶目,居槛车中,自车中起为仲父,则其遇齐桓公也。百里奚自卖取五羊皮,伯氏牧羊,以为卿大夫,则其遇秦穆公也。沈尹名闻天下,以为令尹，而让孙叔敖，则其遇楚庄王也。伍子胥前多功，后戮死，非其智益衰也，前遇阖庐，后遇夫差也。夫骥厄罢盐车，非无骥状也，夫世莫能知也。使骥得王良、造父，骥无千里之足乎？芝兰生深林，非为无人而不香。故学者非为通也，为穷而不困也，忧而不衰也，先知祸福之始而心不惑也。圣人之深念，独知独见。舜亦贤圣矣，南面治天下，唯其遇尧也。使舜居桀纣之世，能自免于刑戮固可也，又何官得治乎？夫桀杀关龙逢，而纣杀王子比干。当是时，岂关龙逢无知，而比干无惠哉？此桀、纣无道之世然也。故君子疾学，修身端行，以须其时也。"

此前向宗鲁先生于《说苑校证·杂言》中曾指出："《论语·卫灵公》、《史记·孔子世家》皆略记孔子绝粮事；而《庄子·山木》、《让王》、《荀子·宥坐》、《吕氏·慎人》、《韩诗外传》卷七、《风俗通·穷通》、《孔子家语·在厄》、《困誓》及本书所载两节尤详。文虽错互，皆可取证。至《墨子·非儒》载子路烹豚沽酒事，乃污蔑之言。《吕氏·任数》载颜子拾尘事，《家语·在厄》用之，似亦未可信，今不取。"[1]

为讨论方便，也将《吕氏春秋·慎人》《风俗通·穷通》引录如下。

1.《吕氏春秋·慎人》

孔子穷于陈、蔡之间，七日不尝食，藜羹不糁。宰予备矣，孔子弦歌于室，颜回择菜于外。子路与子贡相与而言曰："夫子逐于鲁，削迹于卫，伐树于宋，穷于陈、蔡。杀夫子者无罪，藉夫子者不禁。夫子弦歌鼓舞，未尝绝音，盖君子之无所丑也若此乎？"颜回无以对，入以告孔子。孔子憱然推琴，喟然而叹曰："由与赐小人也！召，吾语之。"子路与子贡入。子贡曰："如此者可谓穷矣。"孔子曰："是何言也？君子达于道之谓达，穷于道之谓穷。今丘也拘仁义之道，以遭乱世之患，其所也，何穷之谓？故内省而不疚于道，临难而不失其德。大寒既至，霜雪既降，吾是以知松柏之茂

---

[1]　向宗鲁、屈守元：《说苑校证》，421～422页，北京，中华书局，1987。

也。昔桓公得之莒，文公得之曹，越王得之会稽。陈、蔡之厄，于丘其幸乎!"孔子烈然返瑟而弦，子路抗然执干而舞。子贡曰："吾不知天之高也，不知地之下也。"古之得道者，穷亦乐，达亦乐。所乐非穷达也，道得于此，则穷达一也，为寒暑风雨之序矣。故许由虞乎颍阳，而共伯得乎共首。

2.《风俗通·穷通》

孔子困于陈、蔡之间，七日不尝粒，藜羹不糁，而犹弦琴于室。颜回释菜于户外，子路、子贡相与言曰："夫子逐于鲁，削迹于卫，拔树于宋，今复见厄于此。杀夫子者无罪，籍夫子者不禁。夫子弦歌鼓舞，未尝绝音。盖君子之无耻也若此乎?"颜渊无以对，以告孔子。孔子恬然推琴，喟然而叹曰："由与赐，小人也!召，吾语之。"子路与子贡入，子路曰："如此可谓穷矣。"夫子曰："由，是何言也? 君子通于道之谓通，穷于道之谓穷。今丘抱仁义之道，以遭乱世之患，其何穷之为? 故内省而不疚于道，临难而不失其德。大寒既至，霜雪既降，吾是以知松柏之茂也。昔者桓公得之莒，晋文公得之曹，越得之会稽。陈、蔡之厄，于丘其幸乎!"

(一)

廖名春先生指出："不能说简文出于《荀子》，因为《荀子·宥坐》明言上述言论是孔子语。《韩诗外传》卷七有与《荀子·宥坐》相通的记载，也说是'孔子曰'。因此，《穷达以时》当出于孔子。不称'孔子曰'当与体裁、来源有关……简文《穷达以时》当是《荀子·宥坐》、《韩诗外传》卷七记载的源头。"①

李学勤先生认为《穷达以时》原来开头也应该有孔子困于陈、蔡的记事，以及对话的引端，只是由于简的缺失而脱去了"。"《穷达以时》的现存文字，可以分为前后两个段落。前面的那个段落，现在只剩下这样

---

① 廖名春：《郭店楚简儒家著作考》，载《孔子研究》，1998(3)。

几句：

> ……有天有人，天人有分，察天人之分，而知所行矣。

……后面的一段，中心思想是贤者能否显达，取决于是否有适当的时机"。李先生进一步根据"《穷达以时》后面一段的思想"，将有关各种文献按照"载籍的出现先后"，排列为：

> 《穷达以时》→《庄子·让王》→《荀子·宥坐》→《吕氏春秋·慎人》→《韩诗外传》卷七→《说苑·杂言》→《风俗通义·穷通》→《孔子家语·在厄》

并指出《庄子·山木》的"天与人一"实际是《穷达以时》"天人有分"的反命题；荀子讲"天人之分"比较《穷达以时》说的"天人之分"大为发展，而且理论化了。因而相信《穷达以时》至少是对孔子思想的引申演绎；荀子《天论》思想可能源于传《易》的子弓①。

关于郭店楚简的年代，李先生指出："郭店一号墓的年代，与孟子活动的后期相当，墓中书籍都为孟子所能见。《孟子》七篇是孟子晚年撰作的，故而郭店竹简典籍均早于《孟子》的成书。"②

徐在国先生考订"咎繇"二字，指出咎繇系傅说之误③。刘乐贤先生仔细分析了《穷达以时》与《吕氏春秋·慎人》，指出二篇在"天""人"的含义和用法，有关百里奚的记载方面相一致；并根据《孟子》中有关百里奚的记载，指出《说苑》《韩诗外传》等书的"自卖"说不可信④。白于蓝先生则根据《穷达以时》所记"孙叔三谢期思少司马"，指出《庄子·田子方》《荀子·尧问》《吕氏春秋·知分》等所记孙叔敖"三相三去"是子文之

---

① 李学勤：《天人之分》，见郑万耕主编：《中国传统哲学新论》，239～244页，北京，九洲图书出版社，1999。

② 李学勤：《先秦儒家著作的重大发现》，见《中国哲学》第二十辑，15页。

③ 参见徐在国：《释"咎繇"》，载《古籍整理研究学刊》，1999(3)。

④ 参见刘乐贤：《〈穷达以时〉与〈吕氏春秋·慎人〉》，见饶宗颐主编：《华学》第四辑，89～94页，北京，紫禁城出版社，2000。

误。① 李步嘉先生则由郭店简考订吕望之事，发现："《战国策》'废屠'与《韩诗外传》'屠牛'等说其来有自，历代注家疑云可除。"②

关于《穷达以时》篇中的思想观念，庞朴先生认为《穷达以时》的"天人之分"，"决非荀子那个'天人之分'"，"因为这个天，不是荀子那个'不为尧存，不为桀亡'的自然之天，而是如文中所说的那样，是或有或无的'世'，不可强求的'遇'，穷达以之的'时'"③。梁涛先生指出："天人之分是早期儒家的一个基本主张。竹简的天人之分影响到孟子，而与荀子有所不同。荀子的天人之分内涵较复杂，以往学术界的理解有简单化的嫌疑。孟子、荀子其实都讲天人之分，也讲天人合一，只是在具体层面上有所不同而已。"④李英华先生则认为："郭店竹简《穷达以时》关于'察天人之分'的观点，当是荀子提出'明于天人之分'的思想渊源之一。但'察天人之分'与'明于天人之分'的思想内涵不尽相同。"⑤

对于《穷达以时》篇的年代，张立文先生认为："'穷达'两字是作为复合词出现的。《孟子·尽心上》：'穷不失义，达不离道'，穷达是对偶词……《后汉书》已为复合词。由此可见，《天人》篇（即是《穷达以时》——引者）可能作于孟子晚年，或孟子稍后，而非孟子之前的作品。"⑥

日本池田知久先生根据《穷达以时》所述事与《荀子·宥坐》接近，《穷达以时》中"天人又（有）分"与《荀子·天论》的提法相近，认为《穷达以时》作成于"荀子学派之手，但其思想又从典型的'天人之分'变化而

---

① 白于蓝：《孙叔敖"三相三去"考》，载《中国史研究》，2001(2)。

② 李步嘉：《楚简记"吕望"事考释》，见武汉大学中文系、长江文艺出版社编：《长江学术》第一辑，240～241页，武汉，长江文艺出版社，2002。

③ 庞朴：《孔孟之间——郭店楚简中的儒家心性说》，见《中国哲学》第二十辑，27页。

④ 梁涛：《天人之分与天人合———从郭店竹简谈起》，待刊稿。可参见梁涛：《〈穷达以时〉"天人之分"探源》《〈穷达以时〉"天人之分"与〈孟子〉》，载"简帛研究"网 ，2001-11-25、2001-12-07。

⑤ 李英华：《荀子天人论的几个问题——兼论郭店竹简〈穷达以时〉》，载《海南大学学报（人文社会科学版）》，2001(2)。

⑥ 张立文：《论郭店楚墓竹简的篇题和天人有分思想》，载《传统文化与现代化》，1998(6)；又略同于《〈穷达以时〉的时与遇》，见《中国哲学》第二十辑。

出，可推测是稍后形成的文章"①。

池田先生的《郭店楚简〈穷达以时〉研究》，分两期发表在台湾《古今论衡》杂志上，论述更详②。断定有"天人之分"思想的《荀子·天论》，是荀子游学稷下时，与庄子学派接触后，虽受到其"天人"关系很深影响，但却欲推翻他们的否定"人"，转为肯定"人"时的作品。《穷达以时》是《荀子·天论》问世不久后，在其影响下大体上忠实地继承"天人之分"的思想，然后由荀子后学写定之文献。《穷达以时》也有修改《荀子·天论》"天人之分"思想的地方，更接近《吕氏春秋·慎人》《荀子·宥坐》，因此其成书年代当在《荀子·天论》的成书年代至《吕氏春秋》编撰年代（公元前239—前235）之间。再分析荀子的活动年代，同意内山俊彦关于荀子于公元前265年前后，以五十岁之龄游学稷下的说法，不同意钱穆的观点。并通过分析，认为荀子在楚国时的弟子韩非子、李斯，继承了《荀子·性恶》的思想，这决定了比《性恶》早的《天论》成书年代的下限。由此推定，《穷达以时》成书在《荀子·天论》之后，而在《性恶》之前，当作于荀子移至楚国兰陵的公元前255年之前。最后，对郭店一号楚墓下葬于公元前300年前后的说法表示怀疑。

王志平先生也专门论证了此篇"可能是荀子学派的作品"③。王先生首先据《史记·孔子世家》考证孔子厄于陈蔡的年代（鲁哀公六年）。而崔述已指出《韩诗外传》《说苑》"文尤繁碎，决系秦、汉文字"，"其谬最显而易见者"，记孔子言有子胥、句践后事，"孔子何由预知之而预告之乎"。王先生据《穷达以时》之出土，否定崔述"文尤繁碎，决系秦、汉文字"之说，但认为不能判定《穷达以时》确为孔子所说；而根据《穷达以时》所列举的舜等贤人，和战国时期的尚贤传统接近，认为其背景当在战国时期；再据孔子厄于陈蔡的最早记载见于《荀子·宥坐》，此为荀子

---

① ［日］池田知久：《尚处形成阶段的〈老子〉最古文本——兼论其与通行本〈老子〉的关系》，见陈鼓应主编：《道家文化研究》第十七辑，北京，生活·读书·新知三联书店，1999。
② 参见［日］池田知久：《郭店楚简〈穷达以时〉研究》（上、下），载《古今论衡》（台湾），第4、5期。
③ 王志平：《郭店楚简〈穷达以时〉丛考》，见艾兰、邢文编：《新出简帛研究》。

及其后学所作,《韩诗外传》多本《荀子》;以及荀子境遇与孔子相似;《穷达以时》与荀子的思想也比较吻合;有些关于孔子的记载,疑为荀子之徒伪造;而《庄子·让王》属杂篇,或为庄子后学采荀子学说。由此,王先生认为"《穷达以时》可能是荀子学派的作品"。

据钱穆先生的考证,孟子卒于公元前305年,荀子卒于公元前245年①,因此池田知久、王志平先生的结论,与考古工作者根据墓葬形制和出土器物包括竹简字体笔法等因素进行分析所得出的墓葬年代——公元前4世纪中期至前3世纪初——相去甚远;而张立文先生的结论虽然与之相差不大,但如果考虑到竹简有一个抄写、流传到楚地的过程,恐怕也与考古工作者的结论不符。虽然曾有学者对于考古工作者的楚墓序列提出了质疑②,但是,这种怀疑本身存在许多问题,难以成立③。而此处张立文、池田知久和王志平先生的说法,纯从文献出发,关系到郭店简诸篇的断代问题,值得讨论。

下面笔者提出一些个人浅见,不当之处,以就教于大方之家。

笔者曾据李零、王志平等先生的成果,对《穷达以时》做过校释,今将校定、拟补后之文字,按照通行简体字写下,作为参考之用。并根据文义,将之分为若干节:

1. 有天有人,天人有分。察天人之分,而知所行矣。

2. 有其人,无其$_1$世,虽贤弗行矣。苟有其世,何难之有哉。

3. 舜耕于历山,陶拍$_2$于河浦,立而为天子,遇尧也;皋陶〈傅说〉衣枲褐,冒絻蒙巾$_3$,释板筑而佐天子,遇武丁也。吕望为臧棘津,守监门$_4$垄地,行年七十而屠牛于朝歌,兴而为天子师,遇周文也$_5$。管夷

---

① 参见钱穆:《先秦诸子系年》,695、697页;据内山俊彦:《荀子——古代思想家の肖像》,荀子约卒于公元前233年,转引自[日]池田知久:《尚处形成阶段的〈老子〉最古文本》,见陈鼓应主编:《道家文化研究》第十七辑,171页。

② 参见王葆玹:《试论郭店楚简各篇的撰作时代及其背景——兼论郭店及包山楚墓的时代问题》,见《中国哲学》第二十辑,366~389页;《试论郭店楚简的抄写时间与庄子的撰作时代——兼论郭店与包山楚墓的时代问题》,载《哲学研究》,1999(4)。

③ 参见刘彬徽:《关于郭店楚简年代及相关问题的讨论》,见《简帛研究二〇〇一》,47~54页。

吾拘囚桎缚，释械梏而为诸侯相，遇齐桓也$_6$。百里转鬻五羊，为伯牧牛，释鞭棰而为命卿，遇秦穆$_7$【也】。孙叔三舍期思小司马，出而为令尹，遇楚庄也$_8$。

4. 初沉郁，后名扬，非其德加。子胥前多功，后戮死，非其智$_9$衰也。骥驹张山，骝入于驿棘，非无体状也，穷四海，致千$_{10}$里，遇造父也。

5. 遇不遇，天也。动非为达也，故穷而不$_{11}$【悯；隐非】为名也，故莫之知而不吝。

6. 芷$_{12}$【兰生于隐谷，不为无人】嗅而不芳；珷珞瑾瑜包山石，不为$_{13}$【无人辨而掩光。君子修道立德，不为穷困而败节。生死，命也；】善否，己也。

7. 穷达以时，德行一也。誉毁在旁，听之忒侮，至白$_{14}$不厘。穷达以时，幽明不再，故君子敦于反己$_{15}$。

（二）

如何看待与《穷达以时》相关诸文本之间的关系，是我们正确推定《穷达以时》年代的关键所在。黄人二先生指出：《穷达以时》简文相当于《论语·卫灵公》"在陈绝粮，从者病，莫能兴。子路愠见曰：'君子亦有穷乎？'子曰：'君子固穷，小人穷斯滥矣'"之"传"①。虽然《穷达以时》第五节中有"动非为达也，故穷而不【悯；隐非】为名也，故莫之知而不吝"，可以与之相应，但王志平先生认为"《穷达以时》中的话也不见于《论语》，如果真是孔子所言，《论语》不载这些话似乎有些不合情理"，不大赞成黄人二先生之说。

但是，我们注意到《论语·子罕》记有：

> 子曰："岁寒，然后知松柏之后凋也。"

---

① 黄人二：《郭店楚简〈穷达以时〉考释》，见楚文化研究会编：《古文字与古文献》（台北），试刊号，1999。转引自王志平：《郭店楚简〈穷达以时〉丛考》，见艾兰、邢文编：《新出简帛研究》。

此语不知孔子何时所云，但是在后来的记载中，被放在了厄于陈蔡之时。《庄子·让王》作：

> 子路曰："如此者，可谓穷矣！"
>
> 孔子曰："是何言也！君子通于道之谓通，穷于道之谓穷。今丘抱仁义之道以遭乱世之患，其何穷之为！故内省而不穷于道，临难而不失其德，<u>天寒既至，霜雪既降，吾是以知松柏之茂也</u>。陈、蔡之隘，于丘其幸乎！"①

前面加上了一句"内省而不穷于道，临难而不失其德"。《吕氏春秋·慎人》作：

> 子贡曰："如此者可谓穷矣。"
>
> 孔子曰："是何言也？君子达于道之谓达，穷于道之谓穷。今丘也拘仁义之道，以遭乱世之患，其所也，何穷之谓？故内省而不疚于道，临难而不失其德。<u>大寒既至，霜雪既降，吾是以知松柏之茂也</u>。昔桓公得之莒，文公得之曹，越王得之会稽。陈、蔡之厄，于丘其幸乎！"

加上了"内省而不疚于道，临难而不失其德"，《风俗通义·穷通》略同。此外，《淮南子·俶真》引有"夫大寒至，霜雪降，然后知松柏之茂也。据难履危，利害陈于前，然后知圣人之不失道也"，意思似与上相关。

加有下画线的文句，与《论语》很接近，应当是本于孔子。王志平先生所说《穷达以时》中的话也不见于《论语》，如果真是孔子所言，《论语》不载这些话似乎有些不合情理"，值得商榷。我们至少可以断定，《庄子·让王》《吕氏春秋·慎人》《风俗通义·穷通》有本于孔子之语。而《吕氏春秋·慎人》较《庄子·让王》多出"昔桓公得之莒，文公得之曹，越王得之会稽"一段，约近于《说苑·杂言》第一则，说明《吕氏春秋·慎

---

① 按：《庄子·让王》"吾是以知松柏之茂也"下，陈碧虚《南华真经阙误》引江南古藏本有"桓公得之莒，文公得之曹，越王得之会稽"。

人》这一文本或可能形成于《庄子·让王》之后。

值得注意的是，在《吕氏春秋·慎人》篇所记的孔子困于陈、蔡的故事之前，记有舜、百里奚的故事，似乎说明舜等遇时的故事，与孔子厄于陈、蔡的故事相关，但是还没有与"孔子"论"大寒既至，霜雪既降，吾是以知松柏之茂也"，以及句践生霸心的话结合起来。在后来的篇章中，这两个文本也确实没有结合起来，但它们之间的联系值得注意。

王先生另外找到了两则与《穷达以时》相关的文本，一是马王堆汉墓帛书《缪和》提及"越王句践困于会稽"，一是"《穷达以时》等都谈到'【芑兰生于深林，不为无人】嗅而不芳'云云，以'芑兰'为喻"，可与《琴操·猗兰操》对应，《琴操·猗兰操》提及"'自伤不逢时'，与《穷达以时》的口吻是一致的"。

对于前者，王先生指出："《说苑·杂言》把伍子胥见杀与越王句践霸心生于会稽等分为两章是有道理的。因为二者有不同的来源。"不过王先生虽认为《缪和》篇中的"先生"是指孔子，但认为"这些是后世儒生假托的孔子之言，既不能认为此确为孔子所说，又不能认为这决非孔子之言，而应认为这些是先秦儒生所认可的孔子之言"。对于后者，王先生虽倾向于认为它与《穷达以时》相关（曾考证伍子胥之死为鲁哀公十一年，而《琴操·猗兰操》当孔子自卫返鲁之时，"即以哀公十一年而论，似亦及见伍子胥戮死"），但没有进一步论述。

王先生的发现，可以说为《穷达以时》诸文本的形成，又找到了两条重要线索。《琴操·猗兰操》与《穷达以时》第六节紧密相关；而帛书《缪和》与《说苑·杂言》第一则引《易》中语以及论句践生霸心对应，但没有提到孔子厄于陈、蔡之事。这不但说明《缪和》所记早于《说苑·杂言》第一则，更为我们体会孔子厄于陈、蔡的故事，是如何敷演而出，提供了路标——一个本来是儒门易学者用来解《易》的故事，由"子曰"，成为《说苑·杂言》第一则所记厄于陈、蔡时的"孔子曰"；而经过与《庄子·让王》所记故事合并，就成了《吕氏春秋·慎人》中孔子厄于陈、蔡时的反复申述。

实际上，文献所记孔子论穷达时世之事，不止于此。《说苑·敬慎》

《孔子家语·贤君》中有一则材料，记录孔子之语与《穷达以时》的文本相关。《说苑·敬慎》作：

> 孔子论诗，至于《正月》之六章，惕然曰："不逢时之君子，岂不殆哉。从上依世则废道；违上离俗则危身；世不与善，己独由之，则曰非妖则孽也。是以桀杀关龙逢，纣杀王子比干。故贤者不遇时，常恐不终焉。《诗》曰：'谓天盖高，不敢不局；谓地盖厚，不敢不蹐。'此之谓也。"

《孔子家语·贤君》作：

> 孔子读《诗》，于《正月》六章，惕焉如惧，曰："彼不达之君子，岂不殆哉。从上依世则道废；违上离俗则身危；时不兴善，己独由之，则曰非妖即妄也。故贤也既不遇天，恐不终其命焉，桀杀龙逢，纣杀比干，皆类是也。《诗》曰：'谓天盖高，不敢不局，谓地盖厚，不敢不蹐。'此言上下畏罪，无所自容也。"

开篇孔子读《诗》、论《诗》的形式，与《说苑·敬慎》篇"孔子读《易》，至于《损》、《益》"的形式很接近，后者还见于《淮南子·人间》《孔子家语·六本》，尤其是见于帛书《要》篇；此外，马王堆帛书《衷》记有孔子之语："君子穷不忘达，安不忘亡"以及"□文而溥，齐明而达矣"[1]，也论及"穷达"；而上海博物馆藏楚简《诗论》，每与传世孔子论《诗》之语可以对应[2]。综合这些因素来看，这两则材料所记，应该是可靠的孔子论《诗》之语，我们不应因为他们的编订比较晚而怀疑其可靠性。文中所说"从上依世则废道；违上离俗则危身；世不与善，己独由之，则曰非妖则孽也"，和"上下畏罪，无所自容"的思想，没有《穷达以时》的"遇不遇，天也。动非为达也"以及"誉毁在旁，听之弋侮"的豁达，但存道之忧心，比《穷达以时》所强调的"君子敦于反己"要强烈。当然，二者所论

---

① 参见廖名春：《帛书〈衷〉释文》，见《帛书〈易传〉初探》，275 页。
② 参见拙作：《〈诗论〉疏证》，《〈诗论〉简礼学思想研究》，硕士学位论文，清华大学，2002-06。

的对象不同。

容易发现，《说苑·敬慎》与《孔子家语·贤君》，都只提到了桀杀关龙逢，纣杀王子比干。此二事例仅见于《荀子·宥坐》《韩诗外传》卷七、《说苑·杂言》二、《孔子家语·在厄》，其他《穷达以时》的相关文本未同时提及此二人。值得注意的是，《荀子·宥坐》《韩诗外传》卷七、《说苑·杂言》二、《孔子家语·在厄》都加上了伍子胥，而且《韩诗外传》卷七、《说苑·杂言》二、《孔子家语·在厄》还加上了伯夷、叔齐。对比前述《论语·子罕》和帛书《缪和》敷演成文的情况，《说苑·敬慎》与《孔子家语·贤君》所载之事，也应该是后世所述孔子困于陈、蔡感叹穷达故事的滥觞之一。虽然孔子论《诗》时有可能见到伍子胥之死，但伍子胥的意义要到越灭吴才能体现出来，而厄于陈、蔡时的孔子，绝不可能知晓伍子胥、句践等人之事。因此，有关伍子胥、句践之事，应该只是因为事迹接近，在后来的叙述中，作为"桀杀龙逢，纣杀比干"和"齐桓、晋文"故事的附益，而被添加到孔子厄于陈、蔡时的话语之中。而且，《越绝书·请籴内传》记伍子胥自己说："昔者桀杀关龙逢，纣杀王子比干"，《越绝书·外传纪策考》则记伍子胥应对范蠡的话中有"吾前获功，后遇戮，非吾智衰，先遇阖庐，后遇夫差也"，与《穷达以时》第四节接近，略同于《韩诗外传》，其后还记有子贡的评语。当然，《越绝书》来源复杂，当前还不能据此以为这些话真是伍子胥所说，但是至少能够表明，伍子胥之被害，在后人的眼中，就与"桀杀龙逢，纣杀比干"事例一致。因此，流传中的孔子厄于陈、蔡的故事，在"孔子"所述的"桀杀龙逢，纣杀比干"这一句后，下意识地加上"伍子胥"，毫不足怪。

基于以上与《穷达以时》篇相关的文本，我们可以讨论一下池田知久与王志平先生对于《穷达以时》的分析。

（三）

池田知久先生在分析了与《穷达以时》相关的五篇文献——《荀子·宥坐》、《韩诗外传》卷七、《说苑·杂言》、《孔子家语·在厄》、《吕氏春秋·慎人》之后，认为它们"基本上是属于同一学派，即儒家，大致在同一时代成书，且基本上具有相同的思想内容，因此，很难断定《穷达以时》的作成年代与其他文献时间相距很远"。

这一说法值得商榷。首先，池田先生讨论《穷达以时》的"相关文献"时，主要只讨论了文物本《说明》指出的四篇，并补充了《吕氏春秋·慎人》。可是，《说苑·杂言》篇实际上有两则材料与《穷达以时》相关，王志平先生已指出《荀子·宥坐》记越王句践生霸心事，《韩诗外传》卷七记伍子胥戮死，《说苑·杂言》二者并提，但分属两章，《孔子家语·在厄》则合二者为一章，而马王堆帛书《缪和》有类似文字记句践事，二者当有不同来源，《说苑·杂言》分之为二章。池田先生或许是认为《说苑·杂言》第一则与《穷达以时》没有类似论点，但是如果深入到几篇文献的共同点时，《说苑·杂言》第一则我们不能置之不理。池田先生也抛开了我们上面所论的与《穷达以时》相关的其他文本。但即便就思想而言，我们也不能抛开《说苑·敬慎》《孔子家语·贤君》中的材料。当然，这两则材料并不引人注意。

其次，池田先生认为这六篇文献大致在同一时代成书之说，对于我们所关注的时间分析而言，跨度太大太模糊。池田先生没有明确提出《说苑》《孔子家语》的年代，但是"按成书年代的顺序"，将《说苑·杂言》《孔子家语·在厄》排在了《荀子·宥坐》和《韩诗外传》之后。可是，《说苑·杂言》有两则接近而并不相同的材料难以解释；《荀子·宥坐》至《孔子家语·在厄》之间的时间距离，池田先生也讳莫如深。许多学者早就指出先秦文献有辗转相因的现象，池田先生却认为它们各有撰人，思想接近。可是我们却没有看到有关撰人的消息，而且这几篇内容接近，似乎后作者应该是所谓的"抄袭"，可是据刘乐贤先生的研究来推，又有人会"抄错"。

至于池田先生所分析的《荀子·天论》之"天人之分"的概念，与《穷达以时》的基本思想之间的关系，认为"《穷达以时》的'天人之分'和《荀子》的'天人之分'基本上是相同的，且《荀子》的'天人之分'先成，在其影响下《穷达以时》的'天人之分'后成"①，恐不足为据。

---

① ［日]池田知久：《郭店楚简〈穷达以时〉研究(下)》，载《古今论衡》，第 5 期。

首先，胡适先生早就指出，依据"思想系统"或"思想线索"的思想分析法，是"很有危险性的"，"是一把双面锋的剑可以两边割的"，"不能避免主观的成见"①。而且思想的发展，并不遵循庸俗的进化论原则，思想上逻辑的先后，并不必定遵循历史时间的先后。

其次，池田先生没有提出直接有力的材料，以证明《荀子·天论》的"天人之分"思想早于《穷达以时》。而是绕了很大的一个圈子，说《荀子·天论》和《穷达以时》的"天人"概念受到了道家尤其是庄子学派比较强的影响，然后认为《穷达以时》对待属于"天"之性质的"时"，更接近于后代的《荀子·宥坐》等，同于庄子学派的"望时而待之"②。可是，此处池田先生没有解释为什么《穷达以时》《荀子·宥坐》的思想同于庄子学派，它已经为《荀子·天论》所贬抑，而"时间在后来"的、成于荀子后学的《穷达以时》《荀子·宥坐》却没有遵从荀子的思想，实在奇怪。

再次，池田先生对于《穷达以时》《荀子·天论》中"天人相分"概念的分析，未必确切，有待进一步讨论。

池田先生认为《荀子·天论》"可能是荀子游学于齐国稷下的时代，与庄子学派的接触中，在该地成书之文章"③。其真正的证据，是"《荀子·性恶》对庄子学派实际上的反对和批评，与《天论》比较，无疑是加强了"④。姑不论其是非，池田先生的分析，有几个问题需要解释：第一，荀子晚年在楚，更可能是在楚地才了解了庄子学派的思想。第二，池田先生引用了《庄子》外、杂篇的内容，以证明《荀子·天论》篇继承了庄子学派的"天""人"概念，但没有证明这些"庄子学派"的作品时代在"荀子游学于齐国稷下的时代"之前；相反，在行文中，池田先生认为《庄子》中有不少篇章如《让王》《马蹄》等在《荀子》之后。⑤ 池田先生努力

---

① 胡适：《评论近人考据〈老子〉年代的方法》，见姜义华主编：《胡适学术文集·中国哲学史》下册，750 页。

② ［日］池田知久：《郭店楚简〈穷达以时〉研究（下）》，载《古今论衡》，第 5 期。

③ 同上。

④ 同上。

⑤ ［日］池田知久：《郭店楚简〈穷达以时〉研究（上）》，载《古今论衡》，第 4 期，77 页注24；《郭店楚简〈穷达以时〉研究（下）》，载《古今论衡》，第 5 期。

断定、"提前"《天论》篇的年代，实际上的目的，是为了安排《吕氏春秋·慎人》的编写年代①，保证后者不与荀子的年代相冲突，而又将其纳入所谓受老庄思想影响的荀子或其流派的著作之中。但是，这一荀子学派是如何快速到达秦，也是池田先生所回避的问题。

总之，战国时期的诸子百家思想，纷繁复杂，近年来一再出土的文献，已为我们重新认识中国古代思想，打开了一扇门。池田先生精心构筑的一个单线思想链条，将传统的儒者荀子渲染上老庄思想的底色，恐不足以反映当时的思想动态，其观点本身也有许多值得商榷之处（恕本文不一一说明）。其根本的目的，是证明《郭店楚简》中《六德》《语丛一》的"六经"并称晚出，以与他一贯的观点——《周易》与孔子、先秦儒家无关——协调②。但实际上池田先生对《穷达以时》时代的分析，不足以动摇郭店一号楚墓的下葬年代。

（四）

王志平先生注重文本的来源分析，这一思路是可取的。但是他并没有注意到《说苑·敬慎》《孔子家语·贤君》中的材料；而且，王先生虽然也指出了《吕氏春秋·慎人》中的材料，但是并没有注意陈、蔡章前面的舜、百里奚的故事；更没有仔细分析他找出来的两则相关文本，以推敲"附益"的含义。因此，王先生虽然发现在时间上伍子胥之死和句践生霸心等事，与孔子厄于陈、蔡不合，故认为《穷达以时》不是孔子所说；但认定"《穷达以时》浑然一体，没有后人附加的痕迹，而且出土文献与传世文献基本一致，看不出时代差别，这也排除了后人附益的可能"，因而得出《穷达以时》只可能是后人——荀子门徒——假托伪造的结论，则恐有不妥当之处。

---

① 池田先生认为《吕氏春秋》是战国时代末期（公元前239）开始编纂，最迟是在编纂者吕不韦自杀的那年（公元前235）成书的；而荀子居住在楚国兰陵，为公元前255年前后—前238年后之大略十八年间。参见［日］池田知久：《郭店楚简〈穷达以时〉研究（上）》，载《古今论衡》，第4期；《郭店楚简〈穷达以时〉研究（下）》，载《古今论衡》，第5期。

② 参见廖名春：《论六经并称的时代兼及疑古说的方法论问题》，载《孔子研究》，2000（1）。

王先生所说"《穷达以时》浑然一体",值得商榷。《穷达以时》一篇或可能存在缺简,赵平安先生认为缺简处记有比干事①,池田知久先生则认为可能"存在着叙述'虞丘'遇'楚庄'、子胥遇'阖闾、夫差'的句子"②;徐在国先生指出咎繇是傅说之误,魏宜辉、周言据皋陶(咎繇)误为傅说之事,指出有缺文③;李学勤先生还认为简1前有缺文。而很明显,简13和简14之间,语意衔接不上,有脱简。

所说"没有后人附加的痕迹",恐怕只是王先生自己的感觉,我们并不知道这是针对哪一个文本而言。所说"出土文献与传世文献基本一致,看不出时代差别",与他自己所作的文本分析恐怕已经自相矛盾。而认为荀子之徒伪造之说,王先生也多是就思想接近而言,证据并不坚实有力。最让人迷惑的是,王先生已经证明孔子厄于陈、蔡之时,不可能知道伍子胥之死乃至句践生霸心之事,而荀子之徒在造作故事时,却会犯下这种低级错误,反不如所谓晚出的《庄子·让王》,实在大可奇怪。这一疑问,也是池田先生需要回答的,尤其是《庄子·让王》与《吕氏春秋·慎人》更为接近,但《庄子·让王》中没有提句践等事。

(五)

综合以上的分析,我们认为,孔子厄于陈、蔡之时,当不无感叹,但是《论语》所记,过于简略;孔子很可能多次论及"穷达"。流传到今天的关于孔子厄于陈、蔡的故事,可能有多种来源,甚至包括一些附益。但它的流传,在时空中应该不是单线传递的,而很有可能比较复杂。如果仔细梳理一下文献所记与《穷达以时》有关的诸文本,就容易看出诸文本之间,不尽相同。今主要根据陈蔡时事、论穷达、"岁寒,然后知松

---

① 参见赵平安:《〈穷达以时〉第九号简考论——兼及先秦两汉文献中比干故事的衍变》,载《古籍整理研究学刊》,2002(2)。

② [日]池田知久:《郭店楚简〈穷达以时〉研究(上)》,载《古今论衡》,第4期,60页注4。

③ 魏宜辉、周言:"简文至少部分缺失了关于皋陶遇舜、傅说遇武丁的记载(伊尹遇汤的记载也有可能被脱漏)。《论语·颜渊》篇:子夏曰:'富哉言乎! 舜有天下,选于众,举皋陶,不仁者远矣。汤有天下,选于众,举伊尹,不仁者远矣。'由此可以肯定简3和简4之间有脱文,脱漏的部分应为:'皋陶遇舜、傅说遇武丁,或伊尹遇汤。'"见安徽大学古文字研究室编:《古文字研究》第二十二辑,234~235页,北京,中华书局,2000。

柏之后凋也"、"句践霸心生于会稽"、舜遇尧、比干(伍子胥)等之事、兰、"天人相分"等几个元素，大致按成书年代的先后顺序(并不代表实际上必然存在这种先后因袭关系，而且这些文献的编定成书年代，并不代表文献最初的形成年代，下同)，列表 2-3 如下(其中《吕氏春秋·慎人》篇，仅计孔子厄于陈、蔡的那一章)：

表 2-3

	陈蔡时事	穷达	松柏	句践等	舜等	比干(伍子胥)	兰	天人相分
《论语·子罕》			✓					
《论语·卫灵公》	✓	✓						
《左传》等								✓
《穷达以时》	?	✓			✓	✓	✓	✓
《庄子·让王》	✓	✓	✓					
《荀子·天论》								✓
《荀子·宥坐》	✓	✓		✓		✓	✓	
《吕氏春秋·慎人》	✓	✓	✓	✓				
《缪和》		✓		✓				
《韩诗外传》	✓	✓			✓	✓	✓	
《说苑·敬慎》		✓				✓		
《说苑·杂言》一	✓	✓		✓				
《说苑·杂言》二	✓	✓			✓	✓	✓	
《风俗通·穷通》	✓	✓	✓	✓				
《琴操·猗兰操》		✓					✓	
《孔子家语·贤君》		✓				✓		
《孔子家语·在厄》	✓	✓		✓		✓	✓	

试据表 2-3 画出文本脉络图，则文本之间的组合、变化就更清楚了(为避免图形过于复杂，有底纹者，表示所记为陈、蔡时事)：

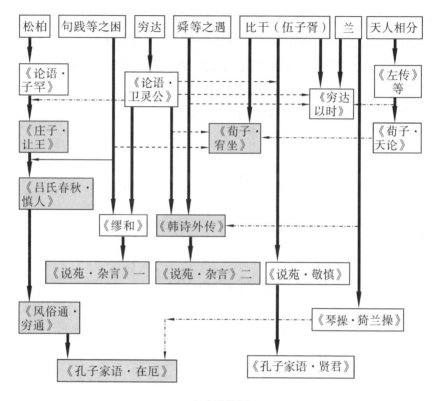

文本脉络图

容易发现,《风俗通·穷通》近于《吕氏春秋·慎人》,《说苑·杂言》二近于《韩诗外传》,其他则是由于文本之间的不同组合,就形成了不同的篇章。时间在后来的篇章,有的只包含有一两个相关文本元素,这说明它们出现的时间虽然晚,但来源可能很早。因此,《穷达以时》虽然与《荀子·宥坐》《吕氏春秋·慎人》《韩诗外传》卷七和《说苑·杂言》二等文献相关,但来源不同。如果从《穷达以时》本身还包含的一些不见于传世文献的内容来考虑,《穷达以时》很难说与这几篇相关文本有完全因袭的关系,得不出《穷达以时》时间上在《荀子·宥坐》之后的结论。我们应当以流传时的拼接、附益而不是以专门的著述来看待它们。《荀子·宥坐》《吕氏春秋·慎人》等篇,显然是对所闻故事的记录,容有不合史实之处,决非荀子之徒专门的著述。

至于"天人相分"的思想，实际上与"天人合一"是相反相成的命题，其来源并不晚。《左传》昭公十八年子产所说的"天道远，人道迩"，已发其端；《中庸》记孔子说："思知人，不可以不知天"；《管子·小匡》也有："功足以得天与失天，其人事一也"[①]；《尊德义》第8～10简也有："察诸出所以知己，知己所以知人，知人所以知命，知命而后知道，知道而后知行。由礼知乐，由乐知哀。有知己而不知命者，无知命而不知己者；有知礼而不知乐者，无知乐而不知礼者。"

以上所论，都与《穷达以时》中"天人相分"的命题相关。但《穷达以时》所着重强调的，并不是"天人相分"的观点，而是在知道哪些是"天""世"——人力所难能改变的东西之后，应该如何对待的问题。并认为在此种情况下，人不应该消极沉沦，应该"敦于反己"，提出了"反己"的命题。因此，"天人相分"的思想应该先于《穷达以时》。《语丛一》简26～30有："知己而后知人，知人而后知礼，知礼而后知行。其知博，然后知命。知天所为，知人所为，然后知道，知道然后知命"，实际上已说明"天人有分"；《文子·微明》也有："知天之所为，知人之所行，即有以经于世矣。知天而不知人，即无以与俗交；知人而不知天，即无以与道游"（《淮南子·人间》略同）。

由上文所引来看，"反己"的目的其实就是博通天人。这种"通"，是基于"天人相分"基础之上的"天人合一"，是顺天应人。不过儒、道对于天人的态度、追求，即使字面相同，实质却可能并不完全一样。

凡此均可说明，荀子"天人相分"的思想并非横空出世，也不必一定要在稷下继承庄子学派的思想，而是有着其他较早的来源。自然，就目前所见，《荀子·天论》这一篇阐述得最为详细。但是将"天人相分"的思想归于荀子，则属于默证，其他人完全可以早于荀子提出"天人相分"的思想。所以，将《穷达以时》"天人相分"的思想放在《荀子·天论》篇之后

---

① 《管子·小匡》篇与《国语·齐语》有关，据胡家聪先生的研究，二者并非抄袭的关系。参见胡家聪：《管子新探》，266页。李学勤先生则认为《管子·小匡》晚于《国语·齐语》，参见李学勤：《〈齐语〉与〈小匡〉》，见《古文献丛论》，176～183页。

的做法，是大可商榷的。

因此，文本、思想的分析，都不能为我们提供《穷达以时》可靠、具体的时间标准。所以，我们只能根据墓葬的年代来断定《穷达以时》的下限年代。至于其上限，还有待探讨；而其思想、文本来源，则相当早。

（六）

张立文先生从汉语史的角度来考察《穷达以时》的时代，可谓独辟蹊径。但仅凭作为复合词，"穷达"始见于《后汉书》这一个词例，恐怕不能定案，这属于前文中陈鼓应先生所批评过的"急速推广的谬误"。虽然笔者也曾经怀疑"反己"一词可能出现较晚，可能始见于《吕氏春秋·诬徒》。但现在看来，我们所见的传世文献，只能作为语词出现的时间下限。张先生显然也认识到了这一点，但是将"穷达"一词的年代定到《孟子》之后，恐怕仍有不妥。

实际上，《文子·上义》篇、《庄子·德充符》篇、《墨子·非儒下》篇、《吕氏春秋·慎人》篇等均提及"穷达"，《鹖冠子·兵政》篇中记载有：

> 鹖冠子曰："天不能使人，人不能使天，因物之然，而穷达存焉……"

不仅出现了所谓的复合词"穷达"，而且与"天人"之论相关联，值得注意。此外，汪继培所辑《尸子》中，多有与郭店简可对应者，尤其是与《唐虞之道》篇①。其中《尸子·劝学》载：

> 屈侯附曰："贤者易知也，观其富之所分，达之所进，穷之所不取。"然则穷与达其于成贤无择也。是故爱恶、亲疏、废兴、穷达皆可以成义，有其器也。

屈侯附之语，汪继培疑为《韩诗外传》卷三、《史记·魏世家》《说苑·臣术》中李克之误，"'附'即翟黄所进者，《魏世家》作'鲋'，《说苑》作

---

① 参见拙作：《〈唐虞之道〉、〈忠信之道〉与〈文言〉的年代》，待刊。

'附'"①。篇中也出现了所谓的复合词"穷达"。

《尸子》一书，长期以来被认为是伪书②，但前人辨伪，多不明学派著作的古书体例，见年代上有矛盾之处，便认为《尸子》是伪书，是多事之辨。不过，《尸子》一书后来散佚，《隋书·经籍志》著录《尸子》二十卷，记"其九篇亡，魏黄初中续"。对此，魏启鹏先生认为是采缀而不是"续书补作"③。可注意的是，上引"屈侯附"语，较《韩诗外传》卷三、《史记·魏世家》《说苑·臣术》等所载李克语，更为简洁，恐非伪作者所敢用；今存《尸子·劝学》篇中"昆吾之金"一语，已为郭璞（276—324）《山海经注》引用④。郭璞的年代，离魏黄初年间（220—226）并不远；魏黄初中所续的《尸子》，应该只是藏于秘府，而郭璞所见的《尸子》，当是没有续补的通行之《尸子》。《史记集解·孟子荀卿列传》引刘向《别录》，以尸子为"秦相卫鞅客也。卫鞅商君谋事画计，立法理民，未尝不与佼规之也"⑤，商鞅有师事之意。所以班固《汉书·艺文志》以尸子为商鞅师，其《古今人表》列商鞅于孟子后，而钱穆先生推测商鞅（公元前390—前338）与孟子（公元前390—前305）生年相先后⑥，则尸子当略长于孟子。又《别录》说尸子"自为造此二十篇书"⑦，但今存《尸子》中明显有尸子后学续作的地方，因此，《尸子·劝学》篇不一定全是尸子本人所作，但应该是可靠的先秦典籍。

如此多的古书中出现了"穷达"一词，那么《穷达以时》中使用"穷达"一词毫不奇怪。即便《文子·上义》《尸子·劝学》《庄子·德充符》等篇的作成年代可能晚于《孟子》，但一个词语的流行时间，应该比较长，完全有可能在《文子·上义》《尸子·劝学》《庄子·德充符》等篇的作成年代之

---

① 《二十二子》，367 页 C。

② 参见张心澂编著：《伪书通考》，832～834 页。

③ 魏启鹏：《〈尸子〉与子思之学》，见武汉大学中国文化研究院编：《郭店楚简国际学术研讨会论文集》，636～643 页。

④ 参见袁珂：《山海经校注》，509 页注 5，成都，巴蜀书社，1993。

⑤ （汉）司马迁：《史记》，2349 页。

⑥ 参见钱穆：《先秦诸子系年》，318 页。

⑦ （汉）司马迁：《史记》，2349 页。

前，"穷达"一词就已经被广泛使用。因此，仅凭"穷达"一个词，便认定《穷达以时》在《孟子》之后，这种说法恐怕难有说服力。如果我们认定《尸子·劝学》为尸子本人所作的话，那么使用了"穷达"一词的《穷达以时》的年代，可以推到《孟子》之前。

另外，《尸子·处道》有："仲尼曰：'得之身者，得之民；失之身者，失之民。不出户而知天下，不下其堂而治四方，知反之于己者也。'"《吕氏春秋·先己》《说苑·政理》《孔子家语·贤君》略同，丛刊本《孔子家语》作"知反己之谓也"。"反己"一词，除见于《吕氏春秋·诬徒》外，《文子·道原》有："人生而静，天之性也；感物而动，性之害也；物至而应，智之动也；智与物接，而好憎生焉；好憎成形，而智怵于外，不能反己，而天理灭矣"，"唯圣人能遗物反己"；《文子·符言》有："凡此四者，不求于外，不假于人，反己而得矣"；《文子·下德》有："故人性欲平，嗜欲害之，唯有道者能遗物反己"；《文子·上义》有："法非从天下也，非从地出也，发乎人间，反己自正"。《淮南子》略同。《庄子·徐无鬼》有："反己而不穷，循古而不摩，大人之诚。"前文已经指出，《文子》一书，在当前还没有足够的证据以之为伪书；《徐无鬼》属《庄子》杂篇，由阜阳汉简来看，年代不可能很晚①。上引《文子·道原》第一部分，与《礼记·乐记》接近，"反己"，《礼记·乐记》作"反躬"，郑玄注："躬，犹己也。"《乐记》的年代并不如某些学者所认为的那样，晚至汉代（详后文《上博〈诗论〉与儒家诗乐思想初探》）。因此，"反己"一词很可能在孔子之后就已经出现，是"反之于己"的缩略语。

所以，从汉语史的角度来考察《穷达以时》，只能说它的用词年代，与考古工作者所作的推定基本上不存在矛盾。

总之，我们认为，当前从思想、文本、汉语史等角度，来讨论《穷达以时》写作年代的文章中，本身有某些值得商榷之处，更与考古工作者对墓葬序列、出土文物的分析所得结论不合。经过分析，我们认为考

---

① 参见韩自强、韩朝：《阜阳出土的〈庄子·杂篇〉汉简》，见陈鼓应主编：《道家文化研究》第十八辑。

古工作者的时代下限推定是合理的。至于郭店楚简诸篇的年代，我们认为李学勤先生所说的"墓中书籍都为孟子所能见"，是合乎事实的。

十、上博《慎子曰恭俭》的学派属性研究

《上海博物馆藏战国楚竹书（六）》之中，《慎子曰恭俭》一篇引起了不少学者的注意。在李朝远先生筚路蓝缕的考释工作基础之上[1]，学界主要对字词考释和竹简编联、思想研究三大方面进行了讨论，而以思想研究最为令人瞩目。

下面首先列出笔者参考时贤研究成果之后作出的有关考释（为方便，常见字直接写出正字）、编联（当然，还有不少学者提出了其他的编联方案），略作解释，然后讨论与哲学史、思想史有关的一些问题。

（一）

慎子曰：恭俭以立身，坚强以立志，忠（中）寔（实）以反俞（渝），逆（择）友以载道，精法以巽（顺）埶（势）。₁

襄（尚）得用于世，均分而广施，时（恃）德而方（傍）义，民之……₄

干（焉），恭以为履口，莫偏干（焉）；信以为言，莫偏干（焉）；强以【为】庚（赓）志，【莫偏焉】……₂

伯夷、叔齐饿而死于沟渎，不辱其身，精……上博八《成王即邦》简4）[2]

禄不累其志，故曰强。首戴茅芙（蒲），撰筱（筊）执橝（钼），遵

---

① 参见马承源主编：《上海博物馆藏战国楚竹书（六）》，273～282 页，上海，上海古籍出版社，2007。

② 复旦吉大古文字专业研究生联合读书会《上博八〈成王即邦〉校读》指出："简 4 与本篇其它简字体有别。该简似与上博六《慎子曰恭俭》为同一抄手所抄（详见字形对照表），当剔出本篇。该简是否应归入《慎子曰恭俭》，有待进一步研究。"这一简可能在《慎子曰恭俭》"禄不累其志，故曰强"之前，是举例解经。《孟子》说："故闻伯夷之风者，顽夫廉，懦夫有立志。"后文（拙作编排为 1、4、2、5、6、3）"首戴茅蒲""为民之故，仁之至""身中处而不皮颡"等或均有所指具体人物。"伯夷、叔齐饿而死于雔渎，不辱其身，精"的"精"字可能据《孟子》读为"清"，但《慎子曰恭俭》篇的"精法以巽势"之"精"恐仍当读为"精"。

畎服亩，必于……5

　　察今，为民之故，仁之至！是以君子向方知道不可以矣（已），临……6

　　物以坏（丕），身中处而不皮（颇），赁（任）德以竢，故曰青（精）。断室（？）……3

　　慎子曰恭俭3背

《慎子曰恭俭》一文，虽然残断过甚，令人痛惜，然犹可借之考察先秦慎子学派之思想。

开篇引慎子之语，从立身、立志开始，谈到法和势，并说若能用世，将"均分而广施，恃德而傍义"，与《大学》的修齐治平之说接近。其后谈到恭与口、信与言、强与志的关系，以"莫偏焉"连接，似有谆谆告诫之义；而后再用"故曰"来解释"强""精"。若非简文残断，恐怕还可以看到更多的"故曰"，围绕"恭俭以立身，坚强以立志，中实以反渝，择友以载道，精法以顺势"等进行解释。因此，此篇在循环往复地围绕"慎子曰"之语进行解说是可以看出来的。但是由于简文残断，还不能确定"尚得用于世"云云是否也被反复解释。

"故曰强""故曰青（精）"这样的语句，很像解经体，这表明此篇很可能属于慎子后学的作品，称引慎子的语句，然后进行解释。不过值得注意的是，此篇谈到"立身""立志"等，是属于谈士人修为的作品，它表明简文的主题不是一篇"言治乱之事以干世主"的文章，其重点在于谈论日常修为以及用世时的目标。那么，文中所提到的"慎子"是不是著名的稷下的慎到，就值得认真研究了。

（二）

李朝远先生说：文献中的慎子即慎到（约公元前395—前315），战国时赵国人，曾在齐国的稷下学宫讲学，负有盛名。《史记·孟子荀卿列传》言"慎到著十二论"，归于学黄老之术；《汉书·艺文志》著录《慎子》四十二篇，归入"法家者流"；《崇文书目》作三十七篇，均已佚。现存辑录七篇，是否原作，见仁见智。慎子一般被视为法家，本篇名曰

"慎子曰恭俭"，但内容几不见于现存各种版本的《慎子》，而似与儒家学说有关。故简文中的"慎子"与文献中的"慎子"是否为同一人，尚有待研究。

陈伟先生则根据自己所作释文，指出："李先生的分析很有道理。上文考释的几条，像'忠质'、'中处而不颇'、'向方知道'，基本上也都是儒家的观念。"陈先生同时指出："不过，李先生按通行观念，把文献中的慎子看作同一个人，却可能有问题。战国、西汉典籍中记载的慎子，恐怕并不都是同一个人。"他认为《战国策·楚策二》"楚襄王为太子之时"章所记慎子不是慎到；《孟子·告子下》的"鲁欲使慎子为将军"中的慎子，"不大可能是慎到。他与担任楚顷襄王傅的慎子是不是一个人，则不好判断"。"如同李朝远先生指出的那样，从竹书《慎子曰恭俭》的思想倾向看，这篇文字不可能是慎到所作。它的作者，很可能就是曾经担任楚顷襄王傅的慎子。如果真是这样，这篇竹书的写作年代，大概是在楚怀王之世（公元前328—前299）或者顷襄王即位至东迁之前（公元前298—前279）。竹书中所说'苟得用于世，均分而广施'一类的话，似乎与太子的身份有关。在这种情形下，这篇竹书最可能写于他任太子傅之时，即公元前300年以前的一段时间。"①

李朝远先生和陈伟先生都承认简文和慎子相关，但是对于简文中的慎子是不是稷下的慎到，有保留意见。

这里涉及判定简文的学派归属的问题。关于学派归属，如果补充"时（恃）德方（傍）义""仁之至""信以为言"等语词，似乎可以证明此篇为儒学作品。然若根据上述释文中的"精法以顺势""均分而广施"，亦恐不难敷衍出论证此文属于所谓法家慎子佚文。因为"恭俭""中处而不颇""向方知道"之类语词，可能属于"诸子言公"的"公言"，是所谓大传统、古代经典中的教化语词，或见于古代诗书，或散见于百家之言。譬如《尚书·洪范》"无偏无陂（颇），遵王之义"，郭店简《缁衣》中有佚诗"吾大夫恭且俭，靡人不敛"，《文子·符言》"故至德言同辂，事同辐，

---

① 参见陈伟：《〈慎子曰恭俭〉初读》，见张光裕、黄德宽主编：《古文字学论稿》，317页，合肥，安徽大学出版社，2008。

上下一心，无歧道旁见者，遣退之于邪，开道之于善，而民向方矣"。如果有某些词汇难以反驳或认同它们属于某一家（譬如儒家），如今存《慎子》佚文中有"《诗》，往志也；《书》，往诰也；《春秋》，往事也"①，那也可以做一篇论证此文属于思想折中的作品，比如可以说此篇为慎子后学中受儒家思想影响者所作，以见战国时百家思想互相影响……

关键的问题是，什么可以作为我们判定文献思想归属、学派属性的依据？这是问题的本质所在，它是近来的出土文献乃至传统文献学派判定研究中，几乎从来没有被追问的前提。近年来长台关楚简、睡虎地秦简《为吏之道》《性自命出》《恒先》《鬼神之明》等诸多篇章所引起的关于学派属性的争论，已经非常可观了。

常见的方法，不过是根据文献所见词汇，或者根据相近文句，根据与其他文献的重文，来作出判定。应该承认这些方法有一定可信性，比如《性自命出》我们可以判定为儒家作品。但是如果进一步追问属于儒家内部哪一派别，则意见纷呈。

根据研究，笔者倾向于认为考察先秦的学派，应该更注重师承，更重视百家之说，而淡化"六家""九流十家"之说，淡化《汉书·艺文志》的分类。因此考察《慎子曰恭俭》的学派归属，我们就应该抛开"法家"这样的思维定式，而直接拿传世有关《慎子》的文献和简文进行对比。

根据研究，笔者认为《慎子曰恭俭》中所记的言论，和传世所述慎到的思想符合。

《慎子曰恭俭》开篇谈论"恭俭以立身，坚强以立志，中实以反渝，择友以载道"等内容，这是有目的的行为。《慎子》佚文有："久处无过之地，则世俗听矣。"②由此我们也就更明白了《庄子·天下》篇为什么会评论慎到说："全而无非，动静无过，未尝有罪。"

简文说"坚强以立志，中实以反渝"，后文又说到"禄不累其志"，这可能是慎子学派比较特别的学说内容，其目的是要达到《慎子》佚文所说

---

① 参见阮廷焯：《先秦诸子考佚》，195页，台北，鼎文书局，1980。
② 同上。

的"外物不累其内"（所谓"中实"，是治心的范畴，马王堆帛书《经·五正》阉冉答黄帝曰："后中实而外正，何患不定?"）。所以《庄子·天下》评论说："公而不当，易而无私，决然无主，趣物而不两，不顾于虑，不谋于知，于物无择，与之俱往。古之道术有在于是者。彭蒙、田骈、慎到闻其风而悦之。齐万物以为首，曰：'天能覆之而不能载之，地能载之而不能覆之，大道能包之而不能辩之，知万物皆有所可，有所不可，故曰选则不遍，教则不至，道则无遗者矣。'是故，慎到弃知去己而缘不得已，泠汰万物以为道理。曰：'知不知，将薄知而后邻伤之者也，謑髁无任，而笑天下之尚贤也！纵脱无行，而非天下之大圣，椎拍輐断，与物宛转，舍是与非，苟可以免，不师知虑，不知前后，魏然而已矣。推而后行，曳而后往，若飘风之还，若羽之旋，若磨石之隧。全而无非，动静无过，未尝有罪。是何故？夫无知之物，无建己之患，无用知之累，动静不离于理，是以终身无誉。故曰：至于若无知之物而已。无用贤圣，夫块不失道。'豪桀相与笑之曰：'慎到之道，非生人之行，而至死人之理，适得怪焉。'"现在我们理解了慎子的目的是要使自己的心志不受外物的干扰，就能更好体会《庄子》之语了。至于豪杰非议慎到之道，未免过于夸张。而《慎子》佚文所记此派为达到"外物不累其内"，甚至轻死生，则又可称道也："始吾未生之时，焉知生之为乐也。今吾未死，又焉知死之为不乐也。故生不足以使之，利何足以动之。死不足以禁之，害何足以恐之。明于死生之分，达于利害之变，是以目观玉辂琬象之状，耳听白雪清角之声，不能以乱其神。登千仞之溪，临蝯眩之岸，不足以滑其知。夫如是，身可以杀，生可以无，仁可以成。"[1]这里说到杀身成仁，简文中说"为民之故，仁之至"，看来仁、义有可能在当时早已经称为"公言"，故并非儒家特色。

简文说"禄不累其志"，可以参看《慎子》佚文："移求爵禄之意而求义"[2]。简文也明确说出："尚得用于世，均分而广施，恃德而傍义"。

---

① 参见阮廷焯：《先秦诸子考佚》，203 页。
② 同上书，202～203 页。

简文的"均分而广施",可以参看《庄子·天下》篇的"公而不当,易而无私"。但是慎子思想出发点,当是从循法、不争的角度而言的,并非儒者之"不患寡而患不均"。《慎子·威德》说:"定罪分财必由法"。《慎子》佚文也提到:"法之功,莫大使私不行。君之功,莫大使民不争。"①

然而《荀子·解蔽》说:"慎子蔽于法而不知贤。"但是《慎子·知忠》已经指出:"治乱在乎贤使任职"。看来此派并非不重贤,只是就法(或者势)与贤相比而言,慎子更重视法(或者势)②。简文说"择友以载道",也有重视贤者之意。慎子之学虽然"于物无择",但是"择友",而"择友"是为了"道"。

简1前四句"恭俭以立身,坚强以立志,中实以反渝,择友以载道"中,"以"之前者皆以后者为目的,则"精法以顺势"亦当如此。论法、术、势者常以势为行法之必要条件,如《韩非子·难势》:"尧教于隶属而民不听,至于南面而王天下,令则行,禁则止"。简文云"精法以顺势",看来是以势指代有势者、君民者(因此,其下文才有"尚得用于世"之说。《慎子》佚文提到"礼从俗,政从上,使从君"③)。因为强调明法之目的乃是为有势者所用,故慎子虽然揭示了"势"之重要,但是仍以"法"为其思想重心。是故《荀子·非十二子》以"尚法而无法"批评慎子,《荀子·解蔽》云:"慎子蔽于法而不知贤",不谈论其关于"势"的理论〔反而评价申子为"申子蔽于执(势)而不知知";而《吕氏春秋·不二》则以孙膑为贵势之代表"孙膑贵势"④〕,而不像《韩非子·难势》讨论势与贤的关系,《荀子》是抓住了慎子思想的本质的。《韩非子》则是要融合法、术、势的理论,故有所不同。

---

① 参见阮廷焯:《先秦诸子考佚》,186 页。
② 参见王叔岷:《先秦道法思想讲稿》,255 页,台北,"中研院"中国文哲研究所,1992。
③ 参见阮廷焯:《先秦诸子考佚》,186 页。
④ 银雀山汉简《孙膑兵法》中有论及"势"之处,而《孙子兵法》有《势》篇,岂慎到是将兵家之学说引入治道而著名者?《汉书·艺文志》等云"慎子先申韩,申韩称之",今人每责其误。由《荀子》之批评"申子蔽于执(势)而不知知"来看,或因慎到贵势之大名,而为申子后学所称引,因而致误?

　　了解了"顺势"之义，再结合简文的"均分而广施，恃德而傍义""为民""身中处而不颇"，以及所强调的"恭俭"和"首戴茅蒲，撰莜执钮，遵畎服亩"云云，我们也能更好体会《荀子·非十二子》所说的"尚法而无法，上循①而好作，上则取听于上，下则取从于俗，终日言成文典，反纠察之，则倜然无所归宿，不可以经国定分；然而其持之有故，其言之成理，足以欺惑愚众，是慎到、田骈也"。慎子尚法，顺君民者之势，又能为民，而且提出"恭俭"这些"公言""文典"，但是他自己却是"决然无主，趣物而不两"，因循于后，所以荀子说他"反纠察之，则倜然无所归宿，不可以经国定分"。

　　我们前面在做释文的时候，参考了后世有关慎到思想的记述、评论以及《慎子》佚文，以有助于简文的释读。但是不能因为我们先这样做注释，再来推论简文符合慎到的思想，就认为我们是循环论证。我们并没有在作注释的时候刻意求同于慎子的思想以及《慎子》佚文，所作注释基本符合通假、疏证的规则（譬如，不能因为我们把"巽埶"读作"顺势"就认为这是在贴合慎子的思想，一定要坚持将"埶"读为本字或其他字）。也不能轻易因为战国时代可能有几个称为慎子者，就认为简文可能不是慎到之思想，而《汉书·艺文志》所记可能并没有反映战国时代的现实。应该说，战国时期存在几个被称为慎子者，这是有可能的。但是，我们要根据简文内容出发来做判断，要断定简文的核心内容（"恭俭以立身，坚强以立志，中实以反渝，择友以载道，精法以顺势"，简2以及简5、简3皆围绕之进行论述）所反映的思想倾向；同时也要将慎子的批评者所描述的慎子的独特思想放回战国时期的思想大势之中，考虑慎子思想中并不"独特"的地方，考虑先秦时候"诸子言公"的特点。不能因为简文有几处和所谓儒家思想有关的内容，就怀疑简文所记非慎到的思想。

　　现在我们看全篇的逻辑层次：开篇称引慎子之语，包括日常修为和出仕之后的目标两部分，是慎子之学的学术修养——政治实践的大纲，是学以致用、学而优则仕的老传统；之后围绕日常修为进行解释，谆谆

---

① 原作下修，兹从于省吾《荀子新证》说改。

告诫"莫偏焉";再次论述何为强、何为精，层层展开，益可信其为慎子学派之作，很可能是其弟子后学的作品。

因此，根据余嘉锡先生所总结的先秦子书形成规则，此篇《慎子曰恭俭》可能成于慎子后学之手，当属于《慎子》。而且此篇谈论的不是重势、重因循等慎到的特色内容，谈论的是士人如何进行修养，使我们见到了古代思想家的另一面，或许更有意义。

（三）

关于慎到其人，钱穆先生有比较详细的考证，认为慎子名滑厘，字到，较孟子稍后。但是根据学者们的研究来看，钱穆先生将慎到和《孟子》中的"慎滑厘"联系起来，是不正确的①。

钱穆先生曾提到《战国策·楚策二》所记楚襄王傅慎子，认为"年代尚无不合"，但是因为载有这一篇的慎子书为伪作，故以为"不足据"②。这是说《慎子》书载这个故事不可信（关于这个收入《四部丛刊》的《慎子》，罗根泽先生有详考），但是楚襄王傅慎子是不是赵人慎到，从年代上看是有可能的。

《战国策·楚策二》载：

> 楚襄王为太子之时，质于齐，怀王薨，太子辞于齐王而归，齐王隘之："予我东地五百里，乃归子。子不予我，不得归。"太子曰："臣有傅，请追而问傅。"傅慎子曰："献之地，所以为身也。爱地不送死父，不义。臣故曰，献之便。"太子入，致命齐王曰："敬献地五百里。"齐王归楚太子。太子归，即位为王。齐使车五十乘，来取东地于楚。楚王告慎子曰："齐使来求东地，为之奈何？"慎子曰："王明日朝群臣，皆令献其计。"上柱国子良入见。王曰："寡人之得来反王坟墓复群臣归社稷也，以东地五百里许齐。齐今使来求地，为之奈何？"子良："王不可不与也！王身出玉声，许万乘之强齐，而不与，则不信，后不可以约结诸侯；请与而复攻之。与之信，攻

---

① 参见阮廷焯：《先秦诸子考佚》，177～178 页。
② 钱穆：《先秦诸子系年》，492～495 页。

之武。臣故曰与之。"子良出，昭常入见。王曰："齐使来求东地五百里，为之奈何？"昭常曰："不可与也！万乘者，以地大为万乘。今去东地五百里，是去战国之半也，有万乘之号，而无千乘之用也！不可！臣故曰勿与。常请守之。"昭常出，景鲤入见。王曰："齐使来求东地五百里，为之奈何？"景鲤曰："不可与也！虽然，楚不能独守！王身出玉声，许万乘之强齐也而不与，负不义于天下。楚亦不能独守。臣请西索救于秦。"景鲤出，慎子入，王以三大夫计告慎子曰："子良见寡人曰：'不可不与也，与而复攻之。'常见寡人曰：'不可与也，常请守之。'鲤见寡人曰：'不可与也，虽然楚不能独守也，臣请索救于秦。'寡人谁用于三子之计？"慎子对曰："皆用之。"王怫然作色，曰："何谓也？"慎子曰："臣请效其说，而王且见其诚然也！王发上柱国子良车五十乘，而北献地五百里于齐；发子良之明日，遣昭常为大司马，令往守东地；遣昭常之明日，遣景鲤车五十乘，西索救于秦。"王曰："善。"乃遣子良北献地于齐；遣子良之明日，立昭常为大司马，使守东地；又遣景鲤西索救于秦。子良至齐，齐使人以甲受东地。昭常应齐使曰："我典主东地，且与死生，悉五尺至六十，三十余万弊甲钝兵，愿承下尘。"齐王谓子良曰："大夫来献地，今常守之何如？"子良曰："臣身受命弊邑之王，是常矫也！王攻之！"齐王大兴兵攻东地，伐昭常。未涉泗，疆秦以五十万临齐右壤，曰："夫隘楚太子弗出，不仁；又欲夺之东地五百里，不义。其缩甲则可；不然，则愿待战！"齐王恐焉，乃请子良南道楚，西使秦，解齐患。士卒不用，东地复全。[①]

从这个慎子的言行来看，他颇重因循之术，而都出于不得已。《庄子·天下》篇说："慎到弃知去己而缘不得已"。从重因循和缘不得已来看，《战国策·楚策二》所记慎子，很可能就是赵人慎到。若因为明人将《战国策·楚策二》等文献编入《慎子》，就怀疑《战国策》本身的可靠性，

---

① 诸祖耿：《战国策集注汇考》，789～791 页。

恐有失公允。《楚策二》所记慎子故事虽有某些可疑之处，但这恐怕应该归于《战国策》的特点。退一步讲，即便此故事为依托，但是何故依托名为慎子者，其言其行皆符合慎子因循之道，是否与慎子后学有关，也可以考虑。

"重因循"是慎到的思想独特之处，但是他并非时时、事事都只体现这个思想。前引《慎子》佚文有："《诗》，往志也；《书》，往诰也；《春秋》，往事也"，说明慎子对于六艺也有一定研究，而他在齐又有相当威望，适于担任太子老师（而不太可能是所引佚文属于担任太子傅的慎子，误合于赵人慎到名下）。

如果《战国策·楚策二》的慎子就是慎到，那么时当楚怀王三十年、齐湣王二年，即公元前 299 年。根据《史记·田敬仲完世家》的记载，齐宣王之时，慎到等为稷下学士，而楚太子在怀王二十九年才为质于齐，很可能此时慎子才为楚太子傅。慎子虽然帮助楚太子解决了困难，但是诚如《荀子·非十二子》和《荀子·天论》的批评："尚法而无法，上循而好作，上则取听于上，下则取从于俗，终日言成文典，反纟察之，则倜然无所归宿，不可以经国定分；然而其持之有故，其言之成理，足以欺惑愚众，是慎到、田骈也。""慎子有见于后，无见于先。"慎子不能"经国定分"，只能"上则取听于上，下则取从于俗"（《慎子》佚文提到"礼从俗，政从上，使从君"），因循于后，不足以挽救处于危难之中的楚国，大概不久就离开楚国了。

战国之时政治形势错综复杂，而又颇有民主风气，对于各为其主者并无过多责难，因此慎子帮助楚国坏齐之美事，并不足以使慎子不能重回稷下。是故《盐铁论·论儒》篇说："齐威、宣之时，显贤进士，国家富强，威行敌国。及湣王，奋二世之余烈，南举楚、淮，北并巨宋，苞十二国，西摧三晋，却强秦，五国宾从，邹、鲁之君，泗上诸侯皆入臣。矜功不休，百姓不堪。诸儒谏不从，各分散，慎到、捷子亡去，田骈如薛，而孙卿适楚。内无良臣，故诸侯合谋而伐之。"慎子在齐湣王末年散去。后来田单收复齐国首都，迎接襄王回齐，然后开始恢复稷下学宫。《史记·孟子荀卿列传》说"自驺衍与齐之稷下先生如淳于髡、慎到、环渊、接子、田骈、驺奭之徒，各著书言治乱之事，以干世主，岂可胜道哉"，又说"田骈之属皆已死齐襄王时，而荀卿最为老师"。

前引《盐铁论》记诸人顺序为慎到、捷子、田骈，《史记·孟子荀卿列传》顺序为"慎到、接子(捷子)、田骈"，与之相同。但是《史记·田敬仲完世家》则说"宣王喜文学游说之士，自如驺衍、淳于髡、田骈、接子、慎到、环渊之徒七十六人，皆赐列第，为上大夫"，顺序为田骈、接子(捷子)、慎到，与《盐铁论》《史记·孟子荀卿列传》的顺序相反，看来《史记》所言诸人次序并无确定的先后①。是故《史记·孟子荀卿列传》所说"田骈之属皆已死齐襄王时"，这个"田骈之属"应该包括了慎到。因此，慎到终老于齐，可能在齐湣王时亡去之后，等齐襄王重建稷下学宫之时再次回到齐国，之后不久过世，可能死于齐国。《太平寰宇记》卷十三云"慎子墓在济阴县西南四里"，或可资参考。②

胡适先生认为慎到"学派成熟的时期"大概在公元前三世纪的初年，并指出《汉书·艺文志》所说慎子先于申子之说不可靠③；梁启超先生认为慎到的生卒年为公元前359—前294；钱穆先生认为是公元前350—前275④；吴光先生认为是公元前365—前280⑤；白奚先生认为是公元前350—前283⑥；潘志锋先生认为是公元前350—前283（或公元前279）⑦。

齐襄王在位为公元前283—前265，而田单复齐国在公元前279，重建稷下学宫当是此后之事。因此，上述慎子卒年诸说之中，以钱穆先生

---

① 《庄子·天下》篇所说的"彭蒙、田骈、慎到"，也并不足以表明先后之序。《天下》篇虽说有"墨翟、禽滑厘"之顺序可信，但是也有"关尹、老聃"之不可据为顺序者。

② 参见阮廷焯：《先秦诸子考佚》，176页。

③ 胡适：《中国哲学史大纲(卷上)》，见姜义华主编：《胡适学术文集·中国哲学史》上册，230页。

④ 钱穆：《先秦诸子系年》，696页。

⑤ 吴光：《黄老之学通论》，84页，杭州，浙江人民出版社，1985。

⑥ 白奚：《稷下学研究：中国古代的思想自由与百家争鸣·稷下诸子生卒约数年表》，304页，北京，生活·读书·新知三联书店，1998。

⑦ 王永祥、潘志锋、惠吉兴：《燕赵先秦思想家公孙龙、慎到、荀况研究》，81页，保定，河北大学出版社，2002。

公元前 275 之说较为合理。

慎子为战国时著名人物，其说在楚地流传，未必要等到他担任楚太子傅之时。上博简传出于故郢地，马承源先生明确指出，"两次请中国科学院上海原子核研究所对竹简作了历史年代测定，由超灵敏小型回旋加速器质谱仪测出竹简距今时间为 2257±65 年"①，则经科学方法测定的竹简年代，约是公元前 324—前 194。但是竹简年代还应该不晚于白起拔郢之年(公元前 278)，因此，《慎子曰恭俭》篇竹简的年代范围约是公元前 324—前 278。慎子在齐宣王时担任上大夫，齐宣王在位年数是公元前 319—前 301；又《慎子曰恭俭》有"故曰"之语，应该系慎子弟子后学所作，而这些弟子后学很可能是在慎子担任上大夫之后才从游，则不难看出《慎子曰恭俭》应该是传到郢都的时髦思想，年代恐在公元前 319—前 278 之间。慎子担任上大夫时恐怕不会太年轻，虽然他是哪一年担任上大夫还不清楚，但是钱穆先生取生年为公元前 350 或恐过晚，今姑取梁启超先生公元前 359 之说。徐干《中论·亡国》篇说"齐桓公立稷下之官，设大夫之号，招致贤人而尊宠之。自孟轲之徒皆游于齐……"，则齐之稷下学宫始于田午。即以慎子在齐宣王初年即担任上大夫而论，也符合古人"四十曰强，而仕"之礼节。

因此，慎子之生卒年岁约为公元前 359—前 275，计 84 岁，这对于享受不治而议论的慎子来讲，是很有可能的。慎子担任上大夫、稷下学士之后，弟子从游者当有不少，其门人取慎子之语而敷衍为文，是可以想见的。因为慎子之名气或后来慎子为楚太子傅之故而流传到楚地，都是有可能的。

《荀子》一书中，《天论》《解蔽》《非十二子》三篇批评了不少名人，处处都提到的，是慎子、墨子、宋子。这说明慎子之学，在当时影响确实比较大。楚太子以之为傅，良有以也。千载之后，得其学之残简，加深了我们对其学术的了解，真盼望能有复原《慎子曰恭俭》全文之日。

---

① 朱渊清：《马承源先生谈上博简》，见朱渊清、廖名春主编：《上博馆藏战国楚竹书研究》，3 页，上海，上海书店出版社，2002。

十一、论上博《鬼神之明》篇的学派性质：兼说对文献学派属性判定的误区

近几十年来，中国境内出土了大批简帛古书。面对这些古书，许多学者都会根据古书的内容，判定其思想主旨，而后将之归入阴阳、名、法、儒、墨、道等司马谈所论的"六家"之一，或者归入刘向、刘歆父子所定的"九流十家"之中，乃至新造的"道法家""稷下学派"之类。其主要方法有二：一是根据出土文献中某些文句，与学派性质已经明了的传世文献的紧密相关度，判定出土文献的学派属性；二是根据出土文献的思想主旨，与学派性质已经明了的传世文献的相近程度，判定出土文献的学派属性。涉及儒家的时候，还会根据《荀子》《韩非子》等所论，细分出"儒家八派"，乃至可以细分到"七十子"。当然可以想见，学者之间会有不同的意见，莫衷一是，或者有主流意见和个别意见之别。

《上海博物馆藏战国楚竹书（五）》中，有整理者曹锦炎先生命名的《鬼神之明》篇。曹先生将此篇认定为《墨子》佚文，并有专文论述。[①] 因为出土文献中墨学的东西不多，遂引起了不少学者的关注。2006年6月份在武汉大学召开的"新出楚简国际学术研讨会"上，日本学者浅野裕一先生便撰文赞同此说[②]；而虽有学者反对此说，却仅只说到"墨子'鬼神之明必知之'与竹简'鬼神有所明，有所不明'的观点是相互排斥的"[③]。

笔者曾经指出过传世文献中，有与《鬼神之明》相关之佚文，据此反对将此篇的学派性质定为墨家[④]。此外，因为笔者曾经追溯过"六家"

① 参见曹锦炎：《上海博物馆藏楚竹书〈墨子〉佚文》，载《文物》，2006(7)。
② 参见浅野裕一：《上博楚简〈鬼神之明〉与〈墨子〉明鬼论》，见《新出楚简国际学术研讨会论文集》，武汉大学，2006-06；丁四新主编：《楚地简帛思想研究（三）》，武汉，湖北教育出版社，2007。
③ 丁四新：《上博楚简〈鬼神〉篇注释与研究》，见《新出楚简国际学术研讨会论文集》；《上博楚简〈鬼神〉篇注释》，见丁四新主编：《楚地简帛思想研究（三）》。
④ 参见拙作：《读上博（五）札记二则》，载《古籍整理研究学刊》，2007(3)。

"九流十家"与"诸子百家"的源流，反对简单地对出土文献的学派性质进行认定；而在武大会议上，有一些西方学者认为把文献归入"九流十家"，是"对后代不负责任"。我们的出发点并不相同（西方学者倾向于认为"六家""九流十家"是汉代的建构；笔者则认为类似"六家"的概念已经在战国时代出现，但是可能晚于"百家"之说，参见前文《"六家""九流十家"与"百家"》），但是有相近的观点，这种观点引起了不少学者的反思和讨论。对这一问题素有关注的台湾学者郭梨华先生，专门在大会闭幕发言上，通过其教学实践，谈到了运用"九流十家"的不得已。

看来，对于文献的学派性质认定，已经处于学术研究的瓶颈位置。下面以《鬼神之明》为例，谈一谈对文献进行学派属性判定中所存在的误区。

（一）

首先，根据学界的研究成果，整理出《鬼神之明》残篇的释文：

> 今夫鬼神有所明〈，有所不明①〉，则以其赏善罚暴也。昔者尧舜禹汤，仁义圣智，天下法之，此以贵为天子，$_1$富有天下，长年有誉，后世述之，则鬼神之赏，此明矣。及桀纣幽厉，焚圣人，杀谏者，贼百姓，乱邦家，【此以桀折于鬲山，而纣首于岐社②，】$_2$背身不没，为天下笑。则鬼$_2$【神之罚，此】明矣。及伍子胥者，天下之圣人也，鸱夷而死。遽箶公者，天下之乱人也，长年而没。如以此诘之，则善者或不赏，而暴$_3$【者或不罚。】古（故）吾因解鬼神不明，则必有故。其力能至焉而弗为乎？吾弗知也。抑其力固不能至焉乎？吾又弗知也。此两者歧吾，故$_4$【曰：鬼神有】所明，有所不明。此之谓乎！③

---

① 简文"有所不明"之下，刮去几字。据文意看，疑"有所不明"也当删去，待考。

② "纣首于岐社"，整理者云此事"不见古书记载"，似稍失检《逸周书·世俘》篇。此篇载武王克商后之事，不少学者以之为实录。篇中云："武王乃夹于南门用俘，皆施佩衣〈衣〉先馘入。武王在祀，大师负商王纣县首白旗、妻二首赤旗，乃以先馘，入燎于周庙"，正是以悬纣首以献祭。

③ 以上释文参考了曹锦炎：《〈鬼神之明〉释文注释》，见马承源主编：《上海博物馆藏战国楚竹书（五）》，上海，上海古籍出版社，2005；陈伟：《上博五〈鬼神之明〉篇初读》，载"简帛研究"网，2006-02-18；廖名春：《读〈上博五·鬼神之明〉》，载"简帛研究"网，2006-02-19。

"邃炱公"虽然尚待释读(有荣夷公、宋穆公、秦穆公等意见),但是一定是当时知名的一个"天下之乱人"。很明显,简文的意思,是先举例说明赏善罚恶,证明鬼神之明;再举"善者或不赏而暴者或不罚"之例,说明鬼神不明。但是鬼神不明的原因,论者虽然有两个考虑,却都不能确定,故而最后认定:鬼神有所明有所不明。

(二)

我们知道,《墨子》"非命"而"明鬼",《鬼神之明》简文有些思想确实和《墨子》相近。曹锦炎先生在文后的附录中,引用了《墨子·公孟》两章和《明鬼下》《天志下》的部分文字,其用意应该是证明《鬼神之明》和《墨子》的相关性,由此证明《鬼神之明》是《墨子·明鬼》的佚文。下面先看曹先生所引这些文字:

1.《公孟》

> 有游于子墨子之门者,谓子墨子曰:"先生以鬼神为明知,能为祸人哉福,为善者富之,为暴者祸之。今吾事先生久矣,而福不至,意者先生之言有不善乎?鬼神不明乎?我何故不得福也?"子墨子曰:"虽子不得福,吾言何遽不善?而鬼神何遽不明?……
>
> 子墨子有疾,跌鼻进而问曰:"先生以鬼神为明,能为祸福,为善者赏之,为不善者罚之。今先生圣人也,何故有疾?意者先生之言有不善乎?鬼神不明知乎?"子墨子曰……

2.《明鬼下》

> 子墨子言曰:"……此其故何以然也?则皆以疑惑鬼神之有与无之别,不明乎鬼神之能赏贤而罚暴也。今若使天下之人,偕若信鬼神之能赏贤而罚暴也,则夫天下岂乱哉!"

3.《天志下》

> 何以知天之爱百姓也?吾以贤者之必赏善罚暴也。何以知贤者之必赏善罚暴也?吾以昔者三代之圣王知之。故昔也三代之圣王尧

舜禹汤文武之兼爱之天下也，从而利之，移其百姓之意，焉率以敬
上帝山川鬼神。天以为从其所爱而爱之，从其所利而利之，于是加
其赏焉，使之处上位，立为天子，以法也，名之曰圣人。以此知其
赏善之证。是故昔也三代之暴王桀纣幽厉之兼恶天下也，从而贼
之，移其百姓之意，焉率以诟侮上帝山川鬼神。天以为不从其所爱
而恶之，不从其所利而贼之，于是加其罚焉，使之父子离散，国家
灭亡，抎失社稷，忧以及其身。是以天下之庶民属而毁之，业万世
子孙继嗣毁之贲（者）不之废也，名之曰失（暴）王，以此知其罚暴之
证。今天下之士君子欲为义者，则不可不顺天之意矣。

但是仔细将所引文和《鬼神之明》比较，虽与鬼神之赏善罚暴有相近
之处，却绝没有论及"善者或不赏而暴者或不罚"者。即便阅读《墨
子·公孟》原文全章，乃至与之相关的《墨子·鲁问》中"子墨子士曹公子
于宋"和"鲁祝以一豚祭"章，讨论的都只不过是"善者或不赏"的问题，
并未涉及"暴者或不罚"。因此很难说《墨子·明鬼》乃至《墨子》，和《鬼
神之明》紧密相关。

（三）

值得注意的是，《墨子·明鬼下》举上帝赐秦穆公十九年之事为证，
说明鬼神之明。墨家弟子缠子因宣讲这个观点，被儒家之徒董无心驳
斥。今存《论衡·福虚》记载了此事[①]：

儒家之徒董无心，墨家之役缠子，相见讲道。缠子称墨家佑鬼
神，是引秦穆公有明德，上帝赐之九十〔十九〕年，（缠）〔董〕子难以
尧、舜不赐年，桀、纣不夭死。[②]

----

① 在武大会议上，笔者曾就《论衡》之文与浅野裕一先生讨论。但是浅野先生认为《论衡》
是东汉的书，不能用来证明战国时候的简书。可是这种西方历史学上"晚不能证早"的观念，
并不符合中国古书的特点。且不说《论衡》记载此事当是引自他书，并非自创；《汉书·艺文
志》记载儒家有"《董子》一篇"，下注云："名无心，难墨子。"（缠子为墨子后学）此书明代陈第
《世善堂书目》尚记载有传本，至马国翰时已经不见。这些完全可以说明《董子》之时代并不晚，
其流传并非假造。

② 参见黄晖：《论衡校释（附刘盼遂集解）》，268～269 页。

董无心"尧舜不赐年，桀纣不夭死"之说，正合"善者或不赏，而暴者或不罚"之理。如果墨子学派已经认识到"善者或不赏，而暴者或不罚"对于他们"明鬼"学说的破坏性，恐怕会努力应对这一点，就算仍然要写秦穆公之事，也当在某些地方有补充说明。从现存《明鬼下》篇来看，并没有任何补充意见，仅是在《墨子·公孟》以及《墨子·鲁问》中讨论了"善者或不赏"的问题。

我们知道，《墨子·尚贤》诸篇皆有上、中、下三篇文意相近，属于墨家的主要观点。《明鬼下》篇没有讨论"鬼神有所明有所不明"的内容，要断定《鬼神之明》属于已佚的《明鬼上》或《明鬼中》的内容，或是《墨子》佚文，恐怕难以令人信服。此外，《鬼神之明》篇发言者在推想鬼神力能至而不为、力不能至两种可能；极力推举鬼神信赏必罚的墨家学说，恐怕难以说出鬼神力不能至。

反过来说，因为董无心"尧舜不赐年，桀纣不夭死"之语，我们能否断定《鬼神之明》是儒家之说呢？或许有学者会举与孔子有关的事例，说明儒家也碰到过类似的问题。《荀子·宥坐》载：

> 孔子南适楚，厄于陈、蔡之间，七日不火食，藜羹不糂，弟子皆有饥色。子路进问之曰："由闻之：为善者天报之以福，为不善者天报之以祸。今夫子累德、积义、怀美，行之日久矣，奚居之隐也？"孔子曰："由不识，吾语女。女以知者为必用邪？王子比干不见剖心乎！女以忠者为必用邪？关龙逢不见刑乎！女以谏者为必用邪？吴子胥不磔姑苏东门外乎！夫遇不遇者，时也；贤不肖者，材也。君子博学深谋，不遇时者多矣。由是观之，不遇世者众矣，何独丘也哉！且夫芷兰生于深林，非以无人而不芳。君子之学，非为通也，为穷而不困，忧而意不衰也，知祸福终始而心不惑也。夫贤不肖者，材也；为不为者，人也；遇不遇者，时也；死生者，命也。今有其人，不遇其时，虽贤，其能行乎？苟遇其时，何难之有！故君子博学、深谋、修身、端行，以俟其时。"孔子曰："由！居，吾语女。昔晋公子重耳霸心生于曹，越王句践霸心生于会稽，

　　齐桓公小白霸心生于莒。故居不隐者思不远，身不佚者志不广。女庸安知吾不得之桑落之下？"

　　相近文字又见于《吕氏春秋·慎人》、《孔子家语·在厄》、《韩诗外传》卷七、《说苑·杂言》（有前后两则）、《风俗通义·穷通》等篇。上举某些篇章的编定时代较晚，过去常被当作晚出文献，未作为早期儒学的材料。现在根据郭店简《穷达以时》与之有相近关系来看，有些篇章的来源较早。因此文献的形成、流传年代，和书籍编定的年代应该有区别地对待；至若有学者根据这些篇章怀疑《穷达以时》晚出，实不足信（参前文《郭店〈穷达以时〉再考》）。

　　由《荀子》等的记载可以看出，孔子所碰到的子路的诘难，正是"善者或不赏"。这说明天之赏善罚恶，是当时普遍流行的思想，但是已经渐渐遭人质疑。只是多数人仅仅关注"善者或不赏"的问题，似乎还未涉及"暴者或不罚"。

　　然则作为孔子后学的董无心，有没有可能提出"鬼神有所明有所不明"的可能性呢？就这里董无心的"尧舜不赐年，桀纣不夭死"之语来看，它只是作为反驳缠子才说的，属于机智的归谬和反驳，而不是单独的立论——没有缠子之语，也就不会有董无心之语。

　　那么，墨家后学会不会由于董无心等驳难而有所讨论，故将类似问题抽象为"善者或不赏，而暴者或不罚"，并得出"鬼神有所明有所不明"的结论呢？如果确实如此，《鬼神之明》篇当然也算墨家学说。但是根据学者们的研究来看，墨家后学虽然对于"明鬼"之说有所修正，如《明鬼下》篇末段有无鬼的假定，"把鬼神平等化"[①]，但是并未明确说到"鬼神有所明有所不明"。而且，墨家的立论常常比较坚决，简文则说"吾弗知也……吾又弗知也。此两者歧吾"云云，和墨家的风格不太像。另外，我们更应该考虑是某些佚名的学者得出了"鬼神有所明有所不明"这样的结论，而不必过于操心其所属学派。我们需要注意的是，先秦时百家争

---

　　① 参见侯外庐、赵纪彬、杜国庠：《中国思想通史》第1卷，221、480、487页，北京，人民出版社，1957。

鸣，有思想者所在不少。

（四）

而且，相关言论不仅见之于董无心，著名的司马迁，也有相近的思想。《史记·伯夷列传》载：

> 或曰："天道无亲，常与善人。"若伯夷、叔齐，可谓善人者非邪？积仁絜行如此而饿死！且七十子之徒，仲尼独荐颜渊为好学。然回也屡空，糟糠不厌，而卒蚤夭。天之报施善人，其何如哉？盗跖日杀不辜，肝人之肉，暴戾恣睢，聚党数千人横行天下，竟以寿终。是遵何德哉？此其尤大彰明较著者也。若至近世，操行不轨，专犯忌讳，而终身逸乐，富厚累世不绝。或择地而蹈之，时然后出言，行不由径，非公正不发愤，而遇祸灾者，不可胜数也。余甚惑焉，傥所谓天道，是邪非邪？

"天道无亲，常与善人"，亦见《老子》第七十九章及《太公金匮》，散见于《说苑》等，虽不言鬼神之事，却至少也有"赏善"之意。此处文字对举颜回、盗跖之事，和《鬼神之明》篇对举伍子胥、遽矞公之事，非常相近。而司马迁所言："余甚惑焉，傥所谓天道，是邪非邪？"对天道表示怀疑①，和《鬼神之明》的"此两者歧吾"，有异曲同工之妙。

如果喜欢给学术思想划分学派，那么学无常师的司马迁的思想，该划入哪一家哪一派呢？由此反观《鬼神之明》，在证据不充分的前提下，似乎不必急于为它划定学派。这反倒能让我们更深地体会"百家争鸣"的魅力，而不被区区六家、九流十家之说禁锢了自己的思维。在当前，可以考虑把《鬼神之明》篇列入墨家的反驳者的行列，看作某位目前不知名的"反墨者"的作品，这更能说明墨家思想在当时的影响力，而不必借助于楚简中出现了《墨子》佚文。

还可以注意的是，上引董无心之说，见于《论衡·福虚》，王充仅引

---

① 司马迁对于"天道"的理解，可参见刘家和：《〈史记〉与汉代经学》，见《古代中国与世界——一个古史研究者的思考》，武汉，武汉出版社，1995。

董说作结，而《鬼神之明》篇在思想上更抽象一些。这说明战国时的此一思想所达到的高度，已经足以傲视此后的思想界。而由《鬼神之明》篇，我们不难发现墨家"明鬼"说所遇到的巨大挑战。司马迁更是举"近世"的"操行不轨，专犯忌讳，而终身逸乐，富厚累世不绝"和"或择地而蹈之，时然后出言，行不由径，非公正不发愤，而遇祸灾者，不可胜数也"的情况，后者实际上包含着他自身的奇耻大辱。面对这正反两方面的检验真理的事实，相信没有人不会怀疑所谓"天道"，或者所谓"鬼神之明"。或许正是这战国晚期、秦汉初期的激烈变动，使得战国时的显学——墨学的影响，到汉代就很快消亡。因为它的理论前提，难以经受实践的考验，得不到知识分子的信任。

（五）

董无心之说与《鬼神之明》不完全相同，是我们不把《鬼神之明》的学派归为儒家的主要原因，更何况司马迁也有相近的思想。如果传世文献和出土文献有某部分完全相同，或者重要观念相近，是否就可以通过二者之间的紧密关系，从而判定出土文献的学派属性呢？

这种做法，或许有一定的合理性。比如马王堆帛书《五行》中有"金声而玉振之"，这使大家想到了《孟子》，于是《五行》和孟子、思孟学派有关的说法，就广为接受。《五行》之中也有"慎独"，这使大家想到了《大学》《中庸》，似乎更能证成《五行》与思孟学派有关的说法。但是，在涉及帛书《五行》的形成时间是在《孟子》之前还是之后这一问题时，说法可就有不同了。而如果考虑到《五行》的"经""说"之别，考虑"说"文部分，运用同样的判定学派属性方法，那么至少"说"文部分和《荀子·王制》有相关的文献，有与《墨子》相近的观念[1]。若然，我们该如何评价《五行》的"说"文部分的学派属性呢？根据这种判定学派属性的方法，简1中出现了"仁义圣智"的《鬼神之明》，是否也算与《五行》有关的著作呢？

在郭店楚简和上海博物馆藏战国楚简陆续公布之后，有关的学派判

---

① 参见［日］池田知久：《马王堆汉墓帛书五行研究》，第二章第三、第四节。

定之作就更多了，异说纷纭，深入到了"儒家八派""七十子"。对这种现象，李存山先生曾经提出：一要注意某一或某些证据是否只能推出一种结论（即自己所持的观点），或者说是否可以排除其他的结论和观点。就目前楚简研究的情况看，许多成果还属于"假说"的性质，凡"解说各异"者恐怕大多因证据不足而难成定论。二要注意"求否定的例"，因为证伪只需一两条"否定的例"就可具有证伪的有效性。"求否定的例"一可使假说不致和定论相混，二亦可能缩小或减少一些假设的范围①。

即使对于传世文献，也有这种学派判定的争论。且不论后人对于《汉书·艺文志》将《管子》归入道家的批评，就是对于《管子》内部的篇章，也有不同说法。郭沫若先生根据《庄子·天下》等篇的评论，认为《心术》《内业》《白心》《枢言》等是宋钘、尹文的遗著②；裘锡圭先生则根据《庄子·天下》篇的评论，认为《心术上》《白心》中有大量慎到、田骈一派的思想，曾认为"这两篇文章可能是慎到、田骈的学生写定的"③。

对于《心术》诸篇的学派属性的判定，深入到了"诸子"，非笔者所敢置喙（裘先生后来就曾指出其说与郭说，"证据都嫌不足"④）。只是反思我们判定学派属性的方法，以及指导我们实行这种方法的认识、观念，有着很多值得怀疑的地方。

首先，因为古书颇多佚失，我们对于战国时期的思想状况，了解得非常有限。我们实在只不过凭借几部古书，如《史记》以及《孟子》《庄子》等子书，来理解甚至是推测、假想战国时候的情况。《史记》已是汉人之作，子书则多为学派著作，更经流传、编订。不但战国时期思想状况的许多具体细节，我们不清楚；就是学术中心与边缘的差别，当时人的思想习惯、学术制度等"常识"，我们也不清楚；甚至战国到秦汉之间有着

---

① 参见李存山：《郭店楚简研究散论》，载《孔子研究》，2000(3)。

② 参见郭沫若：《宋钘尹文遗著考》，《青铜时代》，见《郭沫若全集·历史编》，第1卷。

③ 参见裘锡圭：《马王堆〈老子〉甲乙本卷前后古佚书与"道法家"——兼论〈心术上〉〈白心〉为慎到田骈学派作品》，见《文史丛稿——上古思想、民俗与古文字学史》。原文附录记述蒙文通先生有相近论述。

④ 参见裘锡圭：《稷下道家精气说的研究》，见《文史丛稿——上古思想、民俗与古文字学史》，17页。

怎样剧烈的变化，造成了怎样的影响，也不清楚；就是刘向、刘歆父子校书的具体细节，以及中秘书与外书的差别，今日所传之书与中秘书的关系，也有很多我们不清楚的环节。我们只不过是凭借有限的几部书，以管窥天乃至捕风捉影罢了。我们要时刻反思、存疑，承认我们对于这一时段的局限、无知，不要鲁莽、武断。

其次，司马谈的《论六家之要指》，刘向、刘歆父子的分判"九流十家"，都是一定时期的一种成果。"六家"与"九流十家"的源流，我们已经有所探究。现在要着重指出的是，把它们作为判定先秦秦汉时期学派的一个标准，虽然有一定的参考意义，但是也有局限性，会限定我们的思想，使我们体会不到"百家"的情况。而《史记》等汉代的书，也盛称"百家"。我们用"六家""九流十家"判断学派，实际是拿对于《汉书·艺文志》中诸子书的想象，来做讨论基础。虽然我们现在已经注意到一部子书是学派集体著作，对于学派属性的判定，也深入到了"诸子"。但是却忘记这些子书多经过了刘向、刘歆父子的整理；也忘记了今天所存的书，未必就是中秘之书，可能还经过了流传和整理。

再次，《尸子·广泽》《庄子·天下》《荀子·非十二子》《吕氏春秋·不二》等篇，评判诸家，对于我们了解战国时期的诸子学派思想，非常有帮助。但是诸书之间的评价并不一致，甚至《荀子·解蔽》等篇之评价就和《荀子·非十二子》不同，很可能是异时异地异因异评价，我们还需要认真研究先秦秦汉时期的"学派"观念、师弟子的关系等问题，不可执一端而废众说。而且，我们不能把眼光限定在重要的几家、几本书上面，而应该考虑到还有很多不著名的，或者根本就没留下姓名、书籍的思想家；更何况还有众多虽然重要但是到汉代已经不存在的书籍，像《乐经》等。

最后，章学诚著名的"言公"之论，指出了古书中相近章节、观念迭出的现象。这是好学深思者对于战国秦汉时期思想状况的研究成果，值得我们仔细体会。诸子因为知识、学术背景等原因，确实会表现出言语、观念相近，但是在这些相近之处的背后，还是存在"同中之异"及原因，否则学派就不会分化了。我们要注意：（1）有一些相近的言论可能有共同的来源，或是引用，或是吸收自其他学派，因此不能将之作为自身特性的标志。如果根据这些言论判定其学派属性，肯定会造成失误。（2）我们要努力从相近的材料、话题、言论之中，区分不同的思想倾向，区分"言公"和"私意"。比如说谈论到父慈子孝，主惠臣忠，我们马上会调出儒家思想作为原型来思考问题，会认为凡是有这些思想的人，应该都属于儒家或受到了儒家思想的影响。而实际上，孔子之前早已有了类似的理想，先秦诸子很多人在谈论社会人伦时，都复述了相近的话（这是"言公"），但是达到目标的手段不一致（这是"私意"，参见后文《从"六位"到"三纲"》）。只是这种对于"同中之异"的区分，比较困难，尤其对于生于两千载之后，典籍阙佚的今人。因此，我们不能因为片言只语的"异中之同"，就急于对文献的思想属性作出判断。从传世文献乃至出土文献中找出文句、观念相近的文献，有助于我们理解文献，但是并不足以让我们判定所有文献的学派属性。因此，我们似乎完全不必急于给《鬼神之明》这类著作作出学派定性。

总之，对于学派的属性判定，因为史文阙佚等原因，我们需要慎重，多闻阙疑，不必忙于下结论。

第三章　古简丛考

近出简帛古书，对于推进学术研究，有极大的作用。由简帛可以带出很多问题，当然，我们的研究也需要从简帛本身出发，从考文字、求训诂、排简序等基础的研究做起，在贯通大义的基础上再进而研究相关问题，庶几可以少犯一些错误。

一、郭店《太一生水》补疏

郭店楚墓竹简中，《太一生水》是一篇很有特色的文章，引起了学界的极大兴趣，研究者很多。但是简文的文义仍然有难以确定之处，而且不少学者提出了新的编联竹简的方案。下面在学界研究的基础上，对于篇中部分文字的理解，提出一些个人浅见，不当之处，望请大方之家指正。

《太一生水》初步校订后的文字如下：

太一生水，水反辅太一，是以成天。天反辅太一，是以成地。天地【复相辅】$_1$也，是以成神明。神明复相辅也，是以成阴阳。阴阳复相辅也，是以成四时。四时$_2$复【相】辅也，是以成寒热。寒热复相辅也，是以成湿燥。湿燥复相辅也，成岁$_3$而止。故岁者，湿燥之所生也。湿燥者，寒热之所生也。寒热者，【四时之所生也】。四时$_4$者，阴阳之所生【也】。阴阳者，神明之所生也。神明者，天地之所生也。天地₅者，太一之所生也。是故太一藏于水，行于时，周而又【始，以己为】₆万物母。一缺一盈，以己为万物经。此天之所不能杀，地之所₇不能厘①，阴阳之所不能成。君子知此之谓……₈

天道贵弱，削成者以益生者，伐于强，责于……₉

下，土也，而谓之地。上，气也，而谓之天。道亦其字也，青昏其名。以₁₀道从事者，必托其名，故事成而身长。圣人之从事也，亦托其₁₁名，故功成而身不伤。天地名字并立，故怸其方，不思相尚。【天不足】₁₂于西北，其下高以强。地不足于东南，其上□□□□□□□₁₃者，有余于下；不足于下者，有余于上。₁₄

强昱先生已经指出马王堆帛书《十大经·姓争》篇中，有一段文字与此相关："夫天地之道，寒涅（热）燥湿，不能并立；刚柔阴阳，固不两行。两相养，时相成。居则有法，动作循名，其事若易成。"②

这两处文献，确实有很紧密的关联性，《太一生水》讲的正是天地、寒热燥湿、阴阳的"两相养"，以及托名从事。但是强昱先生认为："不同者是，《太一生水》讲'天地名字并立'，而《黄帝四经》称天地之道'不能并立'。"其实，陈伟先生已经指出"不思相尚"的"相尚"，应该与《孟子·公孙丑下》的"莫能相尚"有关，"相尚"意为相互超出③。"思"之意为"使"④。因此《太一生水》与《十大经·姓争》讲的是一回事，后者反说

---

① 此处李零先生曾参照《荀子·儒效》之中的"天不能死，地不能埋"，将"厘"字读为"埋"，见李零：《郭店楚简校读记》，见陈鼓应主编：《道家文化研究》第十七辑，477 页；日本学者也有相近意见，参见［日］池田知久监修、大东文化大学郭店楚简研究班编：《〈郭店楚简研究〉（一）·译注编》，大东文化大学大学院事务室，1999。此蒙彭浩先生赐告。但是庞光华先生在论证上古汉语无复辅音这一问题时，对此提出了疑问，指出根据古文字资料，西汉以前没有确定的"埋"字，疑今本《荀子》"埋"乃误字（见庞光华：《论汉语上古音无复辅音声母》，237～238、361～362 页，北京，中国文史出版社，2005）。此一问题牵涉颇广，恐怕还有待更多的材料来说明问题，今且将此处读为"厘"。

② 强昱：《〈太一生水〉与古代的太一观》，见陈鼓应主编：《道家文化研究》第十七辑，363 页。

③ 陈伟：《〈太一生水〉考释》，载楚文化研究会编：《古文字与古文献》，试刊号。

④ 参见陈斯鹏：《论周原甲骨和楚系简帛中的"囟"与"思"——兼论卜辞命辞的性质》，见《第四届国际中国古文字学研讨会论文集》，402 页，香港，香港中文大学中国语言及文学系，2003。

"不能并立"，前者先正说已经并立，但随即指出"不思相尚"，也就是不使对立斗争。

所以，《太一生水》简 12 的"㤰"字，当读为变化之"化"，是说天地之道本不能并立两行，故需要变化其方，使不相互对立或者平行重复，而是相辅相成。由此来看，下文接简 13、简 14 描述天地不思相尚是合适的，可以补为"【天不足】于西北，其下高以强。地不足于东南，其上【远而旷。不足于上】者，有余于下；不足于下者，有余于上"①，此段话的意思是说天不足之处（《淮南子·天文》"天柱折……天倾西北"），地反而有余（西北地高）；而地不足之处（《淮南子·天文》"地不满东南"），天反而有余（"天倾西北"，故"东南"天高），正是"化其方"。

以上所说的主要是相反之物的"不思相尚"，这和开篇的"两相养"是相关相近的。《十大经·姓争》简单的几句话，包括了《太一生水》前后文中的许多内容。这使我们有理由相信，上引《太一生水》应该是思想脉络一贯的内容，某些学者所提出的将《太一生水》分为两篇之说②，恐不可从。

"不思相尚"，"两相养"，这样的规律和太一有关。《太一生水》简文中说太一的生化"成岁而止"，本来未涉及万物，可是接下来又说太一"藏于水，行于时，周而又【始，以己为】万物母。一缺一盈，以己为万物经"，太一与万物有何关系呢？

《文子·上德》篇有一段话可资参看。篇中说："天之道，衰多益寡，地之道，损高益下……天道为文，地道为理，一为之和，时为之使，以成万物，命之曰道……"这两处文字，分别在陈鼓应先生所说"道家易学"的"泰、否二卦"和"离卦"之后③，与易卦的内容似乎并不直接相关，其文本的形成还有待考察。

首先看"天道为文，地道为理，一为之和，时为之使，以成万物，

---

① "远而旷"参考了丁四新说，参见丁四新：《郭店楚墓竹简思想研究》，124 页注释 36。

② 参见丁四新：《楚简〈太一生水〉研究——兼对当前〈太一生水〉研究的总体批评》，见《楚地简帛思想研究（一）》。

③ 陈鼓应：《先秦道家易学发微》，见陈鼓应主编：《道家文化研究》第十二辑。

命之曰道"，对比上引《经法·姓争》篇的"两相养，时相成"，有利于我们明白《太一生水》开篇部分的宇宙论：太一之生化，生水之后而生天地，此后是天地及其所生者两两相辅，这就是"两相养"；太一之生化，成岁而止，其下略而不言，是因为"时"为天道地道之"使"，天地顺时生成万物；万物的生成离不开天地，但天地为"太一之所生"，而且天地生成万物需要"一为之和，时为之使"（太一"行于时"），所以太一是"万物母""万物经"。

其次，《文子·上德》篇所用的"命之曰道"，"命""名"古通①，《文子·上德》此段很显然是在解释"天道""地道"之称"道"的原因，此处的"之"，不可能是指代《文子·上德》中的"（太）一"或"时"，而是指"天道""地道"之"道"。若然，《太一生水》中说"下，土也，而谓之地。上，气也，而谓之天。道亦其字也，青昏其名"。这里的"道亦其字也"，指代的可以同《文子·上德》相似，就是天、地，许多学者已经指出了这一点②。

从上引《文子·上德》尤其是"天道为文，地道为理……命之曰道"容易看出，天道、地道是一个道。"道"乃是使天地相反相辅以相成的一种力。天地遵循它，所以虽然名字并立，但会自然地"不思相尚"。从《太一生水》全文来看，太一、水与道的关系没有论及，还有待进一步探讨。

《文子·上德》篇说"天之道，衰多益寡，地之道，损高益下"，《太一生水》中也提到"天道贵弱，削成者以益生者，伐于强，资于……"可以对应。强昱先生曾指出："在'天道贵弱'下，《太一生水》还应有对地道的论述，不知什么原因遗失了"。但是，论"地道"的文字也有可能在"天道"之前。比照前文"下，土也，而谓之地。上，气也，而谓之天"来看，先说地后说天，这种叙述是很有可能的。

此外，疑简文"青昏"可以读为"清昏"，为偏义复词，偏重于"昏"，

---

① 参见高亨纂著、董治安整理：《古字通假会典》，72 页，济南，齐鲁书社，1989。

② 参见郭沂：《试谈楚简〈太一生水〉及其与简本〈老子〉的关系》，载《中国哲学史》，1998（4）；邢文：《论郭店〈老子〉与今本〈老子〉不属一系》，见《中国哲学》第二十辑；魏启鹏：《楚简〈太一生水〉笺注》，见《楚简〈老子〉笺释》，77 页，台北，万卷楼图书有限公司，1999。

意思其实就是说不知其名(《吕氏春秋·下贤》:"昏乎其深而不测也"),或无法命名。学者们都注意到了《老子》第二十五章所说的"有物混成,先天地生。寂兮寥兮,独立不改,周行而不殆,可以为天下母。吾不知其名,强字之曰道。强为之名曰大。"古代"名""字"虽然有区分,但是在"强为之"名、字的情况下,"名""字"之区分就不那么重要了。所以《太一生水》是说天、地是一种称谓,就算"道"明白地是其字,其名也不可知。同理,《文子·上德》的"命之曰道",也只是一种命名。可是"名"对于人类社会却是很重要的,"以道从事者"和"圣人"在从事的时候,都必须依靠这个"名"。

参考时贤的一些意见,笔者认为整理者原作的编连是可取的,今拟补《太一生水》于下:

> 太一生水,水反辅太一,是以成天。天反辅太一,是以成地。天地【复相辅】$_1$也,是以成神明。神明复相辅也,是以成阴阳。阴阳复相辅也,是以成四时。四时$_2$复【相】辅也,是以成寒热。寒热复相辅也,是以成湿燥。湿燥复相辅也,成岁$_3$而止。故岁者,湿燥之所生也。湿燥者,寒热之所生也。寒热者,【四时之所生也】。四时$_4$者,阴阳之所生【也】。阴阳者,神明之所生也。神明者,天地之所生也。天地$_5$者,太一之所生也。是故太一藏于水,行于时,周而又【始,以己为】$_6$万物母。一缺一盈,以己为万物经。此天之所不能杀,地之所$_7$不能厘,阴阳之所不能成。君子知此之谓【圣①。夫地道贱强②而】$_8$天道贵弱,削成者以益生者,伐于强,积于【弱,因时以成万物】。$_9$下,土也,而谓之地。上,气也,而谓之天。道亦其字也,清昏其名。以$_{10}$道从事者,必托其名,故事成而身长。圣人之从事也,亦托其$_{11}$名,故功成而身不伤。天地名字

---

① "圣"字从赵建伟说,参见赵建伟:《郭店楚墓竹简〈太一生水〉疏证》,见陈鼓应主编:《道家文化研究》第十七辑,387页。

② "地道贱强"从廖名春说,参见廖名春:《试论郭店简〈太一生水〉篇的缀补》,见《出土简帛丛考》,98页,武汉,湖北教育出版社,2004。

并，并①故化其方，不思相尚。【天不足】₁₂于西北，其下高以强。地不足于东南，其上【远而旷。不足于上】₁₃者，有余于下；不足于下者，有余于上。₁₄

二、郭店《尊德义》与"民可使由之不可使知之"

《论语·泰伯》第九章有"子曰：'民可使由之不可使知之'"，虽仅一句话，却包含着孔子关于怎样正确处理君民关系的重要思想，因此历来受到重视，也有不少圣贤对此语作出了多种解释，并且产生了多种标点方法。②孔子这句话已经失却了具体的语境，后人不能确切地知道他针对何种情景而有此语，故而人言人殊，不乏标新立异，或刻意阐发自己的思想者，也有跟随时世环境而作推断者，孔子本人也因之而被或贬或褒，至今已是没有一种说法能够深服人心。

好在湖北荆门郭店一号墓出土的竹简中，有《尊德义》一篇，简21、简22说："民可使道之，而不可使知之。民可道也，而不可强也。"裘锡圭先生为注释所加的按语是："道，由也。《论语·泰伯》：'子曰：民可使由之，不可使知之。'"③指明了这句话与《论语·泰伯》的关系。这为我们理解"民可使由之不可使知之"的含义，提供了很好的帮助。

（一）

《论语》此语历来注释不少，郑玄以为："民，冥也，其见人道远。由，从也。言王者设教，务使人从之。若皆知其本末，则愚者或轻而不行。"何晏等《论语集解》解释为："由，用也。可使用而不可使知者，百

---

① 原"并"字下有"＝"符，一般释为"并立"。2003年12月18日，在湖北荆门召开"郭店楚简国际学术研讨会"期间，庞朴先生在审阅拙稿《〈太一生水〉与〈文子·上德〉》后，指出当读为"天地名字并，并故化其方"。此说合韵，当从。

② 参见王建华：《"民可使由之，不可使知之"的五种句读方法》，载《晋东南师范专科学校学报》，2002(3)。

③ 荆门市博物馆：《郭店楚墓竹简》，175页。

姓能日用而不能知。"朱熹《四书章句集注》："民可使之由于是理之当然，而不能使之知其所以然。程子曰：'圣人设教，非不欲人家喻而户晓也，然不能使之知，但能使之由之尔。若曰圣人不使民知，则是后世朝四暮三之术也，岂圣人之心乎？'"①

与这些解释相近者还有不少，皆以冥释民，古书中似乎有相近的可以作为证据的观点，如《易·系辞上传》："仁者见之谓之仁，知者见之谓之知，百姓日用而不知，故君子之道鲜矣。"《孟子·尽心上》："孟子曰：'行之而不着焉，习矣而不察焉，终身由之而不知其道者，众也。'"以及《吕氏春秋·乐成》等篇所说的"民不可与虑化举始，而可以乐成功"。②

但是前引程子之语，已经从"圣人"的观念出发，对这种解释有所回护。刘宝楠则根据《韩诗外传》中引《诗》"俾民不迷""示我显德行"，发现了深刻的矛盾，所以认为郑玄之意是将民解释为"愚者"。刘宝楠本人信从凌鸣喈的解释，认为《论语》此章承接上文的"子曰：'兴于诗，立于礼，成于乐。'"将"民"解释为孔子七十二弟子之外的诸弟子，又努力和郑玄之注相贯通③。在《论语》此语讲话背景缺失的情况下，勉强为之寻找背景，并缩小概念的内涵，这种解释难以令人信服。

也有学者于"可"下断读，如宦懋庸《论语稽》："对于民，其可者使其自由之，而所不可者亦使知之。"④这种读法，依从者比较少⑤。究其原因，应该是因为这一解读不符合古人的语法习惯。杨伯峻先生就指出："若是古人果是此意，必用'则'字，甚至'使'下再用'之'字以重指'民'，作'民可，则使（之）由之；不可，则使（之）知之'，方不致晦涩而

---

① 参见程树德：《论语集释》，532 页，北京，中华书局，1990。
② 参见杨树达：《论语疏证》，193～195 页，上海，上海古籍出版社，1986。
③ 刘宝楠：《论语正义》，299～300 页，北京，中华书局，1990 年。
④ 转引自程树德：《论语集释》，532 页。
⑤ 可参见梁启超：《孔子讼冤》，载《新民丛报》第八号《杂俎》栏，《小慧解颐录》，1902。

误解。"①也有学者于"使"下断读，似乎有些影响②。

此外还有一些解释，或与上举相去不远，或迂曲难通，遵从者不多，这里就不一一介绍了。以下着重介绍与郭店简研究相关的论述。

（二）

余志慧先生在郭店简发表之前，讨论了历来对于"民可使由之不可使知之"几种重要的注解，并根据《论语》中出现的"由""民""使"所在的句式及义项，认为应该标点为"民可使，由之；不可使，知之"，并在郭店简出版后，引之证明自己的观点③。

廖名春先生重视语境的分析，引述了一段上下文："尊仁、亲忠、敬壮、归礼，行矣而无违，养心于慈良，忠信日益而不自知也。民可使道之，而不可使知之。民可导也，而不可强也。"他指出"民可导也"，从"民可使道之"出；"不可强也"，从"不可使知之"出。"不可使知之"的"之"就是上句之"导"，而下句之"强"则是对"知之"的进一步发挥。这就是说可以让老百姓沿着"尊仁、亲忠、敬壮、归礼"之道走下去，但是不能让他们以为他们是被人引导的；老百姓可以引导，但这种引导不能强迫……由此看，脱离上下文，离开一定的语言环境，随意摘引一两句话来研究古人的思想，是非常危险的④。

庞朴先生追述了对于"民可使由之不可使知之"一章历来的解释，最后根据《尊德义》《成之闻之》等篇的材料，提出了自己的看法，认为关键不在于"可"与"不可"上，不在于后人理解的能不能或该不该上，而在于治民者以身教还是以言教⑤。

陈来先生认为：本篇多了一句"民可道也，不可强也"。看来，所谓

---

① 杨伯峻：《论语译注》，81 页，北京，中华书局，1980。

② 吴丕：《孔子的"使民"思想——关于"民可使由之，不可使知之"的解释》，载《齐鲁学刊》，1994(5)；陈乐平：《试释〈论语〉"民可使"章》，载《无锡教育学院学报》，1997(4)；杨薇：《"民可使由之不可使知之"辨释》，载《湖北大学成人教育学院学报》，1999(4)。

③ 余志慧：《〈论语·泰伯〉"民可使由之不可使知之"章心解》，载《孔孟月刊》，第 35 卷第 5 期，1997-01；《〈论语·泰伯〉"民可使由之不可使知之"章心解补证》，载《孔孟月刊》，第 37 卷第 9 期，1999-05。

④ 廖名春：《郭店楚简儒家著作考》，载《孔子研究》，1998(3)。

⑤ 参见庞朴：《"使由使知"解》，载《文史知识》，1999(9)。

"民可使由之，不可使知之"，是对于"忠信日益而不自知"的教化过程而言的。而"民可道也，不可强也"，是针对于桀对民的强力压迫而言。而《论语》孤立地引用孔子一句话，上下文的语境于是而失焉①。

彭忠德先生指出：《尊德义》中，有数组"可……不可……"句，也有"可使……不可使……"之句，足证二者语法作用必有所区别。"使"后省略了宾语，即上文所说的"礼、乐"等德。知之一义为主持、掌管，此处即当引申为控制、强迫之意。彭先生将该句点读为"子曰：民，可使由之，不可使知之"，解释为："孔子说：对于民众，应该用(德)引导他们，不应该用(德)强制他们。"②

吴丕先生对于彭忠德的意见提出了批评，认为"知"没有彭氏所说的解释，而他"实在想象不出，用'德'如何强迫民众？"因而提出点读为"民可使，由之；不可使，知之"，解释为"老百姓可以使用，就顺着他们；不可以使用，就教育他们"。③

尹振环先生不同意彭说，他认为《尊德义》"并不主张民'智'"，故"不可使智之"就是"不可使人民变得有心智、心机"。④

盖莉先生评述了程树德、李泽厚的解释，指出康有为曾点读为"民可，使由之；不可，使知之"，这种读法是对的；并指出"民可使，由之；不可使，知之"的读法与之大同小异⑤。

周乾溁先生的解释与传统的说法接近："民众能够照样子去做，但不能够懂得究竟是为什么。"⑥

对于郭店《尊德义》篇中之语，丁原植先生从原释文标点，解释为："人民可使其(因循本性)而导正，不可使其有所知辨(而侥幸)。"⑦

---

① 参见陈来：《郭店竹简儒家记说续探》，见《中国哲学》第二十一辑，79 页。
② 彭忠德：《也说"民可使由之"章》，载《光明日报》，2000-05-16。
③ 参见吴丕：《再论儒家"使民"思想》，载《光明日报》，2000-06-13。
④ 参见尹振环：《别误解民"不可使智之"》，载《光明日报》，2000-07-18。
⑤ 参见盖莉：《关于"民可使由之不可使知之"的释读》，载《孔子研究》，2000(3)。
⑥ 周乾溁：《也谈"民可使由之"》，载《光明日报》，2000-10-24。
⑦ 丁原植：《郭店楚简儒家佚籍四种释析》，312 页，台北，台湾古籍出版有限公司，2000。

涂宗流、刘祖信二先生亦从原释文标点，释为："老百姓可以使其接受引导，而不可使其知道自己在被引导。"[1]与廖名春先生说接近。

吴丕先生复又讨论了几篇在《光明日报》上的解说文章，重申他过去的观点[2]。

由以上的观点来看，汉魏以来的对于"民可使由之不可使知之"的传统解释，似乎多已经不被接受，但是新的诸说也有不同。

我们首先要做的，当然应该是疏通《尊德义》上下文、全文的意思，然后利用其语境来考虑"民可使由之不可使知之"。《尊德义》一篇比较难读，而且原释文所排的简序存在一定问题。许多学者陆续对于简文的隶定、考释、编排提出了很好的意见，但是这些意见还不及被上述学者引用。笔者鲁钝，对于"民可使由之不可使知之"的解释考虑了很久，在作《尊德义》篇集释的过程中，发现汉魏以来的解释，确实都不符《尊德义》上下文语境；倒是彭忠德先生的观点中，有不少值得借鉴的意见，经过一些订正之后，似乎最能适合《尊德义》的语境。

（三）

考虑《尊德义》上下文的语境，至少应该上溯到第 18 简，下延至第 23 简，《郭店楚墓竹简》考释后的文字如下：

> 夫生而有职事者也，非教所及也。教其政，[18]不教其人，政弗行矣。故终（?）是物也而又深安（焉）者，可学也而不可矣（疑）也，[19]可教也而不可迪其民，而民不可止也。尊仁、亲忠、敬壮、归礼。[20]
>
> 行矣而亡(讋)，兼心于子仮，忠信日益而不自知也。民可使道[21]之，而不可使知之。民可道也，而不可强也。桀不谓其民必乱，而

---

① 涂宗流、刘祖信：《郭店楚简先秦儒家佚书校释》，125 页，台北，万卷楼图书有限公司，2001。涂宗流：《郭店楚简平议》，香港，国际炎黄文化出版社，2002。

② 参见吴丕：《重申儒家"使民"思想——关于"民可使由之"章的最新解释》，载《齐鲁学刊》，2001(4)。

民有₂₂为乱矣。爰(?)不若也可从也而不可及也。①

其下为"君民者，治民复礼"，显然是另一层意思。丁原植先生指出："生而有职事者"，似指有世袭职事者②。简文中的"敬壮""羕"，李零先生释为"敬庄""养"③，陈伟先生指出：敬庄，犹古书所见之"庄敬"④。"子俍"，裘锡圭先生在按语中读为"子谅"⑤，陈伟先生指出：依朱熹说，《礼记》"子谅"当从《韩诗外传》作"慈良"；若释"爰"不误，则似应用作连词，意为"于是"⑥。"爰不若"之"若"，丁原植指出《左传·昭公二十六年》云："至于幽王，天不吊周，王昏不若，用愆厥位。"杜预注："若，顺也。""可从也，而不可及也"，《管子·君臣》云："是以上及下之事谓之矫"，尹知章注："及，预也。"⑦

笔者认为，原释文打问号表示不能确定的字，其实基本正确。"终是物也而又深安者"一句，"终"与"崇"古通⑧，今读为"崇"；"安"似宜仍释为"安"。"崇是物"而又"深安者"，当指可教其政及其人者。"可学也而不可矣也"之"矣"，应释为"已"，"已""矣"古通⑨，《荀子·劝学》有："君子曰：学不可以已。""迪"字从后文"民不可止也"来看，恐应假读为"稽"，"迪"与"稽"古通⑩，《说文》："稽，留止也。""而民不可止"之"而"字当属上读，《汉书·韦贤传》注："而者，句绝之辞。""惟"与"为"古通⑪，

---

①　荆门市博物馆：《郭店楚墓竹简》，173～174 页。为排印方便，如非必要，直接写出考释后之通行文字。

②　参见丁原植：《郭店楚简儒家佚籍四种释析》，308 页。此仅写出笔者所赞同之观点，下同。

③　李零：《郭店楚简校读记》，见陈鼓应主编：《道家文化研究》第十七辑，522 页。

④　陈伟：《郭店简书〈尊德义〉校释》，载《中国哲学史》，2001(3)。

⑤　荆门市博物馆：《郭店楚墓竹简》，175 页。

⑥　陈伟：《郭店简书〈尊德义〉校释》。

⑦　丁原植：《郭店楚简儒家佚籍四种释析》，313 页。

⑧　参见高亨纂著、董治安整理：《古字通假会典》，23 页。

⑨　同上书，391 页。

⑩　同上书，571 页。

⑪　同上书，496 页。

"亡喿"应读为"无伪"①。"桀不胃（谓）其民必乱"之中的"谓"，裴学海《古书虚字集释》曾指出："谓犹以为也……《国语·楚语》：'女无亦谓我老耄而舍我，而又谤我！'"②"可从也，而不可及也"，此语当承上文"民可使道之，而不可使知之。民可道也，而不可强也。"《韩非子·难三》："夫六晋之时，知氏最强，灭范、中行而从韩、魏之兵以伐赵"，"从"，《淮南子·人间》《说苑·敬慎》作"率"，故"从"有"率"之意。《管子·君臣上》："上及下之事谓之矫"，尹注："及，犹预也"，简文此处"及"义当为"干预"。

关于"民可使道之，而不可使知之"中的"道"字，裘锡圭先生按语训道为由，但杨树达《词诠》曾指出："道，介词，由也，从也。"③裘说似稍隔。"道"当读为"导"，作动词，下一"道"字同。那么，《论语·泰伯》"民可使由之不可使知之"之"由"，也当释为"导"，为动词。我们知道，"迪"从"由"声，二字古通④，而《玉篇·辵部》记："迪，导也。"所以"由"当为"迪"之借字，正好与《尊德义》所说相同。

简18～20与简21～23显然可以连接，上文可以读为：

> 夫生而有职事者也，非教所及也。教其政，不教其人，政弗行矣。故崇是物也而又深安者，可学也而不可已也，可教也而不可稽其民而。民不可止也。尊仁、亲忠、敬庄、归礼，行矣而无伪，养心于慈良，忠信日益而不自知也。民可使导之，而不可使知之。民可导也，而不可强也。桀不谓其民必乱，而民有为乱矣，爱不若也，可从也，而不可及也。

初看起来，"不可使知之"的"知"，很像是陈来先生所说的，对应"忠信日益而不自知也"。但是"忠信日益而不自知也"只是一种修养境

---

① 参见拙作：《郭店楚墓竹简补释》，见饶宗颐主编：《华学》第六辑，90页，北京，紫禁城出版社，2003。

② 谢纪锋编纂：《虚词诂林》，509页，哈尔滨，黑龙江人民出版社，1992。

③ 同上书，542页。

④ 参见高亨纂著、董治安整理：《古字通假会典》，719页。

界，"不自知"并不是不可知，也完全没有必要"不可使知之"。所以"民可使导之，而不可使知之"应该是承接上文的"可教也不可稽其民而。民不可止也"，教与导义近。从后文的"民可导也，而不可强也"来看，教、导也意近，因此"不可使知之"应该与"民不可止也"和"不可强也"意思相关。"止"是阻止，"强"是勉强，这是对于民众的两种相反但是都不正确的态度，所以"不可使知之"应该是反对"止"，或反对"强"，更可能是既反对"止"，又反对"强"。故而彭忠德先生所提出的"知之一义为主持、掌管，此处即当引申为控制、强迫之意"，比较贴合此处文意，可以解释为"管制""控制"。

"民可导也，而不可强也"，《荀子·大略》中记："君子之于子，爱之而勿面，使之而勿貌，导之以道而勿强。"所说正与之接近。

其下说"桀不谓其民必乱，而民有为乱矣，爱不若也"，《管子·轻重甲》记："桀无天下忧，饰妇女钟鼓之乐"，《战国策·魏策一》有："夫夏桀之国，左天门之阴，而右天溪之阳，庐、睪在其北，伊、洛出其南。有此险也，然为政不善，而汤伐之"，《吕氏春秋·用民》有："威太甚则爱利之心息，爱利之心息而徒疾行威，身必咎矣，此殷、夏之所以绝也"，《史记·夏本纪》载："帝桀之时，自孔甲以来而诸侯多畔夏，桀不务德而武伤百姓，百姓弗堪"，当与《尊德义》所说相关。桀没有正确教导百姓，却恃险用威虐待百姓，这正是不使人"导"而使人"知"民，终于导致败亡。《尊德义》总结说"可从也，而不可及也"，即是说可以正确引导、统率（民众），但不能横加干预，就是提倡"民可使导之，而不可使知之"。

上文大体可以解释为：那些世袭而有职事的人（贵族），不是教育就能够教得好的。因为即便教给了他们为政之道，但没有培养好他们的人格，为政之道最终也难以实行①。那些真正愿意实行为政之道的人，应该学而不厌，应该去教导民众但不能阻止民众（使民众不能进步）。民众

---

① 《礼记·中庸》："哀公问政。子曰：'文、武之政，布在方策，其人存，则其政举；其人亡，则其政息。人道敏政，地道敏树。夫政也者，蒲卢也。故为政在人……'"

不应该被阻止（进步）。这样大家就会都去尊仁、亲忠、庄敬、归礼，真实无伪地实行，养心于慈良，达到越来越忠信而不自知的境地。（对于）民众可以让人引导他们，但不能让人管制他们。民众可以引导（他们），但不能勉强（他们）。（当初）桀（恃险用威），认为自己的百姓绝不会叛乱，但民众还是叛乱了，于是情况就不顺了（，最终败亡）。（这就是因为民众）可以（正确）统率，但不能（过分地）干预。

同理，对于《论语·泰伯》第九章的"子曰：'民可使由之不可使知之'"，我们可以这样点读："子曰：'民可使由之，不可使知之。'"即是说民众可以让人引导他们；不能让人管制他们。

（四）

总之，《尊德义》的上下文中，"民可使导之，而不可使知之"，与上文的"可教也而不可稽其民而。民不可止也"，与下文的"民可导也，而不可强也""可从也，而不可及也"，意思相近。庞朴先生提到《成之闻之》简 15、简 16 有："上不以其道，民之从之也难。是以民可敬导也，而不可弇也；可御也，而不可牵也"，与简文相关。"弇"与"掩"古通①，《方言》卷十二："掩，止也。""牵"，丁原植指出："《礼记·学记》云：'君子之教喻也，道而弗牵。'孔颖达疏：'牵谓牵逼。'"②"弇（掩）""牵"之意与"止""知""及"接近，参见表 3-1：

表 3-1

可	不　可
教	稽、止
导	知
导	强
从	及
导	掩
御	牵

---

① 参见张儒、刘毓庆：《汉字通用声素研究》，993 页。

② 丁原植：《郭店楚简儒家佚籍四种释析》，148 页。

把"民可使道之，而不可使知之"点读为"民可使，道之；而不可使，知之"（或"民可，使道之；而不可，使知之"），作为两个条件从句，与上下文意、文脉不符。因为上下文乃至全文都是谈如何有效地（以德，用礼乐）教、导民众的问题，不是民众可不可使，如何才可使的问题。突然说民可使才教导之；如果不可使，就要使之明白道理，这似乎是说如果可使，就不用使之明白道理，不但文意突兀，也与全文格调不符。其实《尊德义》在这里要谈的是一个君民关系的老问题，可以说孔门一直强调的都是通过为政者的行为、修养，以引导民众，对于刑杀持比较谨慎的态度，简35、简36就提到"杀不足以胜民"。从民众的可使不可使来谈论为政者的行为，虽然看似符合民本思想，但似乎与孔门的思想特点不合。因为孔门一直都认为只要在上者有大德，民众都会自然归附他的，主动在上不在下。如果事情到了还需要谈论民可使不可使的地步，那么在孔门看来，在上位的君主肯定已经是不合格的君主了，这种君主的"导之""知之"，教导和晓谕，又有多大的作用呢？

彭忠德先生点读为"民，可使道之，而不可使知之"，在这么短的句子中，其实没有必要。此处的两个"之"，都指代"民"。彭忠德先生指出"《尊德义》中，有数组'可……不可……'句，也有'可使……不可使……'之句，足证二者语法作用必有所区别。'使'后省略了宾语"，这些是比较好的意见，但是认为所省略的宾语"即上文所说的'礼、乐'等德"，则不确。这里省略的宾语应该是前文"崇是物也而又深安者"或为政者。也许有人会说这样有德的人似乎不可能管制民众，否则也是不合格的统治者。其实不然，文中提到这样的人应该"可学也而不可已也"，是说为政者也应该不停地进步、进取。"可学也而不可已也，可教也而不可稽其民而。民不可止也"，主要还是从为政者自身来说的，是说教导民众的时候，不要因为自己的不学或没有继续进步，而使民众不能进步。下文的"民可导也，而不可强也"，所谓不能勉强，既反对操之过急，又反对己未得而苛求于人。"可从也，而不可及也"，及指干预，就包含了多种情况。

吴丕先生曾经批评彭忠德对于"知"的解释，说这一义项"没有举出另外的出自古书的证据"。其实这样的证据是很多的。《左传·襄公二十六年》："公孙挥曰：'子产其将知政矣！'"魏了翁《读书杂钞》说："后世官制上知字，如知府、知县，始此。"《国语·越语》也记越王勾践说："凡我父兄昆弟及国子姓，有能助寡人谋而退吴者，吾与之共知越国之政。"此一义项在后代也常见，《字汇·矢部》："知，《增韵》：主也。今之知府、知县，义取主宰也。"张相《诗词曲语词汇释》卷五："知，犹管也。"[①]"知"训"管制""控制"，方与前文"民不可止也"，后文"不可强""不可及"义合。

前面所举的几种说法中，庞朴先生并没有直接谈论"由""知"的解释。考察其义，"由"当指通过身教的方法，以君主，为政者的实行引导民众；"知"是通过言教的方法，恐未必适合上下文。

廖名春先生很重视语境分析，这一思路最可取。但是认为"不可使知之"的"之"就是上句之"导"，而下句之"强"则是对"知之"的进一步发挥，这恐怕不如将"导"与前文的"教"、后文的"从"对应；将知与前文的"止"、后文的"强""及"对应，更能让文脉清晰。至于他说不能让老百姓"以为他们是被人引导的"，虽然有涂宗流、刘祖信二先生同意这种观点，但这恐怕很难说出理由。因为孔门并不反对导人向善，而如果是导人向善而不是愚民，那么即使百姓知道了，恐也不至于反对。

陈来先生认为"民可使由之，不可使知之"，是对于"忠信日益而不自知"的教化过程而言。此说当主要来自于两个"知"字的对应，不确，辨见前。他认为"民可道也，不可强也"，是针对于桀对民的强力压迫而言，恐怕完全相反，《尊德义》是举桀的事例来印证"民可道也，不可强也"。

丁原植先生解释为："人民可使其（因循本性）而导正，不可使其有所知辨（而侥幸）"，以两个"之"字指代"民"而置于"使"之后，恐不确。

补记：清华简《系年》简57云"宋公为左盂，郑伯为右盂，申公叔侯

---

① 转引自《汉语大字典》（缩印本），1079页，成都，四川辞书出版社；武汉，湖北辞书出版社，1993。

智(知)之。宋公之车暮驾，用抉宋公之御"，比照《左传·文公十年》所记，可知"智(知)之"是行使监督、控制、管制之责，对违命者，要执行处罚。然则"民可使由之，不可使知之"的"知之"，显然也是指监督、控制、管制，对违规犯法者要处以刑罚。显然，这就是孔子所批判的"齐之以刑"；而"民可使由(迪)之"，则是"导之以德"。

三、郭店《性自命出》"实性"说

郭店简《性自命出》与上博简《性情论》基本接近，但是也有明显不同之处。《性自命出》与《性情论》的篇章分合不同，廖名春先生已经有很好的分析。[①] 其中《性自命出》简 34、简 35 与子游之语相近的一段话，全不见于《性情论》，也是大家关注较多的问题。郭店简《性自命出》简 63、简 64 的"欲务齐而泊，喜欲知而无末，乐欲释而有持，忧欲敛而毋闷，怒欲盈而毋暴"，也不见于上博简，关注者较少，丁原植先生认为："郭店简文本似曾加以整理补述。"[②]此段文字有强调喜、怒、忧、乐、欲之中和的意味，或与公孙尼子养气之说相关。

不过，这两处文本差异，似乎仅仅只能说明这些部分本来不是简文的主体，或可能是流传时为人所加，似不宜就此推断《性自命出》的学派性质，或判定《性自命出》与《性情论》二者之间的先后关系。因为两者之间的关系不必为非此即彼的先后关系，也很有可能是同出一源，而在流传中又有变化。

因此，目前我们可以说《性自命出》与《性情论》的主体部分乃至主题思想相近。因为《性自命出》较早发表，而《性情论》残损较多，下面的讨论，就以《性自命出》为主。

到目前为止，与《性自命出》相关的论述已经很多，牵涉面也较广，

---

① 参见廖名春：《郭店简〈性自命出〉的编连与分合问题》，载《中国哲学史》，2000(4)。

② 丁原植：《楚简儒家性情说研究》，205～206 页，台北，万卷楼图书有限公司，2002。

尤其以与人性论相关的问题讨论得最为热烈。本文将讨论《性自命出》中涉及文字训诂以及人性论的一个问题。

（一）

《性自命出》简 9～15 有：

> 凡性，$_9$ 或动之，或逆之，或室之，或万（砺）之，或出之，或养之，或长之。凡动性$_{10}$者，物也；逆性者，悦也；实性者，故也；厉（砺）性者，义也；出性者，執（势）也；养性$_{11}$者，习也；长性者，道也。凡见者之谓物，快于己者之谓悦，物$_{12}$之執（艺）者之谓執（势），有为也者之谓故。义也者，群善之蕝也。习也$_{13}$者，有以习其性也。道【也】者，群物之道【也】。凡道，心术为主。道四术，唯$_{14}$人道为可道也。

以上的文字隶定、释读，参考了原释文和时贤的意见，并缀以拙见。下面采撷对于重点字词的解释意见。

黄德宽、徐在国先生释"逆"：《尔雅·释言》："逆，迎也。"《韩诗外传》卷九："见色而悦谓之逆。"此简谓"逆性者，悦也"，正用此意[1]。

"万"，原释文读为"厉"，刘昕岚女士指出："厉"，应作"砥砺""提高"解。《广雅·释诂四》："厉，高也。"又《广雅·释诂一》："厉，上也。"《吕氏春秋·恃君》："所以激君人者之行，而厉人主之节也。""出"，可径训为"使之出"。"长"，"增长""增益"。"蕝"，《郭店楚简·缁衣》简二十一有"此以大臣不可不敬，民之蕝也"，今本于此作"故大臣不可不敬也，是民之表也"。可知"蕝"有"表"义。于简文中则为"表征"之意。又"表"亦有"标准"义[2]。

廖名春先生认为："动"应训为"感"。《礼记·乐记》："足以感动人之善心而已矣。"《列子·黄帝》："动天地，感鬼神，横六合而无逆者，岂但履危险，入水火而已哉？"《韩诗外传》卷一："生气感动，触情纵

---

① 黄德宽、徐在国：《郭店楚简文字续考》，载《江汉考古》，1999（2）。

② 刘昕岚：《郭店楚简〈性自命出〉篇笺释》，见武汉大学中国文化研究院：《郭店楚简国际学术研讨会论文集》，334 页。

欲。"皆"感动"连言或对举。《吕氏春秋·具备》："说与治不诚,其动人心不神。"高诱注："动,感;神,化。言不诚不能行其化。"①

"室",原释文隶定为"交",裘锡圭先生指出:上博简与此字相当之字,实应分析为从"心","室"声。郭店简的相应之字就是"室"字的误摹。读为"实"或"室"②。

陈伟、李天虹读为"实",陈伟先生解释为"充实";黄人二读为"室"③。

后来裘先生根据马王堆帛书中的材料又指出:"室(或加'心'旁)性"就是"节性"。"为"读去声的"有为"意思是有特定目的或有用意。"故"应该指节制人性的成例、规范、制度之类的东西。主要应指合乎儒家思想的各种礼制和伦理道德规范④。在讲课中,裘先生还提到《尚书·召诰》的"节性,惟日其迈"之"迈"可能读为"砺"⑤。

按:"出性"之"出",《玉篇·出部》:"出,见也。""物之埶(艺)者之谓埶(势)",第一个"埶"字,疑读为"艺",王引之《经义述闻》指出:"有常法有定制,则谓之有艺矣。"⑥是艺有"常法""定制"之义。"物之艺者之谓势",从物对于人来说,物本来是人所好所恶、善不善的物件,当人对物形成了固定的好恶、善不善时,这就是势,用现代心理学术语来说,叫作"心理定势";从人性的主体性来看,对于物而言,人的心理定势成为物的准则,所以可以说"物之艺者之谓势"。势必然有一定的性对应之,故可以出(见)性。

---

① 廖名春:《郭店楚简〈性自命出〉篇校释》,见廖名春编:《清华简帛研究》第一辑,32页,北京,清华大学思想文化研究所,2000。

② 裘锡圭:《谈谈上博简和郭店简中的错别字》,见饶宗颐主编:《华学》第六辑,52页。

③ 陈伟:《郭店竹书别释》,184页,武汉,湖北教育出版社,2003;李天虹:《郭店竹简〈性自命出〉研究》,145页,武汉,湖北教育出版社,2003;黄人二:《上海博物馆藏战国楚竹书(一)研究》,191页,台中,高文出版社,2002。

④ 裘锡圭:《由郭店简〈性自命出〉的"室性者故也"说到〈孟子〉的"天下之言性也"章》,见张光裕主编:《第四届国际中国古文字学研讨会论文集》,43~44、46、50页。

⑤ 此为2004年春季裘先生在"郭店楚简研读"课上之语。按:此处杨筠如据杜预注《左传》"皋陶迈种德"之"迈,勉也",指出其本字当作劢,《说文》:"劢,勉力也。"参见杨筠如:《尚书核诂》,310页,西安,陕西人民出版社,2005。

⑥ 王引之:《经义述闻》,351~352页,南京,凤凰出版社,2000。

（二）

　　裘先生比对郭店简和上博简，指出郭店简的相应之字就是"室"字的误摹，并提出释读意见，为我们讨论此字指明了方向。经过考虑，笔者以为裘先生曾经指出的读为"实"的意见，可能更适合于《性自命出》的思想脉络。

　　"实"原作"室"，从古音上讲，读为"实"，读为"节"，都有可能。确实如裘先生所说，"节性"见于古代典籍，这种读法比较顺畅。但是裘先生说"当使性实讲的'实性'这种说法，却从未见于古书"，则属于默证，似未必可靠；而且"室"字当如何释读，首要的是根据《性自命出》及相关文献的思想脉络，古代典籍是否出现相近说法只能作为参考条件；此外，《性自命出》中常以"即"为"节"（当然，出土文献也有多个不同的字当通假为某一字的情况），裘先生在文中推测可能有一个"音、义都跟节制的'节'非常相近的一个词，也有可能就是节制的'节'"，应该就是考虑到了这一点。总之，"室"是否当读为"节"，关键还是要看《性自命出》的文脉。

　　今《春秋繁露》中，有《实性》篇，《论衡·讲瑞》篇，用有"实性"[①]，但是这里的"实性"，说的是实际的性质，和此处要讨论的不是一个意思。

　　《后汉书·杜根传》说"（杜）根性方实"[②]，虽然此处"方实"的"实"字是用作形容；而简文的"实性"，"实"字是动词，二者词性不同，但是有联系。"实性"的"实"，是充实、使性实的意思，这种意思稍加引申，就有"真实不虚"之意，再引申就有"诚"、使"诚"的意思，"实性"就是"诚性"，《广雅·释诂一》："实，诚也。"《吕氏春秋·审应》："必有其实"，高诱注："实，诚也。"《后汉书》"（杜）根性方实"的"实"，就是此意。[③]此外，《礼记·礼运》篇末说"先王能修礼以达义，体信以达顺，故此顺

---

　　①　《论衡·讲瑞》："有若在鲁，最似孔子。孔子死，弟子共坐有若，问以道事，有若不能对者，何也？体状似类，实性非也。"

　　②　（宋）范晔：《后汉书》卷五十七，1839 页，北京，中华书局，1965。

　　③　参见《汉语大字典》（缩印本），400 页。

之实也"，郑玄注："实，犹诚也，尽也"，是"实"又可引申而有"尽"的意思(由充实到完成，也就是"尽"，这种引申很自然)，则"实性"也可以引申到"尽性"。"诚性""尽性"和《中庸》《易传》以及郭店简《天常》(《成之闻之》)篇对于人性的设定相关，拟另文讨论。从《性自命出》来看，"实性者，故也"，将"故"按照裘先生所说的指合乎儒家思想的各种礼制和伦理道德规范，也能讲得通。

《尚书·召诰》中的"节性"，裘先生已经引徐复观说解释为"节制个人的欲望"。《礼记·王制》所说"司徒修六礼，以节民性"，《乐记》所说"好恶无节于内"，所说的"性"，都是就性过当的方面或针对欲望而言的。因此，将"实性"和"节性"相比较，一个强调的是以正道实性，一个强调防止性偏离正道，意思虽相差不远，但是对于人性的预设则是有差别的。故而此处释读的关键，还是在于上下文对于"性"的看法。

就《性自命出》来看，对于"性"有"或动之，或逆之，或室之，或砺之，或出之，或养之，或长之"。"动性者，物也"，"逆性者，悦也"，这对于性是一个中性的陈述，或者说我们很难看出这里的性是偏重于讲正面还是负面。"砺性者，义也"，是说义可以砥砺性，似乎对于性有正面的意味，当然也可以据裘先生所读"节性，惟日其砺"，说所面对的是负面的性(欲望)，还需要继续审视上下文。"出性者，势也"，对于性是中性的陈述。

"养性者，习也"，对于性应当是一种中性乃至正面的态度。不过，《论衡》说到："如此则性各有阴阳，善恶在所养焉。故世子作《养性书》一篇"，对于性有善恶之分，也谈到了"善恶在所养"及如何养的"《养性书》"。但是《性自命出》里面很可能没有性善性恶之分，即使有，也只是谈到了"性善"，而这个"善"当如何解释，似乎也需要根据上下文而不是传世文献的相同字词来考虑，拟另文讨论。

至于"长性者，道也"，则对于性应该是一种正面的态度。但是有学者认为：《中庸》的"率性之谓道"，郑玄、朱熹都训"率"为"循""顺"，此乃本于孟子性善论而为，大误。《广韵·质韵》："率，领也。""率"当训为统率，率领。"率性之谓道"是说统率性的是道。[1] 简文说："长性者，道也。""长"就是"率"。由此可见，"率"当训领、长，不应训循、顺。简文认为性就是"喜怒哀悲之气"，就是"好恶"，表现出来就是"情"。这种"性"，要以"群善之绝"的"义"去磨砺，要以"心术为主"的"人道"去统率，与《中庸》"率性之谓道"是一致的。[2] 不过，刘昕岚女士指出："长"字固有率领之意，然考诸整篇简文大义，此处"长"释为"增长""增益"较恰。[3]

按："养""长"连言，古书常见，如《荀子·富国》："故先王明礼义以一之，致忠信以爱之，尚贤使能以次之，爵服庆赏以申重之，时其事，轻其任，以调齐之，潢然兼覆之，养长之，如保赤子。""养之""长之"连言，也见于古书，《说苑·贵德》："圣人之于天下百姓也，其犹赤子乎！饥者则食之，寒者则衣之，将之养之，育之长之，惟恐其不至于大也。"两相比较，刘昕岚说较好。

既然"习"能"养性"，"道"能"长性"，那么这个可以养、长的性和需要节制的性，当是相反的。所以由此反推，"砺性"等，对于性大体上当不是从负面的欲望方面来着眼，而应该基本上是从中性乃至正面来叙述。

因此，联系上下文来看，这里所说的性，大体上不是负面的欲望之类的东西，也尚未涉及善恶的内容，而是指那个来自天命、天赋的性。《性自命出》的这个"性自命出，命从天降"的"性"，以及《中庸》的那个"天命之谓性"的"性"，和《左传·成公十三年》刘康公所闻之语有着相近的预设："吾闻之：民受天地之中以生，所谓命也。是以有动作礼义威仪之则，以定命也。"它们都是天赋、天命的性。这里所说的"有动作礼义威仪之则"，和《性自命出》所云"实性者，故也；砺性者，义也……养性者，习也；长性者，道也"相近。而《性自命出》全文也基本上是以"凡

---

① 说本金景芳：《论孔子思想的两个核心》，载《历史研究》，1990(5)。
② 廖名春：《郭店楚简儒家著作考》，载《孔子研究》，1998(3)。
③ 刘昕岚：《郭店楚简〈性自命出〉篇笺释》，见武汉大学中国文化研究院：《郭店楚简国际学术研讨会论文集》，334页。

人"来讨论性，和刘康公所谓"民"相近，不像《中庸》区分出了圣人和常人。

所以，笔者倾向于将《性自命出》的"室性"读为"实性"，即是充实、扩充、完成性，是诚性、成性、尽性。"实性者，故也"，是指用圣人有为而制作的人伦规范来充实性。这里的充实、扩充，需要和砺性的义，长性的道等结合，与孟子认为人固有仁义礼智的善性这种预设不同。

不过《性自命出》强调对天命之性的充实，有可能启发了孟子（这仅是就目前所见的文献，推定其思想之间的逻辑关系，并不是说孟子必定是参考到了《性自命出》）。《孟子·公孙丑》载："凡有四端于我者，知皆扩而充之矣，若火之始然、泉之始达。苟能充之，足以保四海；苟不充之，不足以事父母。"《孟子·尽心下》有："人能充'无欲害人'之心，而仁不可胜用也。人能充'无穿窬'之心，而义不可胜用也。人能充无受'尔'、'汝'之实，无所往而不为义也。"《孟子·尽心下》以下一段话也值得玩味："可欲之谓善。有诸己之谓信。充实之谓美。充实而有光辉之谓大。大而化之之谓圣。圣而不可知之之谓神。"《孟子》主要就心而言，《尽心上》篇记孟子说："尽其心者，知其性也。知其性，则知天矣。存其心，养其性，所以事天也。"也谈到了养性（这个性在孟子那里是预设为善的，但是不是《中庸》里的圣人那种自然诚性而为善的性，而是凡人皆有的有待存养、充实的善性，充实到一定程度，就可以为"圣"）。

相反，节制性之不当、不中和的方面，使之达到中和，合于道义，也是儒学可能有的一条思路。"公孙之养气"，《荀子·性恶》所说的"人之性恶，其善者伪也"，乃至《礼记》《乐记》等倡导通过礼乐文明，使人血气和平等，可能就是遵循着这一条思路。而这与充实、完成性使之合乎道义，可谓殊途同归，关键是各自对于性的预设不一样。《荀子》中有《乐论》篇，和《礼记·乐记》有重文，《公孙尼子》中可能也有《乐记》，而《性自命出》也有一些论乐的部分，因此，荀子的"性恶论"，也有思想渊源（但是《乐记》等并没有直接提出性恶）。充实、发扬性之光明的方面（实性）与节制性不好的方面（节性），可能是孔子后学不同的致思方向，所以在"七十子"中就开始了性有善有恶、无善无恶的争论，到孟子、荀子，则将某一思想方向发展到了极致。而后来《春秋繁露》所说的性有阴阳、仁贪之说，扬雄的性善恶混之说，可能是性有善有恶之说的某种发展，是一种折中之说。

此外，就训诂来讲，将《中庸》中的"率性"之率解释为循、顺之与统率，都有可能。这种理解上的歧义，可以给予后人诠释的空间，也有可能就此导致了孔门后学的两种路向。但是就《中庸》本身来讲，全文对于圣人非常推重，"自诚明"高于"自明诚"，圣人行中庸之道是"不勉而中，不思而得，从容中道"，是像天一样"自诚明"，"能尽其性"，而且这种尽性是"自成"的，"不见而章，不动而变，无为而成"，所以这是循性、顺性而为的，这是圣人的境界。圣人是天下之道义的制定者，"动而世为天下道，行而世为天下法，言而世为天下则"，常人则是仿效圣人，是"修道"，是"诚之"，"自明诚"，"择善而固执之"，合于道义。所以就《中庸》本身来看，"率性"还是解释为循性、顺性为好。后来陆贾也曾经说过："天地生人也，以礼义之性。人能察己所以受命则顺，顺之谓道。"[①]可以参看。

四、郭店《性自命出》与《孟子》
"天下之言性"章的"故"字

《孟子·离娄下》的"天下之言性"章，不仅指出了当时一个非常重要的思想史现象——天下言性，并且对之进行了总结——故而已，而且孟子对之进行了评论——所恶于智者，为其凿也云云。但是此章难解之处在于"天下之言性也，则故而已矣"的"故"字。旧解"故"字，仿佛多有未洽，故后人多有讨论。近来新出竹简为此问题提供了新思路，因竹简时代与孟子接近，很值得重视。

---

① 见《论衡·本性》，参见黄晖：《论衡校释（附刘盼遂集解）》，138 页。

（一）

《孟子·离娄下》"天下之言性"章的内容如下：

> 孟子曰："天下之言性也，则故而已矣。故者，以利为本。所恶于智者，为其凿也。如智者若禹之行水也，则无恶于智矣。禹之行水也，行其所无事也。如智者亦行其所无事，则智亦大矣。天之高也，星辰之远也，苟求其故，千岁之日至，可坐而致也。"

这里不仅有"则故而已矣"的"故"字，而且有"故者，以利为本""苟求其故"，总共三个"故"字，必须要贯通其义，才可能对上下文作出好的解释。一般认为第一、第二个"故"字的意思是相同的，而第三个"故"字比较好解释，即原因、规律。《孟子》的人性论，和许多人的不同，其对于"天下之言性，则故而已矣"应该含有一种批评，而此章又说"苟求其故，千岁之日至，可坐而致也"，因此贯通三个"故"字不免有些困难。许多解释常常在"故者，以利为本"句处犯难。如焦循采前人之说，谓："故，即'苟求其故'之故。推步者求其故，则日至可知；言性者顺其故，则智不凿"，那么这里的"故"是规律之义；但是为了照顾"故者，以利为本"，又解释"故"为事①。黄彰健先生曾经广泛结合前人的讨论，训"故"为事，"故而已矣"为有所事、有所穿凿，"苟求其故"为苟研求其事②，较焦循说有所进步，但是也有某些不顺之处。

近来梁涛先生从郭店楚墓竹简《性自命出》的"交性者，故也""有为也者之谓故"出发，指出此处"故"与"天下之言性"章相关，并训"故"为"修习"③。不过裘锡圭先生根据上海博物馆藏战国楚竹书中与《性自命出》非常接近的《性情论》，指出"交性"之"交"有误；他同意梁涛将《性自命出》和《孟子》此处联系起来，并且根据上博简中与《性自命出》内容相

---

① （清）焦循：《孟子正义》，584～586 页。
② 黄彰健：《释孟子"天下之言性也"章》，见《经学理学文存》，台北，台湾商务印书馆，1976。
③ 梁涛：《〈性情论〉与〈孟子〉"天下之言性"章》，见廖名春主编：《新出楚简与儒学思想国际学术研讨会论文集》。

近的《性情论》，补充了文例"同方而交，以道者也。不同方而【交，以故者也】。同悦而交，以德者也。不同悦而交，以猷者也"，解释"故"为有目的的考虑，将《孟子》中的"故"解释为"人为的规范、准则"。[①] 后来梁涛先生根据裴说"节"字，认为"故""是指习惯、积习而言"。[②]

以上的解释，以黄彰健先生最能详考孟子当时思想界中的人性论；裴锡圭先生讨论"故"字的本义、引申义最为详细；梁涛先生发现《性自命出》与《孟子》"天下之言性"章的关联，最为有见地。但是梁先生前后两种解释都没有摆脱裴锡圭先生的批评意见：释"故"为"习"，而这与《性自命出》的上下文"养性者习也"重复，又其对"故者以利为本"的解释，基本上沿袭朱熹之说，是有问题的。[③] 朱熹释"故"为"其已然之迹"，释"利"为"顺"，解释到了"言事物之理"，显然有理学建构的目的[④]，恐不可据。

看来，对于"天下之言性"章的解释，有必要从郭店简《性自命出》、上博简《性情论》说起。因《性情论》残断较甚，下面主要以《性自命出》为讨论基础。

（二）

前文指出，《性自命出》简9～15有：

> 凡性，或动之，或逆之，或室（实）之，或万（砺）之，或出之，或养之，或长之。凡动性者，物也；逆性者，悦也；室（实）性者，故也；厉（砺）性者，义也；出性者，埶（势）也；养性者，习也；长性者，道也。凡见者之谓物，快于己者之谓悦，物之埶（艺）者之谓埶（势），有为也者之谓故。义也者，群善之蕝也。习也$_{13}$者，有以习其性也。道【也】者，群物之道（导）【也】。凡道，心术为主。道四

① 参见裴锡圭：《由郭店简〈性自命出〉的"室性者故也"说到〈孟子〉的"天下之言性也"章》，见《中国出土古文献十讲》，260～276 页。

② 梁涛：《竹简〈性自命出〉与〈孟子〉"天下之言性"章》，载《中国哲学史》，2004（4）。

③ 参见裴锡圭：《由郭店简〈性自命出〉的"室性者故也"说到〈孟子〉的"天下之言性也"章》，见《中国出土古文献十讲》，260～276 页。

④ （宋）朱熹：《四书章句集注》，297 页，北京，中华书局，1983。

术，唯人道为可道也。

关于"有为也者之谓故"，郭店简《性自命出》中说："《诗》、《书》、礼、乐，其始出皆生于人。《诗》，有为为之也。《书》，有为言之也。礼、乐，有为举之也。"已有不少学者指出，"有为为之""有为言之"之语也见于《礼记》。《礼记·檀弓上》"有子问于曾子曰问（闻）丧于夫子乎"章，有"然则夫子有为言之也"语。《礼记·曾子问》"子夏问曰三年之丧卒哭金革之事无辟也者与"章，有"昔者鲁公伯禽有为为之也"语。裘锡圭先生指出"为"读去声（wèi），这种"有为"意思是有特定目的或有用意。"故"主要应指合乎儒家思想的各种礼制和伦理道德规范。这些都是古人"有为"而作的，所以可以当"有为也者"讲的"故"来指称。

鄙意根据《礼记》的这些记载，"故"不仅可以指合乎儒家思想的各种礼制和伦理道德规范，还可以指儒家的、合乎儒家思想的教化内容，后者的含义比较广泛，可以包括前者。推而言之，任何有目的而作的教义、教化内容，都可以称为"故"。当然，《性自命出》是只认为《诗》《书》、礼、乐这些内容以及自家的教义，才可以算作有为之"故"。

（三）

弄清楚了《性自命出》中的"故"字的含义，以及所谈的有关"性"的内容，我们再来看看《孟子》的"天下之言性"章。黄彰健、裘锡圭先生都认同陆九渊对《孟子》"天下之言性"章的解释有可取之处，陆九渊之语如下：

"天下之言性也，则故而已矣。"此段人多不明首尾文义。中间"所恶于智者"至"智亦大矣"，文义亦自明，不失《孟子》本旨。据某所见，当以《庄子》"去故与智"解之。观《庄子》中有此"故"字，则知古人言语必常有此字。《易·杂卦》中"《随》无故也"，即是此"故"字。当孟子时，天下无能知其性者。其言性者，大抵据陈迹言之，实非知性之本，往往以利害推说耳，是反以利为本也。夫子赞《易》："治历明时，在《革》之象。"盖历本测候，常须改法。观《革》之义，则千岁之日至，无可坐致之理明矣。孟子言："千岁之日至，可坐而致也。"正是言不可坐而致，以此明不可求其故也。①

黄、裴两位先生指出，陆九渊将"故"与"去故与智"联系起来，是其高明之处。陆九渊说清楚了这里《孟子》对于天下言性者是一种批评的态度，但是后面他说"故"为"陈迹"，同于朱熹说，不对②。裴锡圭先生还不同意陆九渊认为"千岁之日至"是不可坐而致的看法，认为这里的"故"，"指星辰运行的常规，是当成例、规范一类意思讲的'故'字的引申用法"。

裴先生曾引宋人托名孙奭所作的《孟子》疏（即《十三经注疏》所收者）对于"天下之言性"章的解释，认为有可取之处，但是仅引到解释"故者以利为本"的一段。今为了讨论问题之需，将全部疏文转录如下：

> 孟子言今夫天下之人有言其性也者，非性之谓也，则事而已矣。盖故者事也，如所谓故旧、无大故之故同意。以其人生之初，万理已具于性矣，但由性而行，本乎自然，固不待于有为则可也，是则为性矣。今天下之人，皆以待于有为为性，是行其性也，非本乎自然而为性者耳，是则为事矣。事者必以利为本，是人所行事必择其利然后行之矣，是谓"故者以利为本"矣。我之所以有恶于智者，非谓其智也，为其不本性之自然之为智，但穿凿逆其自然之性而为智者矣，故曰"所恶于智者，为其凿也"。孟子言此，又恐后人因是遂以为故与智为不美，所以复为明言之，故言如为智者，若禹之治水，则我无恶于为智矣。以其大禹之治行其水也，但因水自然之性引而通之，是行其所无事者也，非逆其水性而行之也。若今之人为智，但因性之自然而为智，是亦行其无事耳，而其为智亦大智者矣。此孟子于此以为智之美，又非所谓恶之者也。且天之最高者也，星辰最远者也，然而诚能但推求其故常，虽千岁之后，其日至

---

① （宋）陆九渊：《陆九渊集·语录上》，415 页，北京，中华书局，1980。

② 张岱年先生对于陆九渊说，有一种解释："故是已然之形态。论性者多以生来已然之形态为性，则必以利为人性之根本了。"见张岱年：《中国哲学大纲》，187 页，北京，中国社会科学出版社，2004。按：孟子性善之说亦是从生来为说（如《孟子·尽心上》所谓"人之所不学而能者，其良能也。所不虑而知者，其良知也。孩提之童，无不知爱其亲者"），然孟子其将自为批评乎？张说恐不可从。

之日，亦可坐而计之也。孟子于此以故为美，所以又执是而言之耳，以其恐人不知已前所谓则故而已矣为事之故，遂引天与星辰而言故常之故，于此为美也。谓人之言性者，但本乎故常自然之性而为性，不以妄自穿凿改作，则身之修，亦若天与星辰之故常，而千岁日至之日，但可坐而致也。此所以明其前所谓故为事故之故，终于此云故乃故常之故，盖故义亦训常，所谓必循其故之故同。①

通观这一段注疏，在最后一句中，解释第一个"故"为事故；第三个"故"为故常。黄彰健先生解释"故"为"事"，和疏文正同；裘锡圭先生释第三个"故"为常规，也和疏文接近②。第一个"故"字，疏文提到了"有为"，这和郭店简《性自命出》"有为也者之谓故"之说非常接近。但显然这里的"有为"，是贬义的，和《性自命出》不同。疏文认为孟子仅反对故之利和智之凿，也认识到有智之美和故之美似比较符合孟子的思想，孟子认为仁义礼智根于心，自然不会全然反对"智"。

伪孙奭疏的解释，让人不免想到赵岐的《孟子章句》：

> 言天下万物之情性，当顺其故，则利之也。改戾其性，则失其利矣。若以杞柳为杯棬，非杞柳之性也。恶人欲用智而妄穿凿，不顺物之性，而改道以养之。禹之用智，决江疏河，因水之性，因地之宜，引之就下，行其空虚无事之处。如用智者不妄改作，作事循理，若禹之行水于无事，则为大智也。天虽高，星辰虽远，诚能推求其故常之行，千岁日至之日可坐而知也。

"言天下万物之情性，当顺其故，则利之也。改戾其性，则失其利矣"，这是依据阮元《校勘记》所引的"廖本、孔本、韩本、《考文》古本"，以及焦循所说的曲阜孔氏刻本。通行的《十三经注疏》本作"今天下之言性，则以故而已矣。以言其故者，以利为本耳"。似乎对于原文未有所解释。且赵岐的《孟子章指》指出这一章的要义是："能修性守故，天道可知，

① （清）阮元校刻：《十三经注疏：附校勘记》，2730 页 B。
② 裘先生还认为："也有可能这句话的'故'指事理。"但是未作具体解释。

妄智改常，必与道乖，性命之指也。"①是故当从《校勘记》等所引的说法。

不难发现，赵岐也谈到了利之和失其利，恶人用智和大智，伪孙奭疏显然继承了这一趋向。但是赵岐对于"天下之言性也，则故而已矣"，用"言天下万物之情性，当顺其故，则利之也。改戾其性，则失其利矣"来解释，说的是顺性之常规（可能是考虑到了《中庸》"率性之谓道"中的"率"之义为循），似乎不当（朱熹其实就是跟从此说）。因为《孟子》原文明明是说"天下之言性也，则故而已矣"，是讲孟子当时思想界的人论性的情况，前引陆九渊之说已经说明孟子对此有所批评；这里要说的，恐怕不是赵岐等所谓孟子对于性当如何的看法。而且孟子之性善，只是四端而已；即使顺此性善扩充之可以有利于人性的发展，孟子恐怕也不会从利（或者单独从利）这一个维度来讲，而会选择仁义道德的维度，因为讲利和孟子道仁义的一贯思想恐怕不合。

裘锡圭先生将第一个"故"字解释为"人为的规范、准则"，解释第三个"故"字为常规，没有完全等同二者②，这种贯通的方法应该是可取的。古人语简，一个词可以引申出几个义项，后代、现代的疏解、翻译不能不有所调整。

裘先生申述前一"故"字，认为：孟子主张人应该认识自己内心本有仁义礼智四端，"知皆扩而充之"（《公孙丑上》）；反对人们把仁义礼智当作人为的规范、准则（"智"指辨别是非的标准），勉强大家去遵循、履行。"天下之言性也，则故而已矣"的意思应该是说，一般讲性的人，把人性所固有的仁义礼智，仅仅看成外在人为的规范、准则。对仁义礼智采取功利主义态度的墨家和认为仁义礼智不合人类天性的道家，当然可

---

①　参见（清）阮元校刻：《十三经注疏：附校勘记》，2730 页 A、B，2732 页 C；（清）焦循：《孟子正义》，584、593 页。

②　葛瑞汉指出前一"故"为动词，后一"故"为名词，翻译"故"为 Take things going smoothly（如故）和 Former［故旧，认为"Reason"（原故）来源于"Former"］，由此认为孟子所说"天下之言性也，则故而已矣"，是针对杨朱全天（保持天性）而"所恶于智者"针对告子，这一意见似有取于赵岐。见葛瑞汉：《孟子人性理论的背景》，见［美］江文思、安乐哲编：《孟子心性之学》，梁溪译，65～68 页，北京，社会科学文献出版社，2005。

以包括在"天下之言性"者之中。就是一般儒家的意见，如《性自命出》的以"故"节制人性的说法（这在当时大概是相当普遍的说法），告子"以人性为仁义，犹以杞柳为桮棬"的说法（《孟子·告子上》），也显然是孟子的批评对象，说不定还是他心目中的主要批评对象。

裘先生上述把仁义礼智当作人为的规范、准则（孟子自己是以仁义礼智为人固有），恐怕是根据对"节性者故也"的解释而来的。在笔者看来，《性自命出》中的"故"字并不含贬义，而《孟子》此处所说的"则故而已矣"的"故"，多数人都认为含有批评别人的意味，二者当有所不同。如果依照裘先生的看法，那么他所谓包括在"天下之言性"者之中的"认为仁义礼智不合人类天性的道家"，既然不以仁义礼智为人为的规范、准则，严格来讲就不应该包括在"天下之言性也"之中。可是孟子拒杨墨（杨朱传统上被认为是属于所谓的"道家"），黄彰健先生恰恰就是根据与杨朱有关的材料，来推断"故"字的含义。裘先生还认为"节性者故也"也是孟子所反对的，如此则《性自命出》的人性论为孟子所反对，这倒无碍。但是《易·系辞》的"子曰"之言，说"成性存存，道义之门"①，不难看出此处道义也外在于人性，则孟子似也将反对孔子。从孟子私淑孔子，以及传统的孔孟关系来看，似乎不妥。

黄彰健先生虽然谨守"故"为"事"之古训，但是在解释"故而已矣"时又解释为有所事、有所穿凿，这一解释，必然和后文解释"苟求其故"为"研求其事"之事存在偏差（不能贯通地解释为研求其有所事）。黄先生在解释"性"时，穿插了一些理学的观点，似乎无助于解释。

综合以上意见，鄙意赵岐注、伪孙奭疏的说法，大有可取，只是对于第一个"故"字的解释不可信，而裘锡圭先生的解释，需要从"实性者

---

① "成性存存，道义之门"，是"子曰"之语。这句话，韩康伯注为："物之存成，由乎道义也。"朱子解释为："'成性'，本成之性也。'存存'，谓存而又存，不已之义也。"[（宋）朱熹：《周易本义》，172 页，广州，广州出版社，1994]后人多从朱子之意，而解释"道义之门"为进入、步入道义之门，或解释为道义之所出入，即是认为通过"成性存存"，就能了解道义。从《老子》第一章的"玄之又玄，众妙之门"来看，此说有一定道理。但是，《尔雅·释训》有"存存，在也"的古训，因此阮元认为这句话"与《老子》'众妙之门'不同"。参见（清）阮元：《性命古训》，见《揅经室集》，222 页，北京，中华书局，1993。阮元之说当更有道理。

故也"这一释读来稍作调整。

(四)

笔者以为，"故而已矣""故者，以利为本"的"故"，可以依从《性自命出》"有为也者之谓故"的扩充解释，即是前述任何有目的而作的教义、教化内容，都可以称为"故"。于此不妨解释为有为、有目的、有原因、有缘故(的言论)；后文"苟求其故"之"故"，可以解释为原因、缘故，有为的缘故(中国古人认为列星绕天极周行，是有一定原因、规律的)。

《孟子》中的"天下之言性也，则故而已矣"，"则"字作"惟"解，前人已有说明①。这句话是说天下人谈论性，都不过是有为之说(是有一定目的、出于某种考虑的说法)。"故者，以利为本"，则是说有为之说，都考虑着某种"利"。这两句话都是陈述，一般认为暗含着批评，这当是联系孟子的思想言论和下文而得出的观点。孟子重义轻利，《孟子》开篇就对梁惠王说："王何必曰利，亦有仁义而已矣。"此处下文说："所恶于智者，为其凿也。如智者若禹之行水也，则无恶于智矣。禹之行水也，行其所无事也。如智者亦行其所无事，则智亦大矣。"此文看似只批评穿凿用智者，实际上在孟子眼中，恐怕除了不得已而辩的自己和他所私淑的孔子，其他论性者都当归入穿凿者之列。譬如《孟子·尽心上》中说："杨子取为我，拔一毛而利天下，不为也。墨子兼爱，摩顶放踵利天下，为之。子莫执中，执中为近之。执中无权，犹执一也。所恶执一者，为其贼道也，举一而废百也。"本来子莫执中，"执中为近之"，但是孟子仍然将杨子、墨子以及子莫的学说归结为"执一"(此中杨墨都明显有关"利")。实际上，"执一"之说，是古代一个很重要的思想，如：《文子·道德》说"执一者，见小也，见小故能成大也"，"君执一即治，无常即乱"；《管子·心术下》有"执一之君子，执一而不失，能君万物，日月之与同光，天地之与同理"，《内业》有"执一不失，能君万物"。《吕氏春秋·为欲》云："执一者，至贵也。"孟子显然是故意曲解杨、墨尤其是子莫的学说，以之为偏执一端。实际上，孟子的学说或也可以说是执一

---

① 参见(清)吴昌莹：《经词衍释》，见谢纪锋编：《虚词诂林》，203页。

的，但是孟子显然并不会这样认为，后人也会加以弥缝。① 所可注意者，这里的"所恶执一者，为其贼道也"的"所恶……为其……"的句式，与"天下之言性"章"所恶于智者，为其凿也"相近。

"所恶于智者"一句要强调的，当是说这一类人性论，有目的的学说，不合乎性之道、性之本，滥用智慧，反而穿凿。此中"禹之行水也，行其所无事也"，可以参照郭店简《尊德义》篇简3~8的"不由其道，不行……圣人之治民，民之道也。禹之行水，水之道也。造父之御马，马之道也。后稷之艺地，地之道也。莫不有道焉，人道为近，是以君子人道之取先"。《孟子》所谓"禹之行水也，行其所无事也"，应该就是《尊德义》的"禹之行水，水之道也"。赵岐《孟子章指》说"妄智改常，必与道乖"，得之。因此，孟子批判穿凿用智者的关键点，应该就是这些言论不合性之道，说到根本上，也就是这些言论不合人之道。而使民性合乎人伦道义，乃至认为人性中含有仁义礼智的人伦道义，是孔子及其后学的重要观点（详另文）。所以孟子没有反对他的前辈，他只是进一步将仁义礼智规定为本有的人性，是人和禽兽的差别所在，这才是人性。

孟子所反对的杨墨，都是追求"利"的。葛瑞汉曾指出："墨家学派只关注是否有利，杨朱学派则要问'对何者有利'。"②但是葛氏此说未和"性"相连，下面试探讨约略与孟子同时的言"性"之说，以考察笔者上述解释是否说得通。

杨子"拔一毛而利天下，不为也"，为了个人的全性葆真，轻物重生，虽然保全了天性，"以全天为故"③，却远离了孔子学派所更看重的人道，成为所谓的自私自利。墨子"摩顶放踵利天下"，其"性"论警惕"所染"，似有为公去私倾向，和"利天下"有关，这种推测还有待研究，因为《墨子》中有关文献缺乏。《墨子·大取》篇有一段文字，涉及"性"，

---

① 关于杨墨也为"执一"以及孔孟非"执一"，可参见（清）焦循：《孟子正义》，919页。实际上，一家之学，必有其特别教义，唯反复无常、攀附无己者乃无其"一"。

② ［英］葛瑞汉：*Disputers of the Tao*：*Philosophical Arguments in Ancient China*，p.56。

③ 参见《吕氏春秋·本生》。黄彰健先生认为此篇及《贵生》《重己》等与杨朱后学有关。

但是讹脱难解，孙诒让甚至认为内中"性"乃"惟"之讹①；张纯一解释为"性"，但是文意尚不贯通②；吴毓江先生的解释虽然认为和所染之人性论相关，但是掺杂了佛教理论，且在没有版本依据的情况下移易文字③。孟子时墨子后学告子④，以天性论性，认为性犹杞柳、性犹湍水、性无善无不善、生之谓性、食色为性、仁内义外，是要说明仁义不合人性，可能因此告子有不动心的理论，以利于保持天性，不为外物所染而迷失本性。

与孟子同时，还有商鞅。今本《商君书》，大体上可以视作此一学派的作品。《商君书·算地》篇有："夫治国者能尽地力而致民死者，名与利交至。民之生，饥而求食，劳而求佚，苦则索乐，辱则求荣，此民之情也。民之求利，失礼之法；求名，失性之常。奚以论其然也？今夫盗贼上犯君上之所禁，下失臣子之礼，故名辱而身危，犹不止者，利也。其上世之士，衣不暖肤，食不满肠，苦其志意，劳其四肢，伤其五脏，而益裕广耳，非性之常，而为之者，名也。故曰：'名利之所凑，则民道之。'……民之性，度而取长，称而取重，权而索利。明君慎观三者，则国治可立，而民能可得。"《开塞》谈道："民之性，不知则学，力尽而服。故神农教耕而王天下，师其知也；汤武致强而征诸侯，服其力也。夫民愚，不怀知而问；世知，无余力而服。故以爱王天下者，并刑；力征诸侯者，退德。圣人不法古，不循今。法古则后于时，循今者塞于势。周不法商，夏不法虞。三代异势而皆可以王。故兴王有道，而持之异理。"《错法》篇有："人生而有好恶，故民可治也……好恶者，赏罚之

---

① （清）孙诒让：《墨子间诂》，405 页，北京，中华书局，2001。
② 张纯一编著：《墨子集解》，377～378 页，成都，成都古籍书店，1988。
③ 参见吴毓江：《墨子校注》，611～612、620～622 页，北京，中华书局，1993。
④ 关于告子是否为墨子弟子，与《孟子》书中告子是否为一人，学界曾有争论，梁启超、钱穆二先生倾向于告子为墨子弟子，下及孟子(参钱穆：《先秦诸子系年》，126～127 页)。今于人性论上或可添一证，《论衡·本性》记："夫告子之言，亦有缘也。《诗》曰：'彼姝之子，何以与之。'其《传》曰：'譬犹练丝，染之蓝则青，染之朱则赤。'夫决水使之东西，犹染丝令之青赤也。"此《传》今不见，墨者也传诗书，或可能为墨者所传习之《传》。《墨子·公孟》记墨子弟子对于告子非常排斥，而墨子后学分化比较严重，单单告子未必能代表墨子后学。

本也。"①大体上谈的是人之常情，商鞅学派即据此而推行自己主张法治的学说②。值得注意的是《商君书·开塞》篇还说到："古之民朴以厚，今之民巧以伪。故效于古者，先德而治；效于今者，前刑而法。"此篇一般认为是商鞅所作。这一古今民众有别的观点，在古代不多见，但它和商鞅区分古今的历史观是相合的。很明显，《商君书》中的人性论也是有为之论，是其学说理论的基础，是为治理天下，有"利"的。

庄子晚于孟子，庄子学派也是重天性，陈静先生认为："庄子以真伪论人性，是以真性对应于俗伪。"③说明庄子学派并不同于杨朱、告子的重天性，对于人性论有所发展。此外，《管子》书中也有某些讨论人性的内容。

孔子后学有可能因"性"论不同而逐渐分化，他们的"性"论，也是有为而发的。但是孟子以正道自居，所以他不会自认自己的"性"论是有目的、求利的。因此他可以批评别人，说"天下之言性也，则故而已矣。故者，以利为本"④。

有趣的是，这一时期的人性论，都强调习养气性。但是所关注的重点有所不同，方法也不一样，值得注意。古代多是强调贵族子弟少小之时的习性、礼乐教化，对于民众多是强调"节性"；孔子注重礼义成性；《中庸》、公孙尼子一系强调中和；世硕一系应该是更关注养善性；《性自命出》说到了实性、养性、长性，也有强调中和的地方⑤；墨子学派

---

① 参见蒋礼鸿：《商君书锥指》，45～46、48、53、65 页，北京，中华书局，1986。按：《商君书》原文有通假字及讹字，据改。下引文同。

② 刘家和先生认为《开塞》篇所说人类的原始状态，也有性恶思想，商鞅及其后学由此推出以恶治恶、以愚治恶的主张。见刘家和：《关于战国时期的性恶说》，见《史学、经学与思想：在世界史背景下对于中国古代历史文化的思考》，北京，北京师范大学出版社，2005。

③ 陈静：《自由与秩序的困惑——〈淮南子〉研究》，254 页。

④ 当然，如果孟子不言利只是《孟子》一书带给我们的假象（比如孟子并不反对齐宣王好货，只是认为要与百姓同之），尤其当考虑到中国古代义利之相关性，那么"天下之言性也，则故而已矣。故者，以利为本"，也可能只是一个陈述句，孟子并没有批评的意思，只是说各家人性论都是有目的的，都为了天下之治；则孟子所批评的就只在后面的"所恶于智者"，是批评别家之说不合人道，凿于用智。

⑤ 郭店简《性自命出》简 63、简 64 有："欲务齐而泊，喜欲知而无末，乐欲释而有持，忧欲敛而毋闷，怒欲盈而毋暴"，不见于上博简《性情论》。

注重所染，告子有不动心之法；孟子也有不动心之法，但是突出了养浩然之气；商鞅强调以刑法控制人性；庄子表述了"逍遥游""心斋""坐忘"等；荀子则提出"虚壹而静"，也有"治气养心"之术。

五、上博《诗论》"怀尔明德"探析

上海博物馆藏战国楚竹书《孔子诗论》（下文依据学界比较通行的意见，称之为"《诗论》"）简展出时，笔者发现简 7 上部稍残断，前当有缺简。此简可隶定、标点为：

> "……怀尔明德"，盖诚谓之也；"有命自天，命此文王"，诚命之也，信矣。孔子曰："此命也夫！文王虽谷已，得乎？此命也。"

"有命自天，命此文王"见于《大雅·大明》，则很明显前"怀尔明德"亦当为引文，《诗论》此简是引《诗》文而论《诗》。从"诚命之也"对应"有命自天"之形式来看，"怀尔明德"前当有一"谓"字，与"诚谓之也"之"谓"对应。《大雅·皇矣》有："帝谓文王：予怀明德"一句，与此较近，只是"予怀明德"与"怀尔明德"不同。当然，前面残缺之简文也有可能是"帝谓文王，予"几字。事实表明，这种猜想有其根据。

《墨子·天志(中)》有：

> 曰：将何以为？将以识夫爱人利人，顺天之意，得天之赏者也。《皇矣》道之曰："帝谓文王：予怀明德，不大声以色，不长夏以革，不识不知，顺帝之则。"帝善其顺法则也，故举殷以赏之，使贵为天子，富有天下，名誉至今不息。[①]

《墨子·天志(下)》有：

---

① 吴毓江：《墨子校注》，306 页。

非独子墨子以天之为仪法也，于先王之书《大夏》之道之然："帝谓文王：予怀而明德，毋大声以色，毋长夏以革，不识不知，顺帝之则。"此诰文王之以天志为法义，而顺帝之则也。[①]

两相比较，不难发现两段文字文意相近，所引之诗相对于《毛诗》即是《大雅·皇矣》。唯《天志(中)》所引同于今《毛诗》；而《天志(下)》所引多了一个"而"字[②]；两"不"字作"毋"；《天志(下)》所引称《大夏》而非《大雅》。

《文物》杂志1989年第4期，载有两篇考释江苏丹徒背山顶春秋墓出土钟鼎铭文的文章。铭文中"我台(以)夏台(以)南"一语，考释者已对照《小雅·鼓钟》《周颂·时迈》"以雅以南"指出："夏"即是"雅"。[③] 荆门郭店楚简《缁衣》中，简7与简35、简36两处两次先后引大、小《雅》，其"雅"字皆作"夏"，裘锡圭、张春龙先生已指出："夏"字"楚简文字习见，在此借作'雅'"。[④] 可见《天志(下)》所引《大夏》即是《大雅》。

而"尔"与"而"古通。如《易·颐》："初九，舍尔灵龟，观我朵颐，凶。"[⑤]马王堆汉墓帛书本"尔"作"而"[⑥]。又如《左传·宣公三年》："余，而祖也。"[⑦]《史记·郑世家》"而"作"尔"[⑧]。更明显者为《尚书·吕刑》："在今尔安百姓。"[⑨]《墨子·尚贤下》引"尔"作"而"。[⑩] 可见，"怀而明德"即是"怀尔明德"，《墨子·天志(下)》所引之诗与《诗论》所论之诗，至少在这一句上有同一师本。下文将证明这个版本是合理的。

---

① 吴毓江：《墨子校注》，323页。
② 吴注："'而'字毕本无，旧本并有，今据补。"见《墨子校注》，335页注94。另：吴于《天志(中)》注80认为："《毛诗·大雅·皇矣》篇文与此同。下篇'怀'下有'而'字，疑《墨子》引《诗》原文如此。此无'而'字，疑后人据《诗》删之。"见《墨子校注》，306页。
③ 参见《文物》，1989(4)。
④ 荆门市博物馆：《郭店楚墓竹简》，132页注[二二]，135页注[八六]。
⑤ (清)阮元校刻：《十三经注疏·附校勘记》，41页A。
⑥ 张政烺：《马王堆帛书〈六十四卦〉释文》，载《文物》，1984(3)。
⑦ (清)阮元校刻：《十三经注疏·附校勘记》，1868页C。
⑧ (汉)司马迁：《史记》，1765页。
⑨ (清)阮元校刻：《十三经注疏·附校勘记》，249页C。
⑩ 吴毓江：《墨子校注》，97页。

方授楚于《墨学源流》一书中曾指出，《墨子》中"引《诗》多散文化，《兼爱（下）》……云：'先王之书《大雅》之所道曰：无言而不雠，无德而不报。'今《大雅·抑》篇无两'而'字也。凡此改《诗》为散文，以就当时口语之体，昔人多未达其故"①。《天志（下）》此处也是有一个"而"字，但据《诗论》来看，这个"而（尔）"字并非"以就当时口语之体"，而是一个实词，不能去掉。《墨子·天志（下）》两"不"字作"毋"，这只是通假字的问题，如鲁诗便"'不'一作'弗'"②，并不影响文意。多或少一个"而"字，则大关文意。今《毛诗》对于这一句作如下解释：

> 帝谓文王：予怀明德，不大声以色，不长夏以革，不识不知，顺帝之则。
>
> 传：怀，归也。
>
> 笺：天之言云：我归人君有光明之德，而不虚广言语，以外作容貌，不长诸夏以变更王法者。其为人不识古，不知今，顺天之法而行之者。此言天之道，尚诚实，贵性自然。
>
> 疏：毛以为，天帝告语此文王曰：我当归于明德。以文王有明德，故天归之。因说文王明德之事……郑以为，天帝告语文王曰：我之所归，归于人君而有光明之德……③

孔疏已发现毛、郑之不同。其实，补一"尔"字，文从字顺，即是：天帝告语文王曰：我心中怀藏着尔之美好德行——不虚广言语，以外作容貌；不长诸夏以变更王法；"虽未知，已顺天之法则"④而行之。正因为如此，所以才有下文"帝谓文王：询尔仇方，同尔兄弟。以尔钩援，与尔临冲，以伐崇墉"⑤。如果天帝告语文王的只是要归于明德，文王尚未有所表现，何来立即命之"伐崇墉"？如果以"伐崇墉"为考验文王能

---

① 方授楚：《墨学源流》，复印本，46 页，上海，中华书局、上海书店联合出版，1989。

② 参见(清)王先谦：《诗三家义集疏》，858 页，北京，中华书局，1987。

③ 参见(清)阮元校刻：《十三经注疏：附校勘记》，522 页 A。

④ 从《荀子》杨倞注，见(清)王先谦：《荀子集解》，34 页，北京，中华书局，1988。

⑤ (清)阮元校刻：《十三经注疏：附校勘记》，522 页 A。

否为"我之所归"，那么天帝似乎过于残忍，万一文王不合所愿，天帝恐怕只好另请高明，再起刀兵了。总之，有"尔"字义胜。

不过，《中庸》文末有：

> 君子所不可及者，其唯人之所不见乎！《诗》云："相在尔室，尚不愧于屋漏。"故君子不动而敬，不言而信。《诗》曰："奏假无言，时靡有争。"是故君子不赏而民劝，不怒而民威于铁钺。《诗》曰："不显惟德！百辟其刑之。"是故君子笃恭而天下平。《诗》曰："予怀明德，不大声以色。"子曰："声色之于以化民，末也。"《诗》曰："德辅如毛"，毛犹有伦；"上天之载，无声无臭"，至矣！①

所引《皇矣》没有"尔"字！

《中庸》所引之诗句不太可能是先有"尔"字，而后儒从《毛诗》或三家诗删改。后人多将被认为与子思有关的《中庸》《缁衣》《坊记》等文中所引之《诗》归为齐诗，这是用反溯之方法研究已失传的齐诗，然而将郭店简本《缁衣》引《诗》与今本对勘，异文不少②，恐不能将之定为齐诗。依一直流传的《毛诗》来看，《中庸》多有引《诗》与之不同者。譬如《中庸》中有：

> 《诗》曰："嘉乐君子，宪宪令德！宜民宜人，受禄于天；保佑命之，自天申之！"③

所引相对于《毛诗》，出自《大雅·假乐》，今《毛诗》作：

> 假乐君子，显显令德。宜民宜人，受禄于天。保右命之，自天申之。④

"嘉"与"假"，"宪宪"与"显显"，"佑"与"右"，有四字不同。《坊记》中有：

---

① （清）阮元校刻：《十三经注疏·附校勘记》，1635 页 A～1636 页 A。
② 参见廖名春：《郭店楚简〈缁衣〉篇引〈诗〉考》，见饶宗颐主编：《华学》第四辑。
③ （清）阮元校刻：《十三经注疏·附校勘记》，1628 页 B。
④ 同上书，540 页 C。

子云："善则称人，过则称己，则民不争；善则称人，过则称己，则怨益亡。"《诗》云："尔卜尔筮，履无咎言。"子云："善则称人，过则称己，则民让善。"《诗》云："考卜惟王，度是镐京；惟龟正之，武王成之。"①

所引相对于《毛诗》，出自《卫风·氓》《大雅·文王有声》，"履"字今《毛诗》作"体"；"度"，《毛诗》作"宅"；"惟"，《毛诗》作"维"②。类似的例子还有很多，皆未改回。当然，改字与删字不同，上面的佐证并无力反证《中庸》原文本身绝对无"尔"字。若果有之，则注3所引吴毓江之疑倒可谓卓识；但后人并未删掉《天志（下）》中之"而"字及改"夏"为"雅"，反倒成为可怪之事了。而且即便有人改动《诗》文，这与本文所要探讨之结论并不矛盾。

《中庸》此处有可能是截引《皇矣》，转换《诗》文，《中庸》中不乏其例，如：

《诗》曰："衣锦尚䌹"，恶其文之著也。故君子之道，暗然而日章；小人之道，的然而日亡。③

所引相对于《毛诗》，出自《卫风·硕人》。《疏》云：

案：《诗》本文云"衣锦褧衣"，此云"尚䌹"者，断截《诗》文也。④

又如前引《中庸》文末之：

《诗》曰："奏假无言，时靡有争。"是故君子不赏而民劝，不怒

---

① （清）阮元校刻：《十三经注疏：附校勘记》，1620 页 A。
② 同上书，324 页 C、527 页 A。
③ 同上书，1635 页 A。
④ 同上书，1635 页 C。（清）王先谦等以为齐诗作"衣锦䌹衣"，若如此则亦无齐诗传人改动《中庸》。俞樾《古书疑义举例》卷三"古人引书每有增减例"专门讨论了《中庸》的"衣锦尚䌹"，认为古本《礼记》当作"衣锦䌹尚（裳）"，是"记人撮举其辞"，见（清）俞樾等：《古书疑义举例五种》，48 页，北京，中华书局，1983。

而民威于钺钺。

所引相对于《毛诗》，出自《商颂·列祖》，《疏》云：

> 《诗》本文云"鬷假无言"，此云"奏假"者，与《诗》反异也。①

此外《中庸》亦因文意而直接引《诗》，不加"《诗》曰"，如前引《中庸》文末之：

> 《诗》曰："德辖如毛"，毛犹有伦；"上天之载，无声无臭"，至矣！

"上天之载，无声无臭"相对于《毛诗》，出自《大雅·文王》，《中庸》直接引入文中。

《中庸》文末之意是想说明以声色、以德化民，不如上天化民之至境。因此"予怀明德，不大声以色"当是截引，"予"并不用《毛诗》"帝"之义，而是紧接上文指"君子"，以《诗》文来形容君子，用"不大声以色"来代表"笃恭"，用"天下平"来说明怀有明德之效。《毛诗》以"予"为"帝"，释"怀"为"归"放在此处显然是不合文义的，因为《中庸》后文又说到"上天"。一般认为，殷周之际"天"与"帝"在表示至上神之意时，是一个概念②。因此，子思所见《皇矣》当有"尔"字。

《中庸》之截引《皇矣》，如何反与后来的四家《诗》文及《墨子·天志(中)》一致了呢？书阙有间，现在笔者只能推断说，可能因《中庸》引用该《诗》，而后文又有"子曰：'声色之于以化民，末也'"一句，后人遂以为《诗》本来是孔子所引③，《诗》之原文如此，因而改从之。据《史记·孔子世家》载：

孔子以诗书礼乐教，弟子盖三千焉，身通六艺者七十有
二人。①

虽然所谓的子夏至毛公一系《诗》说没有间断地流传了下来，而且可能是
孔子真传，但"儒分为八"，每一儒家别派都可能有其《诗》说乃至传颂的
《诗经》版本，《毛诗》说所宗的《诗经》本文，有可能在流传的过程之中，
有所改变。因为古人经、说分开，各自单行，《诗经》由于讽颂、传抄特
别是音假、方言等缘故，小有差别，在所难免（由此遂至四家《诗》多有
不同），至秦末又逢焚书，有所疑惑，无从改正。而由于孔子、子思的
身份关系，况且儒家八派中有"子思氏之儒"，《汉书·艺文志》还列有
《中庸说》②，这一派影响当是很大，在《诗经》出现问题时，从《中庸》确
实是较好的选择。

但是，《皇矣》的两种版本见于《墨子》，这又说明了什么问题呢？

仔细分析，不难发现《天志（中）》所引与今《毛诗》完全一样，虽不能
说就是《毛诗》，但它与《天志（下）》一"而"字的区别，却足以说明当时的
墨家受儒家的影响很大。我们知道，墨家弟子也常常称引《诗》《书》，今
本《墨子》中引《诗》达 12 处，为先秦非儒家诸子书中，引《诗》最多者，
说明墨家也以《诗》《书》教。这并不奇怪，因为据《国语》等古籍的记载，
《诗》《书》一直是当时流行的启蒙教材。但是从墨家引《皇矣》有文字不同
这一有趣的现象可以看出，不论墨家是在用哪一种《诗经》版本来教导弟
子，墨家至少有一派在用儒家的《诗经》。因为儒家的教材偶尔有了小变
化（没有"尔"字），墨家便跟着变（《天志（中）》也无"尔"字）。儒墨之关
系，由此可见一斑。

---

① （汉）司马迁：《史记》，1938 页。
② （汉）班固：《汉书》，1709 页，北京，中华书局，1962。

六、上博《诗论》与儒家诗乐思想初探

上海博物馆藏战国楚简中，整理者所称《孔子诗论》篇，具有重大的思想史意义。上海博物馆所藏楚简，经科学方法测定的竹简年代，约是公元前324—前194年，实际上应该不晚于白起拔郢之年（公元前278）。《诗论》简文内容多有可与传世文献对应者，应该是由儒家后学所记录、补充的孔子论《诗》之语。不过关于简文"孔子"，曾有过争论。整理者已经提出内证，说明释为"孔子"不误①。其实，传世文献中有不少可与竹简对应者，比如《孔子诗论》简24有：

> 吾以《甘棠》得宗庙之敬，民性固然，甚贵其人必敬其位，悦其人必好其所为，恶其人者亦然。②

《诗论》简中还有其他地方也论《甘棠》篇，文意与此接近。这支简有可以对应的传世文献，如《说苑·贵德》：

> 孔子曰："吾于《甘棠》，见宗庙之敬也。甚尊其人必敬其位，顺安万物，古圣之道几哉！"③

《孔子家语·好生》：

> 孔子曰："吾于《甘棠》，见宗庙之敬也甚矣。思其人，必爱其树；尊其人，必敬其位，道也。"④

《孔子家语·庙制》：

> 孔子曰："……《诗》云：'蔽芾甘棠，勿翦勿伐，邵伯所憩。'周

---

① 马承源主编：《上海博物馆藏战国楚竹书（一）》，123～125页。
② 同上书，153页。
③ 程荣纂辑：《汉魏丛书》，404页A，长春，吉林大学出版社，1992。
④ （魏）王肃编著：《孔子家语》上册，44页，郑州，中州古籍出版社，1991。

人之于邵公也，爱其人，犹敬其所舍之树，况祖宗其功德而可以不尊奉其庙焉？"①

论《甘棠》者都是孔子，评语极为接近，说明虽然竹简的年代是战国晚期，但其来源很早。极有可能孔子生前曾多次论诗，弟子所记传闻有异。

整理者所排《孔子诗论》简 1 提道：

> 孔子曰：诗无态志，乐无态情，文无态意。

这无疑是极为重要的核心言论。孔子将"诗"与"志"，"乐"与"情"，"文"与"意"对应起来讨论，这在竹简的上下文中可以找到相应之处，说明孔子论诗，包括了诗志、乐情、文意三个方面。尤其值得注意的是，竹简文中提到："《颂》……其乐安而迟，其歌伸而易，其思深而远……《邦风》……其言文，其声善"，将诗与乐联系起来评论，与《尚书·舜典》的"诗言志，歌咏言，声依咏，律和声"②，以及《左传·襄公二十九年》所载季札观乐之语相承，说明诗乐至此成为儒家思想的一个方面。不过，此时诗与乐之间，还只是歌诗之言，奏诗之乐的关系。

（一）

《礼记·孔子闲居》载：

> 孔子曰："志之所至，诗亦至焉。诗之所至，礼亦至焉。礼之所至，乐亦至焉。乐之所至，哀亦至焉。哀乐相生。"③

《孔子家语·论礼》作：

> 孔子曰："志之所至，诗亦至焉。诗之所至，礼亦至焉。礼之

---

① （魏）王肃编著：《孔子家语》下册，40 页。王志平先生指出，《左传·定公九年》"君子曰"之语与《说苑》《孔子家语·好生》文近。实更近于此文。见王志平：《孔子诗论简释》，清华大学思想文化研究所、中国社会科学院第 21 次"简帛研讨班"论文。
② （清）阮元校刻：《十三经注疏：附校勘记》，131 页 C。
③ 同上书，1616 页 C。

所至，乐亦至焉。乐之所至，哀亦至焉。诗礼相成，哀乐相生。"[1]

两篇都谈到了关系密切的"五至"，《家语》所载多"诗礼相成"一句。郭店简《性自命出》、上博简《情性论》有"至乐必悲……哀、乐，其性相近也"[2]等，可能是对上文"哀乐相生"思想的继承与发展[3]，说明这一段记录应当是可靠的。此处孔子已通过"志"，将诗、礼、乐、哀贯通[4]。

在《孔子闲居》篇中，与孔子问答的，就是子夏。旧谓《毛诗大序》为子夏所作，提及：

> 诗者，志之所之也，在心为志，发言为诗。情动于中而形于言，言之不足，故嗟叹之，嗟叹之不足，故咏歌之，咏歌之不足，不知手之舞之足之蹈之也。情发于声，声成文谓之音，治世之音安以乐，其政和；乱世之音怨以怒，其政乖；亡国之音哀以思，其民困。故正得失，动天地，感鬼神，莫近于诗。先王以是经夫妇，成孝敬，厚人伦，美教化，移风俗。故诗有六义焉：一曰风，二曰赋，三曰比，四曰兴，五曰雅，六曰颂，上以风化下，下以风刺上，主文而谲谏，言之者无罪，闻之者足以戒，故曰风。至于王道衰，礼义废，政教失，国异政，家殊俗，而变风变雅作矣。国史明乎得失之迹，伤人伦之废，哀刑政之苛，吟咏情性，以风其上，达于事变而怀其旧俗也。故变风发乎情，止乎礼义。发乎情，民之性也；止乎礼义，先王之泽也。是以一国之事，系一人之本，谓之风；言天下之事，形四方之风，谓之雅。雅者，正也，言王政之所由废兴也。政有小大，故有小雅焉，有大雅焉。颂者，美盛德之形

---

① （魏）王肃编著：《孔子家语》下册，16 页。

② 荆门市博物馆：《郭店楚墓竹简》，180 页；马承源主编：《上海博物馆藏战国楚竹书（一）》，247 页。

③ 蔡仲德先生也指出《尊德义》中"由礼知乐，由乐知哀"等与《孔子闲居》"五至"说接近。见蔡仲德：《郭店楚简儒家乐论试探》，载《孔子研究》，2000(3)。

④ 上海博物馆藏楚简中也有《孔子闲居》篇，"五至"为物、志、礼、乐、哀，学者间尚有不同意见，参见廖名春、张岩：《从上博简〈民之父母〉"五至"说论〈孔子家语·论礼〉的真伪》，载《湖南大学学报（社会科学版）》，2005(5)。

容，以其成功告于神明者也。是谓四始，诗之至也。①

由第一段画线部分可以看出，作者也有将诗与言、歌声、音相贯通之意。我们知道，子夏曾对魏文侯(其时当为世子)指出：

> 子夏对曰："夫古者，天地顺而四时当，民有德而五谷昌，疾疢不作而无妖祥，此之谓大当。然后圣人作为父子君臣，以为纪纲。纪纲既正，天下大定。天下大定，然后正六律，和五声，弦歌诗颂，此之谓德音；德音之谓乐。"

而湖北荆门郭店楚简整理者所称《成之闻之》篇载：

> 天降(谕)大常，以理人伦。制为君臣之义，着为父子之亲，分为夫妇之辨。是故小人乱天常以逆大道，君子治人伦以顺天德。……是故唯君子道可近求而可远措也。昔者君子有言曰："圣人天德"，盖言慎求之于己，而可以至顺天常矣……是故君子慎六位以嗣天常。

"当"与"常"古通②，《乐记》之"大当"即是《成之闻之》的"大常"。则《乐记》所载子夏的话可能也有来历。子夏指出"弦歌诗颂，此之谓德音；德音之谓乐"，说明他已经发展了孔子的思想，通过"德音"将诗乐联系了起来，并对乐与音有所区分。很明显，子夏是在高层次上将诗乐相联系。

《毛诗大序》则欲从诗乐之产生上将诗与乐联系在一起。第一段画线部分涉及了诗与志、心与志、言与诗；情与中、情与言、言与歌。第二段画线部分，"变风"与情又相联系。文中有以"情"贯通诗与乐的倾向，但毋庸讳言，此一段文字行文并不顺畅，情和志之与诗乐的关系，并不贯通。

---

① 大序之划分，依孔疏。见(清)阮元校刻：《十三经注疏：附校勘记》，269 页 C～272 页 C。

② 参见高亨纂著、董治安整理：《古字通假会典》，299 页。

当时儒家对性情的讨论比较多，我们或许可以将这一段的"话语"背景补足，但终嫌曲折。这很有可能因为这一段话乃是拼合《孔子闲居》的"志之所至，诗亦至焉"（"在心为志，发言为诗"或为训诂），和见于《乐记》的师乙之语："说之，故言之；言之不足，故长言之；长言之不足，故嗟叹之；嗟叹之不足，故不知手之舞之足之蹈之也。"① 虽然加上了"情动于中而形于言"之语，但"诗无岙志，乐无岙情，文无岙意"分开讨论的思路仍很明显，说明《毛诗大序》关于诗乐之生，虽有所发展，但主要还是沿袭孔子的思路。

（二）

古来对于《毛诗大序》的作者，主要有七种意见（综合意见不另记）：国史、诗人自作、孔子、子夏、毛苌、汉儒、卫宏。② 但关于《毛诗大序》的作者，真正有历史来源的说法只有：子夏、毛苌、卫宏。③

经过许多年的辨伪书研究，我们已经明白，汉以前所谓"作"，多是学派之作，"称述师说者，即附之一家之中"④，唐、宋以后人不明其理，辩论许多不需要辩解的问题。因此有关《毛诗大序》的作者，真正的问题应该是：《毛诗大序》是子夏及其后学的作品，还是毛公或卫宏所作。

但由于《毛诗大序》除了可能引用了见于《乐记》的师乙之语外，"情动于中而形于言""情发于声，声成文谓之音，治世之音安以乐，其政和；乱世之音怨以怒，其政乖；亡国之音哀以思，其民困"一段话，也与《乐记·乐本》《吕氏春秋·适音》之语接近。《乐记》作：

---

① 《礼记·乐记》，见（清）阮元校刻：《十三经注疏：附校勘记》，1545 页 C。按：相近文献也可能是同源的关系。

② 可参见（清）朱彝尊：《经义考》，535～544 页，北京，中华书局，1998；张心澂编著：《伪书通考》，223～254 页；郑良树：《续伪书通考》，317～346 页，台北，学生书局，1984，等等。

③ 国史之说，本于《大序》之言："国史明乎得失之迹，伤人伦之废，哀刑政之苛，吟咏情性，以风其上，达于事变而怀其旧俗也"，但所言乃变风变雅。即使相信古代采风之说，也只能认定小序与国史有关。

④ 参见余嘉锡：《四库提要辨证》，514 页。

情动于中故形于声。声成文谓之音。是故治世之音安以乐，其
政和；乱世之音怨以怒，其政乖；亡国之音，哀以思，其民困。①

因此，《毛诗大序》的问题又与《乐记》的源流等问题相关。可以看出的
是，可能《毛诗大序》想以"情"贯通言、诗、乐，但由情分出"言"和
"声"，不如《乐记》贯通。

历来关于《乐记》的作者，有公孙尼子，子夏，子夏、窦公合作，荀
子，荀子学派，汉武帝时杂家公孙尼，河间献王刘德及毛公等儒生诸
说。② 稍有来源的说法，只在公孙尼子、河间献王刘德及毛公等儒生二
说。而同样根据古书通例，真正的问题是：《乐记》是公孙尼子学派的作
品，还是河间献王刘德及毛公等儒生所作。

《毛诗大序》和《乐记》的所谓"作者"，这两个问题相关，涉及诗乐思
想的源流，较为复杂。但是上海博物馆藏楚简或许为我们提供了新的门
径，在上引与《孔子诗论》相应的《说苑·贵德》章节前面，是这样一段
文字：

圣人之于天下百姓也，其犹赤子乎！饥者则食之，寒者则衣
之，将之养之，育之长之，唯恐其不至于大也。《诗》曰："蔽芾甘
棠，勿翦勿伐，召伯所茇。"《传》曰："自陕以东者，周公主之，自
陕以西者，召公主之。"召公述职，当桑蚕之时，不欲变民事，故不
入邑中，舍于甘棠之下而听断焉。陕间之人，皆得其所。是故后世
思而歌咏之。善之故言之，言之不足，故嗟叹之，嗟叹之不足，故
歌咏之。夫诗，思然后积，积然后满，满然后发，发由其道，而致
其位焉。百姓叹其美而致其敬，甘棠之不伐也，政教恶乎不行？

向宗鲁先生指出：《传》为"公羊隐五年传……《公羊》二'以'字皆作'而'，

---

① 《礼记·乐记》，见（清）阮元校刻：《十三经注疏：附校勘记》，1527 页 C。
② 可参见郑良树：《续伪书通考》，599～647 页；蔡仲德：《〈乐记〉〈声无哀乐论〉注译与
研究》，杭州，中国美术学院出版社，1997；孙星群：《〈乐记〉研究百年回顾》，载《中国音
乐》，2000(4)。

《白虎通·封公侯》篇引《公羊传》作'已',并通,《史记·燕世家》作'以',与本书合"。后面的文字则与《韩诗外传》《汉书·王吉传》《毛诗大序》有关①。

我们知道,司马迁曾从公羊学大师董仲舒问学,因此《史记·燕世家》之语有可能来自董仲舒,则《说苑·贵德》所引《传》可能是《公羊传》。相传《公羊传》出自子夏,只到公羊寿才与弟子胡毋生著于竹帛。但《说苑·贵德》此章只不过引用了两句话,而且"《传》"所引用的范围很广,所见的"旧传"都可以称为"传"。但《韩诗外传》有大量文字与《荀子》相近,古人早有韩诗传自荀子之说;而在自称传自子夏的毛诗更为可信的一种源流传说中有荀子。因此,《说苑·贵德》此章或可能确与子夏后学有关。

我们可以看到的是,关于诗乐之生,《说苑·贵德》此章有以"思"贯通言、诗、乐的思想,比《毛诗大序》有进步。

这一则材料,未被讨论《毛诗大序》者注意,大概是将《说苑》归为刘向编定的缘故。清人将《韩诗外传》一、《汉书·王吉传》所论《甘棠》归为韩诗说;将《说苑·贵德》以及与它文字接近的论《甘棠》的《史记·燕世家》、《白虎通·巡狩》、《法言·先知》、《史记·商君列传·集解》引《新序》、应劭《风俗通·皇霸·六国》等,归为鲁诗说;将《初学记·人事部》引《乐动声仪》、《盐铁论·授时》论《甘棠》之文归为齐诗说②,未必完全可靠。汉代传诗者学术传自先秦,以学名家,弟子多崇尚谨守家法。而《说苑·贵德》此章杂数家之说,应该不是刘向的作品,而且王褒的《四子讲德论》中有:

> 传曰:诗人感而后思,思而后积,积而后满,满而后作,言之不足,故嗟叹之,嗟叹之不足,故咏歌之,咏歌之不足,不知手之舞之足之蹈之也。③

---

① 向宗鲁、屈守元:《说苑校证》,94 页。
② 参见(清)王先谦:《诗三家义集疏》,83~86 页。有所订正。
③ (梁)萧统编:《文选》,713 页 B,北京,中华书局,1977。

李善注："《乐动声仪》文也"。《乐动声仪》在当时是否出现，还不好说。王褒称之为传，则表明这一段文字有较早来源，也有可能后来《乐动声仪》采用了它。引文较之《毛诗大序》，更与《说苑·贵德》接近。而极为明显的是，它与《毛诗大序》《说苑·贵德》结构不同，由诗人之感出发，将言、诗、乐一以贯之，大有精进。

王褒，蜀人，其学渊源不可考，大致与刘向同于公元前 59 年为待诏，上距河间献王之立九十余年。①《四子讲德论》还言及"夫乐者，感人密深，而风移俗易"②，近于《乐记·乐施》《荀子·乐论》之"其感人深，其移风易俗"③，与《史记·乐书》"其感人深，其风移俗易"④更近。其时《史记》罕见，王褒可能引自传本不同的《乐记》或相关言乐之文。

我们知道，毛诗在前汉的传授源流十分清楚，而公元前 24 年，王禹弟子宋晔等才上书言河间乐义⑤，事在王褒为待诏之后。河间之学，世多不习。王褒《四子讲德论》一文中，说《诗》与毛诗不同，多论符瑞之事，而王褒年长于刘向。《说苑·贵德》该章杂数家之说，比《毛诗大序》论诗乐之生的内容有所进步，而比之王褒所引传则有所不足，应该不会是刘向自作之文，有可能成书于汉以前熟悉《诗》《传》，不杂汉儒家法之见的儒生，有可能是子夏后学所作。

王褒所引传由"感"贯通言、诗、乐，与《礼记·乐记》相应：

> 凡音之起，由人心生也。人心之动，物使之然也。感于物而动，故形于声。声相应，故生变；变成方，谓之音；比音而乐之，及干戚羽旄，谓之乐。乐者，音之所由生也；其本在人心之感于物也。是故其哀心感者，其声噍以杀。其乐心感者，其声啴以缓。其喜心感者，其声发以散。其怒心感者，其声粗以厉。其敬心感者，

---

① 参见刘汝霖：《汉晋学术编年》卷二，118～119 页；卷一，69～70 页。

② （梁）萧统编：《文选》，712 页 B。

③ 《礼记·乐记》，见（清）阮元校刻：《十三经注疏：附校勘记》，1534 页 C；（清）王先谦《荀子集解》，381 页。

④ （汉）司马迁：《史记》，1206 页。

⑤ 参见刘汝霖：《汉晋学术编年》卷三，60 页。

其声直以廉。其爱心感者，其声和以柔。六者，非性也，感于物而
后动。是故先王慎所以感之者……

这一段在《乐记》中位于"情动于中，故形于声。声成文谓之音。是
故治世之音安以乐，其政和；乱世之音怨以怒，其政乖；亡国之音，哀
以思，其民困"一段之前，这两段同属于《乐本》篇。但是就逻辑先后顺
序来看，上引文有可能在"情动于中，故形于声"一段之后。因为"人心
之动，物使之然也。感于物而动，故形于声"，由外及内，较"情动于
中，故形于声"更为精细、严密。两段话都有"故形于声"，这两段当是
不同时期形成的作品，而非一次写作完成。《毛诗大序》以情贯通诗乐：
"情动于中而形于言，言之不足，故嗟叹之，嗟叹之不足，故咏歌之，
咏歌之不足，不知手之舞之足之蹈之也"，与"情动于中，故形于声"一
段相应，但可能拼接了与师乙相近之语，故稍嫌斧凿；王褒所引传则以
此处"感于物而动"为理论依据，一以贯之。由此可以断定《毛诗大序》论
诗乐之生的文字，当早已有之。很可能因为它是子夏所述作，虽然《说
苑·贵德》、王褒所引传是比它更为进步的说法，但后学尊重师说，没
有选用更好的说法。

综合刘德、王褒、王禹的活动时间来看，汉以前应该已经有《乐记》。

刘向的校书体例，经子不同，当时应该有单行的《乐记》，否则乐类
不会列有《乐记》。从今天所见的郭店楚墓竹简和上海博物馆藏楚简，以
及武威汉简等来看，诸子之书乃至经多有单行者。因此，单行的《乐记》
与《公孙尼子》《吕氏春秋》中的论乐部分以及《荀子·乐论》的关系，值得
玩味。可能《公孙尼子》同《荀子》一样，仅录有部分《乐记》——先秦有许
多"传"，公孙尼子学派可以引用，其他书的作者也可以引用，略改文
字，以至有传闻异辞，这都符合古书通例；但也可能《乐记》本为《公孙
尼子》之一篇，后别本单行。书阙有间，不便妄论，下文姑依前者为说。

（三）

《毛诗大序》"情动于中而形于言""情发于声，声成文谓之音，治世
之音安以乐，其政和；乱世之音怨以怒，其政乖；亡国之音哀以思，其

民困"一段话，较《乐记·乐本》之文有所改动。但其所引，未必出于《乐记》《公孙尼子》或《吕氏春秋》。《乐记》说："郑卫之音，乱世之音也……桑间濮上之音，亡国之音也"[①]，而孔子早就指出"郑声淫"[②]，《韩非子·十过》也记载了纣所遗桑间濮上之声的事，所称也为"声"。子夏给魏文侯区分了音与乐，又分析了"郑音""宋音""卫音""齐音"，已改声为音，说明乱世之音、亡国之音这样的话，可能与子夏紧密相关。因此《毛诗大序》与《乐记》《吕氏春秋》，不必是抄袭的关系，而可能采自儒家内部的公共"话语"。《毛诗大序》中"诗有六义焉：一曰风，二曰赋，三曰比，四曰兴，五曰雅，六曰颂"一段话，近于《周礼·大师》的"教六诗，曰风，曰赋，曰比，曰兴，曰雅，曰颂"，仅一句话，二者也可能有共同的来源，也不必是抄袭的关系。

所以，《毛诗大序》确实可能有所本于子夏。不将其思想来源归于孔子，可能是因为儒家内部派别的缘故。其完成应该早于《说苑·贵德》篇的写作年代，早于汉。《汉书·艺文志》无《卜子》，可能是因为经秦火和子夏传人在汉朝被立为博士等原因。

《隋书·音乐志》所引沈约《奏答》说：

> 《中庸》、《表记》、《防记》、《缁衣》皆取《子思子》，《乐记》取《公孙尼子》。[③]

由《郭店楚墓竹简》《上海博物馆藏战国楚简》以及《文选》等所保存的《子思子》佚文来看，沈约的话有一定道理。但刘向校书体例，经子不同。经乃以今文与古文相较，子书则去重并新订。经子相重者，不互校。《乐记》属经类，不与《公孙尼子》《荀子》等子书互校。因此沈约所谓"取"，恐不明古书通例。但是沈约的意思能够说明《缁衣》又见于《子思子》。今《初学记》、《意林》引《公孙尼子》，有与《乐记》相同文字，则沈约所想说明的《乐记》又见于《公孙尼子》的见解当不错。

---

① 《礼记·乐记》，见（清）阮元校刻：《十三经注疏：附校勘记》，1528 页 B。
② 《论语·卫灵公》，见（清）阮元校刻：《十三经注疏：附校勘记》，2517 页 B。
③ 《隋书·志·音乐上》，288 页，北京，中华书局，1973。

但有学者认为，这正与《汉书·艺文志》"采《周官》及诸子言乐事者以作《乐记》"之说相合，并认为沈约《奏答》在前，撰《宋书·音乐志》在后，《志》中说：

> 武帝时，河间献王与毛生等共采《周官》及诸子言乐事者以著《乐记》，献八佾之舞，与制氏不相殊。其内史丞王定传之，以授常山王禹。禹，成帝时为谒者，数言其义，献《记》二十四卷。刘向校书，得二十三篇。然竟不用也。

采用了《汉书·艺文志》河间献王刘德作《乐记》的记载，而且未提刘向所发现本与王禹所献本的不同，更未提《乐记》取《公孙尼子》之说，其文意比《艺文志》更为明确，因而排除了将《艺文志》的"与禹不同"说成作者不同的可能性。并据刘向《别录》所列《乐记》有《窦公》《乐器》章，而《风俗通义》卷六《声音》引有：

> 笛，谨按《乐记》，武帝时丘仲之所作也。①

认为《汉书·艺文志》的《乐记》，是刘德所作②。

按汉初制氏传乐而"不能言其义"③，河间献王所献乐，公卿大夫也"不晓其意"，"王禹世受河间乐，能说其义"，但当时公卿都"以为久远难分明"④，看来所言乐义并不很高明。此《乐记》终因王禹而有名声，因而被刘向的《别录》称为《王禹记》，这与四家《诗》及《公羊传》《穀梁传》等以传人为名，而不推本先师的汉代习惯是相符的。但这本书在世间流传者，当然是被称为《乐记》。《风俗通义·声音》解"管""柷""筝""籁"，皆称引"礼乐记"，唯"笛"称"乐记"，"筝"称"礼记"。笛、筝之始见，多有争议，此处尚未发现其他版本或相关资料可以据补缺字⑤，或应劝称

---

① 出土墓葬中多见有笛，如曾侯乙墓中便有笛。但笛种类繁多，《风俗通义》云笛"武帝时丘仲之所作也"，或特指某种笛。参见王子初：《笛源发微》，载《中国音乐》，1998(1)。

② 参见蔡仲德：《〈乐记〉〈声无哀乐论〉注译与研究》，86、170～172、94～96 页等。

③ (汉)班固：《汉书》，1043 页。

④ 同上书，1071～1072 页。

⑤ 参见王利器：《风俗通义校注》，283～312 页，北京，中华书局，1981。

《乐记》，就是为了与《礼记·乐记》以相区别。且应劭及其他汉代人所见《乐记》，很难说便是刘向所校定之后的《乐记》，不能排除汉儒流传它而补记一二的可能性。因文献不足征，待考。

班固说刘德所作《乐记》，所献八佾之舞，"与制氏不相远"[1]，对刘德所作《乐记》，明显评价不高。沈约说"刘向校书，得二十三篇。然竟不用也"，当是因为见到《礼记》中《乐记》有残缺，又刘向曾上书"陈礼乐"，但因向卒、成帝崩而未行[2]，故而感叹"不用"。以为沈约推翻了自己过去的说法，恐是误解了文意。至于《窦公》章等，由于记文已失，当前难以评说。

《太平御览》卷十七引有：

> 《乐记》曰：春生夏长秋收冬藏。土，所以不名时者；地，土之别名也，比于五行最尊，故自居部职也。
>
> 又曰：万物怀任交易，变化始起。先有太初，然后有太始。形兆既成，名曰太素。混沌相连，视之不见，听之不闻，然后剖判，清浊既分，精耀出布，庶物生。精者为三光，麤者为五行。五行生情性，情性生污中，污中生神明，神明生道德，道德生文章。[3]

上引文分别见《白虎通·五行》和《白虎通·天地》，但是《五行》篇称引"《乐记》"而《天地》篇没有称引[4]。《礼记·乐记》有："春作夏长，仁也；秋敛冬藏，义也"[5]，《荀子·王制》有"春耕、夏耘、秋收、冬藏"[6]。《太平御览》之"《乐记》"，有些特殊。

值得注意的是，明人黄佐《乐典》三十六卷，卷十三至卷二十一，载有所谓"河间献王乐记"，云"河间献王所传王氏乐记二十四卷，与今乐

---

① （汉）班固：《汉书》，1712 页。
② （汉）班固：《汉书》，1033～1034 页。
③ 《太平御览》，86 页 A，北京，中华书局，1960。
④ 四库全书本《太平御览》"又曰"则作"《白虎通》曰"。
⑤ 《礼记·乐记》，见（清）阮元校刻：《十三经注疏：附校勘记》，1531 页 B～C。
⑥ （清）王先谦：《荀子集解》，165 页。

记不同，比齐信都芳厘为九卷。今去其繁杂，定为九篇"①。"河间献王
所传王氏乐记"，当即是《汉书·艺文志》所载王禹所献《王禹记》二十四
篇。但是后人多不信黄佐之说，只有蒙文通先生偶尔采信。而其实黄佐
所引文中，有谈及仁义礼智圣五行之处，非常特殊（详前文《仁义礼智圣
五行的思想渊源》）。

　　黄佐在《乐气章第一》小注中又云："王氏乐记曰：万物怀任，交易
变化，先有太初，然后有太始，形兆既成，名曰太素。混沌相连，视之
不见，听之不闻，然后剖判清浊，出布庶物，精者为三光，著者为五
行，五行生性情，性情生道德，道德生文章。"②与上《太平御览》所引
"又曰"之文相近而小有不同。或许"河间献王乐记"另有隐秘的流传，值
得进一步研究。

　　总之，由儒家诗乐思想发展的源流来看，《毛诗大序》和《乐记》在哲
学思想等方面有着紧密的联系。但根据先秦的书籍体例，我们不当以
"抄袭"的观点去看待二者。后儒虽然大大发展了诗乐思想，但由于历史
的原因，这一传承逐渐湮没。

七、上博《诗论》与《诗经》"四始"新证

　　在《诗经》的研究史上，有一个无法回避的问题，那就是孔子与《诗
经》的关系。这个问题也许在汉人那里并不成为问题，《史记·孔子世
家》载：

　　　　古者诗三千余篇，及至孔子，去其重，取可施于礼义，上采
　　契、后稷，中述殷、周之盛，至幽、厉之缺，始于衽席，故曰《关
　　雎》之乱以为《风》始，《鹿鸣》为《小雅》始，《文王》为《大雅》始，《清
　　庙》为《颂》始"。三百五篇孔子皆弦歌之，以求合《韶》《武》《雅》《颂》

─────────────

① 《四库全书存目丛书》，经部第182册，373页B，济南，齐鲁书社，1997。
② 同上书，374页A。

之音。礼乐自此可得而述，以备王道，成六艺。

但后世孔颖达、朱熹、叶适、朱彝尊、王士祯、赵翼、崔述等人怀疑删《诗》之说，主要的依据是今存佚《诗》不多；《左传》襄公二十九年季札观乐时，工所歌风诗，无出十三国之外者，而其时孔子年仅八岁；《诗》三百之说可能早就形成了，等等。① 但是季札观乐时，工所歌风诗的顺序是周南、召南、邶、墉、卫、王、郑、齐、豳、秦、魏、唐、陈、郐，与毛诗的周南、召南、邶、墉、卫、王、郑、齐、魏、唐、秦、陈、桧、曹、豳有所不同。毛诗自谓传自子夏，有《序》可以串联《诗经》诸篇，国风顺序的变化，或许与孔门儒学有关；而上引《史记》文中"《关雎》之乱以为《风》始，《鹿鸣》为《小雅》始，《文王》为《大雅》始，《清庙》为《颂》始"，就是所谓鲁诗的"四始"，被认为是孔子所定。清人魏源曾经着重讨论了"四始"的问题，并自认为"后人无一能析之者"②。

因此，孔子与《诗经》的关系至少可以分为两个问题，一是孔子有没有将三千首《诗》删为三百篇；二是孔子有没有定过《诗经》的顺序。"古者诗三千余篇，及至孔子，去其重"的问题比较复杂，容另拟文讨论。孔子有没有给《诗经》定过"四始"或者说给《诗经》编过顺序，如果有，有没有什么特别之处，这一问题紧密地涉及孔子与《诗经》的关系。直至今天，学界虽然多有讨论③，但是难成定论。近年来出土的竹简帛书，尤其是上海博物馆藏楚简《诗论》，为我们探讨这一问题，提供了新线索。《诗论》中就论及《关雎》《鹿鸣》《文王》《清庙》。

（一）论《关雎》

《诗论》简 10、简 14、简 12 指出："《关雎》之改……盖曰动而皆贤于其初者也……《关雎》以色喻于礼□□□□□□□□□两矣，其四章则

---

① 参（日）泷川资言、水泽利忠：《史记会注考证附校补》，1160 页，上海，上海古籍出版社，1986。

② （清）魏源：《诗古微》，见（清）阮元、王先谦编：《清经解续编》第 5 册，665 页 A，上海，上海书店，1988。

③ 参见陈桐生：《"四始"的再解读》，见《史记与诗经》，94～121 页，北京，人民文学出版社，2000。

喻矣：以琴瑟之悦拟好色之愿，以钟鼓之乐【拟□□之】好，反入于礼，不亦能改乎？"简 11 又说道："《关雎》之改，则其思益矣。"这些话，很容易看出都是在围绕简 10 开头的"《关雎》之改"来反复申说。这些解释性的话，到底是谁说的，还可以再讨论。我们至少可以比较保守地认为这是孔子后学的话。

"以色喻于礼"，曹峰、饶宗颐先生指出文献中的相关线索值得重视[①]。马王堆帛书《五行》篇载："喻而知之谓之进之，弗喻也，喻则知之，知之则进耳。喻之也者，自所小好喻乎所大好，窈窕【淑女，寤】寐求之。思色也。求之弗得，寤寐思伏，言其急也。悠哉悠哉，辗转反侧。言其甚急也。……由色喻于礼，进耳。"[②]《荀子•大略》也说："《国风》之好色也，传曰：'盈其欲而不愆其止。其诚可比于金石，其声可内于宗庙。'"杨倞注："好色，谓《关雎》乐得淑女也。盈其欲，谓好仇，寤寐思服也。止，礼也。欲虽盈满而不敢过礼求之。此言好色人所不免，美其不过礼也。"《诗论》重点评论《关雎》一诗由色入礼的转变过程，"以琴瑟之悦拟好色之愿，以钟鼓之乐【拟□□之】好"，提出只要思"益"而"改"，色可反入于礼。这与《论语•八佾》"子曰：'《关雎》乐而不淫，哀而不伤'"非常接近。

关于"反入于礼，不亦能改乎"，郭店楚简《性自命出》简 2、简 3 有："道始于情，情生于性。始者近情，终者近义。知情者能出之，知义者能入之。"[③]李天虹女士指出：始于人情之道，当即人道。简文又云："礼作于情。"(简 18)类同的说法也见于《语丛二》："礼生于情。"(简 1)《乐记》："先王本之情性，稽之度数，制之礼仪。"是道、礼皆本人情而出。……在作者的思想里礼与道是统一的，礼是道的具体反映[④]。所

---

①　曹峰：《试析上博楚简〈孔子诗论〉中有关"闗雎"的几条竹简》，见郭店楚简研究会编：《楚地出土资料与中国古代文化》，东京，汲古书院，2002；饶宗颐：《竹书〈诗序〉小笺》，见朱渊清、廖名春编：《上博馆藏战国楚竹书研究》，229～230 页。

②　参见庞朴：《帛书〈五行〉篇校注》，载《中华文史论丛》，1978(4)。

③　廖名春：《郭店楚简〈性自命出〉篇校释》，见《清华简帛研究》第一辑，29～30 页。

④　李天虹：《〈性自命出〉(上)简注》，提交给"清华大学简帛讲读班"的论文，2000-03。

言甚是。

《关雎》一诗由鸣禽之和鸣，兴君子之与淑女。《大序》以"淑女"喻"贤才"，所谓"哀窈窕，思贤才"；《小序》则进而论为"后妃之德"："《关雎》，后妃之德也，风之始也，所以风天下而正夫妇也"。《韩诗外传》卷五第一章则以孔子与子夏论《关雎》，借子夏之口说出："大哉《关雎》，乃天地之基也。"可见《关雎》一诗的外延可以不断阐发，大致为"天地之基"。由此可以看出儒家对于男女关系的重视程度。

这种思路并不奇怪，《礼记·中庸》就明确指出："君子之道，造端乎夫妇，及其至也，察乎天地。"夫妇关系，别而言之，就是男女关系。《中庸》这段话，与简文高度评价以礼来对待男女的思想，是紧密相关的。

(二)论《鹿鸣》

《诗论》简 23 提出："《鹿鸣》以乐怡而会以道，交见善而效，终乎不厌人。"这句话，廖名春先生指出：……属于孔子之语。《孔丛子·记义》载："孔子读《诗》及《小雅》，喟然叹曰：……于《鹿鸣》，见君臣之有礼也。"《左传·昭公七年》载："仲尼曰：能补过者，君子也。《诗》曰：'君子是则是效'，孟僖子可则效已矣。"[①]说是。

"交见善而效"，诗中说主人是"我有嘉宾，鼓瑟吹笙……我有嘉宾，鼓瑟鼓琴……我有旨酒，以燕乐嘉宾之心"，正是陆贾《新语·道基》所谓："《鹿鸣》以仁求其群"；而嘉宾则"示我周行……德音孔昭。视民不恌，君子是则是效。"《礼记·燕义》记燕乐之礼："宾入中庭，君降一等而揖之，礼之也。君举旅于宾，及君所赐爵，皆降再拜稽首，升成拜，明臣礼也；君答拜之。"可见只要君臣双方依礼而行，就是"以乐怡而会以道"了，都有可效法之处。"终乎不厌人"，当对应《礼记·燕义》所说："上下和亲而不相怨也。"

《孔子家语·好生》记载：孔子曰："小辩害义，小言破道。《关雎》

---

① 廖名春：《上博〈诗论〉简"以礼说〈诗〉"初探》，见《清华简帛研究》第二辑，149 页，北京，清华大学思想文化研究所，2002。

兴于鸟，而君子美之，取其雄雌之有别。《鹿鸣》兴于兽，而君子大之，取其得食而相呼。若以鸟兽之名嫌之，固不可行也。"可以看出，简文中的话与孔子之语相应。

由《鹿鸣》一诗，可以窥见孔子理想中的君臣之礼，应该包括和而不厌、相互效法、重道重善等方面。其中相互之义，最为重要。君臣并没有父子一般不可斩断的血缘之亲，是以义合，郭店楚简《语丛一》就指出："君臣、朋友，其择者也"，《语丛三》更指出："父无恶，君犹父也，其弗恶也，犹三军之旌也，正也。所以异于父者，君臣不相戴也，则可已；不悦，可去也。不义而加诸己，弗受也。"①这些思想可能与孔子有关，《论语·八佾》就载："定公问：'君使臣，臣事君，如之何？'孔子对曰：'君使臣以礼，臣事君以忠。'"君无礼，则自然就有不忠之臣。《论语·先进》更载："季子然问：'仲由、冉求可谓大臣与？'子曰：'吾以子为异之问，曾由与求之问。所谓大臣者：以道事君，不可则止。今由与求也，可谓具臣矣。'"更著名的就是《论语·颜渊》所载："齐景公问政于孔子，孔子对曰：'君君、臣臣、父父、子子。'公曰：'善哉！信如君不君、臣不臣、父不父、子不子，虽有粟，吾得而食诸？'"

(三)论《清庙》

《诗论》简5提及："《清庙》，王德也，至矣。敬宗庙之礼，以为其本；'秉文之德'，以为其业。'肃雍【显相'……】。"

这一段，"清庙"二字上有分章节的符号，其下文有"'□□多士，秉文之德'，吾敬之"，虽然与简21、简22孔子的论诗方式、语气接近（如"'文王在上，於昭于天'，吾美之"），但是与此处简5的"秉文之德"重复。因此，据上下文来看，此处评论《清庙》者可能并不是孔子。不过此处的论诗者，确实是紧紧秉持孔子的思想来评述《清庙》一诗。

"敬宗庙之礼，以为其本"，《孔子家语·哀公问政》载有可资比较的一段话：

---

① 参见李零：《郭店楚简校读记》，见陈鼓应主编：《道家文化研究》第十七辑，534、526页。

孔子曰："……圣人因物之精，制为之极，明命鬼神，以为民之则，而犹以是为未足也。故筑为宫室，设为宗桃，春秋祭祀，以别亲疏，教民反古复始，不敢忘其所由生也。众人服自此听且速焉。教以二端，二端既立，报以二礼，建设朝事，燔燎膻芗，所以报气也。荐黍稷，修肺肝，加以郁鬯，所以报魄也。此教民修本反始崇爱，上下用情，礼之至也。君子反古复始，不忘所由生，是以致其敬，发其情，竭力从事，不敢不自尽也。此之谓大教。昔者文王之祭也，事死如事生，思死而不欲生，忌日则必哀，称讳则如见亲，祀之忠也，思之深，如见亲之所爱，祭欲见亲颜色者，其惟文王与?"

孔子详细论述了宗庙之礼的来源、方法、作用，并举文王为例，备述有德者行宗庙之礼的情况。因此，此处论诗者之语，可能有本于孔子。

容易发现，《诗论》简 24 中，孔子就提出了"吾以《甘棠》得宗庙之敬，民性固然。甚贵其人，必敬其位。悦其人，必好其所为，恶其人者亦然"，指出"宗庙之敬"是民性固然之事，与《孔子家语·哀公问政》中的"发其情"相合。前文已经指出，孔子的这一句话，也见于传世文献之中，如《说苑·贵德》载："孔子曰：'吾于《甘棠》，见宗庙之敬也。甚尊其人必敬其位，顺安万物，古圣之道幾哉!'"《孔子家语·好生》有："孔子曰：'吾于《甘棠》，见宗庙之敬也甚矣。思其人，必爱其树；尊其人，必敬其位，道也。'"《孔子家语·庙制》记："孔子曰：……《诗》云：'蔽芾甘棠，勿翦勿伐，邵伯所憩。'周人之于邵公也，爱其人，犹敬其所舍之树，况祖宗有功德而可以不尊奉其庙焉?"

而《左传·襄公十四年》有："武子之德在民，如周人之思召公焉，爱其甘棠，况其子乎?"《左传·昭公二年》记："既享，宴于季氏。有嘉树焉，宣子誉之。武子曰：'宿敢不封殖此树，以无忘《角弓》。'遂赋《甘棠》。宣子曰：'起不堪也，无以及召公。'"《左传·定公九年》载："君子谓……《诗》云：'蔽芾甘棠，勿翦勿伐，召伯所茇。'思其人，犹爱其树，况用其道而不恤其人乎!"

　　两相比较，不难发现正是孔子突出了"宗庙之敬"，是孔子将"思其人，必爱其树；尊其人，必敬其位"，提升为宗庙之礼。

　　从《孔子家语》来看，周宗庙之礼，承自文王，而敬宗庙之礼是"教民修本反始崇爱，上下用情，礼之至也"。周人的宗庙之礼可谓繁多，除每年例行的祭祀之外，还有祫、禘等祭祀，后人难得其详。不过，与商人轮流祭祀列祖列宗相比，已是简省了很多，尤其用祧法，辨昭穆，立七庙，可谓创举。其中最值得注意的是昭穆制度和嫡长子继承制度，使父子关系凌驾于兄弟关系之上，为后世宗法制度打下了基础①。因此，由《清庙》所阐发出的敬宗庙之礼，我们实际上可以看作孔子的思想。而宗庙之礼，是一代一代父子之礼的延伸，略言之就是父子之礼。

　　经由以上的分析，不难发现，《关雎》《鹿鸣》《清庙》三首诗，都与孔子思想有着紧密的联系。这三首诗分别强调了男女、君臣、宗庙之礼。男女之礼，其核心在夫妇；宗庙之礼，不过是父子之礼的推衍。因此，男女、君臣、宗庙之礼，其实最重要的是夫妇、君臣、父子之礼。这就是郭店楚简《六德》篇中所着重讨论的"六位"，已有不少学者对"六位"的渊源作过讨论②，它当是来自于孔子，《礼记·哀公问》就载："公曰：'敢问为政如之何？'孔子对曰：'夫妇别、父子亲、君臣严，三者正，则庶物从之矣。'"《大戴礼记·哀公问于孔子》《孔子家语·大昏》略同，孔子以"六位"的"正"，作为"为政"的基础，这是孔子晚年归鲁之后的事。

　　"六位"对于政治、礼义、人伦有着重要的意义，它的确立，与孔子有着紧密联系，在当时的思想界乃至后世，也一直有重大影响（详后文《从"六位"到"三纲"》）。值得探索的是，《关雎》《鹿鸣》《清庙》三首诗，分别是《风》《雅》《颂》的首篇，而又代表着三种重要的礼义关系，是否有

---

　　①　参见王国维：《殷周制度论》，见《观堂集林·附别集》第 2 册，北京，中华书局，1959。

　　②　参见廖名春：《荆门郭店楚简与先秦儒学》，见《中国哲学》第二十辑，62～65 页；徐少华：《郭店楚简〈六德〉篇思想源流探析》，见武汉大学中国文化研究院：《郭店楚简国际学术研讨会论文集》，375～383 页；刘乐贤：《郭店楚简〈六德〉初探》，见武汉大学中国文化研究院：《郭店楚简国际学术研讨会论文集》，384～388 页。

着某种深意？

(四)论《文王》

《大雅·文王》一诗，我们实际上也能窥见孔子对它的评价。《诗论》
简21、简22有"孔子曰：……《文王》，吾美之……'文王在上，於昭于
天'，吾美之"。所美为何？由郭店简和马王堆帛书《五行》，可得："圣、
智、礼、乐之所由生也，五行之所和也。和则乐，乐则有德，有德则邦
家兴。文王之见也如此。'文王在上也，於昭于天'，此之谓也。"帛书
《五行·传》："'文王在尚(上)，於昭【于】天，此之胃(谓)也'。言大德
备成矣。"

《文王》诗中的句子，孔子也有评论。《汉书·刘向传》载："孔子论
《诗》至于'殷士肤敏，裸将于京'，喟然叹曰：'大哉天命，善不可不传
于子孙，是以富贵无常。不如是，则王公大人其何以戒慎？民萌何以劝
勉？'"《春秋繁露·尧舜不擅移、汤武不专杀》也记："《诗》云：'殷士肤
敏，裸将于京，侯服于周，天命靡常。'言天之无常予、无常夺也。"这当
是本于上文孔子之语。

不难发现，《大雅·文王》一诗，孔子最看重的内容，是"德"和"天
命"。孔子感叹"殷士肤敏，裸将于京，侯服于周，天命靡常"，实际上
是从反面说明"德"之与"天命"的关系。诗中云："文王在上，于昭于
天……文王陟降，在帝左右"以文王配天，卒章又云"上天之载，无声无
臭。仪刑文王，万邦作孚"，指出要效法文王之德，永保天命。文王德
行深厚，所可体现的，要不过夫妇、父子、君臣六位，其他可以以之为
原则推演，在此毋庸多言。因此，进一步说，《大雅·文王》一篇，孔子
所看重的，应当是人之与天的关系。"天命靡常"，有德则可获天命，
"仪刑文王"，则可永保天命；无德，则必失天命。而文王之大德，就体
现在以夫妇、父子、君臣为核心的诸多方面。天人关系，是中国思想史
上的重要命题，是古代中国人每日都要面对的关系，其重要性不在"三
纲"之下。

孔子"老而好《易》"，与孔子思想有关的帛书《要》篇中记："故易又
(有)天道焉，而不可以日月生(星)辰尽称也，故为之以阴阳；又(有)地

道焉，不可以水火金木土尽称也，故律之以柔刚；又（有）人道焉，不可以父子君臣夫妇先后尽称也，故为之以上下……"①而《周易·序卦》更从宇宙论的高度提出："有天地，然后有万物；有万物，然后有男女；有男女，然后有夫妇；有夫妇，然后有父子；有父子，然后有君臣；有君臣，然后有上下；有上下，然后礼义有所错。"在这里，天人关系与六位融合无间。

所以，《关雎》《鹿鸣》《文王》《清庙》这四首诗，讨论的主要是夫妇、父子、君臣、天人四种关系，涉及人与人、人与天的关系，是为人之根本，与孔门儒学的许多思想有着紧密联系。将这四首诗放置在《风》《小雅》《大雅》《颂》的首篇，作为《诗经》的"四始"，这种安排，应该与孔子的礼学思想有着密切关系。编订者即使不是孔子本人，也当是孔子的弟子循孔子之意而为之。而根据先秦学术的例则，弟子循师法行事，往往是归本于其师。

当然，郑玄《诗谱》中的《邶墉卫谱》《豳谱》也指出邶墉卫风、豳风内部的矛盾；阜阳汉简《诗经》损佚严重，顺序与毛诗有可能不同。但相比较而言，这些是时代较晚、较为细小的问题。

八、从上博《诗论》看孔子的"民性"观②

上海博物馆藏战国楚竹书《孔子诗论》（下文依据学界比较通行的意见，称之为"《诗论》"）中的许多问题都引发了学者的激烈讨论，本文着重讨论其中有关"民性"的问题。由于这是一个既涉及出土竹简文本的考释、编联和传世经典《诗经》的解读，又关系到重要的思想观念辨析的研究工作，要求义理和考据两方面的功夫，故不足之处定有很多，还请大

---

① 参见廖名春：《帛书〈易传〉初探》，280 页。

② 本文初刊于刘笑敢主编：《中国哲学与文化（第六辑）：简帛文献与新启示》，101～117页，桂林，广西师范大学出版社，2009。

方之家指正。

（一）

《诗论》篇中有关的简 16、简 24、简 20、简 19、简 18，参考学界意见，间以己意，可以写定如下：

> 孔子曰：吾以《葛覃》得祇初之诗，民性固然：见其美，必欲反其本。夫葛之见歌也，则₁₆以"绨绤"之故也；后稷之见贵也，则以文武之德也。吾以《甘棠》得宗庙之敬，民性固然：甚贵其人，必敬其位，悦其人，必好其所为，恶其人者亦然。……₂₄【吾以《君子偕老》得……民性固然……吾以《木瓜》得】币帛之不可去也，民性固然：其忞志必有以谕也。其言有所载而后入，或前之而后交，人不可干也。吾以《杕杜》得焦……₂₀【民性固然……】□志，既曰"天也"，犹有怨言。《木瓜》有藏愿而未得达也，因₁₉木瓜之报以谕其念者也。《杕杜》则情喜其至也。……₁₈

《诗论》简此段文中，有三处明确的"民性固然"（不计据文意所补的《杕杜》），当皆为孔子之语，分别论《葛覃》《甘棠》《木瓜》三首诗[1]。对于"民性固然"前后文的标点，学界有所不同，殆对于"民性固然"所指，未过多措意。由此也就产生了种种解读，得出了不同的结论。于"民性固然"后加冒号，是黄怀信先生的意见[2]，本文予以采用，但不从其在"民性固然"前加句号的做法，相关论述见后文。

已经有一些学者讨论了此中的"民性"，编联简序与笔者意见稍有不同，不过基本都涉及"民性固然"的部分。

廖名春先生首先论述了《诗论》中所含的人性论，指出简文所说"只是人的一种自然情感，与郭店楚简《性自命出》篇的'待物而后作，待悦而后行，待习而后定'的'喜怒哀悲'之性，实质是相通的。因此，它既

---

[1] 晁福林先生认为简 20 是论《鹿鸣》，与学界多数意见不同。参见晁福林：《从上博简〈诗论〉第 20 号简看孔子的"民性"观》，载《河北学刊》，2005(4)。

[2] 黄怀信：《上海博物馆藏战国楚竹书〈诗论〉解义》，19 页，北京，社会科学文献出版社，2004。

有别于持性善论的孟子，也有别于持性恶论的荀子，是一种早期阶段的人性论……简文对这种……'民性'，看不出有明显的否定倾向，强调的是利用……主张引导和升华。由此看来，《诗论》简文的性论不但早于孟、荀，也当早于'皆言性有善有恶'的孔门后学世硕、宓子贱、漆雕开、公孙尼子等。说是孔子之说，应该是可信的"①。廖先生将此一段和其前的"《关雎》之改，《樛木》之时，《汉广》之智，《鹊巢》之归，《甘棠》之保，《绿衣》之思，《燕燕》之情，盖曰动而皆贤于其初者也"一段意群合论，认为《关雎》等七首《诗》也属于论"民性固然"之类，其论文全文的讨论也偏重于这七首诗。

庞朴先生认为评论《葛覃》《甘棠》《木瓜》时所说的"民性"，"不是性善、性恶那样的人性，而是刚柔、缓急、高明、沉潜之类的血气心知之性"。②

许抗生先生则就《葛覃》《甘棠》《木瓜》三首诗以及《杕杜》诗而论"民性固然"，指出这一段文字"从思维法则、爱憎心理、借用语言表达思想和追求爵禄四个方面讨论了共同的人性（民性固然）。可见，当时的孔子尚没有像孟子那样把人的道德心当作人所固有的本心。以上讲的是'性相近'的情况。至于'性'是否可以改变，孔子对这一问题的回答是肯定的"。③ 许先生引用了廖先生讨论《关雎》等七首诗所得出的结论。

黄怀信先生以为庞朴先生的解释过于复杂，认为所说的"民性"，"就是指人的本性、自然心性"。④

廖名春先生还从《诗论》论《关雎》等七首诗的总评"动而皆贤于其初者也"，以及这七首诗的具体内容，得出"人之初性是可以改变的"的结论。这七首诗中论《甘棠》有"……及其人，敬爱其树，其保厚矣"之语，

① 廖名春：《上博简〈关雎〉七篇诗论研究》，载《中州学刊》，2002(1)。
② 庞朴：《上博藏简零笺》，见朱渊清、廖名春编：《上博馆藏战国楚竹书研究》，238～239 页。
③ 许抗生：《谈谈〈孔子诗论〉中的性、命思想》，载《国际简帛研究通讯》，第 2 卷第 4 期，2002-03。
④ 黄怀信：《上海博物馆藏战国楚竹书〈诗论〉解义》，55 页。

和这里要讨论的简 24 的"吾以《甘棠》得宗庙之敬，民性固然，甚贵其人，必敬其位，悦其人，必好其所为"相近。但是，评述七首诗的这一段话，恐怕尚不能认为必定是孔子之语①，至少它和谈论"民性固然"的部分，是两个意群；而且，这一部分并非专门讨论"民性"的问题。因此，下文不讨论对这七首诗的评论。

总之，上面四位先生所论，基本倾向于将简文中孔子的人性论归于自然性。

而刘信芳先生指出："《诗论》凡言'民性固然'，都是从人性根本论及礼之所以为必然。"②

晁福林先生专门讨论第 20 号简，认为所评述的诗是《鹿鸣》，指出："孔子通过《诗·鹿鸣》体悟到'币帛'在礼仪中的重要作用；并且由此而看出'民性'所固有的对于和谐的追求……按照孔子的思想逻辑，他实际上认为'民性'中本来就有着对于'信'的普遍追求，这应当也是所谓的'民性固然'的含义之一……孔子讲'民性'的三首诗都与礼相关，《葛覃》一诗讲了'归宁'之礼……《甘棠》一诗写了宗庙之礼，《鹿鸣》一诗写了馈赠之礼……孔子通过对于这三首诗所涉及的礼的分析，明确指出'民眚（性）古（固）然'，实际上是肯定了礼的社会实践对于民性的影响……民众正是通过礼仪的实践升华了其本性。"③

晁先生还专门论述了"民性"之"民"和"人"的差别，值得注意："众所周知，孔子所说的'民'与'人'，是有一定区别的。尽管不能用阶级的模式将两者截然区别，然而，还是可以肯定，'民'所代表着社会地位较低些、类似于今语之普通民众。而'人'的范围虽然比较宽广，其所指与周代'国人'的范围相近。人可以包括普通民众，也可以指贵族。"对此意

---

① 廖名春先生先认为是孔子评述古说，后来倾向于为孔子弟子评述孔子之说。分别见《上博简〈采唯〉七篇诗论研究》，载《中州学刊》，2002（1）；《上博〈诗论〉简的作者和作年——兼论子羔也可能传〈诗〉》，载《齐鲁学刊》，2002（2）。诚如廖先生在后一论文中所述，产生分歧，"主要是编连问题"。

② 刘信芳：《孔子诗论述学》，49 页，合肥，安徽大学出版社，2003。

③ 晁福林：《从上博简〈诗论〉第 20 号简看孔子的"民性"观》，载《河北学刊》，2005（4）。

见，笔者有所保留。《韩非子·说林下》记有一段关于孔子的话："孔子谓弟子曰：'孰能导子西之钓名也?'子贡曰：'赐也能。'乃导之，不复疑也。孔子曰：'宽哉，不被于利；絜哉，民性有恒：曲为曲，直为直。'孔子曰：'子西不免。'白公之难，子西死焉。故曰：'直于行者曲于欲。'"①文中的子西为谁虽有所争论，但可以看出为贵族。因此，孔子所说的"民性"，应该就是人性，既包括普通民众，也包括贵族。下面本文在叙述时，一般用人性来指代孔子所说"民性"。

这两位先生显然倾向于将孔子的人性论和礼仪、和谐结合起来，偏重于将简文中孔子的人性论和社会性相结合。

这里借用"自然性""社会性"这样的西方术语实属不得已，其实刘、晁两位先生的意见和上述四位学者的意见并不相抵触。上述学者多是论孔子所说的"民性"与孟子等的性善性恶这种社会性不同，而刘、晁两位先生则关注到了孔子所论"民性"和礼仪、和谐的关系。

总之，在《诗论》所记孔子的思想中，孔子讲了些什么内容，人的本性中有没有对于礼仪、和谐这种社会性的需求，值得我们研究。

（二）

为稳妥起见，下面只就确定的《葛覃》《甘棠》《木瓜》（不从晁先生《鹿鸣》之说②）三首诗，来考察孔子所说的"民性固然"。

对于《葛覃》③，孔子说："吾以《葛覃》得祗初之诗，民性固然：见其美，必欲反其本。夫葛之见歌也，则以'绤綌'之故也；后稷之见贵也，则以文武之德也。"

所评《葛覃》的"民性固然"，指的是"见其美，必欲反其本"，而不是"祗（敬）初"。关于"见其美，必欲反其本"，大体上有两个方面：一方面

---

① 陈其猷：《韩非子新校注》，506 页，上海，上海古籍出版社，2000。

② 按：《诗论》简 23 有专论《鹿鸣》之文，而简 19、简 18 与简 20 文义相连，恐当为评论《木瓜》。

③ 原诗为：葛之覃兮，施于中谷，维叶萋萋。黄鸟于飞，集于灌木，其鸣喈喈。葛之覃兮，施于中谷，维叶莫莫。是刈是濩，为绤为綌，服之无斁。言告师氏，言告言归。薄汙我私，薄浣我衣。害浣害否? 归宁父母。

是人对于物，比如《葛覃》一诗，由"绨绤"料子做成的美衣服，人们歌颂其原料"葛覃"，这应该是一种自然情感；另一方面是人对于人，譬如"后稷之见贵也，则以文武之德也"，这虽然和上一事相类似，但它是人类社会中的行为，后稷是周人的始祖，不是像太王、王季这样比较近可以追王的祖先，人们因为文王、武王而贵后稷，不仅和文王、武王的德行，实际上恐怕更多地和文王、武王的政治权力有关，是观念和权力之间的关系。① 可见这一方面的"见其美，必欲反其本"，就算是出于人的自然性，也受到了社会环境的影响。因此，这里孔子所说的"民性固然"之"民性"，不能说完全只是自然性。而且，这里评价《葛覃》，并没有着重《葛覃》本文中的"归宁父母"，尽管"祗初"和它有一定关系。因此，本文不取晁先生说。

　　"见其美，必欲反其本"的范围，比"祗初"要广，而孔子所得出的"祗初"，仅是源自于人对于人之"见其美，必欲反其本"。反本敬初，和古代礼制有紧密的联系，对应于敬祖之礼，而敬祖，是中国古代礼制的根基所在。《礼记·礼器》记载："礼也者，反本修古，不忘其初者也。"②《孔子家语·哀公问政》载孔子之语有（《礼记·祭义》略近而不全）："……圣人因物之精，制为之极，明命鬼神，以为民之则，而犹以是为未足也。故筑为宫室，设为祭祧，春秋祭祀，以别亲疏，<u>教民反古复始，不敢忘其所由生也</u>。……此教民修本反始崇爱，<u>上下用情，礼之至也</u>。君子反古复始，不忘其所由生，是以致其敬，发其情，竭力从事，不敢自尽也。此之谓大教。昔者文王之祭也，事死如事生，思死而不欲生，忌日则必哀，称讳则如见亲，祀之忠也。思之深，如见亲之所爱，祭欲见亲之颜色者，其唯文王与？"③这里说到圣人"筑为宫室，设为祭祧"，而《诗论》简5也提及"《清庙》，王德也，至矣。敬宗庙之

---

　　① 像孟子怀疑《尚书·武成》，就是不愿意承认赤裸裸的武力和表面上的文德之间的差异。"孟子曰：'尽信书，则不如无书。吾于《武成》，取二三策而已矣。仁人无敌于天下。以至仁伐至不仁，而何其血之流杵也？'"（《孟子·尽心下》）其实文武之德，后世不断渲染者多。
　　② （清）阮元校刻：《十三经注疏：附校勘记》，1439页C。
　　③ 廖名春、邹新明校点：《孔子家语》，49～50页，沈阳，辽宁教育出版社，1997。

礼，以为其本"。礼制上的敬祖（敬自己之祖），并由此发展而出的一套宗庙礼制，又比性情基础上的"后稷之见贵也，则以文武之德也"（贵他人之祖），提高了很多。

对于《甘棠》①，孔子评为："吾以《甘棠》得宗庙之敬，民性固然：甚贵其人，必敬其位，悦其人，必好其所为，恶其人者亦然。"

这里再一次提到了和敬祖相关的"宗庙之敬"。传世文献之中，有与孔子语相近者，如《孔子家语·好生》有："孔子曰：'吾于《甘棠》，见宗庙之敬也甚矣。思其人，必爱其树；尊其人，必敬其位，道也。'"《孔子家语·庙制》记："孔子曰：……《诗》云：'蔽芾甘棠，勿翦勿伐，邵伯所憩。'周人之于邵公也，爱其人，犹敬其所舍之树，况祖宗其功德而可以不尊奉其庙焉？"②《说苑·贵德》载："孔子曰：'吾于《甘棠》，见宗庙之敬也。甚尊其人，必敬其位，顺安万物，古圣之道几哉！'"③

此外，《左传·襄公十四年》有："秦伯问于士鞅曰：'晋大夫其谁先亡？'对曰：'其栾氏乎！'秦伯曰：'以其汰乎？'对曰：'然。栾黡汰虐已甚，犹可以免，其在盈乎！'秦伯曰：'何故？'对曰：'武子之德在民，如周人之思召公焉，爱其甘棠，况其子乎？栾黡死，盈之善未能及人，武子所施没矣，而黡之怨实章，将于是乎在。'"《左传·昭公二年》记："既享，宴于季氏。有嘉树焉，宣子誉之。武子曰：'宿敢不封殖此树，以无忘《角弓》。'遂赋《甘棠》。宣子曰：'起不堪也，无以及召公。'"《左传·定公九年》载："君子谓……《诗》云：'蔽芾甘棠，勿翦勿伐，召伯所茇。'思其人，犹爱其树，况用其道而不恤其人乎！"④

两相比较，不难发现相关的记载都强调了"甚贵其人，必敬其位，悦其人，必好其所为"的爱屋及乌式的感情，这是"民性固然"的（"民性

---

① 原诗为：蔽芾甘棠，勿翦勿伐，召伯所茇。蔽芾甘棠，勿翦勿败，召伯所憩。蔽芾甘棠，勿翦勿拜，召伯所说。

② （魏）王肃编著：《孔子家语》，25、89 页。

③ 向宗鲁、屈守元：《说苑校证》，95 页。

④ （清）阮元校刻：《十三经注疏：附校勘记》，1956 页 C、2029 页 B、2143 页 C～2144 页 A。

固然"指的是"甚贵其人，必敬其位，悦其人，必好其所为，恶其人者亦然"，而不是"宗庙之敬"，这里的"恶其人者亦然"，犹可以说明这一点）；但是孔子之语，则特别突出了"宗庙之敬"，《左传》中的记载就没有这一点。爱屋及乌式的感情，绝不限于宗庙之敬，孔子正是由此感情，提升出礼制上的宗庙之敬。

《诗论》文中"民性固然"所指的"甚贵其人，必敬其位，悦其人，必好其所为，恶其人者亦然"，存在"贵而敬"和"悦而好"两个不同方面。"贵而敬"，"贵"是一个人的社会属性，"贵而敬"似乎没有自然的人性基础，是一种后天习性；而"悦而好"这种行为，虽然可以说本于人的好恶之性（《性自命出》中说："好恶，性也"），但是也涉及人与人之间的关系，会受到人所处的社会环境的影响，比如前述《左传·襄公十四年》所记之事，"栾魇汏虐已甚"，但是因为"武子之德"，尚还能免。因此，这里的"民性"，也包括了社会性。孔子所说的"宗庙之敬"，是对于人性之中好恶这一自然性的提升，且根本没有涉及"恶"的方面。

反本敬初和宗庙之敬紧密相关，但值得注意的是，"见其美，必欲反其本"和"甚贵其人，必敬其位，悦其人，必好其所为，恶其人者亦然"，都比反本敬初、宗庙之敬的范围要广。孔子在这里是缩小范围，提高层次，紧紧扣住礼作评述，将礼和人性连接起来，这是一个很值得注意的倾向。

对于《木瓜》①，孔子评论说："【吾以《木瓜》得】币帛之不可去也：民性固然：其忞志必有以谕也。其言有所载而后入，或前之而后交，人不可干也……《木瓜》有藏愿而未得达也，因木瓜之报以谕其念者也。"

这里的标点，不少学者在"其言有所载"前加逗号，则"民性固然"是指的"其忞志必有以谕也，其言有所载而后入，或前之而后交，人不可干也"。仔细考虑，实有不妥。此处"其言有所载而后入"，就礼制方面来说，指以币帛等为言辞之贽。《国语·晋语四》："《礼志》有之曰：'将

---

① 原诗为：投我以木瓜，报之以琼琚。匪报也，永以为好也。投我以木桃，报之以琼瑶。匪报也，永以为好也。投我以木李，报之以琼玖。匪报也，永以为好也。

有请于人，必先有入焉……'"①《性自命出》简 22："币帛，所以为信与征也，其辞，宜道也。"简文"前之而后交"的"之"当是承上文指载言的币帛等礼品，《礼记·曲礼上》说："男女非有行媒，不相知名；非受币，不交不亲。"《礼记·坊记》也有："故男女无媒不交，无币不相见，恐男女之无别也。"②"币帛"是礼品的代表，所以"其言有所载而后入，或前之而后交，人不可干也"一句，主要是论礼，因此它当是承接"币帛之不可去"，而不是论述"其忞志必有以谕"。虽然用币帛来表达"忞志"，也多属于行礼仪的场合，如《士冠礼》酬宾、《士昏礼》纳征用币帛，《聘礼》《公食大夫礼》《觐礼》《既夕礼》皆有用币帛之处，但是古代也有赋诗等方式言志。"忞志必有以谕"的方式，比使用币帛行礼要广泛得多。

孔子通过《木瓜》之诗得到"币帛之不可去"，是因为孔子对于币帛所指代的"礼"最为关心。廖名春先生曾指出，毛《传》："孔子曰：'吾于《木瓜》，见苞苴之礼行。'"《孔丛子·记义》："孔子读《诗》及《小雅》，喟然叹曰：'吾于《周南》、《召南》，见周道之所以盛也；……于《木瓜》，见苞苴之礼行也。'"……"苞苴"是馈赠的礼物，犹如简文之"币帛"。"吾于《木瓜》，见苞苴之礼行"义同于简文的"吾以《木瓜》得币帛之不可去也"③。

对照前文所分析的《葛覃》《木瓜》，不难发现"其忞志必有以谕"和"币帛之不可去"，是不同层次的问题。"其忞志必有以谕"④，是"民性固然"的方面，而"币帛之不可去"，则是关系到礼的问题。后文的"《木瓜》有藏愿而未得达也，因木瓜之报以谕其念者也"，这是对《木瓜》本诗的揭示：作诗者通过投桃报李、投轻报重，来表达心中的"藏愿"。由此中看出的"民性"，是"其忞志必有以谕"。"忞志"各种各样，需要晓谕于人，这是民性，可以说是一种自然性。但是表露的方式，未必一定要通过币帛来表达，古人尚有赋诗断章等不同方式，需要视场合、情景而

① 徐元诰：《国语集解》，338 页，北京，中华书局，2002。
② （清）阮元校刻：《十三经注疏·附校勘记》，1241 页 A、1622 页 B。
③ 廖名春：《上博〈诗论〉简"以礼说〈诗〉"初探》，见《出土简帛丛考》，47 页。
④ "忞"，《淮南子·原道》："穆忞隐闵"，高诱注："穆、忞、隐、闵，皆无形之类。"

定，甚至也可以直接通过言语表露出来，这和人所受的教育、环境的影响有关。孔子由《木瓜》而得出"币帛之不可去也"，也就是说礼之不可去，这比祇初、宗庙之敬所暗中强调的东西更直白。

综上所述，不难看出"祇初""宗庙之敬""币帛之不可去"，并不是"民性固然"的内容；"民性固然"的，其实是"见其美，必欲反其本"，"甚贵其人，必敬其位，悦其人，必好其所为，恶其人者亦然"，"其㤪志必有以谕也"，这些并非都是自然人性，而且里面有不同的层次。孔子将有关的民性稍作提升，便和礼联系上了。

可是孔子在评述的时候，恰恰是从"祇初""宗庙之敬""币帛之不可去"说起，然后紧接以"民性固然"，好像是说这些东西是民性所本有的，其实仔细分析不难发现，这些内容乃是孔子根据人性所作的提升，他最后的指归，是把礼和人性联系起来。可以列表 3-2 如下：

表 3-2

诗　名	民　　　性	不同层面		孔子的提升	指　归
葛　覃	见其美，必欲反其本	物（自然）	人（社会）	祇　初	礼
甘　棠	甚贵其人，必敬其位，悦其人，必好其所为，恶其人者亦然	悦而好	贵而敬	宗庙之敬	礼
木　瓜	其㤪志必有以谕也			币帛之不可去	

对于《诗论》，我们与其说孔子是在评诗，通过诗来考察人性，不如说孔子是借人性来说明礼，从人所固有的本性上，谈论礼之不可缺少，为礼找寻人性的基础。

通过上述分析，我们可以发现，前引几位学者的说法，尚有未深入之处。刘信芳、晁福林先生把握到了礼和人性的关系，但是恐不细致、全面。所说"民众正是通过礼仪的实践升华了其本性"，似乎不合简文之意。孔子所说的"民性"，并不是直接和礼仪相关因而具有社会性，也不完全是自然人性。孔子其实是从人类朴素的感情中提升、升华出人对于礼仪的需要来。因此，《诗论》中的"民性固然"，只是孔子由《诗》识礼的一个凭借。以上的一些"民性固然"，即使是本于自然人性的，也会受到社会关系的渐染。孔子的目的，正是要从这些人性出发，从它们和社会关系相关的方面，将人性往"礼"、人伦的方面引导，推导出"祗初""宗庙之敬""币帛之不可去"。至于"贵而敬"这种后天习性，就更能说明孔子所倡导的人伦礼义并非天生的了。孔子没有完全区分人的自然性和人的社会性，他所处的时代，没有这种要求，这是我们后人的思维。孔子只是从人性的共性出发，来讨论"礼"的可行性、合理性。

（三）

就礼而言，我们很熟悉它和情的关系，比如，《礼记·坊记》说："礼者因人之情而为之节文"①，《管子·心术上》说："礼者因人之情，缘义之理，而为之节文者也"②，《淮南子·齐俗》说："故礼因人情而为之节文"③。"礼因人情而为之节文者也"，也见于郭店简《语丛一》④。而关于"民性固然"，文献中有"民情固然"的说法可以参看，《管子·轻重乙》中记"管子"说："民，夺之则怒，予之则喜，民情固然。先王知其然，故见予之所，不见夺之理。故五谷粟米者，民之司命也；黄金刀布者，民之通货也。先王善制其通货以御其司命，故民力可尽也。"⑤

"性""情"紧密相关，经常是一个所谓未发与已发，乃至有时可以互相替换的关系。比如《大戴礼·哀公问五义》记孔子说："所谓贤人者，好恶与民同情"⑥，而郭店简《性自命出》说："好恶，性也"，《荀子·乐论》则说："夫民有好恶之情"⑦，性、情交替使用。《毛诗大序》说："变风发乎情，止乎礼义。发乎情，民之性也；止乎礼义，先王之泽也。"⑧变风能本乎民性，发乎情，而止于礼义，正风自不在话下，《论语·为政》记载有："《诗》三百，一言以蔽之，曰：'思无邪'。"⑨《毛诗大序》和

---

① （清）阮元校刻：《十三经注疏：附校勘记》，1618 页 B。
② 黎翔凤：《管子校注》，770 页，北京，中华书局，2004。
③ 何宁：《淮南子集释》，784 页，北京，中华书局，1998。
④ 陈伟：《郭店竹书别释》，209～211 页。
⑤ 黎翔凤：《管子校注》，1451 页。
⑥ （清）王聘珍：《大戴礼记解诂》，10 页，北京，中华书局，1983。
⑦ （清）王先谦：《荀子集解》，381 页。
⑧ （清）阮元校刻：《十三经注疏：附校勘记》，272 页 A。
⑨ 同上书，2461 页 C。

《诗论》都由诗看出民性，而且其指归是礼义，这恐怕不是偶然的巧合，而应该是孔门诗说的传统。《管子》是根据民情之固然，因势利导，使"民力可尽"。《诗论》《毛诗大序》则由《诗》本于民性民情，加以提升，为礼义奠定人性的基础。

以礼说《诗》，由来已久。陈戍国先生指出："《左传》襄公四年……行人子员……的说法正是以礼说《诗》。"①实际上，宋襄公时的公孙固已经在以礼说《诗》了［据《史记·宋微子世家》，此事当宋襄公 13 年（前638 年），鲁僖公 22 年］②。孔子由《诗》观礼，可谓前有所承。然而孔子的目的却不止于此，他是要用诗来证明人性和礼的关系。但是将"民性"和"礼"相关联，也有人着先鞭。《左传·昭公二十五年》记：

> 子大叔见赵简子，简子问揖让、周旋之礼焉。对曰："是仪也，非礼也。"简子曰："敢问，何谓礼?"对曰："吉也闻诸先大夫子产曰：夫礼，天之经也，地之义也，民之行也。天地之经，而民实则之。则天之明，因地之性，生其六气，用其五行。气为五味，发为五色，章为五声。淫则昏乱，民失其性。是故为礼以奉之：为六畜、五牲、三牺，以奉五味；为九文、六采、五章，以奉五色；为九歌、八风、七音、六律，以奉五声。为君臣上下，以则地义；为夫妇外内，以经二物；为父子、兄弟、姑姊、甥舅、婚媾、姻亚，以象天明；为政事、庸力、行务，以从四时；为刑罚威狱，使民畏忌，以类其震曜杀戮；为温慈惠和，以效天之生殖长育。民有好恶、喜怒、哀乐，生于六气，是故审则宜类，以制六志。哀有哭泣，乐有歌舞，喜有施舍，怒有战斗；喜生于好，怒生于恶。是故审行信令，祸福赏罚，以制死生。生，好物也；死，恶物也。好物，乐也；恶物，哀也。哀乐不失，乃能协于天地之性，是以长

---

① 陈戍国：《论以礼说〈诗〉——兼论以诗说〈诗〉》，见《诗经刍议》，132 页，长沙，岳麓书社，1997。

② 《国语·晋语四》："公孙固言于襄公曰：'……《商颂》曰：汤降不迟，圣敬日跻。降，有礼之谓也。君其图之。'襄公从之，赠以马二十乘。"

> 久。"简子曰："甚哉，礼之大也！"对曰："礼，上下之纪、天地之经
> 纬也，民之所以生也，是以先王尚之。故人之能自曲直以赴礼者，
> 谓之成人。大，不亦宜乎！"简子曰："鞅也请终身守此言也。"①

据子产之言，礼是天经地义的，人也要效法这个准则（"夫礼，天之经
也，地之义也，民之行也"），这是总论。子产真正要说的，是民本来应
该取法天地的常道（"天地之经，而民实则之。"这种思想很古老），可是
民又常常违背了这一点（"淫则昏乱，民失其性"），于是有具体的法象天
地的礼制来使民不失性，以求"协于天地之性"，也就是说只有遵守礼，
才能不失性，不过当。因为礼是人性协于天地的保障，而礼制法象天
地，所以将礼提升一下，就可以得到"夫礼，天之经也，地之义也，民
之行也"的结论。

子产的话中，指出了礼对于保证民不失性的重要作用。但是他虽然
将礼提升为天地人之准则，可是这终究是一种外在的规范，人是否有这
种内在需求，则还未作说明。而民为什么在效法天地时会"淫则昏乱，
民失其性"，为什么需要"为礼以奉之"，"为礼以奉之"是否必然能保证
"协于天地之性"，他都没有作出说明。当然，这在当时条件下，很可能
就不需要说明，里面的矛盾在当时情况下，对于子产可能是不明显
的②，但是却要其后来人去面对。

子产为孔子所敬者，子大叔所转述的子产之语，孔子可能也听过。
不少学者指出《孝经》中，孔子所说"夫孝，天之经也，地之义也，民之
行也。天地之经而民是则之，则天之明，因地之利"③，很可能就本于
子产之语。当时与子产相近的话，至少还有刘康公之语。因此，孔子从
礼这一方面来考察人性，是和春秋时期的思想合拍的。孔子通过论诗，
不仅使礼和人性相联系之说"深切著明"，而且含有人本性好礼的意味，

---

① （清）阮元校刻：《十三经注疏：附校勘记》，2107 页 A～2109 页 A。
② 在当时可能有潜在的思想背景，比如以礼仪制度逐渐取代卜筮、巫术等取法天意的行
为，故并不矛盾。
③ （清）阮元校刻：《十三经注疏：附校勘记》，2549 页 C。

这是对子产之说的重要补充。

不过，孔子的这一想法，并没有直接地表现出来，而是非常隐讳。我们尚看不到人性好礼之类直接将礼和人性打通的话，孔子仅仅说到"宗庙之敬"、"币帛"，但没有说破，真可谓"述而不作，信而好古"。而且可以注意的是，前引《孔子家语·好生》等评论《甘棠》，评价到了"道也"的地步；《孔丛子·记义》评价《木瓜》，直接说出了"见苞苴之礼行"，可是这些地方却没有提"民性固然"。而《诗论》虽然多次说"民性固然"，但是没有直接说出"礼"。以往我们常常会认为这类现象是传闻异辞，现在看来，我们或许可以推测：孔子对这些诗的评论，可能有多次，其基本看法相差不大，可是，对于不同的问题发表看法时，孔子很有分寸，这和孔子针对不同的弟子问同一问题，给予不同的回答，是一个道理。

孔子没有将礼和人性直接打通，还可能因为孔子面对的是礼坏乐崩的时代。他虽然通过评论经典的诗，对自己所追求的礼进行了深刻的探求，将礼和民性联系了起来；但是现实也使他不可能不认识到，礼乐风行的黄金时代就是被人破坏的，因此，礼和民性之间又有一种紧张关系。前述子产所将要面临的矛盾，到了孔子的时代，就彻底暴露了出来，民众对于天经地义的礼，又是"淫则昏乱"了。《礼记·坊记》篇就是申说这种情况。孔子通过提倡"仁"，来保持礼的实行，这就是另外的问题了。

但是，毕竟孔子将礼和人性联系了起来，尽管没有直接联系二者。这对于儒学，是一个重大的开拓。《论衡·本性》记汉初陆贾就说："天地生人也，以礼义之性。"[①]将礼和人性直接相连。

(四)

孔子反复强调"性"和"礼""道""道义"的关系，却没有谈到"仁"，而且直到《性自命出》篇，也只是说性或生仁。这不仅对于我们评价孔子的"性"论有影响，甚至是对于许多学者讨论过的孔子之"仁"与"礼"的关系，也将产生重大影响。过去许多学者都认为孔子重视"仁"，从孔子将"仁"引入"礼"这个层面上来看，这确实是孔子的重大贡献。可是，如果

---

① 黄晖：《论衡校释(附刘盼遂集解)》，138 页。

由此自觉或不自觉地认为孔子不再重视"礼",恐怕就不确切了。孔子引"仁"入"礼",恐怕指归还是在于"礼"。

孔子重视"仁",从《论语》一书可以看出来。"仁",或可区分为公义与私义。人类之亲情这一类的情感,可能是当时流行的"仁"之公义。《语丛一》简 22、简 23、简 77、简 82、简 79、简 78、简 93 可以编联为:"仁生于人,义生于道。₂₂或生于内,或生于外。₂₃【厚于仁,薄】于义,亲而₇₇不尊。厚于义,薄于仁,₈₂尊而不亲。₇₉【君,尊而不亲。母,亲而不尊。】父,有亲有尊,₇₈仁义为之共。₉₃"①这里的"仁"是围绕亲情而论的,是公义。告子的"仁内义外"之说与之接近。孔子罕许人以仁,并言:"若圣与仁,则吾岂敢?"此为私义,由"仁"言其心目中之至境。

过去牟宗三、徐复观、蔡仁厚等先生,可能是本于新儒家的立场和当时的社会环境,对于孔子的贡献非常推崇。牟先生曾经指出:"孔子在《论语》里,暂时撇开从天命天道说性这一老传统,而是别开生面,从主观方面开辟了仁、智、圣的生命领域……孔子是以仁智与圣来遥契性与天道……孔子始创的仁与圣一路,确是中国思想史上的一个大跃进。"②后来牟先生或许对他过去的说法有所修正,用语比较谨慎,仅是强调自生而言性、气性才性"究非孔子所积极正视而讨论之之问题"③,并指出孔子对于所继承的三代以来"自理或德而言性"的本统,突出强调了"仁"。因此牟认定孔子完成了一个将以前"自生而言性"的"老传统",转变为讨论"超越之性"的"道之本统之重建"。④ 徐复观先生则直接将孔子所说的性推定为善,而后认定"仁是融合性与天道的真实内容",因此徐先生认为"由于孔子对仁的开辟,不仅奠定了尔后正统的人性论的方向,而且也由此而奠定了中国正统文化的基本性格"⑤。其后蔡仁厚先

---

① 参见拙作:《郭店楚墓竹简补释》,见饶宗颐主编:《华学》第八辑,180~181 页,北京,紫禁城出版社,2006。

② 牟宗三:《中国哲学的特质》,26、29 页,上海,上海古籍出版社,1997。

③ 牟宗三:《心体与性体》上册,186 页,上海,上海古籍出版社,1999。

④ 同上书,185 页。

⑤ 徐复观:《中国人性论史(先秦篇)》,90~100 页。

生则继承了牟先生最初的提法，认为孔子对于从"生"而言"性"，从天命言性的两个传统，都没有积极的讨论，"孔子学问的中心并没有落在人性这个问题上，他暂时撇开了'天命下贯而为性'这一个老传统，而别开生面的，从主观方面开辟了'仁知圣'的生命领域。这才是孔子真精神真生命的所在。而正宗儒家的人性论，亦正是承孔子的仁教而展开"。蔡先生认为孔子的理论重心不在人性。但是，蔡先生却又在此文后接着说："孔子虽然没有对'性'作详确的论定，但我们仍然可以从孔子对于'仁'的直下肯定（我欲仁斯仁至矣），而认为孔子对于'性'这个观念的体悟，是指向仁义内在的'内在道德性'，是指向'义理之性'而言。"[①]不违牟宗三说。

就将"仁"和"性"相联系，视孔子心目中所赞许的仁为人性固有这一方面说，三人可谓殊途而同归，这大概是新儒家的共同处之一[②]。对于他们的观点，当有了解之同情。但是目前的材料，恐怕不支持这一观点。新儒家指出孔子有开创性的贡献，现在看来，这一贡献，或许应该在于孔子强调了"性"和"礼"的关系等内容，而且前有所承。

也许有学者会从另一个方面反问，对于孔子来说，"仁"和"礼"紧密相关，那么"仁"和"民性固然"，是否也相关？就孔子的思想而言，"仁"和"礼"确实是紧密相关的，这一问题学界讨论颇多，杜维明先生揭示了二者之间的"创造性张力"[③]，可以说使得现代新儒家的研究方向有所转变。刘家和先生则从考释"克己复礼为仁"出发，指出孟子从释"克己"为"任己"出发，本于性善论，发展了以仁为主体的仁礼学说；荀子则从"约己"出发，本于性恶论，发展了以礼为主体的仁礼学说[④]，将人性问

---

① 蔡仁厚：《孔孟荀哲学》，106 页，台北，学生书局，1984。

② 如徐复观、牟宗三的老师熊十力先生，也曾说："儒家则远自孔子已揭求仁之旨。仁者本心也，即吾人与天地万物所同具之本体也"，见熊十力：《新唯识论》，567 页，北京，中华书局，1985。

③ 杜维明：《"仁"与"礼"之间的创造性张力》，见《仁与修身——儒家思想论文集》，《杜维明文集》第 4 卷，武汉，武汉出版社，2002。

④ 刘家和：《先秦儒家仁礼学说新探》，见《古代中国与世界——一个古史研究者的思考》。

题引入仁礼学说中，极富创见。后来也有学者从仁和礼相结合的关系层面，来分析孔子人性论的结构、内涵，认为孔子以"仁"实现了传统自然人性论向道德人性论的转向，而且以"礼"实现了传统感性与德性相结合的人性结构向"习性"与"德性"相结合的人性结构大调整。[①]

可是要认为孔子已经将"仁"尤其是其心目中的"仁"和人性直接联系起来了，则目前的材料，对于这一观点是极为不利的。《性自命出》简39、简40、简41说：

> 笃，仁之方也。仁，性之方也，性或生之。忠，信[39]之方也。信，情之方也。情出于性。爱类七，惟[40]性爱为近仁；智类五，惟义道为近忠；恶类三，惟恶不仁为近义。[41]

《性自命出》是孔孟之间的作品，文中"仁，性之方也，性或生之"，这是目前所见第一次将"性"和"仁"直接相连接起来，但是也强调不定的"或"："仁，性之方也，性或生之"。《韩诗外传》卷四第二十四章说到"爱由情出谓之仁"，郭店简《语丛二》指出"爱""情"皆生于性，可能因为有些中介，爱需由情出才为仁，所以仅是"性或生之"，则这里的"仁"仍然是公义。郭店简《语丛一》简18、简19、简20、简21中说道："人[18]之道也，或由中出，或由[19]外入。[20]由中出者，仁、忠、信。由[21]【外入者，……】"，这里的"仁"是"由中出"，但是"中"之所指，还需进一步研究。参照前引《语丛一》简22、简23、简77、简82、简79、简78、简93，不难发现这是当时的公义，而非孔子心目中的"仁"。从简帛《五行》开篇说的仁形于内与不形于内的问题来看，仁是否为心所有，当时很可能也还是一个问题，需要践形于内，才能内在化。《性自命出》只是说"性或生之"，"性爱为近仁"，分寸比较恰当。孟子和告子争辩"仁内义外"，二人的争辩集中于"义"之内外，说明大抵到当时，"仁"之内在已经公认。但是这些都不是孔子心目中所赞许的"仁"。

据此来看前述新儒家等有关孔子将"性"与"仁"连接起来，且视孔子

---

① 陈科华：《孔子人性论新议》，载《益阳师专学报》，1996(4)。

心目中所赞许的仁为人性固有的论述，恐怕过当。就目前的资料来看，恐怕孔子还没有将他所赞许的"仁"直接认为是天性或人性所生发；而孟子将之设定为"四端"之一，则是合理的。孔子所说的"我欲仁斯仁至矣"，虽然确实可以如新儒家理解为"孔子对于'仁'的直下肯定"，但是这尚不足以说明"仁"内在于"性"中间，否则就不必"欲仁"。"欲"，或反而说明"仁"是外在的；即使是内在的，也可能有内在的"仁"被遮蔽的问题，当是发扬、显明之而不是外向的"欲"。

后来的董仲舒在《春秋繁露》中，不但谈性三品，《深察名号》篇还谈道："仁贪之气，两在于身……天两有阴阳之施，身亦两有贪仁之性……天地之所生，谓之性情，性情相与为一瞑，情亦性也，谓性已善，奈其情何？故圣人莫谓性善，累其名也。身之有性情也，若天之有阴阳也，言人之质而无其情，犹言天之阳而无其阴也。"[1]《白虎通·性情》引《钩命决》也提到性阳情阴，阳仁阴贪[2]，将"性"与"仁"联系到了一起，但是也提到了情之贪。关于仁与贪，《礼记·礼运》中孔子曾提及"用人之仁去其贪"[3]，已经将二者对立，但是没有说到它们和"性"的关系。总之，孔子心目中的"仁"之与"性"的关系，我们迟迟没有看到。估计在当时的思想背景中，如果将"仁"（甚至是公义上的"仁"）设定为内在的，将会面临"贪"之内在的问题。或许正因为此张力，性之善恶，才成为一个重要的问题。

九、论上博《诗论》诸篇的分合

在已经发表的《上海博物馆藏战国楚竹书》（一）、（二）中，有《孔子诗论》《子羔》《鲁邦大旱》三篇，简制皆是全长约 55.5 厘米，两端修成圆

---

① （清）苏舆：《春秋繁露义证》，294～299 页，北京，中华书局，1992。
② （清）陈立：《白虎通疏证》，380 页，北京，中华书局，1994。
③ （清）阮元校刻：《十三经注疏：附校勘记》，1422 页 B。

弧形，有契口三道，分三道编联，书法风格圆转流畅，显系一人所写。在《子羔》部分的第5简简背，题有"子羔"二字，为标题。

对于这个标题，整理者曾经在《孔子诗论》的《说明》中指出："本篇与《子羔》篇及《鲁邦大旱》篇的字形、简之长度、两端形状，都是一致的，一个可以选择的整理方案是列为同一卷。我们发现在《子羔》篇第3简的背面有卷体为《子羔》。其后可顺序排列的尚存7支简。从内容来看，《子羔》篇纯属子羔问孔子'三王者之乍(作)'。残存的最后一简在孔子回答了三王者之作的问题后，子羔又提出了其他问题，但孔子作答的内容已残失，而残失数量未可估计。《鲁邦大旱》乃是孔子评论鲁邦大旱是当政者刑与德的问题，其后二简还有孔子对子贡关于御旱灾的答问。《诗论》的第一篇接抄在另一篇的文末：'行此者其有不王虖?'此辞的语气既非对子羔、子贡，也非对鲁哀公的答问，因此，恐怕还有其他关联内容。而《诗论》则纯粹是评论《诗》，三者区别很是清楚。《子羔》篇中孔子对子羔的答问，不可能包括这许多内容，因此有两种可能性：同一卷内有三篇或三篇以上的内容，也可能用形制相同的简，为同一人所书，属于不同卷别。"①在实际的操作过程中，整理者采用了后一种可能性，将文字相同的简文分为三篇。

李零先生不同意将这几部分分开，认为它们同属一卷，"子羔"为篇题，并曾经指出："我说的《子羔》篇，既包括这里称为'孔子诗论'的部分，也包括与此抄在同一卷上的其他两部分(尚未发表)。其中一部分抄在这一部分前面，现存15简(据剪贴本初稿)，多已残断；另一部分抄在这一部分后面，现存6简(据剪贴本初稿)，也不完整，但我们从简长、简形，还有字体和书写风格看，它们与这一部分是连写接抄，章与章之间并不留白提行。""古书……章有章号(在上博简中，情况同于郭店简，是作墨钉或宽黑杠)，篇有篇号(在上博简中，情况同于郭店简，是作钩识号)，可供识别。一般情况下，其分篇都是留白提行，分章则是连写接抄。现在我们讨论的这一篇，因为简文残缺，没有发现篇号，但

① 马承源主编：《上海博物馆藏战国楚竹书(一)》，121页。

它有五个章号保存下来（'三王之作'部分两个，'孔子诗论'部分两个，'鲁邦大旱'部分一个），章与章明显是连写接抄。特别其第二个章号之前有一段话，是作'……行此者，其有不王乎'，这段话，注释者以为是'孔子诗论'部分开头部分残存的简文，前面还另有文字，但我理解，它是'三王之作'部分的结尾，而不属于'孔子论诗'部分。简文虽包含三类不同内容，但实际上是一章挨着一章抄，是不可分割的整体。第二，古书的篇题，从出土发现看，多在卷首第2简或第3简，或卷尾第2简或第3简。前者是从后往前卷，把卷首露在外面，卷尾收在里面；后者是从前往后卷，把卷首收在里面，卷尾露在外面。其题篇方式也有两种：一种是拈篇首之语（情况同于现在计算机存盘自动题名的方式），另一种是撮内容大义，前者更普遍。它们不一定都能概括全书内容。比如我负责注释的上博楚简《曹沫之陈》（尚未公布），它分上下两篇（各有篇号），上篇是一个内容，下篇是一个内容，篇题写在卷首第2简的背面，就是隐括下篇的内容，但位置反而在上篇第2简的背面。注释者说，上述三部分是抄在同一卷上的三篇，第一篇有篇题'子羔'，第二篇和第三篇把篇题丢了，卷题也丢了，这恐怕值得商榷。因为'卷'是古书自然成束的单位，与内容无关，古书有章题，有篇题，有书题，但没有卷题。"①

在《上海博物馆藏战国楚竹书（二）》中，背题有"子羔"的简为第5号简，其后尚有9支简，总共有14支简；而上文中整理者说第3简背题"子羔"，后面还有7支简，则总共10支简，说明整理者曾经对这一部分内容作过调整，可能与简的拼接、分合有关。依照近几年出土的简牍书籍的情况来看，李零先生的意见，更符合简牍古书的体例。然而，问题也并非如此简单，还有不少疑问需要解决。

（一）分篇与分章

《上海博物馆藏战国楚竹书（二）》中，《子羔》《鲁邦大旱》两部分都有表示篇章结束的符号，为长方形墨块，墨块下面则是空白，没有文字。

---

①　李零：《上海博物馆藏简校读记（之一）：〈子羔〉篇"孔子诗论"部分》，见《上博楚简三篇校读记》，13～15页，台北，万卷楼图书有限公司，2002。又见于"简帛研究"网，2002-01-04。

如《子羔》简14"三天子事之"下面全为空白，《鲁邦大旱》简6"无如庶民何"下面也是如此，说明所记的故事已经结束，与其他内容没有直接的联系。因此，这种墨块下面留白的形制，应该是《子羔》诸部分，或者说抄手本人的表示分篇的通例。李零先生已经指出"一般情况下，其分篇都是留白提行，分章则是连写接抄"，但是却认为"现在我们讨论的这一篇，因为简文残缺，没有发现篇号，但它有五个章号保存下来（'三王之作'部分两个，'孔子诗论'部分两个，'鲁邦大旱'部分一个）"，可能是认为只有"钩识号"才是分篇的标记。然而从李零先生所说的"留白提行"的标准来看，《鲁邦大旱》《子羔》（"三王之作"）只是各有一个分章号（可能李零先生将"行此者其有不王乎"下的墨块算作"三王之作"部分的分章号）。

在《孔子诗论》部分，也见有长方形墨块，简1"行此者其有不王乎"下有一个；简5"侑成功者何如？曰颂是也"[①]下有一个；简18"《枌杜》则情喜其至也"下有一个。简1和简5在墨块下接有文字，而简18下留有一小段空白。但是简18为残简，经李学勤先生与简19拼合，则墨块下正为第三道契口所在之处，这样的地方一般都留有一段空白。与保留有第二、第三道契口的简8、简9、简11、简16、简23、简24、简25、简28等比较，其留白的长度并不算长。若参考《诗论》部分的文意，下面应当接有文字。因此，简18并不是留白提行。容易看出，至少后两个（简5、简18）墨块前后，都属于论诗的文字，但是分属不同的意群。因此，至少后两个墨块是《诗论》篇内的章节结束符号，其形制是墨块下面接抄文字，文意相关，但是属于不同的意群。这就是李零先生所说的"连写接抄"。

因此，我们看到了这一部分竹简有留白提行和连写接抄两种标志，这表明李零先生所说的"五个章号"，与自己所立的篇章号形制不符（可能李零先生所据为剪贴本、初稿，有模糊之处）。也许李零先生意在于

---

① 竹简文字尽量采用通行文字写出，参拙作：《〈诗论〉简礼学思想研究·附录：〈诗论〉简释文疏证》，硕士学位论文，清华大学，2002-06。

强调《诗论》与《子羔》同在一篇之内，内部的分别是分章而不是分篇。对于这个问题，我们不妨将留白提行视为分章，将连写接抄视为分节，下文将依此而论。

关于《诗论》第1简"行此者其有不王乎"这段话，注释者以为"据辞文，是论述王道的，这语气和《子羔》《鲁邦大旱》篇的内容不相谐合，当然也非《诗序》，由此揣测当另有内容"[①]。李零先生则认为它是"三王者之作"部分的结尾，而不属于"孔子论诗"部分。

由上面所讨论到的竹简形制来看，如果"行此者其有不王乎"一段话确实是论"三王者之作"的内容，显然它与《诗论》的内容没有直接的联系，参照《鲁邦大旱》《子羔》的形式来看，它应当与《诗论》部分用留白提行的方式隔开，即是说"行此者其有不王乎"在墨块下面应该为空白。但是，实际情况是连写接抄。而且，论"三王者之作"那一部分，在简14"三天子事之"下面，全为空白，说明这一章已经结束。论"三王者之作"这一部分的内容，有两个重点，一部分论三王，另一部分讲舜，因为缺简，不能排除它们本为两章或两节的可能，分节的可能性较大。按照李零先生的意思，则似乎是分节，讲舜的一部分单列，"三王者之作"下接"行此者其有不王乎"。但即使这二者的关系是分节，其内容既与《诗论》无关，那么它们和《诗论》应该是分章的关系，则"行此者其有不王乎"应该下端留空。现在的情况是"行此者其有不王乎"下面接抄有文字，因此，它应该也是与《诗论》有关的内容，很可能就是《诗论》内的东西，关于这一点，详见后文分析。

(二)《子羔》部分

《子羔》这一部分，陈剑、刘信芳、白于蓝等先生对于几个疑难字作了考释，陈剑先生还找出了两个拼联组，裘锡圭先生将简7和简14拼联在一起。在时贤的研究基础上，笔者编联如下：

> 子羔问于孔子曰：三王者之作也，皆人子也，而其父贱而不足

---

① 马承源主编：《上海博物馆藏战国楚竹书（一）》，123页。

称也欤？抑亦诚天子也欤？孔子曰：善，尔问之也。久矣，其莫……₉【禹之母，有莘氏之女】也，观于伊而得之，娠三_{11上}年而划于背而生，生而能言，是禹也。契之母，有娀氏之女₁₀也。游于瑶台之上，有燕衔卵而措诸其前，取而吞之。娠_{11下}三年而划于膺【生】，生乃呼曰：_{香港简}"□^①金！"是契也。后稷之母，有邰氏之女也，游于玄丘之汭，冬见芺，攼而荐之，乃见人武，履以祈祷曰：帝之武，尚使₁₂……是后稷_(之母)也。三王者之作也如是。子羔曰：然则三王者孰为……【舜何人也？】₁₃

【孔子】曰：有虞氏之乐正瞽宵（瞽瞍？）之子也。子羔曰：何故以得为帝？孔子曰：昔者而弗世也，善与善相授也，故能治天下，平万邦，辨无有、小大、肥硗，使皆₁得其社稷百姓而奉守之。尧见舜之德贤，故让之。子羔曰：尧之得舜也，舜之德则诚善₆欤？抑尧之德则甚明欤？孔子曰：均也，舜穑于童土之田，则₂【……子羔曰：尧何以让】之童土之黎民也。孔子曰：□₃……吾闻夫舜其幼也，敏以孝慈，其言……₄或以文而远。尧之取舜也，从诸草茅之中，与之言礼，说博【而不逆】……_{5(背文：子羔)}……□而和，故夫舜之德其诚贤矣，招诸畎亩之中而使君天下而称。子羔曰：如舜在今之世则何若？孔子曰：₈亦纪先王之由道，不逢明王，则亦不大仕。孔子曰：舜其可谓受命之民矣。舜，人子也，₇而三天子事之。₁₄

这一部分可能残损相当严重，现在保留的两个意群：一是讨论"三王"，二是讨论尧舜，主要是讲舜。因为缺简，简序可能还有待进一步调整。但两个意群之间有语词联系，比如简9"子羔问于孔子曰：'三王者之作也，皆人子也'"，简7"孔子曰：'舜其可谓受命之民矣，舜，人子也'"，都提到了"人子"；简7说到"三王"，即禹、契、后稷，简14的

---

① 将香港简与同等位置者比较，要少两字，而其顶部为圆弧形，因疑折断处有残缺。《子羔》诸篇，全简长约55.5厘米，简12残长44.2厘米，香港简长接近10.2厘米（此长度蒙陈斯鹏先生据《香港中文大学藏简》原书图版测得，并指出上博简2所附图版长10.1厘米，谨致谢忱），合计约54.2厘米，因断定折断处尚有残字（残缺为一字，为陈斯鹏先生的意见）。

"三天子事之"，则很明显也是指这三人佐舜。因此，这两个意群有可能应分为两节；但是因为中间缺简，而这两部分有相关的语词，我们也不能排除子羔由三王进而问到尧舜，全文在一章之内的可能。不管是哪一种可能，从文本的内容和章节分割的形制来看，应该都不会有语句下接"行此者其有不王乎"。如果将这一部分简文分为两部分，以"三王者之作"这一部分下接"行此者其有不王乎"，那么同样，子羔与孔子的问答和论诗的内容之间，分割的形制也应该是分章而不是分节。如果一定要认为子羔由问三王进而问诗，要将这两部分合在一起，那么且不说我们在《诗论》部分并没有发现子羔与孔子一问一答的形式，也不说讨论"三王"的部分，与讨论尧舜的部分之间有语词联系，仍然有两个问题需要解释：一是《诗论》部分所谓留白简的问题；二是《诗论》部分的简文中，有许多小短横，计 66 处，位置基本合于句读，但是《子羔》篇中没有，《鲁邦大旱》中只有 4 处。这一点，留待后文讨论。

整理者所称的《子羔》篇内部是否该分章节，因为有缺简，尚不好下论断，但是它们和《鲁邦大旱》《诗论》的关系则值得探讨。李零先生虽已举《曹沫之陈》为例，说明不同内容者可以合抄在一卷。可是，据李零先生的介绍，《曹沫之陈》虽分为两篇①，但都是记载有关曹沫的内容。而《子羔》《鲁邦大旱》《诗论》诸部分，虽为一人所抄写，但是分别记有子羔与孔子问答，孔子与鲁哀公、子贡的问答和论诗的内容。可惜这一批竹简不是科学发掘所得，不然我们可以根据竹简散断后的位置，考究它们的关系。在当前，《鲁邦大旱》《诗论》与《子羔》不是一卷的可能性并非不存在。但是从《鲁邦大旱》《子羔》篇章短小这一特点来看，这几个部分在一卷的可能性更大。

（三）《诗论》部分

《诗论》部分已有多种编联，最关键的问题就是对于所谓留白简的态度，根本性的难题则是简 2 至简 7 上下两端空白的部分是否原来有字。

---

① 按：后来发表的《曹沫之陈》，并没有出现可视为分章节的符号，只是在内容上可以分为两部分。

笔者有幸曾同其他先生一道，蒙上海博物馆厚意，目验这一批简，可惜与会的先生们似乎谁也没有改变自己原来的看法。许多学者希望上海博物馆的同仁们，利用现代科学仪器检测一下这一部分竹简。笔者所见也只是证实了自己原来的看法：从简制和文意上看，没有字①。竹简留白部分在接近契口的地方，有横截断开的竹纤维，经药水浸泡后向上卷起。推测它们没有卷起来时，应该是参差不齐的，当为用刀削断两头的竹纤维所致，而且应该是在写字前就已经修治好。如果在写字后再削，实在看不出特意这样做的原因②。或以为出土后因为某种原因脱落，但是此处所脱落的是整截的上下两头的竹纤维。而且相比较而言，出土后的竹简更易自契口处折断，而不是脱去一层竹纤维。因此，笔者依旧同意廖名春等先生的看法，认为《诗论》应该据简制分为两个部分。

过去学者们对于《诗论》第 1 简没有很确定的看法，主要是不知道它是否与"三王者之作"确实有关。现在由上面的分析可以看出，没有关系。整理者曾认为它上接另一篇的文末，该文结尾就是"行此者其有不王乎"。但是据上述所分析的章节分割体例来看，所谓的"另一篇"，应该也是与诗有关的内容。实际上也很可能就是《诗论》内的部分。颇疑此简在简 6、简 7 之间，其上下文是：

> 曰：诗其犹防门欤？渐民而裕之，其用心也，将何如？曰：《邦风》是已。民之有戚患也，上下之不和者，其用心也，将何如？₄【曰："《小雅》是已……者，其用心也，将何如？"曰："《大雅》】是已"。侑成功者何如？曰：《颂》是已。

> 《清庙》，王德也，至矣。敬宗庙之礼，以为其本；"秉文之德"，以为其业。"肃雍₅【显相"……《清庙》曰："济济】多士，秉文之德"，吾敬之。《烈文》曰："无竞惟人"，"不显惟德"，"呜呼，前

---

① 参见拙作：《〈孔子诗论〉简序调整刍议》，见朱渊清、廖名春编：《上海博物馆藏战国楚竹书研究》。

② 彭浩先生认为是分栏抄写所致，阅读次序是上栏→中栏→下栏，见彭氏著《〈诗论〉留白简与古书的抄写格式》，见廖名春编：《新出楚简与儒学思想国际学术研讨会论文集》。则即便竹简上下有字，也应该分栏而读，不是上下贯读。

王不忘"，吾悦之。"昊天有成命，二后受之"，贵且显矣。《颂》₆
【之盛德也……】行此者，其有不王乎？

孔子曰：诗无吝志，乐无吝情，文无吝意₁……【"帝谓文王，
予】怀尔明德"，盖诚谓之也。"有命自天，命此文王"，诚命之也，
信矣！孔子曰：此命也夫！文王虽谷已，得乎？此命也₇，志也。
文王受命矣。《颂》，旁德也，多言后，其乐安而迟，其歌申而易，
其思深而远，至矣。《大雅》，盛德也，多言₂【……《小雅》，□德】
也，多言难而怨诽者也，衰矣，小矣。《邦风》其纳物也博，观人俗
焉，大敛才焉。其言文，其声善。孔子曰：惟能夫……₃

容易看出，在这种安排下，"行此者其有不王乎"下有分节号，上下
文意略相关，而"侑成功者何如？曰：《颂》是已"下也有分节号，同样是
上下文意略相关，都是论《诗》之文。《清庙》《烈文》《昊天有成命》三篇，
皆是论如何成就王德的内容，与"行此者其有不王乎"之论符合，而与论
文王之王并非紧密相关，因此此处分节并不突兀。下文"【'帝谓文王，
予】怀尔明德'，盖诚谓之也。'有命自天，命此文王'，诚命之也，信
矣！孔子曰：此命也夫！文王虽谷已，得乎？此命也，志也。文王受命
矣"，专门由诗的内容来讨论文王受命，而"诗无吝志"与"此命也，志
也"相应，"乐无吝情，文无吝意"与"《颂》，旁德也，多言后，其乐安而
迟，其歌申而易……《邦风》其纳物也博，观人俗焉，大敛才焉。其言
文，其声善"相应，这可以看作将简1放于此处的理由。

这一部分论《诗》，多从宏观角度，谈论诗中的德义，与另一部分讨
论一首诗或几首合论的形式不同，应该是分为两章或两节。这两部分虽
然形制不一，但都有很多句读符号，其应该是同一人所为。这两部分简
长和契口、字体风格一致，应该是编在一起。这一种安排并不奇怪，在
荆门郭店楚简《语丛三》中，简64至简72是分作两栏抄写，与其他简制
不一，但是简长和编绳位置则与其他简相同，也应该是在同一卷之内。
《诗论》这两部分很有可能是留白简在前，下接满写简，然后接《鲁邦大
旱》，再接《子羔》。《子羔》篇中原来的第5简，我们现在将它排列于倒

数第3简，作为标题，正合乎古代简牍制度。至于《诗论》章有很多句读标记，而其他章较少，则很可能是这一部分内容为经典之作，反复颂读者众多，传抄时已经如此。

(四)后续讨论

李学勤先生后来指出："出自一手的简，不一定编连为一卷。在帛书中即有这种例子，马王堆帛书的《周易》经传、《老子》乙本、《五星占》等，均由一人抄写，但不是同卷。《诗论》等三篇是不是连为一卷，也有待研究。经过整理排比，容易看出《诗论》大多数简是在简上为编绳刻出的契口处折断的，《子羔》简的折断多在上端契口下面两三字处，《鲁邦大旱》简的折断都在中腰契口之下四字处，这说明它们不曾编连在一起，所承受的压力并不一致。这三篇简，只有《子羔》在其一支简背面写着篇题。这支简于重加排比之后，是该篇倒数第3支，当把简卷起时，正好露在外面。如果三篇简编成一卷，《诗论》《鲁邦大旱》在《子羔》后面，这支篇题简就露不出来；如果《诗论》《鲁邦大旱》在《子羔》前面，又不能以'子羔'作为题目了。《子羔》之所以为题，是由于《子羔》篇首句是'子羔问于孔子'，并非因为子羔是三篇的作者。《诗论》的作者固然待考，《鲁邦大旱》记孔子与子贡问答，显然不会出于子羔之手。"①

李先生提出的问题确实值得认真思考。竹简容易在契口处折断，这是因为契口处比较脆弱，于此处折断，相比较而言，似乎应该算作常见情况；而于非契口处折断，则属于特殊现象。但是，竹简出土之后，经千年浸泡，已经失去竹纤维的弹性，据说如面条一般。所以也常见折断处有规则而又不完全统一的现象，这当是因为竹简已经散乱，故而折断处不一。比如郭店简《太一生水》篇，简8、简9于下端契口处断开，而简1、简6、简12则于下端契口下第四字上断开。至于和《太一生水》简制、字体相同的丙组《老子》，折断情况则要复杂得多，既有在下端契口处断开的情况（简6），也有于下端契口下第四字上断开的（简4、简7、

---

① 李学勤：《清路集·黄怀信〈诗论解义〉序》，398页，北京，团结出版社，2004；又见黄怀信：《上海博物馆藏战国楚竹书〈诗论〉解义·序》，2～3页。

简 11），还有于下端契口下其他处断开的。我们是该将《太一生水》和丙组《老子》视同一卷还是分开？笔者倾向于根据其折断处的相近性而归之于同卷，将异常的折断处归之于竹简散乱而受力不均的结果。可以设想，没有折断现象和断开之处相同的，是竹简因编绳朽烂而散开后靠在一起所致；而折断处异常的，可能是位于外缘的竹简。

至于《子羔》诸篇，检查所作拼连及竹简情况，"《鲁邦大旱》简的折断都在中腰契口之下四字处"最为明显。[①]《诗论》简的确在上端契口处多有折断，根据简 14＋12，简 13＋15，简 19＋18，简 28＋29 的拼连，可以发现《诗论》也有在中腰契口折断的情况；简 4、简 5、简 10、简 21、简 22 等，则在下契口处折断。《诗论》简 1、简 7 约是在上端契口下面两三字处折断，而且简 1 又于中央编绳下第五字上折断[②]。而《子羔》简的折断多在上端契口下面两三字处，但是根据《子羔》简 6＋2，简 7＋14，简 10＋11 下这三组拼连，也有在中腰契口之下四字处折断的情况。以之与"《鲁邦大旱》简的折断都在中腰契口之下四字处"的现象相比，《诗论》简 1、简 7 和《子羔》都有在上端契口下面两三字处折断的现象；《诗论》简 1、《子羔》与《鲁邦大旱》都有在中腰契口之下四字处折断的情况。我们知道，《诗论》简 1～7 属于留白简，现在简 1、简 7 有在上端契口下面两三字处折断和简 1 在下端契口第五字上折断的情况，这表明了留白简和《子羔》《鲁邦大旱》的相关性。不过，留白简中，简 4、简 5 于下端契口处折断，简 6 于上、中两处契口折断，非留白简则多数于契口处断开，这又有一定的相似性。因此，可以设想，留白简 1、简 7 和《子羔》《鲁邦大旱》的断简在一起；较完整的《子羔》简 1，《诗论》简 2、简 3、简 8、简 9、简 24，《鲁邦大旱》简 3、简 4 靠得比较近；《诗论》简

---

① 比较《鲁邦大旱》简全简图版，折断的简 1、简 2、简 5 虽然是于中端契口下第四字后折断，但是折断位置正对应完整简 3、简 4 的第五字。

② 上博简第 1 册第 3 页《诗论》简全简图版（一）中，简 1 的位置应该稍微下移（中间编绳应该和其他简对齐。此图版最左边两支简的位置应该交换）。简 1 下端的折断处，和《鲁邦大旱》的折断处相应。由《诗论》简全简图版（二）来看，简 23 似乎是从中腰下第四字下断开，但是此简尾部长于其他简，这个摆放是不合适的。

中于不同契口断开的简分别靠得比较近。这个设想还可以进一步精确些，可惜上博简乃购自香港文物市场，《子羔》诸篇竹简在两千年埋藏及遭盗辗转的过程中，不知经过何种破坏，乃至有个别断简零落被香港中文大学购得。从目前表现的折断情况来看，《诗论》非留白简和《子羔》《鲁邦大旱》的联系，是通过《诗论》留白简为中介的；而且有些简受到两处力断为三截，有的只受到一处力断为两截，有的则保存较好。若非这些简受压时已经散乱且排列不均，《诗论》简多数从契口处折断而个别在上端契口下面两三字处、中腰契口下第五字处折断，那就至少应该将留白简和非留白简分开，留白简和《子羔》《鲁邦大旱》当视为一卷。

若《子羔》《鲁邦大旱》《诗论》的留白简（也有可能还要加上非留白简）合卷，似当以《子羔》篇垫后，而第 5 简背的"子羔"为总题。诸篇可能只是偶然连接抄写在一起，正如同《太一生水》和丙组《老子》一样，并不必然表示有特别紧密的关系。而新出上博简 6 中，《庄王既成》与《申公臣灵王》两个故事抄在一起，以"庄王既成"为篇题，正可为"子羔"做说明（不过，两故事在第 4 简连写接抄，以墨钉作为分隔符号）。至于标题"子羔"，可能是"子羔问"的简省，拈首字为题。但是此章或不必在第一章。《孔子家语》中有《子贡问》篇，"子贡问于孔子"的部分在中间，其前都是"子夏问"的章节。此篇宋本和覆宋本都称"子贡问"，大概后人产生怀疑，明刊本因改篇名为"子夏问"。张家山汉简《脉书》，书名题于首简背，而实际上相应内容在后半部分。当然，目前仍不能排除李先生所提出的可能性：《子羔》单独成篇，它和《诗论》《鲁邦大旱》等几篇入葬时靠得比较近。

第四章　学术史研究

出土文献对于中国古代学术史之研究，有极其重要的作用，不仅可供探赜索隐，发古学之幽，而且能据新史料，断昔贤之论，有学者由此提出应该"重写学术史"。"重写学术史"，不仅仅是根据新出土文献材料，补充过去的学术史之不足，更应该依据新材料，考察古代以迄近现代学术史的建立过程，辨其是非，别宥立新。如此方为重写，而不是补写。

一、九流：从创建的目录名称到虚幻的历史事实

福柯在《知识考古学》中，继续了他在《词与物——人文科学考古学》一书中考察"知识型"转换的思路，强调研究历史中的"断裂"。[①] 这一观点的启发性自不待言，但是对于形式上有着延续文明的中国而言[②]，似乎有些不合适。葛兆光先生用《思想史：既做加法也做减法》[③]来展示中国思想史上一些不断被凸显和被有意无意淡忘了的事件。这种现象，或

① 米歇尔·福柯：《知识考古学》，北京，生活·读书·新知三联书店，1998；《词与物——人文科学考古学》，上海，上海三联书店，2001。

② 张光直《连续与破裂——一个文明起源新说的草稿》一文(见《美术、神话与祭祀》，沈阳，辽宁教育出版社，1988)，以及中西方文化的差异，或许会加深这种印象，虽然福柯与张光直的实际话语绝不一致。

③ 葛兆光：《思想史：既做加法也做减法》，载《读书》，2003(1)。

许可以看作中国所特有的"断裂"：凸显和淡忘，相对于历史本身而言，毋宁说都是某种对于原有事实的"断裂"，因为淡忘往往是由于被另一种凸显的表象所遮蔽。但是更值得注意的是：在凸显和淡忘的表象（幻相）背后，则是由不同时期不同的知识、观念和"理性"来作为深层的支撑。

在历史研究中，有一些后人建构的历史描述，甚至本来不是对于该段历史的描述，而仅是因为某种原因被误认或挪用为对该段历史的描述，竟被当作了历史的本来面貌，以致后人指鹿为马，反而不断找寻论据为之作支撑。因此，我们需要穷源返本，考掘种种幻相被建构并不断得以强化的过程。虽然这一些幻相的误读史、接受史过程本身有其学术史的意义可供研究，但我们显然不会就此满足，我们期望利用坚实的材料，揭示支撑这些幻相的知识、观念、背景之错误，以使人们抛弃对于该段历史错误的认识。

在下文我们将会看到，在中国古代思想史中，一个建构而成的历史论述，被补充成为对前一段历史的描述，遂被当作前一段历史的事实而为此后不同时代的人支持，一直延续了两千多年，并深刻地影响了今人对中国思想史的想象和写作！当然，相近的事例，在中国思想史上屡见不鲜。

（一）战国时代的"百家"

"诸子百家""百家争鸣"，是今天人们用来描述战国时期思想界状况时，使用得最多的语词之一。但是在很大程度上，人们所使用的"百家"这个语词，已经只是一架躯壳，一个被填充了不同内容的躯壳。

在今天所存留的战国子书中，"百家"一词经常出现，前文《"六家""九流十家"与"百家"》已经举出了很多例子，此不赘述。可以说，存在"百家"，是先秦乃至汉代的学者们对于思想界的一致看法。但这种看法，竟会受到后人的曲解和怀疑。

在后来人论述先秦、秦汉的思想时，虽然说到了"诸子百家""百家争鸣"，可是在叙述的时候，其实只有常见的司马谈所论的"六家"：阴阳、儒、墨、名、法、道（德）；或者再加上纵横、杂、农，是为"九流"；或者稍有补充，加上兵家等。确实，"百家"与"六家""九流"之间，看起来相去玄远，后人每觉困惑，或弥缝其间，或者对于"六家""九流"之说提出质疑，或者对"百家"之说避而不谈。其实，由前文可知，在先秦秦汉时期，这里所用的"家"，至少有两种意涵：一种是针对有学术师承、学术渊源的学派而言的；一种是针对有相近的学术宗旨、学术兴趣、学术问题的学者群而言的。前者为本意；后者为引申义，外延较前者宽泛。"百家"，是泛指当时的各家学派，每一个自成一家之言的学者都可以成为一"子"，而这一"子"，也就是一"家"的代表。

（二）司马谈的"六家"

与"百家"紧密相关的，是司马谈的"六家"。要了解司马谈的"六家"，有必要梳理一下战国末至秦汉初的学术背景。如果说由郭店楚简、上海博物馆藏楚简，我们可以看出至少战国中晚期之时，人们便可以通过简牍的流传，学习不同师承的学说、百家之言的话，那么秦火之后，这种要求就会更加强烈，当时不仅诸侯王，甚至中央政府也大量收集遗书，可以说如饥似渴，不问好坏。长沙马王堆汉墓和阜阳双古堆汉墓出土的古书，内容上就比郭店楚简、上海楚简更为杂碎。当时人则是动辄学百家之言，如贾谊"通诸子百家之书"；晁错学申、商刑名之术，又从伏生受《尚书》；韩安国学"《韩子》、杂家说"；公孙弘少为狱吏，"年四十余，乃学《春秋》杂说"；主父偃"学长短纵横之术，晚乃学《易》《春秋》百家言"；司马相如是与梁孝王的诸生游士同舍；扬雄是"博览无所不见"。由公孙弘以儒术缘饰文法吏事来看，这一时期的人学无常师，虽然其学说倾向或有所偏至，但是与先秦可能大不相同。墨子曾学儒者之术，但是卓然成家而宗旨上有很多与儒家不同；《孟子》记陈良之弟子陈相归附许行，在学术宗旨上是尽弃前学。而汉代许多学百家言而成名的人，师承不是很清楚，恐怕只是私淑弟子或多靠自学成材。贾谊很年轻时便"通诸子百家之书"，其学识很可能是自学而非受学所得，他的《新书·六术》提到仁义礼智圣五行，而《鹏鸟赋》与《鹖冠子·世兵》有相近之处，学者们怀疑这与贾谊曾为长沙王太傅有关。更值得注意的是，汉代后来有讲经的世儒与著作的文儒之别，文儒的角色大体相当于子家，但是汉代子家少有传人，所谓"文儒之业，卓绝不循，人寡其书，业虽不讲，门虽无人，书文奇伟，世人亦传"(《论衡·书解》)，不像先秦那样至于后车千乘，可与诸侯分庭抗礼。堂堂扬雄，便只有侯芭亲受其《太玄》《法言》。与此相对应的，则是经书的传授渊源在汉代非常清晰。《汉书·儒林传赞》说："自武帝立五经博士，开弟子员，设科射策，劝以官禄，讫于元始，百有余年，传业者浸盛，支叶藩滋，一经说至百余万言，大师众至千余人，盖禄利之路然也。"虽然当时社会上还有传授老学，以及传授为吏之术(讲法律、小学)和传授实用技术如医学等的人，有一定影响，但是绝不能与政府表彰、鼓励的经学相比。此后，借用冯友兰先生的说法，是"子学时代"逐渐转入了"经学时代"。

所以，秦汉时期比较明显的学术气象是学术融合，学者通百家之言，但是师承渊源不是很明确，许多人可能是自学成材，虽然学说有一定倾向，但宗旨上不主一家；而经学传授则学派师承、宗旨分明。与先秦相比，学术风气上是子学衰落，经学兴盛，有了较大转变，这种影响直至清末。此后的"经学时代"，虽然不少思想家有门生弟子，像王阳明诸弟子皆亲受其业而且还形成了不同的派别，但他们都只是经学的附庸。

正是在先秦到汉代这种学术风气转变的过程之中，"学天官于唐都，受易于杨何，习道论于黄子"的司马谈，"愍学者之不达其意而师悖，乃论六家之要指"，讨论了"阴阳、儒、墨、名、法、道德"六家。司马谈分辨六家的大背景是学术融合，百家言不必亲受，这大概就是"学者之不达其意而师悖"的缘故。司马谈所论的"六家"，主要不是先秦时期学术师承、宗旨比较明确的"六家"，而是司马谈所抽象而出的六个对于治国有重要影响的学术思想重心。儒、墨本来是学派名称，通行已久，人们自然容易知道其学术宗旨；道德家或道家之称的出现，可能不晚于汉初①，当时在社会上颇流行，其学术取向也是人所共知。阴阳、名、法，也是对学术兴趣而非学术派别的指称。不过，司马谈并非凭空创造

---

① 《史记·陈丞相世家》："始陈平曰：'我多阴谋，是道家之所禁。'"《史记·齐悼惠王世家》："召平曰：'嗟乎！道家之言：当断不断，反受其乱。乃是也。'遂自杀。"

出"六家"的概念，而是有所继承、发展，这是中国思想的特点。前文已经指出，先秦时期，学者们已经从学术兴趣来归纳各种学术思想。《尹文子》一书在这一方面表现得尤其突出，而又与《论六家之要指》非常接近。《尹文子·大道上》指出："大道治者，则名、法、儒、墨自废；以名、法、儒、墨治者，则不得离道。"这里的"大道""名""法""儒""墨"，是《尹文子》所归纳出的各种治国主张，司马谈所说的"夫阴阳、儒、墨、名、法、道德，此务为治者也"，与之相比不过加入了"阴阳"。

(三)班固的影响

班固的《汉书·艺文志》大体据刘歆《七略》，唯于篇末总数之下云"入三家五十篇，省兵十家"，说明小有修改。班固《汉书》本多因循之作，此实乃史家作风。刘知幾在《史通·书志》篇中讥班固为"因人成事"，殊非公允。不过不论如何，自从班固基本采用了刘向、刘歆父子之说，将之引入史书目录后，后世学者便层层相因而小有变化，将这个对于诸子分类的框架接受了下来，为各个时期的诸子书编目录。刘向、刘歆父子的目录框架，就此成为中国图书分类的鼻祖。(魏)郑默的《中经》、(晋)袁山松的《后汉书·艺文志》、(齐)王俭的《七志》、(梁)阮孝绪的《七录》、(隋)许善心的《七林》，基本都依从这一框架，小有修补。(晋)荀勖的《中经新簿》变七略为四部，成为后世图书分类的主流，这有史书增加和兵法、数术、方技之书减少的缘故，实际上不少地方仍然是因袭刘向、刘歆父子的目录框架，其乙部即后世的子部，就是合刘向、刘歆父子的诸子、兵法、数术、方技而成。就遵从四部分类法的《隋书·经籍志》以及后世繁多的公私目录书来看，在子部之下，"九流十家"的框架基本还存在。也就是说，对于诸子的"九流十家"之分，并没有因为四部分类法的出现而消失，只不过是由诸子略下面直属的框架，变为了子部下面的框架(当然小有修正)。

因此，后世陆续出现的子书，基本上是按照刘向、刘歆父子对于先秦秦汉子书分类的框架，纳入了各朝各代新编目录的子部之内，像刘劭的《人物志》被纳入名家，梁元帝的《金楼子》被归入杂家等，其实是在不断强化"九流十家"的合理性。于是，不知不觉之中，"九流"进入了后代学术思想史的领域。而反过来，被归入哪一家，尤其是否被归入儒家，则有了价值评判在其中。

另外，从对于先秦学术的考究来说，虽然后世学者在编目录时小有修改，如《管子》或被归入法家等，其实是在强化"九流"的"合理性"，因为学者们的"异议"、改动，并没有推翻"九流"这个结构本身。这种改动、缓和、遮蔽了目录名称和书籍之间的名实不符。

明代胡应麟的《九流绪论》，倒是参考了前人研究子书的成果，提出更定"九流"为儒、杂、兵、农、术、艺、说、道、释的主张①。但是这只不过是因为后世书籍有了存佚变化，他想使它们繁简平均。胡对于先秦子书"九流"的框架，没有太多异议。清代《四库全书》对于子部分类有较大修改，《墨子》《公孙龙子》等书都被放入了杂家。但是，《提要》之中涉及先秦诸子，进行学术评价时，依据"九流"的框架来谈论学术，还是十分明显。

很明显，就目录学的发展来看，依据"九流"逐渐成为了学者们排列子书的一个通行方法。② 从其他领域来看，"九流"也被广泛利用。

如果说晋王弼的《老子指略》提到了"法者""名者""儒者""墨者""杂者"③，还只是略同司马谈之意，来强调老子之"道"的意义，不涉学派、人物的话；东晋袁宏在《后汉纪》中认为"诸子之言纷然散乱，太史公谈判而定之以为六家，班固演其所说而明九流"④，已经认"六家""九流"是对百家进行清整过程中，一贯的必然发展；北齐刘昼的《刘子·九流》

---

① 参见(明)胡应麟：《少室山房笔丛》，261 页，上海，世纪出版集团、上海书店出版社，2001。

② 当然，后人并非全部皈依了"九流"的框架。宋代高似孙的《子略》一书中，《子略目》是抄采《汉书·艺文志》《隋书·经籍志》《唐书·艺文志》《子钞》《通志·艺文略》而成，但是《子略目》没有采取"九流"的框架。明代归有光编《诸子汇函》，文震孟在序中大谈"九流"，但是归有光是按照时代先后排列诸子。可惜类似的一些做法，不但影响非常有限，而且招致了批判。孙德谦《诸子通考》卷二就引章学诚"三集既兴，九流必混"之论，深责归有光。见宣统二年(1910)江苏存古学堂铅字排印本。

③ 参见楼宇烈：《王弼集校释》，196 页，北京，中华书局，1980。

④ 张烈点校：《两汉纪》下册，231 页，北京，中华书局，2002。

则根据刘氏父子划分"九流"的框架讨论学术①，已经是先列九流之名，而后将诸子归入其中。于是，司马氏父子为免学者"师悖"而论的"六家之要指"，一转而成为刘向、刘歆父子有书对应的目录名称"九流"，再一转就成为普遍认可的划分诸子（书）的依据，再变就成为先秦至后代学术思想的内在逻辑和根据了。"六家""九流十家"这种大的思想框架，取代了先秦诸子百家独特的思想特点，并先入为主地限制了人们对于诸子以及后世诸子的评价。学者们热衷于讨论某子应该归入哪一家，像宋代的一些目录书多把《汉书·艺文志》儒家中的《晏子春秋》移入墨家，这就导致了价值评判的天壤之别。

当然，后世依从先秦诸子的方式，分述"百家"学术派别、宗旨的作品，偶尔也有一些。如诸葛亮《论诸子》云："老子长于养性，不可以临危难。商鞅长于理法，不可以从教化。苏、张长于驰辞，不可以结盟誓。白起长于攻取，不可以广众。子胥长于图敌，不可以谋身。尾生长于守信，不可以应变。王嘉长于遇明君，不可以事暗主。许子将长于明藏否，不可以养人物"②，就与《荀子·天论》的笔法颇为相近。此外，刘劭《人物志·流业》论人才，刘勰的《文心雕龙·诸子》、昭明太子《文选序》等论诸子之文采，也未遵"九流"的框架而有先秦人论诸子的样式，但只能说是讨论先秦诸子的枝叶，此不具论。

先秦人分论诸子百家学术师承、宗旨，与"六家""九流"评说学术的模式，本来有很明显的不同。将二者混合使用的，很可能始于梁元帝。在《金楼子·立言》上中，他引司马谈"六家"之说（缺"阴阳家"），并且深责道家导致"中原丧乱"③；但是在《金楼子·著书》篇中，他又提到："老聃贵弱，孔子贵仁，陈骈贵齐，杨朱贵己，而终为令德。"或以为抄自《吕氏春秋·不二》。

此后，按照先秦人分论诸子百家学术师承、宗旨、特点的作品很

①　参见傅亚庶：《刘子校释》，519～539 页。

②　(蜀)诸葛亮：《诸葛亮集》，47 页。此文被收入(唐)赵蕤《长短经·任长》之注。

③　参见王云武主编：《仲长统论及其他三种·金楼子》，"丛书集成初编"0594，82、59 页。

少，这也是因为后世像先秦那样的子书，越来越少；评论先秦学术的著作，也不多见。明代徐一夔为刘基《郁离子》作序，称赞其书而以先秦诸子为反衬①，还有《荀子·非十二子》的笔意。唐宋之后的人倡导"古文"，也或模仿先秦人的笔意，则可以置之不论。

综上所述，不难看出，许多参与强化"九流"框架的学者，主要都是史学家、目录学家，刘昼则是明确地以子家的身份，认同"九流"。有着不同的知识、"理性"的学者，都在支撑着"九流"这个名称。还可以附带一说的是，在刘向、刘歆父子的时代，《周礼》一书，还不是经典。他们说某家者流盖出于某官，尤其是认为"纵横家者，流盖出于行人之官"②，很可能依据了《周礼》。到后代《周礼》被尊为"经"，而且被认为是周公"致太平"之作时，"九流"之说在后人眼里，就更多一层依据了。

总之，"九流"之说，经过历代不同身份、学术背景的学者们的运用，得以延续、强化、凸显，以致不容置疑。人们谈论先秦诸子乃至后代人物时，心底早已有了他属于"九流"中某一家的印象或准备（"九流"之说既盛，学者们也就多谈诸子，少提"百家"了）。像《朱子语类》有专门的章节"战国汉唐诸子"，虽然多是论儒者，但是也避免不了套用"九流"的框架。③

（四）清以来"九流"框架的强化

清人章学诚在《校雠通义》中，对于刘向、刘歆父子划分"九流十家"，高度评价为"辨章学术，考镜源流"。而且，章学诚认为《七略》中有"互著""别裁"的体例，但班固不懂得这种体例，以致后人跟着班固错，在划分诸子的问题上进退失据。他的观点得到了大家的信从，"清

---

① "岂若管、商之功利，申、韩之刑名，仪、秦之揣阖，孙、吴之阴谋，其说诡于圣人，务以智数相高，而不自以为非是哉。"（明）刘基：《郁离子·徐一夔序》，112页，上海，上海古籍出版社，1981。

② 今人常标点为"纵横家者流，盖出于司徒之官"。虞兆隆指出："本因上文叙次诸家，故复推原其流之所自出，当在'者'字断读，'流'字属下'盖出'云云为句。此'流'字乃源流之流，今人于'流'字为句，则误认'流'字为流品之'流'，恐于'者'字、'出'字皆欠体会。其余诸家皆仿此。"见（清）杭世骏：《订讹类编》，112页，北京，中华书局，1997。

③ 如朱子云："谊有战国纵横之气，仲舒儒者"，见（宋）黎靖德编：《朱子语类》，3259页，北京，中华书局，1994。

儒如章学诚、汪中、龚自珍，近代若章炳麟、刘师培，皆推阐刘《略》班《志》之意，而引申说明之"，"清末惟长沙名儒曹耀湘不信刘班诸子出于王官之说，载所见于《墨子笺》中"。[①] 章学诚指出了刘向、刘歆父子讨论学术源流的长处，因为后世目录学著作或置此不顾，减损了学术意义。可是从章学诚提出的一系列理论来看，他其实是在借"九流"说自己的想法——要重视分辨学术源流。这种"托古"的做法，是中国古人的一种习惯，也自有其弊端。

首先，这种做法容易使他人产生误解。前文已经指出，所谓的"九流"，是为诸子百家书分类时的一个目录名称，是一种分类的结果，而不是诸子百家发生的原因。刘向、刘歆父子由"流"反溯其源，因为各目之内诸子学派的学问宗旨、特点有接近之处，遂推想可能源自某一王官之学，他们谨慎地用了"盖"字表示推测。可是经过章学诚的一番推崇，说这就是学术的源流，学者们就会认为先是学在官府，从王官之学中分出了九流，再分化为诸子，这就彻底地将目录名称"九流"，转变为时间、逻辑上先于"诸子"的一个历史阶段了。[②] 这比将"九流"视为纷繁的学术思想的内在逻辑，还要进一步。这样一个王官之学——九流——诸子的学术思想线性演化图，就成为仿佛真实的历史描述，似乎后人只要正确地将诸子书归入其中，或者推论后人文集的要旨，如章学诚所谓"韩愈之儒家，苏洵之兵家，苏轼之纵横家，王安石之法家"[③]，就可以"辨章学术，考镜源流"了。其实事情根本不会这么简单，即便这些古文家模仿古人很像，能上承湮没千年的学统，他们的知识、观念，也和先秦诸子相去甚远。

其次，这种做法也使章学诚本人被误解。章学诚知道"九流"有分类

---

① 张舜徽：《诸子与王官》，见周国林编：《张舜徽学术文化随笔》，100 页，北京，中国青年出版社，2001。光绪三十二年(1906)湖南官书报局排印本曹耀湘《墨子笺》卷十五之七云："刘歆之叙诸子，必推本于古之官守，则迂疏而鲜通。"

② 如(清)汪中《述学·内篇三·墨子后序》："昔在成周，礼器大备。凡古之道术，皆设官以掌之。官失其业，九流以兴，于是各执其一术以为学。讳其所从出，而托于上古神圣，以为名高。不曰神农，则曰黄帝。"同治八年(1869)扬州书局重刊本，3 页。

③ 叶瑛：《文史通义校注》，957 页。

不合理的地方，提出《七略》中有"互著""别裁"之例，今人早已指出其误。其实，细读章文，他很明白刘向、刘歆父子与任宏分工校书，也知道书籍"别出行世"的道理。他其实是以古人为注脚，申明自己"互著""别裁"的学说，为后世立法。但是真正理解他这一用意的人，可能并不多。我们可以发现，章学诚有一些貌似矛盾的做法。在《校雠通义》中，他有"宗刘"篇；但是在其他地方，他对刘氏父子也有直接或间接的批评。在《补校汉艺文志》中，他自己揭示了一个很重大的问题："《诸子》推本古人官守，当矣。《六艺》各有专官，而不与发明，岂为博士之业所误耶？"①在《原道》篇中，他主要根据《周礼》，指出了六艺的守官，此处则认为可能是当时博士不信《周礼》，故而刘向、刘歆父子不论六艺的源流。其实刘向、刘歆父子讨论学术源流，一如章学诚在《补校汉艺文志》中所说，有所承于《庄子·天下》篇等文，而这些文章没有讨论六艺的源流，所以刘向、刘歆父子也未必想到要去讨论六艺的源流。这些貌似矛盾的做法，应该是出于章学诚借古人立说，而不是如论者所批评的那样，说他学问粗疏。

章学诚之说，影响很大。后来的陈澧曾说："屈原之文虽辞赋家，其学则儒学也"②，开近代屈原学术思想归属讨论之先河。其实，这种讨论，即使比章学诚所说的"韩愈之儒家，苏洵之兵家，苏轼之纵横家，王安石之法家"，稍微可信一点，但是也没有太大意义，因为这是就某些篇章，从学术宗旨上给屈原定位。而江瑔虽然认识到"'九流'之名……古无有也……百家争鸣而诸子之学兴，然未有'九流'之名号"③，但又怀疑司马氏、刘氏父子的分"家"之言，必有所据。至此，可以说"九流"已经彻底地由一个目录名称，经过历史的变幻，尤其是章学诚的推举，转变成为"坚实"的历史事实，学者们广泛应用，甚至怀疑者也会狐疑不定。

---

① 叶瑛：《文史通义校注》，994 页。
② （清）陈澧：《东塾读书记》，234 页，北京，生活·读书·新知三联书店，1998。
③ （清）江瑔：《读子卮言》，排印本，卷一，20 页。

仔细考虑章学诚等对于"九流"框架的推重，既有章学诚个人的原因，也是时势使然，这不同于以往史学者对于"九流"层层相因、小有修改的做法，而是另有新的知识、思潮和"理性"作为支撑。大体而言，一是受佛门传灯之说影响，韩愈以来，程朱、陆王之学相争，学术界热衷于道统、学统的历史构建，清代学案、师承记之类著作大兴。二是借助经世之学的兴盛，和清儒对于经书的研究，《周礼》一书的地位提升。康有为以前的清儒，虽然对之有所怀疑①，但是还不信刘歆伪作的说法。学者们认为王莽、王安石、方孝孺等是由于运用《周礼》不当，才招致失败。② 三是诸子学逐渐受到重视，当然仍然是作为经史之学的附庸。当时精通经史之学，以目录学为入门功夫的学者们，讨论学术的时候，容易接受"九流"的框架，观念上也容易接受"天子失官，学在四夷"，子学是王官"六艺"之学的附庸，学术源流是从王官到九流再到诸子。

（五）近现代对"九流"的讨论

不过到了民国时代，旧有的知识、思潮和"理性"，已经碰到"千古未有之大变局"了。就我们所讨论的问题而言，旧有的道统、学统，对于国家政治命运的无能为力，经学史学"致用"，与西学相比的不足，已经凸显而出；康有为的《周礼》为刘歆伪作之说已经风行；子学则作为学者们将西学观念"格义"的工具，受到重视。

喜欢截断众流、开风气的胡适，提出了《诸子不出于王官论》，向当时学界尤其是章太炎发难。其缘起和学术史意义，刘巍有很好的分析③，此不赘述。后来胡适进一步明确了自己的观点，指出自己所著《中国哲学史》的特点是"要抓住每一位哲人或每一个学派的'名学方法'"，不承认"六家""九流"的旧说，不过不大提诸子是否出于王官了④。胡适的观点在当时确属卓见，但是可以说，他并没有击中信奉

---

① 参见张心澂编著：《伪书通考》。

② （清）李塨：《论学》，"丛书集成初编"本（0680），4 页。

③ 参见刘巍："'诸子不出于王官论'的建立、影响与意义"，载《近代史研究》，2003（1）。

④ 胡适：《〈中国古代哲学史〉台北版自序》，见姜义华主编：《胡适学术文集·中国哲学史》上册，5～6 页。

"六家""九流"之说的痛处。最为遗憾的是，胡适的观点并没有引起足够的重视。

其实先秦秦汉时人不仅从学术渊源，也从学术兴趣上归纳诸子，都称为"家"，这一点胡适没有看到。而诸子思想的来源与诸子的学派，是两个并不相同的问题。胡适想说明诸子时代并没有道家、名家、法家这样的学派名称，这有一定合理性①，但是要割断诸子思想来源与官学在知识积累、传承上的关系，则值得讨论。傅斯年也说诸子出于王官之说实不可通，但指出"诸子之出实有一个物质的凭借"，因此认为"战国诸子除墨子外皆出于职业"，"《七略》、《汉志》此说，其辞虽非，其意则似无谓而有谓"。② 也不了解"家"的含义和演变的历史。当时人头脑中已经有了从王官到九流再到百家的思想演化图，胡适看到了"六家""九流"之说的不可靠，便要将王官与诸子百家的所有关系就此拦腰斩断，恐怕过于武断。但是胡适为了不承认"六家"，要以诸子不出于王官为前提，正从反面说明了从王官到九流再到百家的思想演化图，在当时人心中是如何的根深蒂固，胡适的矫枉过正，恐怕也可以说是跳不出这种思路。

准备"接着讲"的冯友兰，注重诸子思想的来源，发展傅斯年之说，认为诸子皆出于职业，并说"刘歆之说大体是不错的，我们不能整个地承认，也无须如胡适之那样的完全否认"③，还作了《原儒墨》等一系列文章，回护从王官到九流再到百家的思想演化图。其后所作《论"六家"》一文，集中地反映了他的观点。他指出，司马谈和刘歆所分的"六家"或"九家"的说法是有根据的（详前文）。冯友兰先生通过论证，将"六家""九流"的源头放在了先秦，并举例想证明那是很"真实"的历史事实。他所举的例子，对于胡适《中国哲学史大纲》中所列的"公孙龙及其他辩

---

① 当时人视《尹文子》为伪书，否则前引《尹文子·大道下》的"名、法、儒、墨"，虽未称"家"，却也有雏形在。

② 傅斯年：《战国子家叙论》，见刘梦溪主编：《中国现代学术经典：傅斯年卷》，289、295 页，石家庄，河北教育出版社，1996。

③ 冯友兰：《先秦诸子之起源》，见《三松堂学术文存》，373 页，北京，北京大学出版社，1984。

者"，无疑是很有打击力的。但是可以发现，冯先生主要是从学术兴趣、学术问题这一方面来谈论"家"，用的是引申义。与之类似的观点有很多，也是将从学术特点上归纳而出的各"家"等同于"九流"，将有师承的"家"等同于"派"，附于各家之下①，维护的还是王官到九流再到诸子的线性演进图。其实，即便假定引申义上的"家"在战国时曾经流行过，但是我们看当时诸子的文章，还是多从本义的"家"来讨论学术，以"子"为"家"的代表进行评判。这一点，我们后人重视得不够。

冯友兰先生通过自己的哲学史写作实践，为"六家""九流"的"写法"，确立了合法性。他强调："在阶级斗争和百家争鸣中，出现了许多学术流派……这个时期的学术流派，汉人司马谈分为六家，即儒家、墨家、名家、法家、阴阳家、道德家（道家）。（《论六家要旨》，《史记·太史公自序》）刘向和刘歆于六家之外，又加农家、纵横家、杂家、小说家，共十家，这些都是传统的分法。这些分别和名称，本来是哲学史家所立以说明客观哲学史中的派别，但后来也成了客观哲学史中的一部分，因此我们还不能不沿用这些名称和分别。"②其他研究、编著思想史的学者，也有类似的认为"六家""九流"仍然可以沿用的意见。

近来的研究实践中，也有些许改变，出现了"道法家""黄学"之名，但这只不过是扩充九流；而蒙文通曾提出"兵、农、纵横统为法家"和"阴阳、名、杂分属墨道二家"之说③，也只不过是化约九流。也有学者认为，百家应以政治思想上的分期为标准来划分，主要包括儒、孝、德、礼、法、墨、术等家④；还有学者指出："在这10家之中，杂家、农家、小说家所讨论的问题很少涉及哲学。在这10家之外，对《周易》的研究当时已经形成一种独特的哲学，可以称为易家；对军事和兵法的

---

①　参见唐宇元：《春秋战国时期的百家争鸣》，载《人民日报》，1981-08-10；刘泽华：《战国时期的百家争鸣》，载《文史知识》，1982(2)；曾宪东：《战国百家争鸣考》，载《内蒙古社会科学》，1984(1)。

②　冯友兰：《中国哲学史新编(一)》，98 页，北京，人民文学出版社，1982。

③　蒙文通：《中国哲学思想探原》，318～320、343～344 页，台北，台湾古籍出版有限公司，1997。

④　孙景坛：《百家争鸣新论》，载《安徽师范大学学报(人文哲学社会科学版)》，1996(2)。

研究当时也已形成一种含有丰富哲学思想的学说，可以称为兵家。"①但这仅是一家之言，是从今人的某一个标准来划分诸子百家，并没有构成对"九流"的威胁，也不足以取代之。

也有一些学者倾向于别解乃至消除"百家"。俞敏先生据《论衡·书解》记载秦不焚诸子书，认为秦所欲焚的"百家语"之"百家"，不是指诸子，而是"纵横之术"。②丹麦裴彦士教授在批评俞敏之说后，认为秦所要焚烧的"百家语"，不是哲学性的文章，而主要是由说教性的历史逸事编成的专辑，目的是禁止以古非今。他在《说苑叙录》中找到了刘向所提到的编订而成的《百家》，并认为司马迁"百家杂语"所说的是智者的故事，并非哲学。而在班彪的时代，"百家"指历史作品（《后汉书》记刘珍"校定东观五经、诸子、传记、百家、艺术"），后来则专指诸子。"百家"可以指当时的哲学家，也可以指过去的智者，但都不指学派。裴彦士认为后人之所以相信秦焚诸子书，是来自于班固所引刘歆之言，而实际上很多记载表明秦并不焚诸子书。③李培栋先生讨论了"先秦诸子真有'百家'吗"这一问题，认为《汉书·艺文志》"凡诸子百八十九家"一语，是把"'家'（学派）混同于'子'（代表人物）"，"在《汉书·艺文志》中，把学派、人物和著作混为一谈"。并认为，"先秦时期的诸子超过百人是没有问题的……然而，学派就不同了，'诸子'虽多，而同调者不少，把他们归类为几个学派，把'学派'定义为家，那么就没有'百家'那么多了"。④

笔者以为"百家语"可以包括诸子百家之子书、传记（儒家之外，其他学派可能也有传记），其中很重要的一部分是儒家传记及子书。所以刘珍的"校定东观五经、诸子、传记、百家、艺术"，诸子、传记主要指

---

① 王德有主编：《中国哲学小百科全书》，11 页，北京，中国大百科出版社，2001。

② 俞敏：《说"百家语"》，见陆宗达主编：《训诂研究》第一辑，北京，北京师范大学出版社，1981。

③ 裴彦士（Jens Østergård Petersen），*Which Books Did the First Emperor of Ch'in Burn? On the Meaning of Pai Chia in Early Chinese Sources*，Monumenta Sereca 43（1995），pp. 1-52.

④ 夏乃儒主编：《中国哲学史三百题》，36~38 页。

儒家之书，赵岐《孟子题辞》就记："孝文皇帝欲广游学之路，《论语》《孝经》《孟子》《尔雅》皆置博士。后罢传记博士，独立五经而已。"《论语》等为传记，而王国维在《汉魏博士考》中就明言"《孟子》以其为诸子而罢之也"。

裴彦士以"百家语"为说教性的历史逸事编成的专辑，恐过于重视刘向之《百家》，而似乎未明刘向编、校中秘典籍之体例。余嘉锡先生已经指出《汉书·艺文志》中之《儒家言》《道家言》《杂阴阳》《法家言》《杂家言》等，乃"刘向校雠之时，因其既无书名，姓氏又无可考，姑以其所学者题之耳，皆非其本名也"①。此说颇为有理（唯主事者可能是刘歆，因为从《别录》佚文来看，刘向有"刑名"而可能无法家、杂家等名目），则《说苑》《新序》《世说》《列女传颂图》《百家》等，可能是刘向面对多种残篇断简而分类辑成之书。其中"浅薄不中义理者"，刘向名之曰《百家》，后被归入小说家；其余则因刘向后来被列入儒家而附入其中。然观《汉书·艺文志》中之《儒家言》《道家言》《杂阴阳》《法家言》《杂家言》等，则《说苑》《新序》《世说》《列女传颂图》等恐本当皆属小说家。② 小说家言虽不乏说教性的历史逸事可以抽出编为《说苑》等，但是比之《孟子》《孔子家语》等之对于秦统治的冲击，恐怕不及。观后世明太祖因《孟子》民贵君轻等语而删《孟子》，自可明白。而《百家》之言相对于《说苑》等，则属于"浅薄不中义理者"，故以为秦所焚为类似刘向之《百家》而非诸子，恐怕难以令人信服。

《论衡·书解》云："秦虽无道，不燔诸子。诸子尺书，文篇俱在"，赵岐《孟子题辞》、刘勰《文心雕龙·诸子》、孔安国《孔子家语后序》、《鹖子序》有相近记载，不少学者因此遂谓秦不焚诸子书，恐怕有所误解。秦只不过是允许博士官藏诸子书，相对于史书、《诗》、《书》而言，诸子书的风险要少（对于史记，即使是史官所藏的非秦记者，也要焚毁；对于《诗》、《书》、百家语，则允许博士官收藏于官府；但是，"有敢偶

---

①　余嘉锡：《余嘉锡说文献学·目录学发微》，192～193 页。
②　但刘向校书之时，他是否列有"小说家"这一秘部类，尚属可疑。今仅方便称之。

语《诗》《书》者，弃市"）。司马迁谓："史记独藏周室，以故灭。惜哉，惜哉！"《孟子题辞》和《孔子家语后序》是说"得不泯绝"和"不见灭"，但是《鹖子序》说道"编秩由此残缺"，诸子书的情况比史记要好一些而已。《论衡·书解》恐是相对于五经之残缺而说"诸子尺书，文篇俱在"，《文心雕龙》之下文便立即说到刘向校诸子书"杀青所编，百有八十余家矣"。因为汉代尚可见到不少诸子书，而《诗》尤其是《书》残缺很多，故相对而言，诸子书没有焚尽，但是也有不少毁损。马端临在《文献通考·经籍考十一·经（论语、孟子）》中就说过："《荀子》载孟子三见齐王而不言，弟子问之，曰：'我先攻其邪心。'《扬子》载孟子曰：'夫有意而不至者有矣，未有无意而至者也。'今书皆无之，则知散轶也多矣。（赵）岐谓秦焚书，得不泯绝，亦非也。或曰：'岂见于《外书》邪？'若尔，则（赵）岐又不当谓其不能弘深也。"因此秦并非不焚民间的诸子书，只是因为诸子书尚可存于博士之官，且可以称引①，故相对保存较好，但是也因为焚书而有有不少散佚。

当然，也有许多学者继续胡适的思路，否认先秦有"六家""九流"。② 但是，他们没有影响到思想史的写作。

总体来看，尽管存在这样或者那样的反对意见，但是依照儒、墨、道、法等类目来描写中国先秦的思想史或哲学史，在类目下分出章节来写诸子，是胡适以后中国思想史、哲学史的通行写法。尽管这种写法描绘的是从王官到九流再到诸子百家的思想演进图，并且在实质上抹杀了"百家"，但是它依然是最流行的。

---

① 《挟书律》说"有敢偶语《诗》《书》者，弃市"，对于百家语则无此严禁之语。是故我们可以明白《史记·李斯列传》记赵高以韩非之言问李斯，李斯则以申子、韩子之语以阿赵高之意，并非因特权而超出《挟书律》之外。或疑《史记·乐书》尝载李斯进谏："放弃诗书，极意声色，祖伊所以惧也；轻积细过，恣心长夜，纣所以亡也"，似乎六艺仍受重视。但此处祖伊所言的"诗书"，或有所指；况且李斯并未称引任何文字。又观李斯焚书之议，所谓"以古非今"，主要是"非上之所建立"，"人闻令下，则各以其学议之"，是对于法令制度的非议，所以李斯进谏之语并未违反《挟书律》。

② 参见任继愈：《先秦哲学无"六家"——读司马谈〈论六家要旨〉》，载《文汇报》，1963-05-21。[美]苏德恺：《司马谈所创造的"六家"概念》，载刘梦溪主编：《中国文化》，1992(7)。陈启云：《"儒家"、"道家"在中国古代思想文化史中的定位》，见《中国古代思想文化的历史论析》。

总之，我们认为，"家"有两种含义，胡适、冯友兰各得其一，由此而导致了对于"九流"的迥然不同的评判，以及诸子与王官之学关系的两种相反的结论。我们期望跳出"九流"这个虚幻的历史构建，在今后的学术史、思想史、哲学史描述中，探索新的写法，最好是能够按照先秦人本身所采用的方法，来写先秦诸子，依据时间或地域，分述某人某家（氏），介绍其核心学说，以及这种学说的影响。如果不能完全抛开"九流"的框架，我们至少也应该讲清楚所使用之"家"的含义。

(六)相近的事例

在中国学术史、思想史、哲学史上，把一个建构而成的历史论述，补充成为对某一段历史的描述，遂将之当作某一段历史的事实，而为后人信奉、支持的事件，屡见不鲜。比如汉代经学分今、古文学派之说，我们今人所接受的观念大概就是汉代经今、古文两派判然有别，直到后来郑玄等调和今、古，两派的界限才归于泯灭。而据李学勤先生的研究，高唱今、古文之说的是廖平，他的立论基础本于对许慎《五经异义》一书的研究，但是"廖平《今古学考》中所持的许多观点实际与许慎的《五经异义》有许多不一致的地方。廖平说许慎的《五经异义》是古非今。而实际上许慎的《五经异义》是博采今古文……"[1]

这里可以稍作补充的是，在汉代，经今、古文的差别是存在的，但是上升到经今、古文学派，并认为两派之间宗旨等判然有别，恐怕主要是清人的凸显、"构建"。而后来的研究者，则把清人的意见，当作了汉代的事实。经今、古文与经今、古文学派，汉代的经今、古文之差别，与清人的经今、古文学派之争，是性质不同的问题！

同样，理学与心学、汉学与宋学这样的学派之争，学者们热衷于批判江藩不把黄宗羲、顾炎武归入汉学家，讨论戴震是否该算理学家，反而好像理学、心学、汉学、宋学这种后设的学派名称是先在的、固有的，后人只要正确地将历史人物归类入派，就是"辨章学术，考镜源流"

---

[1]　李学勤：《清代学术的几个问题》，见《中国古代文明研究》，上海，华东师范大学出版社，2009。

了。其实，我们更可以反思的是：是什么原因，让学者们都相信、运用这一些学派名称来统摄人物；这些名称是否贴近当时的实际，可不可以有另外的名称，可不可以抛开这些名称？

二、从"六位"到"三纲"

1927年，陈寅恪先生为王国维先生写挽词时曾指出："吾中国文化之定义，具于《白虎通》'三纲六纪'之说。"[①]"三纲六纪"确实一度是反传统的学者所批判的礼教的核心[②]，这说明陈先生之说有相当的合理性。在今天，对于"三纲六纪"我们可以持相对平静一些的态度去面对了，那么，"三纲六纪"何以能成为"中国文化之定义"，又是如何成为"中国文化之定义"的呢？

（一）

所谓"三纲六纪"，我们都比较熟悉，《白虎通·三纲六纪》中说：

> 三纲者何谓也？谓君臣、父子、夫妇也。六纪者，谓诸父、兄弟、族人、诸舅、师长、朋友也。……何谓纲纪？纲者，张也。纪者，理也。大者为纲，小者为纪。所以张理上下，整齐人道也。[③]

这说明"三纲六纪"以"三纲"为核心，依靠"纲纪"来"张理上下，整齐人道"。这种思想很容易让我们想起《乐记》中子夏对魏文侯之语："夫古者天地顺而四时当，民有德而五谷昌，疾疢不作而无妖祥，此之谓大当。然后圣人作为父子君臣，以为纪纲。纪纲既正，天下大定。"[④]

子夏的话当非后人虚构，湖北荆门郭店楚简的《成之闻之》篇就载

---

① 陈寅恪：《王观堂先生挽词·序》，见《陈寅恪诗集》，10 页，北京，清华大学出版社，1993。

② 参见陈独秀：《孔子与中国》，见蔡尚思编：《中国现代思想史资料选编》第四卷，杭州，浙江人民出版社，1983。

③ （清）陈立：《白虎通疏证》，373～374 页。

④ （清）阮元校刻：《十三经注疏：附校勘记》，1540 页 B。

有："天谕大常，以理人伦。制为君臣之义，著作为父子之亲，分为夫妇之辨。是故小人乱天常以逆大道，君子治人伦以顺天德……是故唯君子道可近求而可远措也。昔者君子有言曰：'圣人天德'，盖言慎求之于己，而可以至顺天常矣……是故君子慎六位以竢天常。"①

"当"与"常"古为通假字②，《乐记》之"大当"就是《成之闻之》的"大常"；《乐记》的"作为父子君臣"，《成之闻之》作"制为君臣之义，作为父子之亲，分为夫妇之辨"，基本相同。《成之闻之》也提到了依靠"君臣、父子、夫妇"来"治人伦"、定天下。

《成之闻之》篇中所说的"六位"，揆诸此篇以及郭店楚简《六德》，就是"夫妇、父子、君臣"，所论对象与"三纲"一致。而"六位"的说法也见于《庄子》杂篇《盗跖》：

> 满苟得曰："小盗者拘，大盗者为诸侯，诸侯之门，义士存焉……"子张曰："子不为行，即将疏戚无伦，贵贱无义，长幼无序。五纪六位，将何以为别乎？"满苟得曰："尧杀长子，舜流母弟，疏戚有伦乎？汤放桀，武王杀纣，贵贱有义乎？王季为适，周公杀兄，长幼有序乎？儒者伪辞，墨者兼爱，五纪六位将有别乎……"③

司马彪正是以"君臣父子夫妇"来解释"六位"。而且"小盗者拘，大盗者为诸侯，诸侯之门，义士存焉"，近于郭店楚简《语丛四》之"窃钩者诛，窃邦者为诸侯。诸侯之门，义士之所存"，说明此一段对话即使未必真有其事，但所表述的话语，是符合当时的情景的。可见"六位"的观念在当时流传很广，在儒家学说中占有很重要的地位，所以满苟得才着力批驳它。

传世早期文献中，与"六位"相近的提法有不少，已有许多学者论及④。

---

① 参见拙作：《郭店楚墓竹简补释》，见饶宗颐主编：《华学》第八辑，171 页。
② 参见高亨纂著、董治安整理：《古字通假会典》，299 页。
③ 郭庆藩：《庄子集释》，1003～1005 页，北京，中华书局，1961。
④ 参见廖名春：《荆门郭店楚简与先秦儒学》，见《中国哲学》第二十辑；徐少华：《郭店楚简〈六德〉篇思想源流探析》，刘乐贤：《郭店楚简〈六德〉初探》，见武汉大学中国文化研究院：《郭店楚简国际学术研讨会论文集》。

比较重要的有《逸周书·常训》提到的"八政"："夫妻、父子、兄弟、君臣。"①《左传·昭公二十五年》子大叔述子产之语："夫礼，天之经也，地之义也，民之行也。天地之经，而民实则之……为君臣上下，以则地义；为夫妇外内，以经二物；为父子、兄弟、姑姊甥舅、婚媾姻亚，以象天明。"②《礼记·礼运》中，孔子提到"以正君臣，以笃父子，以睦兄弟，以和夫妇……父慈、子孝、兄良、弟悌、夫义、妇听、长惠、幼顺、君仁、臣忠十者，谓之人义"。③ 可以发现，人际关系一直被认为与政治有关，受到高度重视。

但将"夫妇、父子、君臣"从众多的人伦关系中独立出来予以重视，则似乎是始于孔子，《礼记·哀公问》载：

> 公曰："敢问为政如之何?"孔子对曰："夫妇别、父子亲、君臣严，三者正，则庶物从之矣。"④

孔子以"六位"的"正"，作为"为政"的基础。这是孔子晚年归鲁之后的事。孔子"老而好《易》"，与孔子思想有关的帛书《要》篇中记："故易又(有)天道焉，而不可以日月生辰尽称也，故为之以阴阳；又(有)地道焉，不可以水火金木土尽称也，故律之以柔刚；又(有)人道焉，不可以父子君臣夫妇先后尽称也，故为之以上下……"⑤而《周易·序卦》更从宇宙论的高度提出："有天地，然后有万物；有万物，然后有男女；有男女，然后有夫妇；有夫妇，然后有父子；有父子，然后有君臣；有君臣，然后有上下；有上下，然后礼义有所错。"⑥

这些说法，都只看重"六位"与人道、礼义的关系，与《礼记·礼运》所记中年孔子所看重的"十者"相比，已经大不一样。其去除兄弟、长

---

① 《汉魏丛书》，269 页 A。

② （清）阮元校刻：《十三经注疏·附校勘记》，2107 页 B～2108 页 B。

③ 同上书，1414 页 B、1422 页 C。

④ 同上书，1611 页 C；又见于《大戴礼记·哀公问于孔子》；《孔子家语·大昏解》作"夫妇别、男女亲、君臣信，三者正则庶物从之"，恐误。

⑤ 参见廖名春：《帛书〈易传〉初探》，280 页。

⑥ （清）阮元校刻：《十三经注疏·附校勘记》，96 页 A。

幼，或与《论语·颜渊》所记"司马牛忧曰：人皆有兄弟，我独亡"有关。总之，儒家之重视"夫妇、父子、君臣"的"六位"关系，当在孔子晚年即已确立。

将"君臣、父子、夫妇"从众多的人际关系中提升出来，作为最基本的人伦关系，并附上宇宙生成学说，以与"天常"相应，使之具备神圣权威，成为先验的道德律令，这是后继的儒者们努力追求的东西。最终，《白虎通》从政治上确认了儒家的这些想法。

但是"夫妇、父子、君臣"之关系能成为"中国文化之定义"，恐怕还不仅仅是因为儒家重视它。当时其他学派的智者，也多围绕"六位"来谈论天下治乱的问题，以人伦关系的好坏作为评价事物的准则。就出土文献来看，已经比较明显，如郭店简《老子(丙)》："故大道废，安有仁义。六亲不和，安有孝慈。邦家昏【乱】，【安】有正臣。"①文子答平王："是以君臣之间有道，则【忠惠；父子之】间有道，则慈孝；士庶间有道，则【相爱】。"②云梦睡虎地出土的秦简《为吏之道》有："……为人君则怀，为人臣则忠，为人父则慈，为人子则孝……君怀臣忠，父慈子孝，政之本也。"③秦简中有一些律法，与传世所见商鞅所定的律法有可相对照者④，它们思想上当有联系，因此我们看到《商君书·画策》中有："所谓义者：为人臣忠，为人子孝；少长有礼；男女有别。"⑤

其他学派所遗留下来的传世文献中，这一点表现得更为明显。《墨子·兼爱下》提出："故兼者，圣王之道也，王公大人之所以安也，万民衣食之所以足也。故君子莫若审兼而务行之，为人君必惠，为人臣必忠，为人父必慈，为人子必孝，为人兄必友，为人弟必悌。"⑥《慎子》提

---

① 荆门市博物馆：《郭店楚墓竹简》，121 页。通假字写出本字，缺文依文意、帛书本补。

② 河北省文物研究所定州汉简整理小组：《定州西汉中山怀王墓竹简〈文子〉释文》，载《文物》，1995(12)，据《通玄真经》补齐。

③ 睡虎地秦墓竹简整理小组：《睡虎地秦墓竹简》，285 页，北京，文物出版社，1978。

④ 参见高敏：《商鞅〈秦律〉与云梦出土〈秦律〉的区别和联系》，见《云梦秦简初探》，郑州，河南人民出版社，1979。

⑤ 《二十二子》，1112 页 A。

⑥ 同上书，238 页 B。

出："君明臣直，国之福也；父慈子孝，夫信妻贞，家之福也。"①《庄子》外篇《天道》有："君先而臣从，父先而子从，兄先而弟从，长先而少从，男先而女从，夫先而妇从。夫尊卑先后，天地之行也，故圣人取象焉。"②《韩非子·忠孝》指出："父而让子，君而让臣，此非所以定位一教之道也。臣之所闻曰：'臣事君，子事父，妻事夫。三者顺，则天下治；三者逆，则天下乱。'此天下之常道也。"③甚至像《吕氏春秋》这样的集体著作，在《明理》篇中也从反面指出："故至乱之化，君臣相贼，长少相杀，父子相忍，弟兄相诬，知交相倒，夫妻相冒……"④

老子、文子等所论的人伦关系，就在"三纲六纪"的范围之内，当然也可以化约其重点为"夫妇、父子、君臣"。可以说，在春秋战国时期，很多有影响的大哲人包括看似残酷的法家学者，都在围绕如何和顺"人伦"关系，提出了自家的思想。而且，这些智者的目标大体上比较接近，都期望父慈子孝、主惠臣忠，只是实现手段不尽相同而已。但是实现手段正是他们各自学说的基点所在，因此这种同归的殊途很值得注意。当然，共同高唱的目标也同样值得重视，因为它已经积淀而不自觉地转入文化-心理结构，那么后世的学者不仅是思想，就是个人行为也难以逃出这个"不证自明"的框架。难怪陈寅恪先生要说"吾中国文化之定义，具于《白虎通》'三纲六纪'之说"。

（二）

但当时儒家所称的"六位"，似乎并不等于后来的"三纲"。《白虎通·三纲六纪》说："君臣、父子、夫妇，六人也，所以称三纲何？一阴一阳谓之道，阳得阴而成，阴得阳而序，刚柔相配，故六人为三纲。……"⑤"三纲"是以阳、阴划分"君臣、父子、夫妇"。而郭店楚简《六德》篇是以内、外划分"六位"："仁，内也。义，外也。礼乐，共也。

---

① 《慎子》佚文，"丛书集成初编"本，15页，北京，中华书局，1985。
② 《二十二子》，44页B。
③ 同上书，1187页B。
④ 同上书，647页A～B。
⑤ 《汉魏丛书》，170页B。

内位父、子、夫也，外位君、臣、妇也。"①二者应该有着不同的思想内核。

我们知道，《白虎通》的说法，渊源于《春秋繁露·基义》："凡物必有合……阴者阳之合，妻者夫之合，子者父之合，臣者君之合。物莫无合，而合各有阴阳，阳兼于阴，阴兼于阳；夫兼于妻，妻兼于夫；父兼于子，子兼于父；君兼于臣，臣兼于君。君臣、父子、夫妇之义，皆取诸阴阳之道，君为阳，臣为阴；父为阳，子为阴；夫为阳，妻为阴……王道之三纲，可求于天。"②仔细分析则不难发现，《春秋繁露·基义》的这种说法，与上引帛书《要》篇或《周易·序卦》的观点并不一致，从乾坤卦或《易传》其他篇章中也难以引申出来，而是近于马王堆帛书《称》篇所说的："凡论必以阴阳【明】大义。天阳地阴……主阳臣阴。上阳下阴。男阳【女阴】。【父】阳【子】阴，兄阳弟阴。长阳少【阴】。贵【阳】贱阴。达阳穷阴。"③

但是《六德》篇以内、外划分"六位"的思想，不仅见于《礼记》中许多章节，还下见于《孟子·公孙丑(下)》："景子曰：内则父子，外则君臣，人之大伦也。父子主恩，君臣主敬……"④以及《荀子·性恶》："涂之人者，皆内可以知父子之义，外可以知君臣之正。"⑤这很明显地说明，"六位"的理论思想本身并没有中断，但是董仲舒并没有承继儒家的"六位"说，而是吸收了阴阳学说的思想观念，在此思想基础之上，改造"六位"为"三纲"。

前面我们已经讨论过，诸子学派基本上都围绕"夫妇、父子、君臣"来提出自己的思想，只是作为出发点的实现手段不尽一致。因此，董仲舒的改造绝非小事一桩，而应该是涉及学派性质的转变。因为以阴阳的思想来看待"君臣、父子、夫妇"关系，其结果自然是阳重于阴，那么实

---

① 廖名春：《郭店楚简〈六德〉篇校释》，见《清华简帛研究》第一辑，78页。
② 《汉魏丛书》，135页 A～B。
③ 马王堆汉墓帛书整理小组编：《经法》，94页，北京，文物出版社，1976。
④ (清)阮元校刻：《十三经注疏：附校勘记》，2694页 A。
⑤ 《二十二子》，347页 C。

现手段就是顺应阴阳，实行原则其实是贵贵尊尊的义道。而依照门内、门外的准则来分别"六位"，实行的原则是亲亲的仁道。对于此一差别，《礼记·丧服四制》说得很明白："恩者仁也……其恩厚者其服重，故为父斩衰三年，以恩制者也。门内之治恩掩义；门外之治义断恩。资于事父以事君，而敬同，贵贵尊尊，义之大者也。故为君亦斩衰三年，以义制者也。"丧服的原则，子为父，父为子(长子)最重，这是根源于血缘之仁，而对君只不过是"资于事父以事君"，是"贵贵尊尊"。尤其古代可以择君，而父子亲情则是与生俱来无法选择或改变的。

"六位"变换为"三纲"，可以看出"君"的地位得到了极大提升。礼制原则下亲恩重于义，由这种原则阐发出的思想，自然是"资于事父以事君"，父子重于君臣；而阴阳学说中，君臣父子同属阴阳，尊君与尊父同等重要(实际结果很可能导致君臣重于父子)。在前一种原则下，容许产生从道不从君的批判思想；而在后一种原则下，只能有忠孝不能两全之遗憾。

所以，"三纲"代替"六位"，原始儒家的思想核心已被改换，"亲亲"变为了"尊尊"。《白虎通》中的"三纲"，与《六德》中的"六位"形同而实不同，《白虎通》所确认之"三纲"的理论基础，并不是儒家的礼制、思想，而是阴阳学说。但是《白虎通》中"三纲"的确立者，却的确是一帮儒生，这很值得我们探索内中的原因。

（三）

前面已经谈到，"六位"之划分为内外，以礼制原则为基础。礼制原则会随礼仪的变化、人们对其重视与否而变动，因此，礼制原则及以此原则为基础的思想，需要政治和社会不懈的支持、努力，才能得以巩固，否则就会从根本上被推翻。从春秋末年到汉武帝时期，儒学正经历着这种最为痛苦的摧残。

在孔子生前，已经是"礼崩乐坏"，三年之丧都成为疑问。儒者们所认为最缺少的亲情、恩爱，最有效的使"六位"和谐的方法，并没有受到当权者的重视，"克己复礼"难以实行。据《史记·儒林列传》："自孔子卒后，七十子之徒散游诸侯，大者为师傅卿相，小者友教士大夫，或隐而不见……是时独魏文侯好学。后凌迟以至于始皇，天下并争于战国，儒术既绌焉，然齐鲁之间，学者独不废也。于威、宣之际，孟子、荀卿之列，咸尊夫子之业而润色之，以学显于当世。"[①]

所谓"以学显于当世"，实际是怎样的一种情况呢？《孔丛子·执节》载孔子后人子顺对赵王说："……至如臣者，学行不敏，寄食于赵，禄仕于魏，幸遇二国之君，宽以容之，若乃师也，未敢承命……"[②]自以为"寄食"而已。可见儒家的"以学显于当世"，仅指以学问闻名，子思、子顺、孟子、荀子等都没有受到重用，难以影响政治实践！

然而早期的儒者如子贡、子路、冉有、巫马期等，一度在政治上颇有作为，为什么其后学却不被重用呢？从政治上来看，中央集权已成为当时各国的潮流，集权尤其是君主集权已成为共识。据《孙子兵法·【计】》，五轻（经）之首——"道"就是指"令民与上同意者也"[③]，非常重视君主的地位与权威。《孙膑兵法·篡卒》也提出："孙子曰：'恒胜有五：得主专制，胜；知道，胜……'"[④]明确提出要君主集权、专制。

如此的对外用兵思想，自有其内政上的理论配合。倡导法治的学者迎合这种潮流，在政治上取得了主动。他们之成功得益于君主专制权力的保障；而为了自己的前途，他们也努力维护君主的权力，当然也尽量为自己的自由保留空间。而颇有从道不从君思想的儒家，自然会被排斥在政治主流之外。

君权的逐步提升，则使得君主个人行为的随意性对礼制有着较大的破坏，如《礼记·坊记》就记载了："子云：'礼，非祭，男女不交爵。'以此坊民，阳侯犹杀缪侯而窃其夫人。故大飨废夫人之礼。"但失却政治主动的儒家，无法利用政治力量巩固、强化礼制的实行。

经济上，日益贫困的国民经受不起繁礼厚葬；而商人、军功权贵等阶层经济-政治地位的急剧变动，使得礼制所赖以实行的等级制度受到

---

① （汉）司马迁：《史记》，3116 页。
② 《汉魏丛书》，346 页 C。
③ 银雀山汉墓竹简整理小组编：《孙子兵法》，29 页，北京，文物出版社，1976。
④ 银雀山汉墓竹简整理小组编：《孙膑兵法》，54 页，北京，文物出版社，1975。

严重破坏，僭越之事屡见不鲜。

思想上，所谓的道家、墨子之学正从两个极端上抵制儒学。儒家讲究修齐治平，推己及人；而所谓的道家关注个人修为、超脱，墨家则重兼爱无私，从思想上削弱了儒家思想的号召力。

社会生活上，传统礼制因其复杂性，许多已被人混淆、忘记，遭到严重破坏。

所以，因讲授《诗》《书》而得以延续的儒家，要想占据政治上的主动，必须作出改变，因此也就要付出一定的代价。

曾入秦参观的荀子，认为秦变法的不足之处是"则其殆无儒邪！"①，他可能已经感觉到了当时儒者不能参与国家政治的遗憾，因此他批评子张氏、子夏氏、子游氏之贱儒，又"非十二子"，对儒家思想进行了改造。影响他思想最深的有可能是稷下学者。虽然荀子并没有在政治生活中得到重用，反有"齐人或谗荀卿"，然而荀子表达了一部分儒者欲改变自己，参与政治，进入统治阶层的愿望；他的学说也被称为"帝王之术"②，说明新的儒者有了参与政治的实力。荀子的弟子李斯、韩非就进入了主流的政治思想界，只不过他们是以法家的面貌留在了后人的记忆中。

秦之统一，使百家后学面临挑战秦法家、争为主流统治思想的境况，淳于越、荀子弟子鲍白令之③等不少学者都进言讨论定国安邦之计。然而"始皇……专任狱吏，狱吏得亲幸。博士虽七十人，特备员，弗用"④。陈胜、吴广起义使得百家后学又有了游说的对象，而刘邦的胜利及其政治实践，则将黄老道家扶上了主流统治思想之位。

儒士叔孙通曾为秦博士，颇通时变，在楚汉相争之后，为汉制礼仪，定太子，为太子太傅，议立原庙、献果，厕身于政治主流，尤其是

---

① 《荀子·强国》，《二十二子》，326 页 C。
② （汉）司马迁：《史记》，2539 页。
③ 参见《说苑·至公》，《汉魏丛书》，439 页 C。鲍白令之即《汉书·楚元王交传》之浮丘伯，荀子弟子。
④ （汉）司马迁：《史记》，258 页。

其弟子儒生"高帝悉以为郎"①，为儒家成为一种主流的统治思想铺路。

这一时期在政治方面有过较大影响的儒者还有郦生、陆贾，也属于改变儒家思想、欲进入政治主流的儒者。郦生自称"酒徒"，惜早死；陆贾与《穀梁》一系的关系，前人已考证详明，他当算荀子再传弟子。今《新语·道基》中记有："……于是先圣乃仰观天文，俯察地理，图画乾坤，以定人道，民始开悟，知有父子之亲，君臣之义，夫妇之别，长幼之序……民知畏法，而无礼义；于是中圣乃设辟雍庠序之教，以正上下之仪，明父子之礼，君臣之义……"②说明陆贾依旧是围绕"六位"谈论问题。但他大量吸收其他学派的思想，尤其是黄老刑名之学（有学者甚至认为陆贾应算作黄老一派③），不再强调当"法先王"还是"法后王"，甚至说："书不必起仲尼之门，药不必出扁鹊之方，合之者善，可以为法，因世而权行。"④

这一时期，楚元王交及其孙辟强、河间献王德、广川王去、梁怀王揖等都好《诗》《书》，门下多名儒（名儒弟子也多有仕进者，此为后话）。这些名儒，多数还是秉承原始儒家的思想，乃至有清河王太傅辕固生与黄生争论汤、武之受命，结果犯忌，"是后学者莫敢明受命放杀者"⑤。

汉之行分封制，必然使得汉家天下重新面临周朝的窘境。在刘邦平定异姓王叛乱，陈平、周勃等诛除诸吕，和亲，抚南越之后，同姓诸侯王与军功贵族便成为国家的严重威胁。黄老思想中的尊君等主张利于中央，却不适于在地方推行；相反，原始儒家尊王、亲亲等思想却极利于统治。

当时，年轻的贾谊论"事势"，多次提到众诸侯王以及匈奴、经济等方面所存在的问题，很受赏识。贾谊曾为长沙王太傅，很可能读过马王堆帛书《经法》等篇。但贾谊提出的主要对策——礼，基本上还是原始儒

① （汉）司马迁：《史记》，2724 页。
② 《汉魏丛书》，322 页 C～323 页 A。
③ 参见熊铁基：《〈新语〉是汉初新道家的代表作》，见《秦汉新道家略论稿》。
④ 《新语·术事》，《汉魏丛书》，323 页 C。
⑤ （汉）司马迁：《史记》，3123 页。

家的思想，从《新书·大政下》就可以看出，他高唱的还是老调："夫民者，诸侯之本也；教者，政之本也；道者，教之本也……事君之道，不过于事父……事长之道，不过于事兄……使下之道，不过于使弟……"①

这说明，原始儒家的思想在当时也能适合统治的需要。但由于窦太后及外戚的权势和诸侯的反对，儒学一时之间还不能成为主流的统治思想。不过文、景帝时已是多使儒生辅佐太子诸侯。然而辕固生与黄生之争论，景帝祖护黄生，这说明原始儒家的思想离汉家天下所需要的主流统治思想还有一段距离。

善言灾异的春秋公羊学大师董仲舒，综合了当时流行的许多思想，提出了一系列学说，以阴阳思想结合"六位"的构架，确立了"三纲"。这一思想因其包容性，具有替代黄老思想的理论高度与现实需求。当然，董仲舒也有控制君权的企图，因为当时对天意的体察，主要掌握在儒生、术士手中。

这时，好黄老言的淮南王刘安"招致宾客方术之士数千人，作为内书二十一篇，外书甚众，又有中篇八卷，言神仙黄白之术，亦二十余万言"。② 其思想也有很大的包容性，可以看作黄老思想的反击，在今存的《淮南子·本经》中，他们描绘了理想社会"六位"的图景："古者圣人在上……父慈子孝，兄良弟顺……古者上求薄而民用给，君施其德，臣尽其忠，父行其慈，子竭其孝，各致其爱，而无憾恨其间……"③只是这一切随着淮南王造反的失败而告终。

而就在淮南王谋反之时，丞相公孙弘提出"臣闻天下之通道五，所以行之者三。曰君臣，父子，兄弟，夫妇，长幼之序，此五者，天下之通道也。智，仁，勇，此三者，天下之通德，所以行之者也。故曰'力行近乎仁，好问近乎智，知耻近乎勇'。知此三者，则知所以自治，知

---

① 《汉魏丛书》，493 页 A～B。
② （汉）班固：《汉书》，2145 页。
③ 《二十二子》，1241 页 A。

所以自治，然后知所以治人"①，确认了要安定天下，必须用儒家的教义②。于是儒家经过盐、铁会议，上升为主流的统治思想，并在政治上占据了优势。再经过白虎观会议，由天子"亲称制临决"，协调了儒家内部的矛盾，定出了"三纲六纪"。

可见"三纲"完全是政治、思想斗争之后的结果，儒家利用其包容性，作为一面旗帜以消解百家思想的矛盾，以及原始儒家与君权的冲突，自身则借助君权获得政治地位；而君权也借助改造过的儒家思想，为自己的统治找到理论依据，并打击各种不利于统治的思想、学说，而又以这种新的儒家思想为主，尽可能多地包容各种学说。汉家王朝宣称以孝治天下，为儒家思想的实行找回了支撑点，但儒家亲亲的原则、从道不从君的精神已经大为失落。因此，一旦儒家控制君权的手段失效，"三纲"就成为他们自己的网罗，后世的儒者虽然想尽种种方法，以图遏制君权的膨胀，却无法超越自己亲手树立起来的"君臣"这一纲。

三、《恒先》与中国古代的宇宙论

新近出土、公布的郭店楚墓竹简、上海博物馆藏战国竹简中，有不少是曾经流行而后来失传的文献。这些文献对于思想史、学术史的研究，具有十分重大的意义。最近上海博物馆所公布的馆藏竹简第3册中，有自题为《恒先》的一篇，保存比较完整。经过研究者的努力，现在这篇简文基本上可以通读。简文内容丰富，思辨色彩很浓。下面列出参考时贤意见之后新作释文：

> 恒先无有，朴、静、虚。朴，大朴；静，大静；虚，大虚。自厌不自物，或作。有或焉有气，有气焉有有，有有焉有始，有始焉有往者。未有天地，未₁有作行、出生，虚静为一，若寂寂梦梦，

---

① （汉）司马迁：《史记》，2952页。

② 公孙弘之语略同于《中庸》及《孔子家语·哀公问政》部分内容。

静同而未或萌、未或滋生。气是自生，恒莫生气。气是自生自作。恒、气之$_2$性不独，有与也，或、恒焉生，或诸同焉昏昏不宁。求其所生，异生异，归生归，违生非，非生违，依生依，求欲自复。复$_3$生之性行，浊气生地，清气生天。气信神哉，云云相生，信盈天地。同出而异性，因生其所欲。业业天地，纷纷而$_4$多彩物，先者有善，有治无乱。有人焉有不善，乱出于人。先有中，焉有外。先有小，焉有大。先有柔，焉$_8$有刚。先有圆，焉有方。先有晦，焉有明。先有短，焉有长。天道既栽，惟一以犹一，唯复以犹复。恒、气之性，因$_9$复其所欲。明明天行，惟复以不废，知几而无思不天。有出于或，生出于有，音出于生，言出于音，名出于$_5$言，事出于名。或非或，无谓或；有非有，无谓有；生非生，无谓生；音非音，无谓音；言非言，无谓言；名非$_6$名，无谓名；事非事，无谓事。祥义、利巧、彩物出于作，作焉有事，不作无事。举天之事，自作为事，庸以不可更也。凡$_7$言名，先者有疑，无言之，后者校比焉。举天下之名，虚树，习以不可改也。举天下之作，强诸果，天下$_{10}$之大作，其敦庞不自若，作，庸有果与不果？两者不废。举天下之为也，无舍也，无与也，而能自为也。$_{11}$举天下之生，同也，其事无不复。天下之作也，无许极，无非其所。举天下之作也，无不得其极而果遂，庸或$_{12}$得之，庸或失之？举天下之名无有废者，与天下之明王、明君、明士，庸有求而不予？$_{13}$

《恒先》篇首讲的是宇宙论，这一生成的过程，有气→天地这一框架，和传世所见的早期宇宙论，大体相似。而且其中"浊气生地，清气生天"之说，传世文献中相近者多见，如《黄帝内经·素问·阴阳应象大论》："清阳为天，浊阴为地。"[①]《列子·天瑞》："清轻者上为天，浊重者下为地。"[②]《淮南子·天文》："气有涯垠，清阳者薄靡而为天，重浊

---

① 《二十二子》，881页A。
② 杨伯峻：《列子集释》，8页，北京，中华书局，1979。《易纬·乾凿度》略同。

者凝滞而为地。"①这说明《恒先》的宇宙生成论，是在当时通行的知识背景之内。不过《恒先》篇中说"气是自生""气是自生自作"，对于"气是自生"颇为强调，似乎有其原因。

宇宙论，尤其是宇宙生成论，是中国传统思维中的一大特色，借天道以明人事，各学派涉及这一主题的传世文献有很多。而且郭店楚墓竹简中，《太一生水》开篇也是讲的宇宙论，说明战国时期普通贵族对于这类问题也很感兴趣。《恒先》篇与其他宇宙论的关系如何，值得探讨，下面试作分析，希请方家教正。

（一）

今传《老子》第四十章说："反者道之动。弱者道之用。天下万物生于有，有生于无。"第四十二章说："道生一，一生二，二生三，三生万物。万物负阴而抱阳，冲气以为和"。② 这是《老子》对于宇宙生成的看法，这一生成过程大体可以描述为：道（无）→一→二→三→万物。其中第四十章，郭店楚墓竹简《老子》甲组有相对应的文字，作："返也者，道动也。弱也者，道之用也。天下之物生于有，生于无。"③"返"即是"复"，《恒先》中也颇为强调这一规律。"生于有，生于无"与"生于有，有生于无"有很大不同，有学者认为简文合理④，但是不少学者都比照帛书本、今传本《老子》，认为"有"字下脱重文符，当读为"天下之物生于有，有生于无。"⑤

《文子·道原》《淮南子·原道》有《老子》第四十章"有生于无"之

---

① 《二十二子》，1215 页 B。
② 朱谦之：《老子校释》，165、174～175 页，北京，中华书局，1984。
③ 荆门市博物馆：《郭店楚墓竹简》，113 页。
④ 如丁原植：《郭店竹简〈老子〉释析与研究》，213～220 页；陈鼓应：《从郭店简本看〈老子〉尚仁及守中思想》，见陈鼓应主编：《道家文化研究》第十七辑，78～79 页；赵建伟：《郭店竹简〈老子〉校释》，见陈鼓应主编：《道家文化研究》第十七辑，278～279 页；郭沂：《郭店竹简与先秦学术思想》，679～680 页，上海，上海教育出版社，2001；聂中庆：《辨"有生于无"》，载《求是学刊》，2003(6)。
⑤ 参见荆门市博物馆：《郭店楚墓竹简》，117 页；参见廖名春：《郭店楚简老子校释》，357 页。

"传"①，新意无多。《文子·十守》和《淮南子·精神》有《老子》第四十二章"道生一，一生二，二生三，三生万物"的"传"，但是差异比较大，我们放到后面介绍。

《庄子·齐物论》中，对于有、无、一、二、三有一种解释：

> 有始也者，有未始有始也者，有未始有夫未始有始也者。有有也者，有无也者，有未始有无也者，有未始有夫未始有无也者。俄而有无矣，而未知有无之果孰有孰无也。今我则已有谓矣，而未知吾所谓之其果有谓乎，其果无谓乎？天下莫大于秋毫之末，而大山为小；莫寿于殇子，而彭祖为夭。天地与我并生，而万物与我为一。既已为一矣，且得有言乎？既已谓之一矣，且得无言乎？一与言为二，二与一为三，自此以往，巧历不能得，而况其凡乎。故自无适有以至于三，而况自有适有乎。无适焉，因是已。②

《庄子》在追问始、无。细味所暗含的意思，当是针对时人有云最先的开始时是"无"，《庄子》遂逆推而上，不得其果，颇有归谬之意，又解释了一、二、三。这里所解释的一、二、三，当和《老子》本意不同。

《庄子·天地》篇有："泰初有无，无有无名，一之所起，有一而未形，物得以生，谓之德。"③这是《庄子》外篇的内容，涉及了有、无、一、物，可以算最简略的宇宙生成过程，而这些其实又是宇宙生成论中最关键的步骤。其"太初有无"和《恒先》的"恒先无有"非常接近。而《庄子·庚桑楚》篇说："天门者，无有也。万物出乎无有。有，不能以有为有，必出乎无有，而无有一无有。"④《庚桑楚》属《庄子》杂篇，这里的"无有"，与《恒先》更接近。但是《恒先》着重谈气生天地，与此不同。《齐物论》所追问的始、无，恐怕就是针对与《恒先》《天地》《庚桑楚》所讨论的世界本原类似的话，说明当时与后者类似的宇宙论颇为流行。

---

① 参见杨树达：《周易古义·老子古义》，48 页，上海，上海古籍出版社，1991。
② 郭庆藩：《庄子集释》，79 页。本文标点不全依王孝鱼之标点，下同。
③ 同上书，424 页。
④ 同上书，800 页。

目前存有的早期《老子》注本有《老子指归》《老子河上公注》《老子》王弼注，《老子想尔注》残本缺此两章。严遵《老子指归》将"一"解释为"有物混沌""为太初首者"；将"二"解释为"神明"；将"三"解释为"清、浊、和"，"三生万物"时，"清浊以分，高卑以陈，阴阳始别，和气流行，三光运，群类生"。① 《老子河上公注》将"一"解释为"道始所生，太和之精气也"，将"二"解释为"阴阳"，将"三"解释为"和、清、浊三气，分为天、地、人"。② 王弼注解《老子》第四十章为"天下之物，皆以有为生。有之所始，以无为本。将欲全有，必反于无也"③。这是以本末论予以解释。第四十二章，王弼大体采用了《庄子·齐物论》之语。在这样的地方不用宇宙生成论，值得注意。但是王弼并没有放弃"有生于无"的生成论，在《老子指略》篇首，王弼就说"夫物之所以生……必生乎无形"④。

仔细考察以上有关《老子》第四十、第四十二章的解释，除《庄子·齐物论》不太明显外，其余均脱离不了"有生于无"的框架。这种"有生于无"的宇宙生成论，其指导人行事的方法论自然是"贵无"、循道。《恒先》篇虽然也说"恒先无有"，但是着重说到"气是自生"，与"有生于无"的宇宙论相比，重点似乎不同。

（二）

郭店楚墓竹简中的《太一生水》篇，第一部分也主要讲的是宇宙论，其过程可以简单表述为：太一→水→天→地→神明→阴阳→四时→寒热→燥湿→岁⑤。

这一过程"成岁而止"，没有直接谈及万物，不过说到了"太一藏于水，行于时，周而又【始，以己为】万物母；一缺一盈，以己为万物

---

① （汉）严遵：《老子指归》，18 页，北京，中华书局，1994。
② 王卡点校：《老子道德经河上公章句》，34、168～169 页，北京，中华书局，1993。
③ 楼宇烈：《王弼集校释》，110 页。
④ 同上书，195 页。
⑤ 参见荆门市博物馆：《郭店楚墓竹简》，125 页。"寒热"原作"仓热"，"仓"之意为寒。但是楚文字中当作"寒"者，多从"仓"（如《缁衣》简 10"晋冬耆沧"，今本作"寒"），疑为"同义换读"现象。

经"①。定州汉简《文子》0607 号提到"文子曰：万物者，天地之谓也"②。向秀、郭象《庄子注》提到"天地者，万物之总名也"③，因此，生天地就应当包括了万物。然而《太一生水》这一生化序列，并不以万物为重。

李学勤先生提出应当从数术的角度来解释《太一生水》，并且根据郭店楚简资料，指出子弹库楚帛书过去读为"步以为岁"者，当读为"止以为岁"④。学者们在讨论《太一生水》时，多将《礼记·礼运》中的"是故夫礼，必本于大一，分而为天地，转而为阴阳，变而为四时，列而为鬼神"，作为对照。郑刚先生指出：《礼记》讲生成论是为了阐述"礼"的依据，《淮南子·本经》则将君王的等级与世界的生成次序联系起来："帝者体太一，王者法阴阳，霸者则四时，君者用六律。"并进而认为太一与水有时空搭配，这是《楚帛书》《太一生水》《月令》系统的本质，而《月令》和《管子·五行》是这种数术生成系统的运用。⑤

帛书《十大经·观》中，也用黄帝之名，谈及宇宙论，可惜残损较多："黄帝曰：群群□□□□□为一囷。无晦无明，未有阴阳。阴阳未定，吾未有以名。今始判为两，分为阴阳，离为四【时】……行法循□□□牝牡。牝牡相求，会刚与柔。柔刚相成，牝牡若形。下会于地，上会于天。"文中谈到了"一囷"，前有残缺；还提到了"阴阳""天地"；"离为四【时】"后残缺。后文中还说到"天道已既，地物乃备"⑥。"物"确实是和天地联系在一起。全文多谈刑德，这也应该是数术类的宇宙论。

这里用阴阳、柔刚，让我们想起了《易·系辞上传》中的："是故

---

① 补字从李零，见李零：《读郭店楚简〈太一生水〉》，见陈鼓应主编：《道家文化研究》第十七辑，317 页。

② 河北省文物研究所定州汉简整理小组：《定州西汉中山怀王墓竹简〈文子〉释文》，载《文物》，1995(12)。

③ 郭庆藩：《庄子集释》，20 页。

④ 李学勤：《太一生水的数术解释》，见陈鼓应主编：《道家文化研究》第十七辑，298 页。杨泽生先生有详证：《〈太一生水〉"成岁而止"和楚帛书"止以为岁"》，见荆门郭店楚简研究(国际)中心编：《古墓新知——纪念郭店楚简出土十周年论文专辑》，香港，国际炎黄文化出版社，2003。

⑤ 郑刚：《〈太一生水〉·〈楚帛书〉·〈礼记〉》，见《楚简道家文献辨证》，汕头，汕头大学出版社，2004。按：《淮南子·本经》所述，亦见《文子·下德》。

⑥ 国家文物局古文献研究室：《马王堆汉墓帛书(一)》，62 页。

《易》有太极，是生两仪，两仪生四象，四象生八卦，八卦定吉凶，吉凶生大业。是故法象莫大乎天地，变通莫大乎四时，县象著明莫大乎日月，崇高莫大乎富贵。"①《易纬·乾凿度》记载："孔子曰：易始于太极，太极分而为二，故生天地。天地有春秋冬夏之节，故生四时。四时各有阴阳刚柔之分，故生八卦。八卦成列，天地之道立，雷风水火山泽之象定矣。"②这里是用宇宙论来说明《易》。《易》本来是用于占卜的数术，不过孔子提出要"与史巫同涂而殊归"③。早期儒学常常借用数术常识来说明问题，前文已经指出仁义礼智圣"五行"是借用尚土的五行说，这里的《礼记·礼运》《易·系辞上传》则是借用数术的宇宙论，而礼书中有《夏小正》《月令》《明堂阴阳》之类作品，说明儒学对于数术这一些内容，一直有兴趣。但是如何对待，则是一个重大问题。

《吕氏春秋·大乐》论音乐，和"太一"联系在一起，而且与《系辞》有相近之处："音乐之所由来者远矣，生于度量，本于太一。太一出两仪，两仪出阴阳，阴阳变化，一上一下，合而成章，浑浑沌沌，离则复合，合则复离，是谓天常。天地车轮，终则复始，极则复反，莫不咸当。日月星辰，或疾或徐，日月不同，以尽其行。四时代兴，或暑或寒，或短或长，或柔或刚。万物所出，造于太一，化于阴阳。"其下文说到"太一"就是"道"："道也者，至精也，不可为形，不可为名，强为之谓之太一。"④这里提到了太一（道）、两仪、阴阳、天地、四时、柔刚、万物，但是万物不是明显地接在四时、柔刚之后的序列，仍当和"天地"相关。古代乐律属于数术的一部分，《吕氏春秋·大乐》所论，也属于数术类的宇宙论。

《越绝书》中，《越绝外传枕中》记有范蠡的一段话："道生气，气生阴，阴生阳，阳生天地。天地立，然后有寒暑、燥湿、日月、星辰、四

---

①　（清）阮元校刻：《十三经注疏·附校勘记》，82 页 A～B。

②　（清）黄奭辑：《易纬·诗纬·礼纬·乐纬》，7 页，上海，上海古籍出版社，1993 年。

③　马王堆帛书《要》篇，参见廖名春：《帛书〈易〉传初探》，280 页。

④　《二十二子》，642 页 B～C。

时，而万物备。"范蠡还说到"阴阳气不同处，而万物生焉"①，可见范蠡这里所说的"万物"，也并不是接在"四时"之后的生成序列。

前引《黄帝内经·素问》也有宇宙论的模样，不过里边较多以五行配五脏，其实也属于数术的范畴，开篇《上古天真论》中，岐伯就答黄帝上古之人长寿的原因为"其知道者法于阴阳，和于术数"。②

以上笔者用"宇宙论"而未用"宇宙生成论"之名，是考虑到"天地"就有可能包含了"万物"，这些宇宙论虽然也有生化的序列（不少序列先后排列不一样，于此不能详论），但是这些文献的主要目的，在于强调秩序，尤其是顺"时"而动的重要性，认为人们的行动都要合乎这种秩序，才能取得成功。它们虽然也强调"太一"的重要性，但是对于后面的阴阳、四时等也同样重视，尚不像《老子》那样专重道本。

《恒先》篇谈到了天地，虽没有明说万物，但是其"云云相生"，也暗含有"万物"之意。但是没有说"阴阳""四时"等，和这里数术类的宇宙论差异较大。

（三）

《文子·十守》云："老子曰：天地未形，窈窈冥冥，浑而为一，寂然清澄。重浊为地，精微为天，离而为四时，分而为阴阳。精气为人，粗气为虫，刚柔相成，万物乃生。精神本乎天，骨骸根于地。精神入其门，骨骸反其根，我尚何存。故圣人法天顺地，不拘于俗，不诱于人，以天为父，以地为母，阴阳为纲，四时为纪。天静以清，地定以宁，万物逆之者死，顺之者生。故静漠者，神明之宅；虚无者，道之所居。夫精神者所受于天也，骨骸者所禀于地也。道生一，一生二，二生三，三生万物。万物负阴而抱阳，冲气以为和。"这一段话，《淮南子·精神》有

---

① 李步嘉：《越绝书校释》，297、300 页，武汉，武汉大学出版社，1992。裘锡圭先生指出"道生气，气生阴，阴生阳，阳生天地"有讹误，当读作"道生气，气生阴阳，阴阳生天地"，见裘锡圭：《再谈古书中与重文有关的误文》，见《出土文献与传世典籍的诠释——纪念谭朴森先生逝世两周年国际学术研讨会会议论文集》，9 页，上海，复旦大学出土文献与古文字研究中心，2009 年 6 月 13～14 日。

② 《二十二子》，875 页 B。

与之相近的内容，而且提到："故曰：'一生二，二生三，三生万物。万物背阴而抱阳，冲气以为和。'"①

这两段话的形式，好像是《老子》第四十二章之"传"，其实与《老子》不一样，从未有天地之时，说到了化生天地、阴阳、四时、刚柔、万物，乃至精气、粗气，而且讲到圣人要"以天为父，以地为母，阴阳为纲，四时为纪"。这里既有完整的宇宙生成论，又提到要按宇宙秩序行事。前文曾指出《文子·上德》篇的"天之道，衰多益寡，地之道，损高益下……天道为文，地道为理，一为之和，时为之使，以成万物，命之曰道……"与《太一生水》有关。因此，今本《文子》融合了"有生于无"的宇宙生成论和数术类的宇宙论。与之相似的，有《鹖冠子》。

《鹖冠子·环流》说道："有一而有气，有气而有意，有意而有图，有图而有名，有名而有形，有形而有事，有事而有约。约决而时生，时立而物生。"②提到了一、气、意、图、名、形、事、约、时、物。这和《恒先》所说的"有或焉有气，有气焉有有，有有焉有始，有始焉有往者"，"有出于或，生出于有，音出于生，言出于音，名出于言，事出于名"，形式非常接近。《恒先》虽然提出有"或"焉有"气"，但是又指出"恒"莫生"气"，而且将"生"接在"有"而不是"往"之后。所以"或"不是"气"的充分条件，而仅是必要条件。因此，《环流》中的序列，也未必完全是直接相生的关系。但是其中一、气以及名、形、事的先后关系（《环流》篇后文说"空之谓一"），和《恒先》的无有、或、气以及名、事的先后关系可以比看。

《环流》篇明确地将"物"排在"时"之后，下文讲到因秩序行事："斗柄东指，天下皆春，斗柄南指，天下皆夏，斗柄西指，天下皆秋，斗柄北指，天下皆冬。斗柄运于上，事立于下"，也讲到和《老子》的"道"类似的法则："一之法立，而万物皆来属"，"美恶相饰，命曰复周，物极则反，命曰环流"，可以看出其综合性。而《恒先》也讲到人要依秩序行

① 《二十二子》，836 页 A、1233 页 C～1234 页 A。
② 《鹖冠子》，"丛书集成初编"0581，19 页。

事，以及重视"一"和"复"的法则："有人焉有不善，乱出于人。先有中，焉有外。先有小，焉有大。先有柔，焉有刚。先有圆，焉有方。先有晦，焉有明。先有短，焉有长。天道既裁，唯一以犹一，唯复以犹复。"

不过，可以看出的是，《恒先》篇没有阴阳、四时、五行、刑德一类的数术色彩，因此，它和《文子》《鹖冠子》一类作品仍然不同。

（四）

后世还有不少著作都谈到了宇宙论①，在此不能详细介绍。大体而言，综合形态越来越多②，而且"逐步加强了以'元气'解释'道'、'太一'的力度。在论述宇宙本根生成天地万物时……基本按'道'（太一）→天地→万物的思路，解释为元气发育分裂的过程，建立了以元气生化为基础的宇宙论"③。

在此需要提到的是《易纬·乾凿度》说："夫有形生于无形，则乾坤安从生? 故曰: 有太易，有太初，有太始，有太素。太易者，未见气也; 太初者，气之始也; 太始者，形之始也; 太素者，质之始也。"④不过《易纬·乾坤凿度》提出"太易始著，太极成"。⑤ 就算"太极"是"气"，"未见气"也在"气"之前。可见汉儒仍然对"无"有所保留，只不过是将万有归根于"元气"，仍然是"有生于无"的思路。《恒先》在"气是自生"之前，虽然也保留了"朴、静、虚"的"无有"阶段，但是一再强调"气是自生"，这有很大不同。

值得特别注意的是，郑玄注解《乾凿度》之"太易"为"寂然无物"，解释"太初者，气之始也"为: "元气之所本始。太易既自寂然无物矣，焉

---

① 参见王志平:《〈太一生水〉与〈易〉学》，见李学勤、谢桂华主编:《简帛研究二〇〇一》。
② 如《淮南子·天文》，其宇宙生成序列为: 虚霩→宇宙→元气→天地→阴阳→四时→万物。《淮南子·俶真》为《庄子·齐物论》作注脚，提出了一个宇宙生成论，其核心在: "有未始有夫未始有有无者，天地未剖，阴阳未判，四时未分，万物未生，汪然平静，寂然清澄，莫见其形，若光耀之间于无有，退而自失也。"这里的"天地未剖，阴阳未判，四时未分，万物未生"，也是综合之后的宇宙生成论。
③ 王晓毅:《"天地""阴阳"易位与汉代气化宇宙论的发展》，载《孔子研究》，2003(4)。
④ （清）黄奭辑:《易纬·诗纬·礼纬·乐纬》，7、19页。《乾凿度》卷上卷下有相同一段文字，注释不同。下文引郑玄注采自卷上。《列子·天瑞》略同，作"天地安从生"。
⑤ 同上书，43页。

能生此太初哉？则太初者，亦忽然而自生。"①这就是说元气是"自生"，和《恒先》篇所述相近。《恒先》讲"恒先无有，朴、静、虚。朴，大朴；静，大静；虚，大虚"，这就相当于"太易"的阶段；又讲"气是自生，恒莫生气。气是自生自作"，这就相当于郑玄所说的"太初者，亦忽然而自生"。

郑玄这种说法，王充已着先鞭，如《论衡·物势》："夫天地合气，人偶自生也"，《自然》"天地合气，万物自生……物自然也……然虽自然，亦须有为辅助"②，认为万物自生。其实《恒先》与郑玄注，是将气看作万有的本原，也是万物自生、有自生的思路。王充的宇宙生成论不是十分明确，从《恒先》和郑玄注来看，王充的说法并非孤说，只是这中间的联系，还有待于进一步探索。

"有生于无"与"有自生"，不禁让我们想起了玄学上著名的"贵无""崇有"的学说。"有无之辨"，是魏晋玄学的主要命题。现在看来，这一辩论，有更早的宇宙生成论渊源，可能是宇宙论上的一些难题，激发了魏晋玄学的产生。而裴頠在《崇有论》中，向秀、郭象在《庄子》注中，将"有"自生的思路发展到了极致。有学者认为郭象的"自生独化论"有可能受到般若经的影响③，现在看来，从学理上讲，郭象也有可能不依赖般若学而发展出这一理论。

（五）

通过以上的排比，我们可以发现，竹书《恒先》的宇宙生成论，非常独特。从"恒先无有"来讲，与很多宇宙生成论都很接近；从强调人要遵循秩序行事来看，和数术类宇宙论所强调的重点也相近。但是《恒先》没有明显的数术色彩，而特别通过强调"气是自生"，来说明万有不是来自"无"。可是"复"的规律，也被《恒先》一直强调。

《恒先》的这种特色，不由得让我们想起了后世理学中的理论。周敦

---

① （清）黄奭辑：《易纬·诗纬·礼纬·乐纬》，7 页。

② 黄晖：《论衡校释（附刘盼遂集解）》，144、775、780 页。

③ 王晓毅：《般若学对西晋玄学的影响》，载《哲学研究》，1996（9）。

颐的《太极图》，就是宇宙生成论和数术宇宙论的混合体：无极而太极→阳→阴→两仪→五行(四时)→男女→万物。张载在《正蒙·太和》篇中提出了"太虚即气"的观点，指出："知虚空即气，则有无、隐显、神化、性命通一无二……若谓虚能生气，则虚无穷，气有限，体用殊绝，入老氏'有生于无'自然之论，不识所谓有无混一之常……知太虚即气，则无无。"[①]这是根据"气"的特性，将无形与有形打通，并进而批评"有生于无"的宇宙论。

这两个理论，是理学宇宙论的核心。按照朱熹对《太极图》的解释，太极是理，理一分殊，而"理未尝离乎气……然必欲推其所从来，则须说先有是理"，"阴阳是气，五行是质"。[②]周敦颐没有说到气，照张载、朱熹的解释，这里的"气"应当是从来就有的、自生的，但是处处符合"理"的规律。"理"并不生气，只是被认为在"气"先。这和《恒先》"气是自生"而后生万物的说法，以及遵循"复"的规律，比较接近。

《恒先》的宇宙论，有比较明显的综合性。但是其中的"气是自生"之说，却与同时期的宇宙论大不相同。"气"的观念来源很早，甚至《老子》《庄子》书中也多谈"气"。但是将"气是自生"明确提出来，并作为"有"生成的基础，而不是以"无"为主宰，则比较少见。而"气是自生"的观念，在后世大有知音。若非根据竹简的字体、出土的大致年代，我们恐怕会将《恒先》这样的文献时代放得非常靠后。

从文献学的角度来讲，以后代的材料来证明时代靠前的材料，是危险的。但是从思想史的角度来讲，观念的断裂、延续是常见的现象。现在我们根据《恒先》的特色，以及后世王充、郑玄直到裴頠、向秀、郭象，乃至周敦颐、张载、朱熹等对于"气是自生""有自生"这一思想的关注，应该可以推论，战国的宇宙论中，还有强调"气是自生"或"有自生"这样一种类型的宇宙论，与"有生于无"的宇宙生成论、数术类的宇宙论并而为三。这三者之间，存在重要差异，但是它们彼此之间或后世的吸

---

① (宋)张载：《张载集》，8～9 页，北京，中华书局，1978。

② 参见(宋)黎靖德编：《朱子语类》，1～3、9 页。

收、融合，出现综合形态，也是习以为常的事情。《恒先》篇有可能深受"有生于无"的宇宙生成论之影响，所以保留了"无有"的阶段，但是并不贵"无"。这种类型的宇宙论，可能比较重视"有"，重视诸"有"的先后生成序列，重视实有而不是"名"，重视内在的规律。以此反观《鹖冠子·环流》所说"有一而有气"一段，其实很可能也是意欲综合"有自生"这一类型的宇宙论。顺此而下看，汉代"卦气说"的宇宙论是综合形态，但是有明显的数术意味，破产之后，魏晋玄学就展开了"有""无"之辨，最后理学接受了以"气是自生""有自生"为主的思路——三种不同的宇宙论，均在一定的时代成为思潮。

因此，就《恒先》的这些特点来看，它和当时以老子、庄子学派为代表的"有生于无"的宇宙论，以及早期儒家所欣赏的数术类宇宙论，都有不同之处。它很可能有自己的渊源，或者是断裂的延续，直到后世才显现出优点。若然，《恒先》篇具体的时代和学派属性，恐怕还有待更多的材料以资进一步讨论。

四、由《恒先》看汉晋学术

上海博物馆藏竹书《恒先》篇，非常有思想性。前文就《恒先》中所强调的"气是自生"，指出在战国时期，除了较有影响的数术类宇宙论和"有生于无"的理论外，还存在"气是自生"或"有自生"的宇宙论，其他则是综合这几种形态的宇宙论。前文对于"气是自生"或"有自生"的宇宙论在后世的影响，仅摘要作了些勾勒，指出了它的重要性尤其是它和魏晋玄学乃至宋代理学的思想关联，但没有详论。而魏晋玄学著名的"有无之辨"等论题之思想渊源，玄学与理学的关系，是非常重要且有待探讨的问题。现在就《恒先》所带来的线索，略呈鄙见，请大方之家教正。

（一）

宇宙生成论，是中国传统思维中的一大特色，涉及这一主题的传世文献有很多①。但是从中国思想发展的角度，纵贯地研究这些宇宙论的发展变化，并能将之与时代思潮的变化紧密结合的著作，则相当少见。王晓毅先生在这一问题上曾经有过专门研究，为下文讨论的方便，摘其要如下：

> 在秦汉之际百家合流的历史运动中，黄老道家的理论与实践无疑处于学术前沿，其宇宙论方面取得的成就同样令人瞩目。他们一般称宇宙本根为"道"、"太一"，逐步加强了以"元气"解释"道"、"太一"的力度。在论述宇宙本根生成天地万物时……基本按"道"（太一）→天地 →万物的思路，解释为元气发育分裂的过程，建立了以元气生化为基础的宇宙论，在从《管子》、《吕氏春秋》到《淮南子》的系列著作中作了表达……《天文训》创作了对后代影响最深远的宇宙生成序列：虚霩（空无）→宇宙（时间与空间）→元气→天地→阴阳二气→四时精气→万物……无形元气的演化序列中，因存在着"天地"这个有形的"物"而断裂……这个理论矛盾，对于黄老道家来说不是什么值得解决的问题……不仅黄老道家视阴阳二气为天地的直接生成者，西汉前期的儒家也是如此。如《礼记·礼运》探讨礼的本原时说："是故夫礼，必本于大一，分而为天地，转而为阴阳，变而为四时，列而为鬼神。"……董仲舒的神学目的论学说是个比较粗糙的理论体系……为了"天人感应"说在理论上更精致可信……汉儒通过"卦气"说，对《周易》进行了创造性解释……卦气在理论上无法与天地之前的"太一"、"太极"、"元一"等种种气化的本根接轨……这个理论课题，由东汉后期的社会批判思潮与早期道教完成……"阴阳"生"天地"思想在张衡的《灵宪》中还需要推理……在其好友王符那里则作了明确表达……他指出，"道"只能通过"元气"表现自己的存在，并通过气化过程发挥功能，宇宙生成的系列为：元气→清浊→阴阳→天地……"上古之世，太素之时，元气窈冥，未

---

① 参见王志平：《〈太一生水〉与〈易〉学》，见李学勤、谢桂华主编：《简帛研究二〇〇一》。

有形兆，万精合并，混而为一，莫制莫御。若斯久之，翻然自化，清浊分别，变成阴阳。阴阳有体，实生两仪，天地壹郁，万物化淳，和气生人……是故道德之用，莫大于气。道者，气之根也，气者，道之始也。必有其根，其气乃生；必有其使，变化乃成"（《潜夫论·本训》)……《老子河上公注》……宇宙生成过程……为：元气（一）从虚无(道)中产生，分化为阴阳二气，阴阳二气生成了清、浊、和三气；清、浊、和三气生成了天、地、人。至此，简明的气化宇宙生成系统完成。气化宇宙生成系统在汉末完成，可谓生不逢时。因为自汉魏之际开始，中国哲学的思维方式由宇宙论转化为本体论……尽管玄学与佛教并不排斥元气宇宙生成论，将其融入各自哲学体系的某个层面中，但只是各家本体论哲学的注脚……直到北宋理学诸子那里，才以"太极元气→阴阳→五行→八卦"完美形式升华，成为理学的重要理论基础。[①]

王先生对个别作品之成书年代的断定可能会引起异议，但他梳理这一时段内的宇宙生成论，并且发现问题，就为本文的研究指明了方向。只是现在根据新材料《恒先》，我们恐怕要换一个角度来看待王先生所论及的这些宇宙生成论，甚至是将某些过程倒过来解释。

（二）

参考前引《恒先》篇首，不难发现此篇也有气→天地→万物这一框架，而且文中明确说"浊气生地，清气生天"，清浊在"天地"之前。联系到马王堆帛书《十大经·观》中所论宇宙生成为"今始判为两，分为阴阳，离为四时……下会于地，上会于天"[②]，《黄帝内经·素问·阴阳应象大论》有："积阳为天，积阴为地……清阳为天，浊阴为地"[③]，均是清浊、阴阳在天地之前，而且基本上都是战国时代的作品。因此，从阴阳到天地，甚至所谓王符明确表达的"元气→清浊→阴阳→天地"的宇宙生成序

---

① 王晓毅：《"天地""阴阳"易位与汉代气化宇宙论的发展》，载《孔子研究》，2003(4)。

② 马王堆汉墓帛书整理小组编：《经法》，48 页。

③ 《二十二子》，880 页 C～881 页 A。

列，可能在战国时代早就已经出现了类似的说法，而不是如王先生所说要到东汉末才完成。然而，很可能是某些原因，使得这样的宇宙生成论被放弃，而天地在阴阳之前的宇宙生成论在战国之后被广泛采用，但是由于"无形元气的演化序列中，因存在着'天地'这个有形的'物'而断裂"，于是学者们转而采用阴阳在天地之前的宇宙生成论。当然，也有可能是两种宇宙生成论并存，只是因文献散佚，使后人产生错觉。现在看来，这种可能性或许更大。

王先生所提到的"卦气"说，启发我们应该从《周易》的八卦理论方面来思索这一问题。《系辞上传》说道："天尊地卑，乾坤定矣……《易》与天地准，故能弥纶天地之道……子曰：《易》其至矣乎！夫《易》，圣人所以崇德而广业也。知崇礼卑，崇效天，卑法地。天地设位而《易》行乎其中矣。"《说卦传》有："昔者圣人之作《易》也，幽赞于神明而生蓍，参天两地而倚数，观变于阴阳而立卦，发挥于刚柔而生爻，和顺于道德而理于义，穷理尽性以至于命……昔者圣人之作《易》也，将以顺性命之理。是以立天之道，曰阴与阳；立地之道，曰柔与刚；立人之道，曰仁与义。"①

相近的话还有很多，容易发现的是，在《易传》（包括马王堆帛书《易传》的相关内容）的理论中，"天地"具有法象的意义，而阴阳就算再怎样被强调，也还有一个等值的柔刚。如《易纬·乾凿度》记载："孔子曰：易始于太极，太极分而为二，故生天地。天地有春秋冬夏之节，故生四时。四时各有阴阳刚柔之分，故生八卦。八卦成列，天地之道立，雷风水火山泽之象定矣"②，阴阳刚柔并列。

所以，有可能是《易传》的有关理论影响了战国后的宇宙生成论，使得天地的位置得到突出，而阴阳被放到了天地之后，是故阴阳在天地之前的宇宙生成论看起来就被舍弃不用了（这仅是根据现存文献所得印象，

---

① （清）阮元校刻：《十三经注疏：附校勘记》，75 页 C、77 页 B、79 页 A、93 页 B～94 页 A。

② （清）黄奭辑：《易纬·诗纬·礼纬·乐纬》，7 页。

实际思想的发展状况未必如此）。比如《淮南子·天文》中："气有涯垠，清阳者薄靡而为天，重浊者凝滞而为地"，已经提到了"阳"，但是此篇宇宙生成序列却变为：虚霩→宇宙→元气→天地→阴阳→四时→万物。而《易传》的"太极"，以及相近宇宙论中的"太一"等，本身并非一定是元气，因此只有大力提倡"卦气说"的汉儒，才会努力地把它们解释为"元气"；也只有说易论卦的汉儒，才会觉得碰到了"天地"之有形"物"的困难，于是只好努力作解人。

需要指出的是，王先生将《礼记·礼运》看作西汉儒者的作品，难以令人信服。因为《礼记》的编订成书虽晚，但是其内部许多篇章的来源却不晚。而且，《老子河上公注》的年代也许不会晚到东汉末年。虽然晚出说者提出了"就经为注"的形式始于马融，而此书是就经为注的形式；书中有佛教用语"十方"等证据[1]。但是学者们已经有所辩驳，认为此书成于西汉中期或稍前[2]，并且有较详细的论述。可以补充的是，此书有可能袭用了马王堆帛书《道原》中的词句[3]（或许相同的语句是来自更早的文献，而并非《老子河上公注》袭用《道原》），陈直先生已经据汉章帝元和二年草隶砖文指出"就经为注"与"经传分离"两种形式在汉代均可适用[4]；而从武威汉简《仪礼·丧服》来看，为解释之必要，传文常常引用相关的经文[5]。此外，李学勤先生曾指出古书的形成比较复杂，有后人增广、修改、改换文字等情况[6]。因此，单凭"就经为注"和"十方"一词，认定《老子河上公注》晚出，把《老子河上公注》看作一次形成的作品而不是逐渐发展、增补而成的作品，恐怕没有绝对说服力。王明先生认为"汉初黄老之学，清净无为，旨在理国……东汉中世以后"才"淑于个

---

① 谷方：《河上公〈老子章句〉考证——兼论其与〈抱朴子〉的关系》，见《中国哲学》第七辑，北京，生活·读书·新知三联书店，1982。

② 参见金春峰：《汉代思想史》，北京，中国社会科学出版社，1987；黄钊：《〈老子〉河上公章句成书时限考论》，载《中州学刊》，2001(2)。

③ 参见余明光：《黄帝四经与黄老思想》，335页，哈尔滨，黑龙江人民出版社，1989。

④ 陈直：《摹庐丛著七种》，436～437页，济南，齐鲁书社，1981。

⑤ 参见沈文倬：《汉简〈服传〉考》，见《宗周礼乐文明考论》，杭州，杭州大学出版社，1999。

⑥ 李学勤：《对古书的反思》，见《当代学者自选文库：李学勤卷》。

人之养生"①，故认定《河上公注》晚出，开现代考证此书之先河，影响很大。这其实未免将思想史的线条简单化，因为张家山汉简《引书》很可能已经引用《老子》之语②，作为导引行气的理论根据，个人养生之术来源很早。所以不但不能单线条地限定纷繁复杂的思想与时代主流思潮之间的关系，而且恐怕也要倒过来看《老子河上公注》与道家、道教养生术的关系。

（三）

仔细考察早期的宇宙生成论，不难发现王晓毅先生所说的"逐步加强了以'元气'解释'道''太一'的力度"，其实正从反面说明，"道""太一"等宇宙本根，本来可能并不是元气。早期的宇宙生成论，一般将"气"看作宇宙生成中的一个阶段、步骤，是宇宙本根所生，由此而产生天地、万物，如《淮南子·天文》中的宇宙模式：虚霩→宇宙→元气→天地→阴阳→四时→万物，这暂可以用《老子》第四十章中的"有生于无"来概括。

值得注意的是，《易纬·乾凿度》说道："夫有形生于无形，则乾坤安从生？故曰：有太易，有太初，有太始，有太素。太易者，未见气也；太初者，气之始也；太始者，形之始也；太素者，质之始也。"③而《易纬·乾坤凿度》提出"太易始著，太极成"。④ 就算"太极"是"气"，"未见气"也在"气"之前。前引王符说"道者，气之根也，气者，道之始也。必有其根，其气乃生"，说的是"太素之时，元气窈冥"，似乎承认"太易"到"太素"的时间观。郑玄注解《乾凿度》之"太易"为"寂然无物"，解释"太初者，气之始也"为："元气之所本始。太易既自寂然无物矣，

---

① 王明：《〈老子河上公章句〉考》，见《道家和道教思想研究》，295 页，北京，中国社会科学出版社，1984。

② 《老子》第五章有："天地之间，其犹橐钥乎？虚而不屈，动而愈出。"《引书》云："治身欲与天地相求，犹橐钥也，虚而不屈，动而愈出……"参见《张家山汉墓竹简》，299 页，北京，文物出版社，2001。

③ （清）黄奭辑：《易纬·诗纬·礼纬·乐纬》，7、19 页。《乾凿度》卷上、卷下有相同一段文字，注释不同。下文引郑玄注采自卷上。

④ 同上书，43 页。

焉能生此太初哉？则太初者，亦忽然而自生。"可见汉儒仍然对"无"有所保留，只是将万有归根于"元气"。而郑玄说元气是"自生"这种说法，王充已着先鞭，如《论衡·物势》："夫天地合气，人偶自生也"，《自然》："天地合气，万物自生……物自然也……然虽自然，亦须有为辅助"①，认为万物（有）自生。王充的宇宙生成论不是十分明确，但是郑玄有可能受到了王充或类似思想的影响。至若荐举过郑玄的孔融，曹操使人诬告他与祢衡放言"父之于子，当有何亲？论其本意，实为情欲发耳。子之于母，亦复奚为？譬如寄物瓶中，出则离矣"②，引来杀身之祸，表明这种"自生"之说，如果发展到亲子关系之上，就会冲击世俗伦理③。

"有生于无"与"有自生"，不禁让我们想起了玄学上著名的"贵无""崇有"的学说。"有无之辨"，是魏晋玄学的主要命题。现在我们可以推测，这一辩论，可能有更早的宇宙生成论渊源，有可能是宇宙论上的一些难题，激发了魏晋玄学此一论题的产生。因此，王晓毅先生说"自汉魏之际开始，中国哲学的思维方式由宇宙论转化为本体论"，强调思维方式的"断裂"，似乎不如强调延续与微调，因为这或许更适合中国学术的发展大势。

何晏、王弼"贵无"，何晏初期在《无名论》中提出了"无所有"，理论还比较粗糙，后来思想与王弼接近④。但是"无所有"和郑玄所说的"寂然无物"，"寂然无物矣，焉能生此太初哉？则太初者，亦忽然而自生"，从逻辑上来看是有承接关系的。《老子》中"天下万物生于有，有生于无"，王弼注解为"天下之物，皆以有为生。有之所始，以无为本。将欲

---

① 黄晖：《论衡校释（附刘盼遂集解）》，144、775、780 页。

② （宋）范晔：《后汉书》卷七十，2278 页。

③ 王充《论衡·物势》中"夫天地合气，人偶自生也"下说："犹夫妇合气，子则自生也。夫妇合气，非当时欲得生子；情欲动而合，合而生子矣。"吴承仕已经指出孔融之言本于王充。参见黄晖：《论衡校释（附刘盼遂集解）》，144 页。孔融与蔡邕"素善"，蔡邕虽得王充之《论衡》秘不示人，但是其后王朗又得《论衡》，此书遂流传（见《后汉书》卷四十九引《袁山松书》，1629页）。孔融之说，或得之于《论衡》，在当时只是一个清谈题目。

④ 参见王晓毅：《佛教译经与何晏〈无名论〉》，见《儒释道与魏晋玄学形成》，北京，中华书局，2003。

全有，必反于无也"①。这是以本末论予以解释，在这样的地方不用宇宙生成论，值得注意。不过王弼并没有放弃"有生于无"的生成论，在《老子指略》篇首，王弼就说"夫物之所以生……必生乎无形"②。这是将"无"解释为"无形"，"无形"者并非不存在，但是难以具体把握；而且"无"也可以解释为"寂然无动"、无所有的"空无"。所以王弼之说尚留有漏洞。王弼说："《老子》之书，其几乎可一言而蔽之。噫！崇本息末而已矣。"③这种本末论推及"自然"与"名教"的关系，必然是贵"自然"，贱"名教"。

重自然轻名教，社会风气颓败，其思想根源在于"贵无"，故而重"有"之说起。裴颜在《崇有论》中，就抓住"无"字做文章，攻击王弼"无中生有"说的漏洞，提出"夫至无者无以能生，故始生者自生也"④。"无形"者并非不存在，但是"至无"则是绝对的不存在，绝对的不存在当然不能生有。据说裴颜还著有《贵无论》⑤（今佚），崇有而又贵无，不少学者表示怀疑，但是恐怕确有其事，他或许借鉴了向秀的观点。因为即使无不能生有，但是气生万物还是有人承认的，可是在斩断了"无"的宇宙本根之后，这个过程是如何发生的呢？什么是像"道"一样使物运动的动力呢？"元气"自然而生的动力从何而来？这可能就是《恒先》在说"恒莫生气"之后，不得不说"恒、气之性不独，有与也，或、恒焉生"，是说"气"的生化需要或、恒二者相辅相成。而"气"自生的动力，《恒先》提出了"有或焉有气"。

---

① 楼宇烈：《王弼集校释》，110 页。

② 同上书，195 页。

③ 同上书，198 页。

④ 《全晋文》卷三十三；（清）严可均辑：《全上古三代秦汉三国六朝文》，1648 页，北京，中华书局，1958。

⑤ 陆机《惠帝起居注》说："颖理具渊博，赡于论难，著《崇有》、《贵无》二论，以矫虚诞之弊。"见《三国志·魏书》卷二十三《裴潜传》注引，673 页，北京，中华书局，1959。孙盛《圣贤同轨老聃非大圣论》说："昔裴逸民作《崇有》、《贵无》二论，时谈者或以为不达虚胜之道者，或以为矫时流遁者。余以为尚无既失之矣，崇有亦未为得也。"《广弘明集》卷五，见《弘明集·广弘明集》，124～125 页，上海，上海古籍出版社，1991。

今存向秀佚文，讨论了这个动力问题①。对于"生物者不生，化物者不化"，向秀提出："吾之生也，非吾之所生，则生自生耳。生生者岂有物哉？【无物也】，故不生也。吾之化也，非物（吾？）之所化，则化自化耳。化化者岂有物哉？无物也，故不化焉。若使生物者亦生，化物者亦化，则与物俱化，亦奚异于物？明夫不生不化者，然后能为生化之本也。"②向秀认为"生""化"这样的运动、变化，背后并没有主宰之物提供动力使之生、化，生化都是自然而然的行为。但是向秀又认为存在"不生不化者"，是"生化之本"。这种说法既认为生、化等运动是自然而然的行为，又以不生不化者为本，与古代宇宙论中众星绕天极旋转而天极不动，所以不动者高贵的宇宙观接近。

郑玄、何晏、向秀、裴頠的理论下启郭象，郭象在《庄子·齐物论》注中提出物皆自生："无既无矣，则不能生有；有之未生，又不能为生。然则生生者谁哉？块然而自生耳。自生耳，非我生也。我既不能生物，物亦不能生我，则我自然矣。"③这一说承继郑玄、何晏、裴頠"无"的概念，而将向秀"不生不化"的"本"抛弃，但是把向秀"自生"的观点发展得很彻底，通称为"自生独化"说（《庄子·则阳》有："季真之'莫为'，接子之'或使'，二家之议，孰正于其情？孰偏于其理？"郭象之"自生"论，有可能与"莫为"之说相关，拟另文讨论）。

郭象说"有之未生，又不能为生"，似乎承认"有"已生之后，可以为生。那么"有"自生之后，诸"有"之生化尚需说明。王晓毅先生指出："郭象说：'一者，有之初，至妙者也。至妙，故未有物理之形耳。夫一之所起，起于至一，非起于无也。然庄子之所以屡称无于初者何哉？初者，未生而得生，得生之难，而犹上不资于无，下不待于知，突然而自得此生矣。'（《庄子·天地》郭象注）……在论述'一'与'至一'的关系时，郭象用了'起于'而不是'生于'，这是因为，在郭象看来，即使存在'至

---

① 本文论魏晋时崇有之学与汤用彤先生说有不同，可参见汤用彤：《崇有之学与向郭学说》，见《魏晋玄学论稿》，上海，上海古籍出版社，2001。

② 张湛《列子注》引，参见杨伯峻：《列子集释》，4～5页。

③ 郭庆藩：《庄子集释》，50页。按：《庄子》中有"自生"，有关问题，拟另文讨论。

一’，它与‘一’之间，同样是物与物的并存而非生成关系。尽管郭象并不否认元气的存在，承认前人关于万物均由气的各种形态——‘元一’‘阴阳’构成，但它们仅是构成万物质料的某种特殊物质，而不是万物的生成者。即使追溯到最原始的物质‘至一’，同样找不到生成者，因为事物是‘自生’的。”①

即是说郭象此处既反对“起于无”，又反对“资于无”，既不以“无”为开始，也不以“无”为本。可是这没有解决“自生”的动力问题，郭象说：

> 世或谓罔两待景，景待形，形待造物者。请问：夫造物者，有耶无耶？无也？则胡能造物哉？有也？则不足以物众形。故明众形之自物而后始可与言造物耳。是以涉有物之域，虽复罔两，未有不独化于玄冥者也。故造物者无主，而物各自造，物各自造而无所待焉，此天地之正也。故彼我相因，形景俱生，虽复玄合，而非待也。明斯理也，将使万物各反所宗于体中而不待乎外，外无所谢而内无所矜，是以诱然皆生而不知所以生，同焉皆得而不知所以得也。今罔两之因景，犹云俱生而非待也，则万物虽聚而共成乎天，而皆历然莫不独见矣。故罔两非景之所制，而景非形之所使，形非无之所化也，则化与不化，然与不然，从人之与由己，莫不自尔，吾安识其所以哉！故任而不助，则本末内外，畅然俱得，泯然无迹。②

这一大段论述，是反复说明物与物之间，貌似有主从关系，其实各物都是因己内在之自然而无待于外的，由此反对本末为二，而认为“名教”与“自然”一如。对于内在之自然，郭象说“安识其所以哉”，这种无法探讨的东西，郭象称之为“玄冥”③。玄学家不相信造物主，不相信无形力量，确实具有理性精神。因为类似的宇宙第一推动力的问题，能让牛顿拜倒在上帝脚下。

---

① 王晓毅：《郭象“性”本体论初探》，载《哲学研究》，2001(9)。
② 郭庆藩：《庄子集释》，111～112 页。
③ 参见王晓毅：《郭象“性”本体论初探》。

王晓毅先生曾指出：何晏《无名论》中的"无所有"一词，来自汉译佛经，但是何晏的本体论哲学与佛教缘起性空说相距甚远①。裴頠《崇有论》中的"夫于有非有，于无非无；于无非无，于有非有"，形式上与般若学双遣有无之说相似，裴頠的《崇有》《贵无》二论，是"非无非有"。郭象的"自生独化论"虽与佛教的缘起说并不相同，但从反对探索宇宙生成的终极原因这一思路看，两者却有共同之处。这种宇宙论是中国传统哲学观念中所没有的，却是般若经反复阐述的基本观点之一。此外，郭象《庄子注》中还有一些语录与佛理相近……②

王先生认为郭象玄学空掉宇宙本根是受到佛家般若学说的影响。但是汤用彤先生指出：道家老庄与佛家般若均为汉晋闲谈玄者之依据……支道林以通庄命家。其学疑亦深受向、郭之影响……支公新义，以为至足乃能逍遥。实就两家之说，去其有待而存其无待③。基本上不承认郭象玄学受到佛家般若学说的影响。

笔者以为，何晏的"无所有"，确实来自汉译佛经。但是正如王晓毅先生所指出的，何晏所讨论的问题、讨论问题的方式，"仍未脱离中国传统宇宙本根论的认识范围"，与佛教尚不同。而且就何晏用"无所有"来形容"道"而论，和郑玄用"寂然无物"、"寂然无物矣，焉能生此太初哉？则太初者，亦忽然而自生"来描述太易、太初，有逻辑上的承接关系，而大儒郑玄，应该没有受到佛学的影响，并且相近的思想已经见于王充的书中。裴頠"崇有"之论，逻辑上是上接《恒先》、郑玄《乾凿度》注的元气"自生"说；《贵无》论有可能是讨论"自生"的动力，因其书已佚，只能存疑。郭象是在向秀、裴頠的理论基础上进一步发展为"自生独化说"。至于反对探索宇宙生成的终极原因，中国古代未必没有相近的思想。郭象注《庄子》，虽然每用"寄言"曲解《庄子》，但是自然也受到了《庄子》乃至其他传统古籍所蕴含之思想的影响。《庄子·齐物论》中就在

---

① 参见王晓毅：《佛教译经与何晏〈无名论〉》，见《儒释道与魏晋玄学形成》，57～64页。
② 王晓毅：《般若学对西晋玄学的影响》，载《哲学研究》，1996(9)。
③ 汤用彤：《魏晋玄学论稿》，44、49、51页。

追问："有始也者，有未始有始也者，有未始有夫未始有始也者。有有也者，有无也者，有未始有无也者，有未始有夫未始有无也者。俄而有无矣，而未知有无之果孰有孰无也。今我则已有谓矣，而未知吾所谓之其果有谓乎，其果无谓乎？"[①]这是追问最初的起点，但是结果其实无法得到，康德也指出类似的问题是"二律背反"。因此，既然找不到最初的起点，如果不愿意采用与子弹库帛书类似的神话创世说，就只有假设一个逻辑上的"恒先"，《恒先》、帛书《道原》均有此说，而《庄子·天地》用"泰初"，此外还有"太一""太始"等别名。这些名称所指，当然都不是"至无"，而只是无形象者。前引郭象文中，已经提到了"至一"，可见他并不反对这样的逻辑起点。

当然，何晏、裴頠、郭象的文辞已经受到了佛学的影响，其理论很难说必然没有受到般若学的激发。但是至少从上述宇宙生成论的发展来看，从学理上讲，何晏是运用传统的思维方式，讨论中国传统的问题；裴頠是上接《恒先》、郑玄《乾凿度》注的元气"自生"说，依从何晏的"无所有"，提出"至无"以反对"无中生有"；郭象在郑玄之注、向秀之说、裴頠之论的影响之下，有可能不依赖般若学而发展出自己的理论。相反，佛教徒支道林论逍遥，认为至足无待乃为逍遥，立即就走到了彼岸世界。

（四）

王晓毅先生谈到了周敦颐的宇宙生成论，还曾经言及郭象玄学与理学的关系[②]，观点独到。由《恒先》，笔者想到了张载的有关学说。

张载在《正蒙·太和》篇中提出了"太虚即气"的观点，指出："知虚空即气，则有无、隐显、神化、性命通一无二……若谓虚能生气，则虚无穷，气有限，体用殊绝，入老氏'有生于无'自然之论，不识所谓有无混一之常；若谓万象为太虚中所见之物，则物与虚不相资，形自形，性自性，形性、天人不相待而有，陷于浮屠以山河大地为见病之说……知

---

① 郭庆藩：《庄子集释》，79 页。
② 王晓毅：《郭象"性"本体论初探》。

太虚即气，则无无。……诸子浅妄，有有无之分，非穷理之学也。"①这是根据"气"的特性，将无形与有形打通，并进而批评老氏、佛家、诸子的宇宙论。他说："天地之气，虽聚散、攻取百途，然其为理也，顺而不妄……太虚不能无气，气不能不聚而为万物，万物不能不散而为太虚。循是出入，是皆不得已而然也。"在这里，张载虽然说气之运动"不得已而然"，但是保留了"顺而不妄"之"理"，不仅提供了万物生化的动力，而且赋予合理性。

张载的理论，与王符所说"道"只能通过"元气"表现自己的存在相当接近，只是王符可能有"太易""太素"的时间观念，而且说"道者，气之根也……必有其根，其气乃生"，认为"道"生"气"。张载的观点，兼有了王弼、向秀、裴頠、郭象理论的长处。他以气的聚散解决了有无的问题，保留了气的运动，去掉了虚幻而作为本根的"道"、不可知的"玄冥"，而将动力归为"理"，具有先验合理性，终于使中国传统学说走出了困境。这一说法得到了后儒的支持，朱子反复和弟子讨论理气关系的问题。从朱子的答问来看，其"天下未有无理之气，亦未有无气之理"之说稍为圆通，但是朱子此语包含有理是形而上者气是形而下者，理先气后之意②。因为朱子的影响，今传周敦颐《太极图说》以"无极而太极"为开头，可能是为了避免"有生于无"的毛病。但是这里形上与形下，先与后尚不贯通，所以后儒又起而反对，反不如张载之说圆融。

张载之说，与玄学的一些思想有联系，据《恒先》的理论也不远。张载并没有时时强调理先气后，而是认为"气"的运动合乎"理"。《恒先》篇也说"恒莫生气"，并且指出"气"之生化有规律："异生异，归生归，违生非〈违〉，非生违〈非〉，依生依，求欲自复。"张载不仅用了"太虚"一词，而且提出"太虚为清，清则无碍，无碍故神；反清为浊，浊则碍，碍则形"③。这与《恒先》中"太清""太虚"之说，清浊生天地之理论，不

---

① （宋）张载：《张载集》，8~9页。
② 参见（宋）黎靖德编：《朱子语类》，2~3页。
③ （宋）张载：《张载集》，9页。

无暗合之处。"太虚即气"的观点，有可能是对于《恒先》之宇宙论最好的发挥。张载曾提出"为去圣继绝学"①，不虚言也。

五、疑古与重建的纠葛：从顾颉刚、
傅斯年等先生对上古史的态度看古史重建

顾颉刚先生和傅斯年先生本为北大同学，住同一宿舍，听胡适先生的课后，大为服膺并深受影响。及至顾颉刚先生提出著名的"层累地造成的古史说"后，傅斯年先生赞叹顾先生"在史学上称王了"。但是傅先生后来对于顾先生的"默证法"深有不满，并谓"以不知为不有，是谈史学者的极大罪恶"②，语气非常不客气。傅先生甚至写下了讽刺钱玄同、顾颉刚先生的小说"戏论"，认为他们的疑古是"作法自毙"。昔日好友，终因学术理念上的差异和个性、目标等的不同，而分道扬镳。

关于傅斯年先生批评顾先生在逻辑论证、古书辨伪等方面的不足，以及傅先生的思想深刻地影响了胡适先生，使得胡先生要由疑古变为信古③，由顾先生的引路人变为陌路人这些问题，台湾学者借助傅斯年档案、胡适日记等便利条件，已经做了深入的研究④。本文拟根据有关材料，考察顾颉刚先生和傅斯年先生对于三代以前上古史的不同态度以及造成这种差别的某些原因，来看古史重建的问题。

（一）

在中国历史上，怀疑上古史中某些记述的传统非常悠久。以顾颉刚

---

① （宋）张载：《张载集》，376页。

② 傅斯年：《战国子家叙论》，见《民族与古代中国史》，199页，石家庄，河北教育出版社，2002。

③ 顾颉刚：《我是怎样编写〈古史辨〉的？》，见顾颉刚编著：《古史辨》第1册，15页。

④ 参见王汎森：《傅斯年对胡适文史观点的影响·附录》，见《中国近代思想与学术的系谱》，石家庄，河北教育出版社，2001；余英时：《学术思想史的创建及流变——从胡适与傅斯年说起》，见《文史传统与文化重建》，北京，生活·读书·新知三联书店，2004；杜正胜：《从疑古到重建——傅斯年的史学革命及其与胡适、顾颉刚的关系》，见《中国文化》，1995(2)。

先生为代表的俗称为"疑古派"的学者们，发扬了其中合理的部分，重新整理中国古代史，作出了巨大的贡献。不少学者对于疑古传统有过较详细的梳理，指出像顾先生的"层累地造成的古史说"等观点，可以在古代找到雏形①。或许值得一提的是，《三国志·蜀书》中记载秦宓"见帝系之文，五帝皆同一族，宓辨其不然之本……谯允南少时数往谘访，纪录其言于《春秋然否论》，文多故不载"②，可惜其文不存。不难发现，顾颉刚先生提出的推翻非信史的四条标准中，第一条标准"打破民族出于一元的观念"，就和秦宓的结论相近。提及秦宓，绝没有要证明顾先生的说法"古已有之"从而贬低其学说重要性的意思③，"顾先生是中国史学现代化的最先奠基人之一"④。本文的目的，正是要从对于五帝的态度，或者说对于三代以前历史的态度这个视角，来考察顾颉刚先生与傅斯年等先生的差别，探索上古史重建中的某些问题。

在顾先生看来，五帝非但不同族，而且五帝本身就是一种层累而成的人为虚构。层累之说，当与三国时的秦宓之意不同。自然有人会举《五帝德》等书篇来反对，但是顾先生立即会指出《五帝德》成书很晚。在顾先生的眼中，商、周两民族的始祖以外的古史传说里，《诗经》所讲的"禹是他们那时的古史中的惟一主要人物"⑤，禹是天神。因此顾先生的上古史，是从禹之后开始的，而且"'禹'和'夏'并没有发生了什么关系"⑥。

---

① 参见杨宽：《中国上古史导论》，见吕思勉、童书业编著：《古史辨》第7册上编，97~99页。顾洪：《论古史辨学派产生的学术思想背景》，载《中国文化研究》，1995年夏之卷；又见陈其泰、张京华主编：《古史辨学说评价讨论集》，北京，京华出版社，2001。王煦华：《试论顾颉刚的疑古辨伪思想》，见《中国哲学》第十七辑，长沙，岳麓书社，1996；又见陈其泰、张京华主编：《古史辨学说评价讨论集》。

② 《三国志·蜀书》，976页。

③ 秦宓极熟《诗经》，而蜀地经学以今文经学为主流（《三国志·蜀书·尹墨传》记蜀地"多贵今文而不崇章句"，另参见王志平：《蜀国的经学概况》，见《中国学术史·三国两晋南北朝卷》，南昌，江西教育出版社，2001），秦宓之说有可能与《周颂》《商颂》所记商周始祖无父感天而生之说有关（今文经学主无父感天，古文则主有父同祖）。

④ 余英时：《顾颉刚、洪业与中国现代史学》，见《文史传统与文化重建》，413页。

⑤ 顾颉刚：《中国上古史研究讲义》，3页，北京，中华书局，1988。

⑥ 顾颉刚：《与钱玄同先生论古史书》，见顾颉刚编著：《古史辨》第1册，63页。

顾先生的方法论，主要是"历史演进法"，根据现存古书研究古史，"依资料出现的先后排列以考其源流，以辨其优劣、真伪"①。所以《古史辨》后来走入了"古书辨"。顾先生把时代观念引入古书，自然会发现层累的古史这种现象，但是造成现象的原因则还需要认真考索，似不宜全以作伪论之（比如来源不同的书是否可以完全归结为一元的时间链条来对待，就需要认真考虑）。而且顾先生的方法难免犯"默证"的错误②，以现存古书为全部古书，傅斯年先生归结这种观念为"以不知为不有，以或然为必然"③，李零先生指出其偏颇在于"把古书本身的年代与古书内容的年代混为一谈，对古书形成的漫长过程也只取其晚而不取其早"④。其实古书留存至今的往往比较少，不可能包括所有内容。而且古书篇章的形成情况比较复杂，写定年代有时并不等于书中所记内容的年代，因为许多内容可以是记载或抄撮早期人物的思想内容，所以拿书籍篇章的写定年代去限定早期人物的思想内容，就可能会发生偏差。傅斯年先生甚至指出："伪书之作，间撮旧书，故亦或有远世之文。"⑤

顾先生信了清代古文派"六经皆史"的观点，更信了今文派康有为等"古史茫昧无稽""诸子托古改制"和刘歆遍伪群经之说，不仅把自己的立场描述为"不立一真，惟穷流变"⑥，而且把研究故事的方法平移到研究历史上来，更在心中先有古人好造伪的先见，把所发现的层累的古史这种现象，归为古人有意识地伪造古史的结果，"实际上是把'层累造成'理解成'层累作伪'"⑦。顾先生这样进行研究，就有可能将空间上不同

---

① 许冠三：《顾颉刚：始于疑终于信》，见《新史学九十年》，203页，长沙，岳麓书社，2003。

② 参见张荫麟：《评近人对于中国古史之讨论》，见顾颉刚编著：《古史辨》第2册。

③ 傅斯年：《性命古训辨证》，中卷第3章，见《民族与古代中国史》，337页。

④ 李零：《出土发现与古书年代的再认识》，见《李零自选集》，24页。

⑤ 傅斯年：《〈殷历谱〉序》，见《傅斯年全集》第3册，220页，台北，联经出版事业股份有限公司，1980。转引自杜正胜：《从疑古到重建——傅斯年的史学革命及其与胡适、顾颉刚的关系》，载《中国文化》，1995(2)。董作宾：《董作宾先生全集》乙编，第1册，3页，台北，艺文印书馆。

⑥ 顾颉刚：《答李玄伯先生》，见顾颉刚编著：《古史辨》第1册，273页。

⑦ 李零：《出土发现与古书年代的再认识》，见《李零自选集》，24页。

源流的史事，归结为时间上单线性的进化来考察（参见后文论蒙文通）；在研究问题的时候，顾先生总不免要找背后的动机和原因；对于有矛盾的地方，顾先生经常不是努力地寻求解释或阙疑，而是认定其为造伪的"贼毫"，乃至抹杀不利于自己的证据。[①] 比如他会判定《国语》"里边说的古代史事杂糅着汉代的成分"，"《国语》所记的各国世系，凡出力写的恐怕都是'有所为而为'的"。[②] 他认为："《国语》和《左传》实出于战国时人的撰述，又加以汉人的窜乱，性质复杂，有待于我们的分析者正多，决不能迳看做春秋时代的史料。"[③]

不过，虽说"默证"不可凭信，但是由此而得出的一些结论却很难被驳倒，因为从论证上讲，"说有易，说无难"，比如我们很难一一解释《国语》中尚难以理解的地方，也不敢说《国语》绝没有经过后人一丝改变。所以，"疑古派"的疑古、疑书，"等于是给古史研究装了一个'过滤器'，任何古书在使用前都要经过它的'过滤'……如果我们无视这个'过滤器'，就会被认为'犯规'"[④]。傅斯年先生虽然激烈批评顾先生，但是却无法绕过"规范"。而且，在辩论具体问题的时候，"规范"的制订者作为参与辩论者，实际上常常身兼裁判员与运动员二重身份，辩论的对立方往往处于下风。

以上罗列学界尤其是傅斯年先生对于顾颉刚先生及"疑古派"之缺点的批评，是为了与后文所述顾颉刚先生对于傅斯年先生的"规范"作用进行对比，以见二者之间的张力；同时通过学术史的回顾和总结，使以后的研究工作得到改进。俗称的"疑古派"，对于我们正确认识中国古代历史确实有巨大贡献；然而除上述批评外，其怀疑态度似乎也有不足之处，恐怕不可视为对待历史的正确态度。

---

① 参见徐旭生：《我们怎样来治传说时代的历史》，见《中国古史的传说时代》，27～28页，桂林，广西师范大学出版社，2003。

② 顾颉刚：《中国上古史研究讲义》，16、22页。

③ 顾颉刚：《五德终始说下的政治和历史》，见《顾颉刚古史论文集》第三册，257页，北京，中华书局，1996。

④ 李零：《出土发现与古书年代的再认识》，见《李零自选集》，25页。

古书古史并非不可疑，孟子就曾说："尽信书，则不如无书。吾于《武成》，取二三策而已矣。"（《孟子·尽心下》）在哲学史上，怀疑论和独断论相伴而行（怀疑论并不是不可知论，本文使用怀疑和独断这两种名称，不含有价值判断），因之往往在一种怀疑之后，会出现比以往有过之而无不及的独断。像顾颉刚先生的前辈学者，不少就是由怀疑而转为独断，乃至怀疑就是为了独断。康有为先生不信《左传》，章太炎先生不信甲骨文等，莫不如此；近现代的不读古书、全盘西化等思潮，也与之不无关系。而在古代希腊，"怀疑论者"也被称作"探究者"，"一个怀疑论者应当是这么一种人，在探究完成其全部过程、各种可能性都得到考察之前，他不会满足于任何结论"①。因此，真正的不自相矛盾的怀疑论，是一种理性的"存疑"倾向，阙疑，让判断暂且悬而不决，既不肯定，也不否定，而是要等待充分的证明，或让独断论者自己为自己的陈述作出证明。② 哲学上怀疑论的发展，不是本文所要讨论的对象，哲学和历史学也有不同之处。本文引用西方哲学史上的有关论述，只是想借以澄清古代史研究上的一些问题。至少可以指出，我们不仅要有理有据地怀疑别人的独断，也要对自己的论断、论证保持警醒，不要成为经不起推敲的新独断。胡适先生曾深受赫胥黎"存疑主义"的影响，但是胡先生在实际的运用和倡导中却提出了"宁可疑而错，不可信而错"③的口号，引起了误解，造成了不好的影响。

俗称的"疑古派"，他们在质疑古代史的真实情况、不允许对古史作任意、武断或盲从、未加思考的阐述这些方面——反对错误的独断论

---

① 迈克尔·弗雷德：《怀疑派·导论》，见大卫·福莱主编：《从亚里士多德到奥古斯丁》（《劳特利奇哲学史》第 2 卷），冯俊等译，第八章，299 页，北京，中国人民大学出版社，2004。

② 参见康德：《驳斥唯心论》，见《纯粹理性批判》，B275 页，邓晓芒译、杨祖陶校本，202～203 页。皮埃尔·奥邦胎：《真理与怀疑论——论从哲学上反驳怀疑论的限度》，见雅克·施兰格等：《哲学家和他的假面具》，北京，社会科学文献出版社，1999。

③ 参见胡适：《演化论与存疑主义》，见欧阳哲生编：《胡适文集》第 10 册，北京，北京大学出版社，1998；《研究国故的方法》，见《胡适文集》第 12 册，92 页。胡适后来将此说改为"宁可疑而过，不可信而过"，参见胡适：《告拟作〈伪书考〉长序书》，见顾颉刚编著：《古史辨》第 1 册，15 页。

上，的确有怀疑的精神和冲破传统的勇气。但是在"疑古"之时，他们逐渐提出了自己的结论，并建立了一套自己的标准、规范和方法论，就成为新的独断。就本文而言，前文所说顾先生的研究方法、他对于《左传》《国语》等的看法，就是怀疑之后的独断。因此可以说，俗称的"疑古派"，后来转变成了独断论者。而且可以肯定的是，"疑古派"独断地提出的这些新东西，如标准、规范、前提、结论等，又都会被质疑。确实，"疑古派"在开创阶段，就遭到了挑战。不过怀疑旧传统，提出新结论，建立新标准、规范和方法论，接受挑战，修正自身，再接受挑战等，都是学术发展的正常道路。但是如果新独断论经受不住挑战，却仍然保持着独断的地位；或者新独断论本身有许多可疑之处，不够客观，学界却依然基本信从它的某些不正确的方法论和结论，那就是一种很不合适的独断，很不正常的学术现象了。如果不是中国学界在某些问题上未能反省深思，很好地对待问题，那么恐怕这种不正常的学术现象将会是西方科学哲学界围绕库恩的"范式"论展开讨论时，需要反思的独特的历史现象了。

事实上，"疑古派"的许多独断很难站得稳，它受制于自身的方法和前提。比如，在钱穆先生已经发表《刘向歆父子年谱》的时候，顾先生还以刘歆遍伪群经说作为立论前提。可是，类似的批评并没能减少"疑古派"的影响。

而"疑古派"的独断也在不断变化、深入。顾先生曾把"疑古"和"建设"古史分开，认为"学术界中应当分工"[①]；或许受此影响，不少学者也认为许多"疑古派"成员后来转入了"建设"古史的工作之中，这也许是许冠三先生说顾先生"始于疑终于信"的缘故（不过李零先生指出顾先生后来的论证方法和早年相比，并没有改变，还是要找出一种"思想运动"作为造作之由[②]；而顾先生等人工作重心的转变，和时势也有很大关系）。但是正如顾先生后来所指出的，"破坏与建设，只是一事的两面，

---

① 顾颉刚：《古史辨第二册自序》，见顾颉刚编著：《古史辨》第 2 册，4 页。
② 李零：《出土发现与古书年代的再认识》，见《李零自选集》，25 页。

不是根本的歧异"①，顾先生的"疑"，是为了求"信"；因而"疑古派"疑古之后的独断，如顾先生的《中国上古史研究讲义》（较成系统的或许是《现代初中本国史教科书》），就是一种建设。当然，顾先生打破了三皇五帝的信仰，他不可能建设夏代以前的上古史，他认为禹是天神，属于神话的范围，不认为有史实存在；他的《现代初中本国史教科书》有的只是"传说中的三皇五帝"（这种建设恐怕不能令认定古史当有完整体系者满意，但考古学目前也不能达到建设完整体系的目标）。因此，从可操作的层面上讲，"古史辨"必然会成为"古书辨"，所研究的问题，主要也就集中于先秦、秦汉时期文献的历史年代，渐及于训诂校注。他们对于文献年代的怀疑和重新定位，本身就是新的建设；而其训诂校注虽有功于建设，却导源于怀疑。他们所得具体结论虽然彼此或小有争议，却基本上覆盖了文史哲诸学科中的大部分早期文献材料②，成为"范式"，至少也是很重要的"一家之言"。直至20世纪70年代以来，因为出土简帛古书的发现，才对于他们的某些结论构成了较大的挑战乃至颠覆。但是此后讨论古书篇章之年代、学派等的观念和论证方法，不少还是沿用着古人以及"疑古派"的成法，少有突破，可见"疑古派"的影响之深。

可以说，在俗称的"疑古派"这个名称下，夹杂着很多内容，他们在打破独断论的时候很有怀疑精神，然而在建设自己的规范时，对自己、对问题就没有那么强的怀疑精神。相反，疑古流行之后，在当时的时势之下，从者纷纷以怀疑、可疑为能事，视之为学问本身，视古书不合处为疑点，以自身没有经受反思、批判的理性，而不是古人的心理、习惯为研究问题的标准，这和怀疑精神根本背道而驰。而纵使面对不少学者批评"疑古"之不足（这些批评文章不少都收入了《古史辨》，反映了顾先生令人景仰的开放心态和雅量），"疑古派"却少有修正，其影响反而越来越大。这显露的或许不仅是"疑古"的合理，更多的倒是独断力量之强

---

① 顾颉刚：《古史辨第四册顾序》，见罗根泽编著：《古史辨》第4册，19页。
② 参见张心澂编著：《伪书通考》；郑良树编著：《续伪书通考》。参见廖名春：《出土文献与先秦文学史的重写》，载《文艺研究》，2000(3)（又见：《短论两篇》，载《中国学术史新证》，成都，四川大学出版社，2005)；《试论冯友兰的"释古"》，见《中国学术史新证》。

大，以及学界对于怀疑精神的片面理解。

然而无论如何，顾说从时间角度出发整理古史系统①，虽然遭到一些质疑，但自此时间观念在上古史研究中深入人心。顾颉刚先生不信五帝的观点和论证等，影响非常深远。任何持有相反观点的立论，都不能绕过顾先生的学说。

（二）

在谈论傅斯年先生之前，很有必要简单谈论一下蒙文通先生的学说，以更好反映傅斯年先生和顾颉刚先生的差异所在。

蒙文通先生提出的中国上古民族可以分为江汉、海岱、河洛三系的学说，与顾先生的观点迥异其趣。蒙先生从空间上的文化区系出发，把谈论古史的记载理出头绪，认为《天问》《山海经》代表楚人的历史观，儒家六经阐发鲁人之说，汲冢竹书则是三晋所传，三系民族传说之史各不相同。蒙先生遵从其师廖平先生以《王制》《周礼》的礼制统率今古文的方法，推衍而出"三系学说"，对于今古文学派的"托古改制"和"六经皆史"说均有批评，认为"北方三晋之学邻于事实"②。蒙先生的史学思想被誉为"通观达识，明其流变"③，他的思想观点和研究方法，在某些地方和顾颉刚先生可谓针锋相对。

蒙先生对于古籍记载之间的矛盾，努力寻求合理的解释，此种态度比较容易让人接受。他在"三皇五帝"一节中，认为"五帝固神祇，三皇亦本神祇，初谓神不谓人也……三五之说，本于天神……战国之初惟说三王，及于中叶乃言五帝，及于秦世乃言三皇……巫之五帝，史之五帝，乃次第起也"。蒙先生在揭示出这一流变之后，指出了三系之人"言其上世王者"的不同，并认为"上古部落而治之时，各长其长，各民其

---

① 顾先生当然也注重空间角度的分析，但是代表作品《〈庄子〉和〈楚辞〉中昆仑和蓬莱两个神话系统的融合》[参《中华文史论丛》1979年第二辑（总第十辑），上海，上海古籍出版社，1979]的形成时间较晚。

② 蒙文通：《古史甄微》，11页，成都，巴蜀书社，1999。

③ 巴蜀书社编辑部：《蒙文通文集（第1卷）·古学甄微·出版说明》，2页，成都，巴蜀书社，1987。

民，乌有所谓三皇、九皇、盘古之说哉！"①也就是说，蒙先生认为三皇五帝之说虽不可信，但是在三代之前，有"部落而治"的时期，其后三系之人说之各不同。蒙先生认为古代文化发源于东方海岱，江汉、河洛的炎黄二族后起，南北对立。《史记》等所记黄帝族的五帝一族之说，他是不怀疑的。他进而提出三系均有不同发展，并非黄帝族一支单独发展，也有进步意义。

作为廖平和刘师培的弟子，蒙文通先生的观点可以看作传统经史之学在近现代的发展。在"疑古派"的冲击面前，蒙先生致力于解释古史，也可以看作是在重建古史。但是，相比当时的"疑古"思潮，蒙先生的观点影响较小。而且他在论说时，时间先后之说杂陈，往往多引后世之书及谶纬；其说也存在一些不纯粹的地方②。由于古史材料匮乏，蒙先生的观点虽长于分系，却也恰恰受制于此，不免隐晦或未注意到难以分系申说者，有时难免给人以观念先行的感觉。其实，为什么存在三系相关而不同的说法，倒是应该认真求索的。王国维先生在考证卜辞王恒之时，就指出："《天问》所说，当与《山海经》及《竹书纪年》同出一源。"③后来杨宽先生曾仔细分析过蒙先生证明三系不同之说的第一个例子，认为这"犹非探本穷源之论也"，"邹鲁、晋、楚三方传说之不同，非机械的相互并立，实亦同其源流而相互演变者"。④ 当然，在史文阙佚的情况下，探本穷源谈何容易？杨先生所举也只有一个例子。值得注意的倒是顾先生的"不立一真，惟穷流变"，蒙先生的"通观达识，明其流变"，

① 蒙文通：《古史甄微》，16、17、22页。
② 比如蒙文通先生说"言五帝当自驺衍氏之后也"，而在引《孙子·行军》篇的"凡此四军之利，黄帝之所以胜四帝也"和《蒋子万机论》之后，又说"此五帝之说之最早者，与齐、秦之说各不同，别为吴楚之说。五帝说始见《孙子》"。见《古史甄微》，16、18页。按：根据银雀山汉简《孙子兵法·黄帝伐赤帝》来看，黄帝南伐赤帝，东伐青帝，北伐黑帝，西伐白帝，所述颜色、方位和秦所立畤祠相关（当然，秦仅立有四畤），而《管子·幼官》篇中有"黄后""青后""赤后""白后""黑后"五后，其实就是五帝。所以，齐秦吴楚可能有相同的"五帝"说。然而以三国时之蒋济为楚人[《三国志·魏书》称济为"楚国平阿人"（450页），今属江苏]，遂谓其五帝说为楚之说，恐不妥。
③ 王国维：《观堂集林·附别集》卷九，第2册，421页。
④ 杨宽：《中国上古史导论》，见吕思勉、童书业编著：《古史辨》第7册上编，89～91页。

都没有说到探本穷源。

总之，蒙说从空间入手，其观点虽然有某些可以质疑的地方，但是自此空间观念在上古史研究中大行其道，立足于解释上古史中种种问题的研究，颇多借鉴此种方法。

（三）

傅斯年先生的《夷夏东西说》，和蒙文通先生的思路接近，也是从文化区系不同来分析古史，但是他提出的是东西对立，而且比较注重史料的时间先后①，注重引证甲骨卜辞中的材料，这是新的进步，某种程度上可以看作综合了时间和空间两种研究路径。傅先生的《〈新获卜辞写本后记〉跋》一文，可以视为《夷夏东西说》的雏形和补充。在跋文中，他谈论了夷夏东西之外的祝融及其后裔，实际上还是分出了三个文化区系；但是又指出"西土之夏，东土之殷，皆继祝融诸姓而强大"②，和蒙先生说又有不同。跋文中有傅斯年先生对于《左传》《国语》的看法，这是他主要依据的材料（和蒙文通杂引早晚之说不同），由此也不难发现傅斯年先生和顾颉刚先生对于这些史料的认识有重大差别。傅先生说：

> 《左传》一书，原不是《春秋》之传，而大体是经《国语》中抓出来，附会上些书法以成的，在今日除古文专守经学家以外，已成定论。若其中记载古代族姓国家的分合，至多也不过很少的一部分是汉时羼入的。现在若把《左传》《国语》中这些材料抄出，则显然可以看出有两类，大多的一类是记载族姓国别的，例如上文所引《郑语》中的一节；甚少的几段记古帝之亲属关系，例如黄帝子廿五宗，受姓十四人之类。上一类是记载民族国姓之分别，乃是些绝好的古史材料，下一类当是已经受大一统观念之影响，强为一切古姓古帝（古帝即每一民族之宗神 tribal gods 说另详）造一个亲属的关系。此

① 不过，傅斯年先生在《夷夏东西说》中讨论"夏迹"的时候，先列《左传》《国语》，再列《诗》《书》，这和他《性命古训辨证》中先列《诗》《书》，再列《左传》《国语》的做法不同，似当以后者为准。

② 傅斯年：《〈新获卜辞写本后记〉跋》，见《民族与古代中国史》，165 页。

种人类同源的观念，虽于发展到秦汉大一统的局势上有甚多助力，但是混乱古史的力量也非常厉害的。我们如果略去这些，则《国语》《左传》中记载古代民族的说话，实是些最好的材料了。这个标准既定，然后我们可以去用《左传》《国语》中的古史料。①

后来傅先生在《性命古训辨证》中更明确说：

> 《左传》《国语》者实为东周第一宝书，其成书虽在战国，其取材则渊源甚早，所举宪典语言或有沿自西周者矣。今于《诗》《书》之后取材于《左传》《国语》者，顺时代之序也。②

前引顾先生之语说道："《国语》和《左传》实出于战国时人的撰述，又加以汉人的窜乱……决不能迳看做春秋时代的史料。"将之和傅斯年语相比较，不难看出，傅先生是相信祝融八姓这类记载族姓国别史料的，这和蒙文通先生相同，而和顾颉刚先生所说"《国语》所记的各国世系，凡出力写的恐怕都是'有所为而为'的"不同。但是傅斯年先生不信五帝一族的说法，这和蒙文通先生不同，应该是受到了顾颉刚先生的影响。不过，从傅先生"此种人类同源的观念，虽于发展到秦汉大一统的局势上有甚多助力"来看，他并没有把五帝一族的材料归为汉人的窜乱。傅斯年先生在《夷夏东西说》中有"春秋战国的思想家，在组织一种大一统观念时"③之语。傅先生以"启"为夏的始祖④，这也当是受了顾颉刚先生的影响。或可能由于此影响，傅先生在《夷夏东西说》开篇讲着"在三代时及三代以前"，在提出自己的观点时却说："现在以考察古地理为研究古史的一个道路，似足以证明三代及近于三代之前期，大体上有东西不同的两个系统"⑤。如何定义"近于三代之前期"？傅先生后面说着东土有太皞、少皞之族，并且根据经籍谈论他们，却不具体谈论其年代是不

---

① 傅斯年：《〈新获卜辞写本后记〉跋》，见《民族与古代中国史》，163～164 页。

② 傅斯年：《性命古训辨证》上卷第五章，见《民族与古代中国史》，285 页。

③ 傅斯年：《夷夏东西说》，见《民族与古代中国史》，53 页。

④ 同上书，24 页。

⑤ 同上书，4 页。

是三代之前。可以看出，傅斯年先生在时间上面有些遮遮掩掩，他想阐述东西两系说的历史渊源，却处处被顾颉刚先生的论断所"规范"。傅斯年先生本该和顾颉刚先生一争长短的，应该是《国语》《左传》的时代。但是傅斯年先生并没有专门讨论这个问题，如前所述，"说有易，说无难"，要想在论证上完全驳倒顾颉刚先生，条件还达不到。

身为史语所所长的傅斯年先生，他的文章可以视为典型，反映出了研究上古史的学术论文的要求，那就是要依据可信的材料（材料的可信性要给予说明），依照时间的先后顺序，分区系分层次讨论问题；对于学术界已经在某种程度上"公认"的一些意见，需要遵守或回避。

（四）

王汎森先生指出傅先生的《夷夏东西说》曾经受到过王国维先生《殷周制度论》的影响。[①] 傅先生是否受过蒙文通先生的影响，还有待进一步研究[②]。傅斯年先生关注到王国维先生《观堂集林》中"以族类及地理分别之历史的研究"[③]，在其《〈新获卜辞写本后记〉跋》中说得相当明白。傅先生在主持历史语言研究所的工作尤其是派李济先生负责殷墟的发掘之后，就把历史学和考古学结合了起来，把重建上古史建立在了依靠出土文献之上。

李济先生虽对"疑古派"颇有微词，但是也承认他们对于"催生了中国的科学考古学"有些作用[④]；也有不少人把重建上古史的希望寄托在考古学上[⑤]。虽然顾颉刚先生曾经说过，"我的工作，在消极方面说，是希望替考古学家做扫除的工作，使他们的新系统不致受旧系统的纠

---

① 王汎森：《一个新学术观点的形成——从王国维的〈殷周制度论〉到傅斯年的〈夷夏东西说〉》，见《中国近代思想与学术的系谱》。

② 徐旭生先生认为："他们两个似乎是各自独立的研究，没有谁承袭谁的嫌疑。"参见徐氏著：《中国古史的传说时代》，61页注1。

③ 傅斯年：《〈新获卜辞写本后记〉跋》，见《民族与古代中国史》，181页。

④ 李济：《安阳的发现对谱写中国可考历史新的首章的重要性》，见张光直、李光谟编：《李济考古学论文选集》，790～791页，北京，文物出版社，1990。

⑤ 参李玄伯：《古史问题的唯一解决方法》，见顾颉刚编著：《古史辨》第1册，268～279页。

缠"①，但是他对于考古学的功能有很清醒的认识："有许多古史是考古学上无法证明的，例如三皇五帝，我敢豫言到将来考古学十分发达的时候也寻不出这种人的痕迹来。大家既无法在考古学上得到承认的根据，也无法在考古学上得到否认的根据，那么，希望在考古学上证明古史的人将怎么办呢？难道可以永远'存而不论'吗？但是在书本上，我们若加意一考，则其来踪去迹甚为明白，固不烦考古学的反证而已足推翻了。"②

顾先生反对"存而不论"，表明了他对于极端"存疑"的态度。不难发现，顾先生虽然说自己为考古学做扫除的工作，但是他实际上是认为考古学是有一定缺陷的，他相信不需要考古学的帮助也可以解决许多问题。在实际的研究中，顾先生较少运用考古材料。傅斯年先生倒经常运用甲骨卜辞、殷周金文等考古材料印证古籍，这种方法其实就是王国维先生所倡导的"二重证据法"。"二重证据法"的重点，不在于传世文献方面，而着重于出土文献方面，因为出土文献多是直接史料，而传世文献多是间接史料。傅斯年先生说过："每每旧的材料本是死的，而一加直接所得可信材料之若干点，则登时变成活的。"③这是傅斯年先生和顾颉刚先生对于史料又一不同的态度。

吊诡的是，虽然是顾颉刚先生向胡适举荐王国维先生到清华（国学）研究院任教，顾先生本人也极为推崇王国维先生，"恋慕之情十年来如一日"，时常梦见和王国维先生同游，有"追随杖履"之志④；然而从王国维先生影响了傅斯年，傅先生在《史学方法导论》中多举王国维之例来看，傅斯年对于王国维先生也是非常崇敬。但是王国维先生对于顾颉刚的印象很不好，王国维的《古史新证》颇有和当时胡适、顾颉刚的疑古思想对立之意。而如果从王国维和李济共事且有合作，王国维对于甲骨文的研究影响了殷墟发掘来看，我们不得不把王国维和顾颉刚看作对于古

---

① 顾颉刚：《古史辨第二册自序》，见顾颉刚编著：《古史辨》第2册，7页。
② 同上书，5页。
③ 傅斯年：《〈新获卜辞写本后记〉跋》，见《民族与古代中国史》，150页。
④ 顾颉刚：《我是怎样编写〈古史辨〉的?》，见顾颉刚编著：《古史辨》第1册，15页。

史有不同态度的两派，更不得不承认王国维先生是重建中国上古史的开山。王国维先生提出"古史新证"，运用著名的"二重证据法"，依据甲骨文来考证古史，特别是证明《史记》关于商代世系大体不误，在古史重建上取得了重大突破。

可是到目前为止，重建古史可以利用的最直接的文字材料只有殷墟的甲骨文。王国维先生认为由甲骨文"可知《史记》所据之《世本》全是实录。而由殷周世系之确实，因之推想夏后氏世系之确实，此又当然之事也"①。因了甲骨文，王先生类推其他的一些记载也很可信，如他在《殷周制度论》中根据《帝系姓》的话而说："尧、舜之禅天下以舜、禹之功，然舜、禹皆颛顼后，本可以有天下，汤、武之代夏、商固以其功与德，然汤、武皆帝喾后，亦可以有天下。"②但是顾颉刚先生指出这是王国维受传统学说的包围而不能突破，《帝系姓》是秦、汉间的伪史。③《帝系姓》所载，亦见于《世本》，顾颉刚先生认为《世本》是伪史；《帝系姓》讲五帝一族，这是顾先生批判最激烈的"伪史"。傅斯年先生不信五帝一族的帝系这一点，前文已经讲明；但是他相信《左传》《国语》中诸侯的世系。这很可能是因为王国维先生利用卜辞证明了《史记》所据之《世本》，对于商代的记载基本可靠，傅先生在《夷夏东西说》中就引用了《世本》佚文④。

傅斯年先生的态度，其实是在王国维先生和顾颉刚先生之间；而傅先生的方法，则是综合了顾颉刚先生和王国维先生（乃至蒙文通）。面对顾颉刚先生从时间角度出发的疑古，以及"说有易，说无难"的论证规律，傅斯年先生借助出土文献来证明史料的真实性，而且谨慎地维护着边界，不说它全部不伪，绝对不伪，也不由此推彼。傅先生说过："一分材料出一分货，十分材料出十分货，没有材料便不出货……推论是危险的事……材料之外我们一点也不越过去说。"⑤他在《夷夏东西说》开头

---

① 王国维：《古史新证——王国维最后的讲义》，52页，北京，清华大学出版社，1994。

② 王国维：《观堂集林·附别集》卷十，第2册，454页。

③ 顾颉刚：《我是怎样编写〈古史辨〉的？》，见顾颉刚编著：《古史辨》第1册，15页。

④ 傅斯年：《夷夏东西说》，见《民族与古代中国史》，50～51页。

⑤ 同上书，475页。

说："先从商代讲起，上溯夏后世者，因为后王事迹多，容易看清楚。"①不是从夏讲到商，真实的原因或许应该是商代的历史已经被王国维证明是可信的，而就严格的史料证明来讲，没有夏代的材料，不能证明《史记》关于夏代的记录可信。在《姜原》篇中，傅斯年先生列了一个炎帝、黄帝为少典之子的世系表，不过这可能并不表示他相信这个说法，他仅仅只是根据《国语》的记载列出一个表，而且他在开篇就指出《国语》所记世系是"世系和神话混为一谈"②。所以傅先生虽然是走的重建道路，然而他的重建，处处为顾颉刚先生所"规范"，为出土材料所限制，只能从商朝开始，不是像王国维先生那样痛快地举一反三。依照傅斯年先生的观点，若要利用传世文献来重建夏朝和三代以前的历史，批驳顾颉刚先生的观点，恐怕需要等待出土文献来盘活传世文献。

从怀疑论的角度看，被标榜为重建古史的傅斯年先生，实际上颇有怀疑论者的态度。有了出土材料做证明的史料，傅先生就肯定；没有被出土材料证明过的史料，傅先生是既不肯定，也不否定，"存而不论"（顾先生则反对"存而不论"）；即使引用这些材料说明问题，傅先生也会回避矛盾，也就是说这种引用并不代表傅先生完全相信它。所以，我们会发现傅先生处处被顾先生所"规范"的现象。而被称为疑古之代表的顾颉刚先生，则由怀疑转化为独断。傅斯年先生和顾颉刚先生这对老同学之间，相反相成地彼此纠葛着。

然而傅斯年先生虽然实际上表现为怀疑论者，但是他可能对于怀疑态度没有自觉。他的工作主要不是证明史料的真实，而是依据某些已经得到证明的史料，来解释其他的史料（相比较而言，顾颉刚先生的理论、研究则偏向于怀疑史料的时代、真实性）。傅先生的《夷夏东西说》就主要是一种解释——杨向奎先生曾指出古代王朝政治中心不固定，所以傅先生按照某一定点强分东西之说不可信③。在科学研究上，一种解释、

---

① 傅斯年：《夷夏东西说》，见《民族与古代中国史》，4 页。
② 傅斯年：《姜原》，见《民族与古代中国史》，61 页。
③ 杨向奎：《评傅孟真的〈夷夏东西说〉》，见中国先秦史学会编：《夏史论丛》，济南，齐鲁书社，1985。

一个假说是应该鼓励的；但该解释、假说是否可信，最终还是要通过证据来证明或证伪。

研究过西方哲学的王国维先生，对于怀疑精神颇有理解。他论疑古之过时说，"其于怀疑之态度反批评之精神不无可取，然惜于古史材料未尝为充分之处理也"，他赞赏的是疑古者"怀疑之态度"。在论"二重证据法"时，王国维先生说："虽古书之未得证明者，不能加以否定；而其已得证明者，不能不加以肯定，可断言也。"①王国维先生紧紧抓住的是"证明"与肯定、否定的关系，没有谈处理古史材料，因为前者是关系到是否应该怀疑，而后者则可能偏向于解释。但是，在"疑古"的风气之下，未得证明的便往往被否定；而或许是因为矫枉过正，王国维先生由殷周世系之确实而推论五帝一族，这是不适当的，至少有待证明——由此也可见合适的怀疑态度之不易。

考古发掘至今仍然缺乏足够的说明夏朝的材料，尤其缺乏直接的文字材料，尚不能盘活夏朝的历史，更不用说三代之前了。郭沫若先生甚至说过：

> 照现在由地下发掘及古器物古文字学上所得来的知识而论，大抵殷商以前还是石器时代，究竟有没有文字还是问题……夏朝在周初时都是传说时代……不会有多么高的文化，有的只是一点口头传下来的史影。②

虽然最近几十年在出土的一些早期器物上发现了一些刻画符号，但是目前尚处于研究阶段，里面尚没有能确定是反映夏代或三代以前历史的文献材料。考古学上对于三代之前的描述，是类似仰韶文化、龙山时代这种考古学上的名称。这种考古名称加上后面的历史学名称是否可以说重建了历史呢？该如何认识三代以前的历史实际和传世文献之间的关系呢？该如何认识《左传》《国语》的记载呢？太多的疑问，还有待于进一

---

① 王国维：《古史新证——王国维最后的讲义》，2页。
② 郭沫若：《先秦天道观之进展》，见《郭沫若全集·历史编》第 1 册，317～318 页。

步探索。这种探索，恐怕依然离不开考古学的发展。

然而对于考古学和历史学的关系，有学者认为安阳殷墟的发掘"从学术影响而言，它牢固确立了中国考古学依附于历史学的学术定位，成为证经补史的工具……证经补史和挖宝心态成为妨碍中国考古学视野和研究水平提高的两个主要羁绊。"①

这位先生的立场、意见可以理解，他提出重建一种和史籍记载完全不同的历史进程的志向，提倡借鉴西方考古理论研究新问题等，都值得学界期待。我们知道，苏秉琦先生借助考古学来独立研究历史，探索中华文化和文明的起源②，很有成绩。张忠培先生也指出过："考古学只能研究历史的一个侧面。"③但是既然考古学和历史学在中国已经结下了不解之缘，又有鉴于考古资料对于传世文献的盘活作用，似乎不应该否定考古学者或历史学者利用考古材料进行编年学研究的努力，而且不应该因为这种工作在传统上受到重视，就对之进行矫枉过正的批评。也许中国的考古学有一天将如所期待的那样成为独立的不依附于历史学的学科；但是至少在中国，历史学和考古学之间的交叉研究、合作，利用考古学来研究历史的某一个侧面，应该仍然是可行的。

（五）

通过上述的讨论不难发现，傅斯年先生的重建背后的怀疑，和顾颉刚先生疑古标志下的建设，是相反相成的。顾先生的理论虽然有些问题，但是为史学的发展提供了一个新的近代"范式"。傅先生虽然没能从学理上完全批驳顾先生的"范式"（在当时的条件下以及从论证上来讲，似乎还做不到这一点），而且看起来傅先生常常被顾先生的"范式"所"规范"，但是他的学说也因此而不"犯规"。傅先生的"夷夏东西说"作为一

---

① 陈淳：《中国文明与国家探源的思考》，载《复旦学报》（社会科学版），2002（1）；中国人民大学书报资料中心复印报刊资料：《先秦、秦汉史》，2002（3）。

② 参见苏秉琦：《中国文明起源新探》，7页，北京，生活·读书·新知三联书店，1999。

③ 张忠培：《关于中国考古学的过去、现在与未来的思考》，见《中国考古学——走近历史真实之道》，114页，北京，科学出版社，2004。

种观点，可能有不成熟的地方，但是为后来的学者们解释和重建中国古代史，提供了帮助（当然，傅先生的学说也受到王国维等先生的影响）。徐旭生先生的"古代部族三集团说"，苏秉琦先生的"满天星斗说"，或与之不无某种关系①。

就当今的重建上古史工作来讲，最重要的东西是证明。对于三代以前的古史重建来讲，考古学虽然暂时还不能提供直接的史料证明，但是也有一定的帮助作用。"二重证据法"尚不具备条件的时候，或许可以考虑利用科技、天文等其他方面的东西来做推究；通过研究通例（如余嘉锡先生的《古书通例》）来理解古今的差别，借鉴人类学等方面的知识来做解释。当然，解释、假说性的结论，在某种程度上仍然是可疑的，它还要留待日后的证明或证伪。

从对于古史的态度来讲，怀疑的精神，是每一个研究者需要具备的。我们需要把这种怀疑的精神，和"宁可疑而错，不可信而错"的态度区分开，也需要对怀疑古人好作伪的观念进行质疑，对于"疑古派"的结论乃至任何独断论都要持有怀疑的精神。更重要的是，对于自身的观念、研究方法、论证过程也要保持怀疑的精神进行反省。

六、经史之学还是西来之学：
"层累说"的来源及存在的问题

1923 年，顾颉刚先生在《与钱玄同先生论古史书》一文中，提出了"层累地造成的中国古史"说（下文简称"层累说"），对于传统三皇五帝的古史系统提出了批评，由此引发了古史大讨论，一度形成了声势浩大的"疑古派"。

---

① 徐旭生先生谈及"夷夏东西说"见前注，苏秉琦先生曾评价过王国维、傅斯年、徐旭生的学说，还批评"夷夏东西说"是"把考古新材料与古史传说都派上用场，'五千年文明'落到真假参半"。参见苏秉琦：《中国文明起源新探》，7、103 页。

然而，有学者详考胡适对于王国维著作的接受史，以为胡适在1922年就"接受罗、王以甲骨文证实'殷商一代历史'的论断"，可能受到顾颉刚等的推动，有古史观的改变①，何以胡适在此后要和顾颉刚大谈"东周以上无史论"？顾颉刚先生的"层累说"有许多思想资源来自前人，何以在今日遭到国内许多学者的反对，却在国外很流行以至成为"常识"？顾颉刚先生在晚年写《我是怎样编写〈古史辨〉的？》时，特别提出他"那时真正引为学术上的导师的是王国维，而不是胡适"，这个说法该如何认识？

"层累说"的思想渊源，顾颉刚先生自己有过叙述，不少学者也有过研究。此说远承自刘知幾以至崔述的古史考辨传统，近取康有为的《新学伪经考》，效仿胡适提倡的方法，并有由故事和民谣所引起的对史书的反思，是一个中西结合的考辨古史的产物，这是一般人都知道的事实。但是许多研究文章，尚没有结合"层累说"的具体命题进行论述。又"层累说"中引用到了王国维先生的一个结论，说明顾先生晚年之语应该和"层累说"相关。因此，上述两个问题显然都和顾先生得以成名的"层累说"有关系，下面将从分析顾先生的"层累说"入手，讨论有关问题。

(一)"层累说"的建构

考察提出"层累说"的《与钱玄同先生论古史书》一文，不难发现，顾先生的基本思路，是根据古书篇章的年代先后，编排史料的先后，考察史料所含古史的先后顺序，这遵循的是胡适先生所谓"历史演进法"。

顾先生首先提出，"我以为自西周以至春秋初年，那时人对于古代原没有悠久的推测"，然后举《诗经》里所保留的商周史诗为例，如《商颂·玄鸟》的"天命玄鸟，降而生商"，《大雅·绵》的"民之初生，自土沮漆"，《大雅·生民》的"厥初生民，时维姜嫄"，推出"可见他们只是把本族形成时的人作为始祖，并没有很远的始祖存在他们的意想之中。他们只是认定一个民族有一个民族的始祖，并没有许多民族公认的始祖"。

---

① 陈以爱：《胡适对王国维"古史新证"的回应》，载《历史研究》，2008(6)。按：此文对于胡适的西学背景，以及胡适的心迹谈论得不多。

开头这一部分，主要是在探索商周史的开端，顾先生有商周不同源之意。不过认为商周不同源，并非顾先生的首创。对于《诗经》中几首商周史诗的解释，涉及诗经学以至经学史上的一个今古文公案，下文将进行具体分析。前人对此多有讨论，甚或更有进而否定五帝一元者，譬如前文已经指出的《三国志·蜀书》中记载秦宓"见帝系之文，五帝皆同一族，宓辨其不然之本"；崔述也有《颛顼、尧、舜皆不出于黄帝》等文章[①]。受清末民初今文经学的影响，不少学者会听从今文说，所以无怪乎当顾先生在《答刘胡两先生书》一文中，提出"层累说"可以"打破民族出于一元的观念"时，刘掞藜也表示同意[②]。

继之，顾先生提出："但他们在始祖之外还有一个'禹'。"因为《商颂·长发》提及："洪水芒芒，禹敷下土方……帝立子生商。"《商颂》说到了"禹"，然而"上帝建国，商与禹有什么关系呢？"顾先生推测"禹是上帝派下来的神，不是人"。此后，顾先生讨论"禹"与周的关系，因为《生民》没有提到"禹"，而《鲁颂·闷宫》有"是生后稷……俾民稼穑……奄有下土，缵禹之绪"。《商颂》的年代，顾先生从王国维之说，认为是西周中叶宋人所作，这表明他确实受到了王国维先生的影响。《闷宫》的时代，顾先生则根据传统说法定在鲁僖公时。

这里主要是讨论禹与商周的关系。顾先生认为禹本来是神（西周中叶的《长发》），后来（鲁僖公时）才成为有天神性的人，是商周共同追述者，是历史的开端，那时并没有黄帝、尧舜。这是一个很独特的观点。

接下来，顾先生指出，"'禹'和'夏'并没有发生了什么关系"，"东周的初年只有禹是从《诗经》上可以推知的；东周的末年，更有尧舜，是从《论语》上可以看到的"。"从战国到西汉，伪史充分的创造，在尧舜之前更加了许多古皇帝。"[③]

这里讲的主要就是"层累说"所说的古史层累，"时代愈后，传说的

---

①　崔述：《补上古考信录卷之下·黄帝以后诸帝通考》，见顾颉刚编订：《崔东壁遗书》，上海，上海古籍出版社，1983。

②　刘掞藜：《讨论古史再质顾先生》，见顾颉刚编著：《古史辨》第1册，153页。

③　顾颉刚：《与钱玄同先生论古史书》，见顾颉刚编著：《古史辨》第1册，61～66页。

古史期愈长"，"传说的中心人物愈放愈大"。与此说相近的观点，前人如欧阳修、刘恕、崔述等已有类似表述①，顾先生以精当的"层累说"为之命名。

其后，顾先生的"层累说"所牵涉的命题尚多。但是经与相近学说的比较不难发现，归根结底的核心只有一个，那就是认为禹是商周共同追述的对象，是历史的开端，其时并无尧舜，这是顾先生的独创。

顾先生此文中存在不少疑问，当时便有学者从立论证据和研究方法上提出了质疑②，此处不详论。依据新出土文献，重新考察顾先生"层累说"的某些具体结论，裘锡圭先生有过文章，笔者略有不同意见（详后文《由新出文献重评顾颉刚先生的"层累说"》），兹不赘。

（二）戴震的相近说法

上文说过，商周不同源问题，涉及一个今古文公案。有关的讨论，我们不妨回顾一下。

清末宗今文经学的皮锡瑞曾有《论诗齐鲁韩说圣人皆无父感天而生，太史公褚先生郑君以为有父又感天乃调停之说》一文，专门讨论《诗经》中的商周始祖问题，为讨论方便，今节引其要如下：

> 《生民》、《玄鸟》、《长发》、《閟宫》四诗，三家皆主感生之说。《生民》疏引《异义》："《诗》齐鲁韩、《春秋》公羊说圣人皆无父感天而生。"……《异义》又引左氏说，圣人皆有父……郑君驳曰："诸言感生得无父，有父则不感生，此皆偏见之说也……刘媪是汉太上皇之妻，感赤龙而生高祖，是非有父感神而生者也……"
>
> 锡瑞案：今文三家诗、公羊《春秋》，圣人皆无父感天而生为一

---

① 参见王煦华：《试论顾颉刚的疑古辨伪思想》，见《中国哲学》第十七辑。转引自陈其泰、张京华主编：《古史辨学说评价讨论集》，北京，京华出版社，2001。

② 参见张荫麟：《评近人对于古史辨之讨论》；陆懋德：《评顾颉刚〈古史辨〉》；绍来：《整理古史应注意之条件——质顾颉刚的〈古史辨〉》，均见顾颉刚编著：《古史辨》第2册。近来有学者提出张荫麟先生所说的"默证"，是一个伪命题，参见彭国良：《一个流行了八十余年的伪命题——对张荫麟"默证"说的重新审视》，载《文史哲》，2007(1)。按：细核原文，彭只不过说张荫麟先生所说"默证适用之限度是一个伪命题"，而此乃枝叶，不足以说明用"默证"证明问题是合理可信的；他对于顾先生运用"默证"，并没有异议。

义；古文毛诗、左氏，圣人皆有父不感天而生为一义。郑君兼取二
义为调停之说，此其说亦有所自来。张夫子问褚先生曰："《诗》言
契、后稷皆无父而生。今案诸传记咸言有父，父皆黄帝子也，得无
与诗谬乎？"褚先生曰："不然。《诗》言契生于卵、后稷人迹者，欲
见其有天命精诚之意耳。鬼神不能自成，须人而生，奈何无父而生
乎！一言有父，一言无父，信以传信，疑以传疑，故两言之。"褚少
孙两言之，已与郑意相似。当时毛诗未出，所谓"《诗》言"，即三家
诗；所谓"传记"，即《五帝德》、《帝系姓》之类。太史公据之作《三
代世表》，自云："不离古文者近是。"是以稷、契有父，父皆黄帝
子，乃古文说，故与毛诗、左氏合，与三家诗、公羊《春秋》不合。
太史公作殷、周本纪，用三家诗今文说，以为简狄吞玄鸟卵，姜嫄
践巨人迹；而兼用古文说，云殷契母曰简狄，有娀氏之女，为帝喾
次妃，后稷母有邰氏之女曰姜嫄，为帝喾元妃，是亦合今古文义而
两言之……不得以《史记》杂采古今，见其与毛传不同，遂执以为三
家今文义如是也。[①]

皮锡瑞根据清人的方法，考察鲁诗、齐诗、《春秋》公羊说，确证许
慎《五经异义》所说"《诗》齐鲁韩、《春秋》公羊说圣人皆无父感天而生"，
又指出毛诗、左氏、《五帝德》、《帝系姓》皆言圣人有父，而郑玄调停二
说。则根据《诗经》本文，我们不难得出商周二族分别以契、稷为始祖，
不同源。但是根据古文说，则商、周二族仍然同源。顾颉刚先生关于商
周不同源的说法，正是依从了经今文说。

皮锡瑞随后又有《论〈生民〉〈玄鸟〉〈长发〉〈閟宫〉四诗当从三家不当
从毛》篇，力辨这四首诗当用今文感生无父之说：

周鲁之人，作诗以祀祖宗，叙述神奇，并无隐讳。何以后人少
见多怪，必欲曲为掩饰……许君《异义》早成，《说文》晚定。《异义》
从古文说，《说文》仍从今文，云："古之神圣母感天而生子，故称

---

① （清）皮锡瑞：《经学通论》卷二，38～41页，北京，中华书局，1954。

天子。"……古文说圣人皆有父,以姜嫄简狄皆帝喾之妃。如其说,则殷周追尊,自当姚祖并重,何以周立先姚姜嫄之庙,不祀帝喾?《生民》等诗,专颂姜嫄有娀之德,不及帝喾。《仪礼》曰:"禽兽知母而不知父。"如古文说,稷、契皆有父,而作诗者但知颂稷、契之母,而不及其父,得毋皆禽兽乎?戴震曰……学者试取诗文平心而熟玩之,知此四诗断然当从三家而不当从毛传。郑笺以毛为主,而解四诗从三家不从毛。朱子……解《生民》亦从郑不从毛……《论衡·奇怪》篇云:"儒者称圣人之生不因人气……"案:仲任引儒者之言,乃汉时通行今文说。仲任不信奇怪,故加驳诘……如其说,亦当以为诗人之误,不当以为儒者说诗之误也。①

这里着重从经学的学理上,指出了古文说存在的难以解释的祭祀问题。汉代的《白虎通义·姓名》中,也是采取了今文家"无父感生"之说②,表明了汉代经师争论的结果。

皮锡瑞所引戴震(1723—1777)之说,节引自戴震的《诗生民解》(又见于戴震的《毛郑诗考正》),其文要点如下:

《帝系》曰:"帝喾上妃姜嫄",本失实之词,徒以附会周人禘喾为其祖之所自出。《国语》禘、郊、宗、祖、报五者,禘、郊与宗、祖之名异。"有虞氏郊尧","商人禘舜",《礼记·祭法》易之以"有虞氏郊喾"、"宗尧","殷人禘喾"。喾在郊、禘,未可知也……使喾为周家祖之所自出,何《雅》、《颂》中言姜嫄、言后稷,竟无一语上溯及喾?且姜嫄有庙,而喾无庙。若曰履迹感生,不得属之喾,则喾明明非其祖之自出。曾谓王者事祖祢之大义,而可蒙昧其间乎?由是以言,周祖后稷,于上更无可推。后稷非无母之子,故姜嫄不可无庙。始祖庙之外,别立姜嫄庙,不在庙制之数……商人祖

---

① (清)皮锡瑞:《经学通论》卷二,41~43页。
② 参见(清)陈立:《白虎通义疏证》,405页。按:古书中还多有与此今古文问题相关之论议,详见后文。

契，于上亦更无可推，故《商颂》言有娀，与周之但言姜嫄同。①

乾嘉汉学的代表人物戴震，虽然是从比较诗、礼这种经学角度来考察《生民》，但是所使用的方法——据《诗经》本文未言喾，得出喾非周之始祖的结论——很值得注意。这虽然是一个自今文说衍生而出的结论，但是与顾颉刚"层累说"的核心命题非常相近——《诗经》未言黄帝、尧舜，所以其时还没有这些人。顾颉刚显然比戴震走得更远更大胆，他把《诗经》未言的，就论定为没有；戴震则是把《诗经》未说的关系，确定为没有关系，二者的思维方式是相近的。

戴震对于《大雅·生民》的解释，对后代的影响很大。马瑞辰在《毛诗传笺通释》中，就补充了六个证据证明戴震之说②。梁启超先生在1921年的《中国历史研究法》中，也提到契、稷非喾子③，有可能源自戴震之说，当然这也可能是据今文经学衍生出的结论④。而顾先生对于梁启超的《中国历史研究法》很有了解，他在《与钱玄同先生论古史书》一文中所说的"《尧典》的靠不住，如梁任公先生所举的'蛮夷猾夏'、'金作赎刑'"，就出于《中国历史研究法》⑤。而且《顾颉刚日记》明记1922年3月20日"在车看梁任公《中国历史研究法》"；6月1日，"抄《中国历史研究法》入史料"⑥。《顾颉刚日记》还记载1922年2月15日，"车中点读皮锡瑞《诗经通论》略毕"⑦。但是顾先生似乎并不知道或者未尝深究戴震之说，他在为《崔东壁遗书》所作的序中，甚至说戴震小时候很有怀疑精

---

① （清）戴震：《戴震全集》第二册，1217～1219、1245～1247页，北京，清华大学出版社，1992。标点不全依原文。

② （清）马瑞辰：《毛诗传笺通释》卷二十五，871～872页，北京，中华书局，1989。

③ 梁启超：《中国历史研究法》，第五章，79～81页，上海，上海古籍出版社，1998。

④ 需要注意的是，汉代的今古文经学之争，和清代以来的今古文学派之争，虽有关联，却是属于不同时期、不同层次的问题。戴震之时，清代的今古文学派之争尚未兴起，梁启超及其师康有为属于清代的今文学派。

⑤ 参见梁启超：《中国历史研究法》，第五章，103页；刘掞藜：《读顾颉刚君"与钱玄同先生论古史书"的疑问》，见顾颉刚编著：《古史辨》第1册，89页。

⑥ 顾颉刚：《顾颉刚日记》第1卷，219、238页，台北，联经出版事业股份有限公司，2007。

⑦ 同上书，210页。

神，但是长成之后，"没有一点疑古的成绩"①。顾先生的话，显然未得其实（在今天，我们后辈恐怕已经无法探求何以顾颉刚先生不知道戴震之说的原因了，而无论是顾先生没有注意到戴震的这篇文章或者皮锡瑞的引述，还是有所为而避之，都是不利于我们所景仰的顾先生的。重视戴震哲学成就的胡适，可能也没有注意到戴震的这个意见）。看来戴震在古史研究上的地位，当重新估量（这个角度，恐怕也是表彰戴震哲学地位的胡适未曾注意到的）。顾先生的"层累说"，看起来没有受到戴震的影响，但是或可能有取于梁启超之说。不过这种探根寻源，并非本文的目的。值得关注的问题是：同是讨论《诗经》，何以戴震、梁启超等未得到和顾颉刚同样的结论呢？

这或许和时代思潮等有一定的关系，有可能戴震还不敢大胆怀疑，如顾先生常批评某些学者受经学的羁畔、传统学说的包围一样。戴震在《毛诗补传·大雅·生民》篇中也说过："自孔子没而微言绝，《帝系》、《史记》诸书，已迷失其指。余以《诗》解《诗》，不敢舍经从传也。"②看起来，戴震是尊经舍传。然而问题并非如此简单，《毛诗补传》只是戴震的少作。细读戴震的《诗生民解》（及后来的《毛郑诗考正》），他是从《诗经》《国语》《礼记》出发，最后摒弃《国语》《礼记》来讨论有关问题，他已经在疑经了。而顾先生的"层累说"基本上是只凭《诗经》谈论有关问题。不过顾颉刚在《古史辨》第 1 册《自序》中曾说及，1922 年他在家照顾祖母时把《诗经》《尚书》《论语》中的古史观念比较看重，初步形成了"层累说"的雏形。顾先生当时已不信《尧典》和《皋陶谟》的年代，但是相信《吕刑》的年代较早。③ 从这个角度看，顾先生之"层累说"的雏形，还是比较合乎传统经史考证之学的路数。顾先生以《吕刑》作为定点考察古史的方法，是其说得以成立的一个重要依据，但是这和他所奉行的胡适的观点矛盾，大概因此在正式谈论"层累说"时就不多提了。是故虽然戴震与顾颉

---

① 顾颉刚：《崔东壁遗书·序》，58 页。

② （清）戴震：《毛诗补传》卷二十一，见《戴震全书》第二册，646 页，合肥，黄山书社，1994。

③ 参见顾颉刚：《自序》，见顾颉刚编著：《古史辨》第 1 册，52～53 页。

刚最后都是根据《诗经》立论，但是各自的诉求和参考的文献不同，所以结果也就不一样。

顾颉刚先生曾经在《古史辨》第 2 册《自序》中说道："我承认我的工作是清代学者把今古文问题讨论了百余年后所应有的工作，就是说，我们现在的工作应比清代的今文家更进一步。"①在今天看来，这一步实际上就是超越了戴震的结论。这一步是如何跨过去的呢？

（三）顾颉刚与胡适

顾颉刚先生的"层累说"，受胡适先生的影响很大。对照上述正统经史之学的代表戴震的研究结论，我们容易发现，看起来是中西结合产物的顾先生的"层累说"，更多地体现了西方学术研究的视角。

顾先生完全接受了胡适"东周以上无史论"的观点，他学着胡适在《中国哲学史大纲》中的"截断众流"，以禹为突破口，要把有记载的系统的信史，从周乃至东周讲起。

胡适先生在给顾颉刚的《自述古史观书》中说道："大概我的古史观是：现在先把古史缩短二三千年，从《诗》三百篇做起。将来等到金石学，考古学发达上了科学轨道以后，然后用地底下掘出的史料，慢慢地拉长东周以前的古史。"②顾颉刚在接信后不久就对人说："照我们现在的观察，东周以上只好说无史……我们这样做，必可使中国历史界起一大革命。"③顾先生"单从书籍上入手"所整理出的信史，就相当的晚，完全接受了胡适的"东周以上无史论"："禹"之成为人，是从鲁僖公时才开始的；后稷之为周的始祖，"有无是人也不得而知"——顾先生的信史是鲁僖公之后的历史。

胡适所说"现在先把古史缩短二三千年，从《诗》三百篇做起"，又说将来"慢慢地拉长东周以前的古史"，应该是受到了西方学者研究古希腊历史的方法，以及西方考古学发展的启发。胡适所熟悉的英国史学家格

---

①　顾颉刚：《自序》，见顾颉刚编著：《古史辨》第 2 册，6 页。
②　胡适：《自述古史观书》，见顾颉刚编著：《古史辨》第 1 册，22 页。
③　顾颉刚：《自述整理中国历史意见书》，见顾颉刚编著：《古史辨》第 1 册，35～36 页。

罗特所著《希腊史》①，正是把神话性的《荷马史诗》作为"传说时代"的资料，而将信史从公元前776年古代奥林匹克竞技会开始计算。希腊有《荷马史诗》，没有《尚书》这类的东西，而胡适之时，西方考古学对于特洛伊遗址已有所考察、发掘，当时人倾向于相信《荷马史诗》所叙特洛伊战争等的真实性。所以胡适信商周史诗，而不信《尚书》，他甚至说：《尚书》"即二十八篇之'真古文'，依我看来，也没有信史的价值"②。希腊信史从公元前776年开始，后来的考古发掘可以说明传说时代的一些事实有据。所以胡适认为中国的信史也只能从东周开始算起（胡适在《中国哲学史大纲》中相信中西方历学家推算的《诗经·小雅·十月之交》所记日食为公元前776年发生，他所说的东周开始之年可能是前776，而非一般认为的前770，正好和古希腊史的开端相同），以后再靠考古学拉长。而我们知道，《史记·十二诸侯年表》是从公元前841年的共和元年记起，表中虽然有一些问题，但是大体的年代框架是比较可信的。胡适先生舍此不用，一定要从东周说起，显然是将中国的信史以古希腊为标准进行拙劣的比附，他不可能领会格罗特所著《希腊史》的精神实质也就不难理解了。③ 当然，胡适并未明白地表露他受到格罗特的影响，而他受到了西方学者从《旧约》研究犹太民族史的影响，则是很明确地对顾颉刚说出过的——这或许是因为考虑到中文译本的方便。他为了说明今文《尚书》的不可深信，对顾颉刚说："我盼望你能抽工夫，把犹太民族的古史——《旧约》——略读一遍，可以得不少的暗示。"④

　　胡适的这种做法，是自觉或不自觉地把西方的历史研究方法当作了

---

① 胡适与格罗特《希腊史》之关系，可参见胡适1911年10月25日日记所说："下午在藏书楼读Grote：'History of Greece'"，《胡适留学日记》，55页，长沙，岳麓书社，2000。

② 胡适：《中国哲学史大纲·导言》，见姜义华主编：《胡适学术文集·中国哲学史》上册，23页。章太炎以为胡适以《尚书》非信史之说取于日本人，参见1922年6月15日《致柳翼谋书》，见汤志钧：《章太炎年谱长编》，943页，北京，中华书局，1979。

③ 参见邵东方：《崔述与中国学术史研究》，278～279页，北京，人民出版社，1998。

④ 胡适：《论帝天及九鼎书》，见顾颉刚编著：《古史辨》第1册，200页。

普世标准①，削足适履地强求中国也应该符合这种"科学"。如此一来，他不仅把中国、古希腊的差异以及《尚书》等文献给完全抛开了，其方法（包括史学与故事的关系等观点）也和传统所倡导的由小学入经学，由经学入史学的路数完全不一样。既然研究路数根本不同，所以胡适当然会在许多领域"大胆假设""大革命"、开风气；但是涉及某些具体问题时，他又不得不遵循传统小学、经学、史学的某些规范。处于这种新旧之间，胡适挑起了很多论战，处处为人所瞩目，名满天下。但是在论战中，他又不得不时常以论敌所举材料为伪或方法有误来进行辩论，既当辩论者又当裁判，甚至托词以遁，适见其陋。②

　　而从上述对于"层累说"的评析可以看出，顾颉刚先生正是从《诗经》里的史诗出发，谈了一些西周时期的神话，又探究东周以后的信史，确实是遵照胡适先生的意见在做。因此自然也会获得胡适先生所有过的荣誉和矛盾，这就是为什么刘掞藜质疑顾颉刚已经承认后稷是创始者，在"层累说"结尾又要怀疑后稷之有无③；也是为什么陆懋德质疑顾颉刚信从王国维的《商颂》为西周中叶宋人所作之说，但是在结论中却仅仅说"东周的初年只有禹是从《诗经》上可以推知的"；更是为什么陆懋德提出《尚书》中的《立政》《吕刑》等篇已经提及"禹"，年代早于西周中叶④，而"层累说"只用《诗经》，不用《尚书》，甚至根据《诗经》等文献否定《尧典》等篇的缘故（顾先生提出"层累说"的雏形时利用了《吕刑》年代作为尺度，在《与钱玄同先生论古史书》文末也提到"把《吕刑》与《尧典》对看"，但是

---

① 当时学者难免有此种思路，比如古希腊有《荷马史诗》，而中国古代没有"史诗"就成为了一个问题，胡适在《白话文学史》中也有所讨论。相关讨论可参林岗：《二十世纪汉语"史诗问题"探论》，载《中国社会科学》，2007(1)。

② 譬如许冠三指出胡适在"井田辨"中，胡适的论证"俏皮地回避或取消了井田制的有无的问题"（见许冠三：《新史学九十年》，181 页）。胡适在与胡汉民、廖仲恺等辩论时，对于《诗经》中的"雨我公田"，以及《春秋》三传等相关材料均认为有问题，并说对方"日读伪书"；也不信民族学的旁证。可参见陈峰：《1920年井田制辩论：唯物史观派与史料派的初次交锋》，载《文史哲》，2003(3)。

③ 刘掞藜：《读顾颉刚君"与钱玄同先生论古史书"的疑问》，见顾颉刚编著：《古史辨》第1册，92 页。

④ 陆懋德：《评顾颉刚〈古史辨〉》，见顾颉刚编著：《古史辨》第2册，374 页。

到写《讨论古史答刘胡二先生》时，却不能确定《立政》《吕刑》的年代①）。

很可能是为了确立西洋的由史诗到信史的研究方法，胡适去信指示顾颉刚："关于古史，最要紧的是重提《尚书》的公案，指出《今文尚书》的不可深信。"②顾颉刚才有《论〈今文尚书〉著作时代书》一文，当时认为《吕刑》较早，是周穆王时的作品。但这与胡适的指导意见以及"东周以上无史论"有矛盾，以致顾颉刚后来怀疑《吕刑》成于吕灭于楚之后③；而其他被认为较早的《尚书》篇章，多不关涉古史。胡适在这封信中还谈论古史分期的大旨，尤其信从安特森根据渑池出土的石器怀疑商代犹是石器时代的晚期之说，还提议根据《旧约》获得暗示。顾颉刚则回复说："承告古史分期大旨，极感。将来讨论当秉着此旨做去。"④明确表明他的研究是以胡适的意图为指导原则。《胡适日记》中所保存的顾颉刚先生回信甚至说道："《旧约》亦当觅读。甲骨文字，我只向予同借了一本《殷墟书契考释》。帝乙已在上面找到，帝甲也有。"⑤看来是顾先生在编《古史辨》第 1 册时，将这些话删去了，尤其是谈甲骨文的部分，对于他们的史学革命不利。后来顾先生在《答刘胡两先生书》中，就引用了胡适的"大旨"，并且说："适之先生这段话，可以做我们建设信史的骨干"，还提出了"推翻非信史"的四条标准。此时的胡适误信安特森的说法，把夏民族置于"神话"与"传说"之间，后来放弃了此说。然而顾先生后来似乎仍然忠实于胡适之"大旨"与自己的"层累说"，他和童书业先生写出了《夏史三论》，把夏代史归为传说，甚至以为夏的少康中兴来自东汉光武中兴，他们的方法和结论恐怕难以令人置信。⑥看来是胡适从格罗特那里借来的一套体系，或者从《旧约》得来的"暗示"，背后的"西方中心

---

① 顾颉刚编著：《古史辨》第 1 册，133 页。按：正文第 126 页，顾先生说："《吕刑》为穆王时所作……似尚可信。《洪范》、《立政》二篇……当是后世史官补作……（关于这一个问题，须俟将来研究古文法再行判定……）"

② 顾颉刚编著：《古史辨》第 1 册，200 页。

③ 顾颉刚：《顾颉刚读书笔记》卷九，6753 页，台北，联经出版事业公司，1990。转引自顾颉刚、刘起釪：《尚书校释译论》，2090 页，北京，中华书局，2005。

④ 顾颉刚编著：《古史辨》第 1 册，200 页。

⑤ 曹伯言整理：《胡适日记全编》第 4 册，27 页，合肥，安徽教育出版社，2001。

⑥ 参见张京华：《〈夏史三论〉与古史辨学派的治学取向》，载《殷都学刊》，2006(2)。

论"，导致顾先生一误再误；然而外国人据格罗特或者《旧约》之说来接受顾先生的种种结论，却极有可能似曾相识，故对顾先生的结论大加推崇。

可是，顾先生说过"《生民》是西周作品"，虽然认为《尚书·吕刑》是周穆王时的作品，却没有再具体讨论《生民》是西周哪一时段的作品，更没有讨论《吕刑》所记古史与《生民》等的异同，后来反倒怀疑《吕刑》很晚。如此信从《诗经》而排斥《尚书》，不仅有回避问题之嫌，而且有选择性运用史料之误。绍来曾深刻地指出：《诗经》是一部文学书，"文学只能供整理历史不得已时的旁证，而不是唯一的可靠的材料"①。在他眼里，顾颉刚先生的做法是舍本逐末。

因此，顾先生所提出的"层累说"，完全是在史料选择之后得出的结论。他听从了胡适的肤浅意见，转手（很可能是在不知情的情况下）接受了西方学术的研究方法，只取《诗经》而不顾其他材料。将这种研究路径与戴震的研究进行对比，我们不得不说，顾先生的"层累说"，虽然讨论的是中国古代的问题，但是展现的是西方学术的视角，而不是中国自己的路径，可谓两失之（就中国经史之学的传统来看，顾先生 1922 年"层累说"的雏形，或许比"层累说"要更合适一些）。不过，或许因有此形式，所以顾先生的"层累说"能在西方获得认同，成为"常识"。

(四)顾颉刚与王国维

与读过一些经典古籍，可能受到一点乾嘉汉学皖派影响，而浸润新派美国学风，崇尚"截断众流""开风气"，挑战名人、暴得大名而且名满天下，却又可以轻易由"疑古"完全转向"信古"的胡适不同，曾经沉潜于康德的《纯粹理性批判》有年的王国维，在转向中国古典学术之后，不仅秉持由小学入经学，由经学入史学的朴学之风，而且思想倾向于保守传统文化的阵地——虽然其识见要较乾嘉诸老更上一层，研究方法及领域等都是新式的。因此，王国维得到较有文史学养的顾颉刚之推崇，是毫

---

① 绍来：《整理古史应注意之条件——质顾颉刚的〈古史辨〉》，见顾颉刚编著：《古史辨》第 2 册，418 页。

不奇怪的。甚至胡适在 1922 年 8 月 28 日的日记中也曾说过："现今的中国学术界真凋敝零落极了。旧式学者只剩王国维、罗振玉、叶德辉、章炳麟四人；其次则半新半旧的过渡学者，也只有梁启超和我们几个人。内中章炳麟是在学术上已半僵化了，罗与叶没有条理系统，只有王国维最有希望。"①

顾先生在晚年写《我是怎样编写〈古史辨〉的?》时，特别提出他"那时真正引为学术上的导师的是王国维，而不是胡适"。顾先生对王国维"恋慕之情十年来如一日"，则顾颉刚先生对于王国维的景仰，已经在写《与钱玄同先生论古史书》一文之前了。他时常梦见和王国维先生同游，有"追随杖履"之志，并责怪"数十年来，大家都只知道我和胡适的来往甚密，受胡适的影响很大，而不知我内心对王国维的钦敬和治学上所受的影响尤为深刻。可见，任何事情都不能只看表面现象的"②，并且道出是他写信请胡适推荐王国维去清华大学（事亦见其 1924 年 12 月 3 日的《日记》③），则顾先生之说，信而有征。当时已经是"文革"之后，顾先生恐怕并没有继续批评胡适的必要。即便他自身仍有所顾忌，当时王国维的"声誉"也好不了多少，顾先生似没有必要提及王国维。这一段话看来至少可以认为是顾先生晚年的真实想法。而顾先生在 1924 年 3 月 31 日的日记中说：

> 予近年之梦，以祖母死及与静安先生游为最多。祖母死为我生平最悲痛的事情，静安先生则为我学问上最佩服之人。今夜又梦与他同桌吃饭，因识于此。④

《我是怎样编写〈古史辨〉的?》一文在收入重印的《古史辨》时，又补充了顾先生 1923 年 3 月 6 日的日记所记梦见王国维。据上引 1924 年的

---

① 曹伯言整理：《胡适日记全编》第 3 册，775 页。
② 顾颉刚：《我是怎样编写〈古史辨〉的?（下）》，见《中国哲学》第六辑，387～388 页，北京，生活·读书·新知三联书店，1981。
③ 顾颉刚：《顾颉刚日记》第 1 卷，557 页。
④ 顾颉刚：《我是怎样编写〈古史辨〉的?（下）》，见《中国哲学》第六辑，388 页。相近语见《顾颉刚日记》1924 年 3 月 31 日之梦后的晚年补记，惜不全。见《顾颉刚日记》第 1 卷，471 页。

日记，推测相近的梦有可能时间更早。根据顾先生《古史辨》第 1 册的《自序》，他系统研读王国维的著作是 1921 年；他拜访王国维在次年 4 月 18 日，大概在他提出"层累说"的雏形之前①。然而 1922 年 8 月 8 日王国维先生致罗振玉信云：

> 京师大学毕业生（现为助教。）有郑介石者来见，其人为学尚有条理；又有顾颉刚者（亦助教。）亦来，亦能用功，然其风气颇与日本之文学士略同，此亦自然之结果也。②

显然王国维先生对于顾先生的评价并不很高，而且一语道出顾颉刚的研究路数和中国传统的经史之学有所不同。因此，顾颉刚 1924 年 4 月 22 日写信欲拜王国维为师："从此追随杖履，为始终受学之一人，未识先生许之否也"③，恐怕是遭到了婉辞。

王国维先生最著名的工作是以甲骨、金文证古史，顾先生既然说他早就私淑王国维先生，其时间可能尚在提出"层累说"之前。那么《古史辨》最有代表性的"层累说"是否受到过王国维先生的思想、方法的影响，抑或主要是受胡适的影响多，就非常引人注目了。顾先生在《古史辨》第 1 册《自序》中提到过从罗振玉、王国维的著述之中"得到益处"，然而很明白地说不能亲切地承受罗振玉、王国维的研究结果，很遗憾自己"学问的根底打得太差了，考古学的素养也太缺乏了"，虽然一直想着"在考古学方面必须好好读几部书"④，然而一直未能实行（可参其 1924 年 4 月 11 日"规定课程表"，列出每周二、周三、周四、周五要"翻览金文及甲骨文说文等"，然仅有 4 月 23、24、25 等数日实行之⑤。此数日正是他写信给王国维欲拜师之后）。从前面对"层累说"的分析来看，顾先生也只是运用了王国维先生考证《商颂》年代的成果。所以，顾先生得以成名

---

① 顾颉刚：《自序》，见顾颉刚编著：《古史辨》第 1 册，50～51 页；顾潮：《顾颉刚年谱》，72～73 页，北京，中国社会科学出版社，1993。
② 刘寅生、袁英光编：《王国维全集·书信》，325～326 页，北京，中华书局，1984。
③ 顾颉刚：《顾颉刚日记》第 1 卷，479 页。
④ 顾颉刚：《自序》，见顾颉刚编著：《古史辨》第 1 册，50～51 页。
⑤ 顾颉刚：《顾颉刚日记》第 1 卷，474～479 页。

的"层累说"，基本上没有受到王国维的思想、方法的影响。那么，顾先生晚年的说法，是不是不真实的呢①？这也恐怕未必，从《古史辨》第1册《自序》(《自序》从1925年1月23日开始写②)所说他从事破坏伪古史，而王国维建设真实的古史，他很想在破坏之后有所建设来看，王国维确实对他很有影响。只可惜他从一开始就和王国维先生走的不是同一条学术之路，即使他想有所建设，他也没有来得及补上所谓"考古学"的课；且又受少年成名之累，旁骛过多。

或因如此，以至年轻时的顾颉刚先生，有和王国维先生立异，一较高下的举动，这和胡适挑战名人的想法倒很像。在《古史辨》第1册下编接近编成的时候，顾颉刚先生收录了王国维先生《古史新证》中的第一、第二章。王先生考证商周古史的文章非常多，顾颉刚先生看了不少。这些扎实的考证，不利于顾先生把信史从东周讲起。如王国维先生的《古史新证》第三章，就是极为著名的以甲骨证商史的内容，这是王先生最明显的运用"二重证据法"所作出的成果，很遗憾顾颉刚先生偏偏不收这一章。看来顾先生是有意回避，只选录了第一、第二章，又加附跋特意驳斥，这正是既当辩论者又当裁判的做法。王国维先生在《古史新证》第二章中，根据秦公敦铭文"鼎宅禹迹"，和齐侯镈钟铭文"处禹之堵"，都提及"禹"，断定"春秋之世，东西二大国，无不信禹为古之帝王，且先汤而有天下也"。孰料顾颉刚先生反在跋文中据此以证成己说，说明当时"都不言尧舜""最古的人王只有禹"。③ 对于同样的材料，二人得出的结论却不同，这表明二人的"预设"、路数根本不一样。《古史辨》第1册出版之后，据说王国维先生的评价是"其中固有过分处，亦有中肯处"④，这个评价和《古史新证》中的话可以结合来看，可惜我们不能详细地了解王先生对于顾颉刚之附跋的评价了。

---

① 许冠三先生认为："心仪虽为实事，引为导师之说却是虚言。"见许冠三：《新史学九十年》，194页。
② 顾颉刚：《顾颉刚日记》第1卷，583页。
③ 参见顾颉刚编著：《古史辨》第1册，264～267页。
④ 顾颉刚：《顾颉刚日记》第1卷，773页。

顾颉刚先生在《我是怎样编写〈古史辨〉的?》中，如同《古史辨》第1册《自序》一样，不忘批评王国维。王国维先生认为由甲骨文"可知《史记》所据之《世本》全是实录。而由殷周世系之确实，因之推想夏后氏世系之确实，此又当然之事也"①。因了甲骨文，王先生类推其他的一些记载也很可信，如同他在《殷周制度论》中根据《帝系姓》的话而说："尧、舜之禅天下以舜、禹之功，然舜、禹皆颛顼后，本可以有天下，汤、武之代夏、商固以其功与德，然汤、武皆帝喾后，亦可以有天下。"②顾颉刚先生再一次指出这是王国维先生受传统学说的包围而不能突破，《帝系姓》是秦、汉间的伪史③。

顾先生有时也流露出和王国维比的意思，如1950年8月15日的日记记载他"重钞《司马谈作史考》，并改定……虽是一短文，而谨严精湛，可置于《观堂集林》中而无愧。"顾先生曾这样评价王国维和自己："我的成绩不能及他，这是时代动荡所构成，而不是我的能力或所运用的方法不能达到或超过他的水平。"④或许顾先生很看重王国维先生的"二重证据法"，但是因为他补不上"考古学"的课，以致他偏偏就不用这个方法，甚至不信这个方法，反而一定要相信只要观念上跳出传统经史之学的包围，就可以"单从书籍上入手"整理出信史来。这个态度，是顾先生的一贯之见。

前述胡适先生曾经说过："现在先把古史缩短二三千年，从《诗》三百篇做起。将来等到金石学，考古学发达上了科学轨道以后，然后用地底下掘出的史料，慢慢地拉长东周以前的古史。"李济先生虽对"疑古派"颇有微词，但是也承认他们对于"催生了中国的科学考古学"有些作用⑤。一度也有不少人把重建上古史的希望寄托在考古学上⑥。虽然顾颉刚先

---

① 王国维：《古史新证——王国维最后的讲义》，52页。

② 王国维：《观堂集林·附别集》第2册，454页。

③ 顾颉刚：《我是怎样编写〈古史辨〉的?》，见顾颉刚编著：《古史辨》第1册，15页。

④ 同上。

⑤ 李济：《安阳的发现对谱写中国可考历史新的首章的重要性》，参见张光直、李光谟编：《李济考古学论文选集》，790～791页。

⑥ 参见李玄伯：《古史问题的唯一解决方法》，见顾颉刚编著：《古史辨》第1册。

生也曾经说过："我的工作，在消极方面说，是希望替考古学家做扫除的工作，使他们的新系统不致受旧系统的纠缠"①，但是他对于考古学的功能有很清醒的认识：

> 有许多古史是考古学上无法证明的，例如三皇五帝，我敢预言到将来考古学十分发达的时候也寻不出这种人的痕迹来。大家既无法在考古学上得到承认的根据，也无法在考古学上得到否认的根据，那么，希望在考古学上证明古史的人将怎么办呢？难道可以永远"存而不论"吗？但是在书本上，我们若加意一考，则其来踪去迹甚为明白，固不烦考古学的反证而已足推翻了。②

不难发现，顾先生虽然说自己为考古学做扫除的工作，但是他实际上是认为考古学是有一定缺陷的，他相信不需要考古学的帮助也可以解决许多问题。在实际的研究中，顾先生也确实较少运用考古材料，至少他很少有创见地用所谓"考古学"的材料。

因此我们容易看出，王国维先生和顾颉刚先生，存在很大差异。尤其是在顾先生最著名的"层累说"中，他仅仅只是利用了王国维先生的某些研究结论，与王先生的思想、方法无关；相反，顾先生与胡适先生的关系则如影随形，他可谓一边倒地跟随了胡适的方向。因此，即便是从一种立异的角度可以看出顾先生受到了王国维先生的重大影响，但是这种影响显然不能夸大。顾先生说他受到王国维先生的影响远超过胡适，大概只是一种"心向往之"的态度。至于顾先生的"能力或所运用的方法"是否超过了王国维先生呢？"能力"方面，后人自当有定论。就"单从书籍上入手"的方法而言，他恐怕难以在材料范围及可信度上超越王国维先生。

总之，从《与钱玄同先生论古史书》来看，顾先生在《我是怎样编写〈古史辨〉的？》中所说深受王国维的影响，并没有表现出来，反倒体现出

---

① 顾颉刚：《自序》，见顾颉刚编著：《古史辨》第 2 册，7 页。
② 同上书，5 页。

他对于胡适的亦步亦趋。顾先生在《古史辨》中对于王国维学说的选择性摘录，和他遵从胡适的教诲也形成了鲜明对比。顾先生可谓王国维的对手，他很注意王国维的研究成果，更关心其疏漏之处。其立说尤其是研究方法或许刻意要绕开王国维，另起炉灶。而一旦可以据之发现王国维的疏漏之处，他就会指出来。这或许是另一种特殊的私淑弟子吧。

因此，顾颉刚先生的"层累说"，虽然有自己的独创性（即是认为禹为最古的人王）。但是如果参照戴震的研究成果，则顾先生的成绩当重新评价。顾先生的研究，在很多方面受到了胡适先生的影响，并没有受到王国维的多少影响。如果以戴震的研究成果作为参照，则顾先生"层累说"的形成，很明显是转手接受了胡适对于古希腊史研究的肤浅了解，而忽视了中国史料的特点，专取《诗经》而弃其他史料不顾，这是不合适的。顾先生的"层累说"的主要贡献，应该在于注重从时间角度出发整理古史系统，推翻了"三皇五帝"的旧古史系统。"层累说"在这方面有示范意义，但是这并不代表"层累说"本身是合适的研究中国古史的方法（即便将"层累说"实施于《诗经》之外的材料进行古史研究，恐怕也未必合适）。而且，时间角度并不是唯一的研究角度；古书中的古史，也不可全依古书的时间先后来考察，应该注意古书的形成特点以及考辨古书年代方法时所存在的问题。所以，从史学史的角度来讲，对于"层累说"，我们当然应该怀有崇敬之情；但从认识中国上古史的角度来看，现在的中国古史研究者对于"层累说"应该具有和当年的顾先生一样的怀疑精神，应该和西方学者有不同的看法。

补记：《史记·孔子世家》说："古者诗三千余篇，及至孔子，去其重，取可施于礼义，上采契、后稷，中述殷周之盛，至幽厉之缺"，似乎至少汉人已经明白，《诗》所记事，只始于"契、后稷"。孟子也早说过："王者之迹熄而《诗》亡"，所针对的也是商周之《诗》，何尝及于喾与尧舜。则戴震与顾颉刚之论，虽有卓识，却恐本来就不合孟子及汉人之观念。

七、由新出文献重评顾颉刚先生的"层累说"

上文谈到，顾颉刚先生著名的"层累说"，背后可能有"西方中心论"的影响。则它是否适于研究中国古代历史，值得检验。裘锡圭先生曾借助新出土的古代文献材料，讨论了顾先生的"层累说"，这个研究方向非常有启发性。

裘锡圭先生已经根据燹公盨铭文，郭店简《唐虞之道》，上博简《子羔》《容成氏》，考察了顾先生的"关于禹的传说""关于各族同源的古帝王世系""关于禅让传说"等问题。本文拟再结合新蔡楚简、清华简进行讨论（这些竹简的年代，都早于战国晚期，个别篇章的写作年代当更早）。虽然不免也要分析顾先生某些具体说法的得失，但是把焦点放在重建系统信史的起点这个问题之上，和裘先生重视批判地继承古史辨派研究古史传说的成绩这个角度略有不同。我们的评判原则是：如果有另外足以成立的解释，那么原来的结论就不再具有唯一性，乃至可以被质疑、否定。

（一）竹简《子羔》的问题

上海博物馆藏战国楚竹书《子羔》篇，和"感生"说的问题很有关系。裘锡圭先生已经指出它可以支持顾颉刚先生"打破民族出于一元的观念"（不过此说并非顾先生首创，譬如《三国志·蜀书》中记载秦宓"见帝系之文，五帝皆同一族，宓辨其不然之本"①；崔述也有《颛顼、尧、舜皆不出于黄帝》等文章②）。下面首先根据陈剑、裘锡圭等先生先后提出的编联、考释意见，略附己意，将《子羔》篇的释文引述如下：

> 子羔问于孔子曰：三王者之作也，皆人子也，而其父贱而不足
> 称也欤？抑亦诚天子也欤？孔子曰：善，尔问之也。久矣，其

① 《三国志》，976页。古代相关说法，可参见葛志毅：《黄帝与〈五帝本纪〉·余论：华夏同祖黄帝论献疑》，见《谭史斋论稿续编》，哈尔滨，黑龙江人民出版社，2004。

② 崔述：《补上古考信录卷之下·黄帝以后诸帝通考》，见顾颉刚编订：《崔东壁遗书》。

莫……9【禹之母，有莘氏之】女也，观于伊而得之，怀三11上年而划于背而生，生而能言，是禹也。契之母，有娀氏之女10也。游于瑶台之上，有燕衔卵而措诸其前，取而吞之。怀11下三年而划于膺【生】，生乃呼曰:香港简"□金!"是契也。后稷之母，有邰氏之女也，游于玄丘之汭，冬见芺，攼而荐之，乃见人武，履以祈祷曰:帝之武，尚使12……是后稷〈之母〉也。三王者之作也如是。子羔曰:然则三王者孰为……【舜何人也?】13

　　【孔子】曰:有虞氏之乐正瞽叜（瞽瞍?）之子也。子羔曰:何故以得为帝? 孔子曰:昔者而弗世也，善与善相授也，故能治天下，平万邦，辨无有、小大、肥硗，使皆1得其社稷百姓而奉守之。尧见舜之德贤，故让之。子羔曰:尧之得舜也，舜之德则诚善6欤? 抑尧之德则甚明欤? 孔子曰:均也，舜穑于童土之田，则2【……子羔曰:尧何以让】之童土之黎民也。孔子曰:□3……吾闻夫舜其幼也，敏以孝慈，其言……4或以文而远。尧之取舜也，从诸草茅之中，与之言礼，说博【而不逆】……5(背文:子羔)……□而和，故夫舜之德其诚贤矣，招诸畎亩之中而使君天下而称。子羔曰:如舜在今之世则何若? 孔子曰:8亦纪先王之由道，不逢明王，则亦不大仕。孔子曰:舜其可谓受命之民矣。舜，人子也,7而三天子事之。14

　　简文虽有残断，但是大意可以明白。第一段里的"孔子"明白地告诉子羔:禹、契、稷都是无父感生的"天子"（这里的"天子"，是指感天而生之子）。与《诗经》不同的是，这里多了禹。另外，《诗·大雅·生民》讲姜嫄生后稷很顺利，"不坼不副，无灾无害"，而这里据禹、契来看，姜嫄生稷或有可能是难产，但是因为缺简，还有待考证。

　　裘锡圭先生由简文没有谈到契、稷为帝喾之子，因而支持顾先生的说法。同时他还指出:此篇"不像是子羔跟孔子问答的实录，应该是作者借孔子之口鼓吹尚贤和禅让的一篇作品……即使把《子羔》篇当作子羔跟孔子问答的实录，也可以得出在春秋晚期这些说法（引者按:指契、稷为黄帝之后）尚未兴起的结论"①。

---

① 裘锡圭:《新出土先秦文献与古史传说》，见《中国出土古文献十讲》，30页。

但是对于《子羔》篇的理解，也有不同意见。比如李学勤先生指出："篇文前部虽是叙述三王始祖的感生说，实际只是下文尧、舜禅让事迹的陪衬。全篇的中心，是以舜为例，说明黎民有德也可以受命为帝，而且超越三王之上，这在列国纷争的当时形势中，无疑是有针对性的学说见解，不能仅作为古史看。"[①]李先生认为《子羔》篇的重点是借感生的"天子"来衬托有德的"人子"，因此商周不同源未必是"古史"。台湾的鲁瑞菁先生也谈到了顾颉刚先生的"层累说"，基本赞同顾说："依顾氏之理论，则在孔子生活的时代，关于禹、契、稷的感生传说已属故事，而尧、舜禅授传说则为新闻。"但是鲁先生也强调：

> 以感生说与禅让说二者相较，《子羔》篇中孔子宣扬以德而有天下之尧舜禅授，不言可喻也。是以《子羔》篇虽论三代感生神话，开汉代今文学家敷衍此一问题的先声，但因《子羔》篇强调的是君天下者具有德性之一面，故其对三代感生故事未必有最高的评价，其立场或更接近两汉古文学家一派也。[②]

鲁先生认为《子羔》篇虽然涉及今文经学"感生说"的观点，但是重点在于"禅让说"。其观点和李学勤先生有相近之处。这两个观点和裘锡圭先生的看法有差异，但是他们主要的差别在于评价《子羔》篇的思想重点。至于《子羔》篇说到商周始祖无父感生，则是明白的事实。

不过和《子羔》篇时代接近的文献中，也有"孔子"之言，论商周始祖有父，父皆同祖，主要见于《大戴礼记·五帝德》。裘锡圭先生曾指出：顾颉刚先生把《五帝德》《帝系姓》的年代定在汉代是不对的，因为二者"为《史记》所采信，很可能是战国晚期作品"。[③]《五帝德》所述，属于所谓古文经学。比较《子羔》和《五帝德》，同在先秦时期，同为称述"孔子"

---

① 李学勤：《楚简〈子羔〉研究》，见朱渊清、廖名春编：《上博馆藏战国楚竹书研究续编》，16 页。

② 鲁瑞菁：《上海博物馆藏战国楚竹书〈子羔〉感生神话内容析论——兼论其与两汉经说的关系》，见《传统中国研究集刊》第一辑，306 页，上海，上海人民出版社，2006。

③ 裘锡圭：《新出土先秦文献与古史传说》，见《中国出土古文献十讲》，26 页。

之语，而对于商周始祖有父无父的问题，所说却截然不同，确实值得思索其原因到底是孔子前后之说不同（或弟子所闻不同），还是有文本出自后学编述，抑或有其他原因。但是在《子羔》和《五帝德》之间，我们似乎不能简单地赞同一个，否定另一个。

《史记·五帝本纪》篇末说："孔子所传宰予问五帝德及帝系姓，儒者或不传"，这说明《五帝德》有可能只是儒家后学某一派之说，乃至是后人编造。《子羔》篇没有提到五帝，但是说到了夏、商、周的始祖皆为"感生"。然而以"禹"为感生，已经超出了《诗经》的范围，不利于顾先生的"层累说"将禹作为"截断众流"的突破口。谢维扬先生强调：《子羔》记载了孔子承认三代始祖禹、契、后稷均为舜之臣[①]。这一点表明，即使《子羔》承认商周不同源，也不能由此将古史的起点重写，《子羔》所述的古史，仍然是尧、舜、禹的框架。

因此，退一步讲，即便《子羔》的出土，证明了顾颉刚先生商周始祖不同源之说的正确，如前所述，这离今文经学的结论并不远。顾先生所说"东周的末年，更有尧舜，是从《论语》上可以看到的"（姑以《论语》年代作为所说的"东周的末年"），《子羔》篇的时代看起来似乎是支持这一点的，但是《子羔》篇所讲禹的感生，尧、舜、禹、契、稷之间的关系，以及"昔者而弗世也，善与善相授也"，是不利于顾先生"截断众流"，把系统的信史从大禹、东周讲起的。虽然《子羔》篇的年代比之讲商周始祖的《诗》要晚，但是作为"东周"文献，它有一个整体结构——也就是说，很可能当时人即使承认始祖感生，但恐怕并不认为这就是历史的开端；当时人认为与"天子"相并世的还有尧、有虞氏，更还有"昔者"；最古的神或人王并不是禹。

所以，平心而论，对于经今古文的矛盾，尤其是同为先秦时代文献的《子羔》与《五帝德》篇的对立，我们可以相信一者为真，一者为假——似乎今文经学之说占优（然而人类学者提出的母系氏族社会的说法，或

---

① 谢维扬：《古书成书和流传情况研究的进展与古史史料学概念——为纪念〈古史辨〉第一册出版 80 周年而作》，载《文史哲》，2007(2)。

许比今文经学的"感生"说更可信）。但是《五帝德》未必就不包含部分"真实"（譬如《大戴礼记·少闲》篇，属于《孔子三朝记》，时代可能较早，里面孔子说到尧、舜、禹及夏、商、周的历史，《五帝德》或有本于此；当然也有可能二者承自更早的来源）。所以从逻辑上来讲，也有可能《子羔》与《五帝德》二者皆有部分真实之处（当然也可能二者皆假）。如果我们求同存异，将今古文的问题暂时放到一边，那么我们就会发现：《子羔》与《五帝德》篇都提到了尧、舜、禹、契、稷这个结构。

孔子一生，学问当有所变化，前后之说可能不同；即使相近时段内的问答之语，也可能因材施教而存在歧异；更加以弟子后学口耳相传之时会有所附益，出现所传闻之异。因此，如果《子羔》和《五帝德》皆传自真孔子，出现矛盾也是可能的。据说孔子曾编次《尚书》，那么断自唐虞以下，摒弃感生传说与黄帝一元诸说，直接叙述虞廷尧、舜、禹、契、稷之事（这是《子羔》与《五帝德》与之相近的部分），这或许是最值得重视的。

（二）竹简《容成氏》的问题

与虞廷尧、舜、禹、契、稷之事相关的，有郭店简《唐虞之道》篇。此篇备述尧舜禅让故事，简 10 提到"禹治水，益治火，后稷治土"，可惜简文有残损，尚未见提到"契"。上博简《容成氏》篇崇尚禅让，也涉及尧、舜、禹、契、稷的事迹。本文主要谈论一下《容成氏》，因为此篇还牵涉其他与古史相关的问题。

《容成氏》开篇就讲容成氏以迄"【尊】卢氏、赫胥氏、乔结氏、仓颉氏、轩辕氏、神农氏、樟丨氏（皇覃氏？）、塘遟氏之有天下也，皆不授其子而授贤"；后面所讲则较常见，如尧让舜，舜让禹，禹让皋陶和益以及夏商周的事情，还谈及禹之九州（九州名称有几个和传世文献不同），夏商帝王世数。此篇看起来是讲史，主要目的则恐怕还是宣传禅让。

裘锡圭先生指出："讲古史的《容成氏》，讲尧之前历史的部分，竹简残损较严重，但可以看出并不存在《五帝德》所说的那种五帝系统。这也是对顾说有利的。"[1]不过《容成氏》可能只是一家之言，未必要说五

---

[1] 裘锡圭：《新出土先秦文献与古史传说》，见《中国出土古文献十讲》，30 页。

帝。五帝系统的问题，我们放到后面讨论。

本篇根据陈剑先生的重新编联[①]，可以看到简 14、简 8 说道"尧于是乎为车十又五乘，以三从舜于畎亩之中……舜于是乎始语尧天地人民之道。与之言政，说简以行；与之言乐，说和以长；与之言礼，说博而不逆"，比《子羔》篇"尧之取舜也，从诸草茅之中，与之言礼，说博【而不逆】"似乎更详细，而《子羔》篇也记载了"孔子曰：昔者而弗世也，善与善相授也"。但是能否说《容成氏》是敷衍《子羔》而成，则似乎未必，因为不能排除存在二者相同部分同源的情况。

郭永秉先生指出简 32 中有一个此前未见提及的尧以前的古帝王"有虞迥"，由此探索"有虞氏"的世系，认为：古史传说中舜以前虞世系很可能应该分为两条叙述，一条是有虞氏的君王世系（颛顼→幕→迥→舜）；另一条则是舜的先祖世系（穷蝉→敬康→句芒→蟜牛→瞽叟→舜）。尧舜禅让传说是战国以来学者有相当共识的古史传说，不是某一家派为宣扬理论而创造出来的。尧舜二人都属于虞代。尧属陶唐氏，曾为有虞氏诸侯。"虞、夏、商、周"四代系统是战国时代普遍的古史观念，并不是某一家派所创造的。尧舜传说并非来源于上帝传说的分化，而可能确实反映了一定的历史实际（但其中的故事元素很可能有附会、捏造的成分，舜的平民出身就是捏造产生的）。但是大一统帝王世系应当是晚出的[②]。

若然，如果有虞氏是早于商、周的世系，那么顾先生"层累说"中的"我以为自西周以至春秋初年，那时人对于古代原没有悠久的推测"这个预设，就不正确了，它最多只能说明商、周族的情况。而很可能在相对原始的商周族之外，有虞氏已经进入了文明时代。

不过郭先生以为："从《容成氏》把'轩辕氏'、'神农氏'和诸古帝王并列叙述而不单独列举的情况看，不但大一统帝王世系中的五帝系统还

---

① 陈剑：《上博简〈容成氏〉的竹简拼合与编连问题小议》，见朱渊清、廖名春编：《上博馆藏战国楚竹书研究续编》。

② 郭永秉：《楚地出土战国文献中的传说时代古帝王系统研究》，13～29 页，博士学位论文（修订本），复旦大学，2006-10。

没有任何影响，就连黄帝在古史传说中的中心地位也还看不出来。这些观念很可能在《容成氏》的著作年代尚未兴起，从这一点上说，《容成氏》所保留的传说体系应该是比较原始的。在这样的传说体系中，仓颉、容成皆为古帝的事实可以为我们研究相关人物传说的演变过程提供相当有力的证据。"

此说虽然有很大合理性，但是恐怕将大一统帝王世系的形成看作一次性的完成，更有以《容成氏》所述帝王系统为实的趋向，而这恐怕难以断定（不能排除《容成氏》开篇是围绕讲禅让而托古）。难怪他指出："有了《容成氏》的这种古帝王传说系统，就可以知道，顾颉刚先生和刘起钎先生把古帝王的繁化作为道、法、兵、阴阳诸家的发明，恐怕是很不全面的说法……此类古史传说在战国中期已经非常流行，但这并不意味着这类传说就是起于战国中期。我们认为它能够被诸子各家不约而同地采纳为阐述学说主张的依据，应该是建立在这些古帝王传说已经深入人心、人们普遍信服的基础上的。所以这类传说实际出现的年代当更早，而不应该是战国后期才由诸子增添繁化而成。"①虽然当时到底有哪些古帝王传说深入人心很难知道，是否不同地区存在不同传说也有待研究②，但是郭先生的说法，对于顾先生"层累说"所表现的"时代愈后，传说的古史期愈长"的历史观，显然是不利的。

可注意的是，比较《容成氏》和《子羔》以及郭店简《唐虞之道》的异同，我们较容易发现三者宣讲禅让这个相同之处，而三者也几乎都叙述了尧、舜、禹、契、稷之事。类似的记载有很多，譬如《孟子·滕文公上》说："尧独忧之，举舜而敷治焉。舜使益掌火……禹疏九河……后稷教民稼穑……使契为司徒……"《管子·法法》有："舜之有天下也，禹为司空，契为司徒，皋陶为李，后稷为田。"尧、舜、禹最为常见，尧、

---

① 郭永秉：《楚地出土战国文献中的传说时代古帝王系统研究》，78、75～76 页，博士学位论文（修订本），复旦大学。

② 譬如蒙文通先生提出中国上古民族可以分为三系的学说，认为古代文化发源于东方海岱、江汉、河洛的炎黄二族后起，南北对立，并认为："上古部落争治之时，各长其长，各民其民，乌有所谓三皇、九皇、盘古之说哉！"见蒙文通：《古史甄微》，22 页。

舜、禹、契、稷则逐渐固定，成为种种古史传说的核心，益和皋陶尚时见论述。这种差异表明虽然当时人对于尧、舜、禹、契、稷有逐渐建构系统的动向，但是仍然允许"异端"的存在。而有同有异的古史，或可以表明古史的来源并非是单线的，来源的时间可能相当早，来源的地域相当广泛。

总之，《容成氏》等篇的出现，虽然或可以表明其时五帝一元系统尚未出现，但是对于五帝一元系统的怀疑并非顾先生的首创。竹简目前似乎尚可以支持顾颉刚先生的个别结论，如尧、舜出现较晚，但是尧、舜、禹、契、稷的结构则不利于顾先生以禹为截断众流的突破口。

（三）爨公盨铭文中大禹的问题

近年发现的爨公盨铭文，开篇就说："天命禹敷土，随山濬川。"裴锡圭先生指出："可见在较早的传说中，禹确是受天，即上帝之命来平治下界的水土的……在这样的传说里，根本不可能有作为禹之君的人间帝王尧、舜的地位。顾氏认为尧、舜传说较禹的传说后起，禹跟尧、舜本来并无关系的说法，当然也是正确的。"但是裴先生也指出："虽然爨公盨恰好是西周中期器，但是这却并不能成为支持顾氏'禹是西周中期起来的'说法的证据。在此盨铸造的时代，禹的传说无疑已经是相当古老的被人们当做历史的一个传说了。"[1]其实当年陆懋德先生已经指出《尚书》中的《立政》、《吕刑》等篇已经提及"禹"，年代早于西周中叶（顾先生当时则认为《吕刑》是穆王晚期的作品）。而许多学者认为成于周初的《逸周书·商誓》时间更早，也提及"禹"。

裴先生拿铭文来为顾颉刚先生之说作证据；但是笔者以为，刘掞藜谈到的根据顾先生之说，那么商汤、文王也是神不是人之说，同样值得重视。古人常常把英雄神化，这是在很长时期、很多民族里都流行的一种观念。像前面讨论的契、稷，皆为无父感生，就被称为"天子"。这是"神话"，其行事也绝非真有所谓天命。只不过是当时人的思维习惯认为他们的成功是得到了天或上帝之命而已。上博简《孔子诗论》篇简7、简

---

① 裴锡圭：《新出土先秦文献与古史传说》，见《中国出土古文献十讲》，22页。

2说："【'帝谓文王，予】怀尔明德'，盖诚谓之也。'有命自天，命此文王'，诚命之也，信矣！孔子曰：此命也夫！文王虽谷已，得乎？此命也，7 志也，文王受命矣。"①这里的"孔子"也认为文王受命。此处的"诚谓之""诚命之"，还可以参看《孟子·万章上》：

> 万章曰："尧以天下与舜，有诸？"孟子曰："否，天子不能以天下与人。""然则舜有天下也，孰与之？"曰："天与之。""天与之者，谆谆然命之乎？"曰："否，天不言，以行与事示之而已矣。"

到此时，万章还持有同西周时期观念相近的天像人一样"谆谆然命之"的想法，孟子则排除了天像人一样说话、发布命令的神性。因此燹公盨铭文中的"天命禹"，恐怕并不能作为禹是神而文王等不是神的充要条件。在当时人的心目中，禹和文王等皆有神性，均是受命。

当然，顾先生曾在《讨论古史答刘胡二先生》一文中讨论禹的天神性时，他说到禹"地位的独立，神话的普遍"，但这是基于《诗经》的叙述，或可以有不同解释（详后文）。所说禹"敷土甸山治水"这些"神迹"，则恐怕是在成见引导下做循环论证。因为大禹治水的传说悠久，难免会在流传中增添"神迹"并逐渐放大（恰如顾先生所说："时代愈后，传说的中心人物愈放愈大"）。我们看后世《封神演义》所叙商周之事，就完全是神话了（当然，由于长期以来对于周文王、武王德行的歌颂，《封神演义》并没有过多地谈文王、武王的"神迹"，这表明作者受到了社会思想的影响。② 但是作者把神力转赋给了姜太公。而大禹治水故事，或可能在文

---

① 参见拙作：《〈诗论〉简释文疏证》，见刘小枫、陈少明主编：《古典传统与自由教育》，北京，华夏出版社，2005；《简帛释证与学术思想研究论集》，台北，台湾书房出版有限公司，2008。

② 参见李亦辉、李秀萍：《论〈封神演义〉中文王、武王形象的理学文化特征》，载《学术交流》，2006(1)。

王、武王之时就已经基本定型①，其时人传之为神，就不足奇怪了）。这个例证或可以说明，"神迹"之有无、多少，并不能表明同为受命之民，还存在神与人的差别。之所以出现"神迹"的差别，可能和传说时间的长短、叙述方式的差异等因素有关。

在"疑古"思潮蜂起之时，王国维先生在《古史新证》中，根据秦公敦（实为簋）铭文"鼏宅禹迹"，和齐侯镈钟铭文"处禹之堵"，都提及"禹"，断定"春秋之世，东西二大国，无不信禹为古之帝王，且先汤而有天下也"。孰料顾颉刚先生反在跋文中据此以证成己说，说明当时"都不言尧舜""最古的人王只有禹"。②

为什么王国维先生的《殷卜辞中所见先公先王考》和《续考》二文，根据甲骨文证《史记》等所记殷商世系、史实，受人推崇，而根据铜器证大禹为古帝王，却适得其反呢？这涉及"二重证据法"的规范性问题。王国维先生的前二文，是根据殷商时期的直接史料，证间接史料，直接史料的时代与所要证明的时代基本是共时性材料，故其结论可信。而根据铜器证大禹为古帝王，则是希望根据春秋时期的直接史料和间接史料，去证时代远在此前的史实，把异时性材料当作共时性材料，故而缺少说服力，不成功——春秋时期的史料只能说明春秋时期的情况。这里的不成功，并不是"二重证据法"方法本身出了问题，而是在运用时出了问题。同理，西周中期的遂公盨铭文，最多也只能说明在当时人的观念中，禹具有神性，他治水（成功），被人认为是受天之命令（才得以成功）。铭文只能反映此时人们观念中有禹，并不能告诉我们时间远在此前的历史

①　顾颉刚先生曾和童书业合作写《鲧禹的传说》（见吕思勉、童书业编著：《古史辨》第7册下编），根据《山海经》《墨子》《楚辞·天问》《淮南子》等，认为禹最初也是用息壤堙填洪水，后来才演变为疏导水流。但是如果从蒙文通先生的视角来看，则顾先生所举的这些例子，多属于一个区系的传说（顾先生后来所作《〈庄子〉和〈楚辞〉中昆仑和蓬莱两个神话系统的融合》一文，也认识到了地域性差异的问题）。实际上《大雅·文王有声》说"丰水东注，维禹之绩"，这就是在讲用疏导之法治水——裘锡圭先生举此例，认为顾先生把疏导治水说的时代定在战国失之过晚（参见裘锡圭：《遂公盨铭文考释》，见《中国出土古文献十讲》，52页）。裘先生此说可信，但是尚没有考虑传说的区系性差异。

②　参见顾颉刚编著：《古史辨》第1册，264～267页。

真相。

如果以西周材料说西周之观念，那么根据顾先生所曾经相信的时代较早的《尚书·吕刑》，可以知道在当时的古训（"若古有训"）中，已经有蚩尤，有重黎，有"三后"伯夷、禹、稷。而可能和《吕刑》时代接近的《逸周书·尝麦》①，则记有赤（炎）帝、黄帝、蚩尤、少昊，并记禹、启、五观之事。另外，时代可能在西周初年的《洪范》篇②，记有鲧、禹治水之事。总之，《商誓》《洪范》《立政》《吕刑》《尝麦》诸篇都提到禹。而且，西周早中期的材料中，禹之前有蚩尤、重黎以及赤（炎）帝、黄帝、少昊等。顾先生在"层累说"中，仅仅根据《诗经》说"《生民》是西周作品，在《长发》之前，还不曾有禹一个观念"，不仅在史料选择上是有问题的，其结论也是不可信的。

根据这些西周的材料，我们确乎有必要考虑《左传》《国语》中的某些记叙，很可能有较早的渊源。如《国语·周语上》记祭公谋父谏周穆王征犬戎，言及"昔我先王世后稷，以服事虞、夏。及夏之衰也，弃稷不务，我先王不窋用失其官，而自窜于戎、狄之间……"这里指出"后稷"是一个世袭的官职，始于虞、夏时期。而史墙盘铭文根据裘锡圭先生的考订，提及"上帝、后稷亢保"③，则是出于以始祖配天的观念。这种述祖述史的话，相比较而言有一定的可信性（顾先生在"层累说"中质疑后稷有无其人，相比起来，不太具有说服力）。这样，虞、夏、商、周四代的古史框架的呈现时间，就很早了。而甲骨文四方风名经饶宗颐先生补

---

① 刘起釪先生认为《尝麦》篇等"保存了西周原有史料，其文字写定可能在春秋时……《尝麦》为成王亲政后的记录文献"，参见刘起釪：《尚书学史（订补本）》，96 页，北京，中华书局，1989。李学勤先生则认为此篇时代和《吕刑》接近，参见李学勤：《〈尝麦〉篇研究》，见《古文献丛论》。刘起釪先生后来也说："与《吕刑》基本同时保存了西周资料的有《逸周书·尝麦篇》"，"《尝麦》所记礼制与《顾命》相近，亦知其为西周资料"，参见顾颉刚、刘起釪：《尚书校释译论》，1918 页。

② 参见徐复观：《阴阳五行及其有关文献的研究》，《由〈尚书〉〈甘誓〉、〈洪范〉诸篇的考证，看有关治学的方法和态度问题——敬答屈万里先生》，均见《中国人性论史（先秦篇）》。李学勤：《帛书〈五行〉与〈尚书·洪范〉》，见《简帛佚籍与学术史》；《叔多父盘与〈洪范〉》，见《中国古代文明研究》。裘锡圭：《鼗公盨铭文考释》，见《中国出土古文献十讲》，70 页。

③ 裘锡圭：《史墙盘铭解释》，载《文物》，1978（3）。

正，已经提及听协风之事。《郑语》记舜之祖虞幕能听协风，《周语上》记宣王时虢文公谈"瞽告协风至"之事①，这都是对于有虞氏历史有利的材料。难怪杨向奎、王树民等先生都提议要重视对夏、商、周三代之前的"有虞氏"的研究。②

此外，春秋时期铜器铭文说"鼏宅禹迹""处禹之堵"，并不能证成当时"最古的人王只有禹"。陕西凤翔1号秦公大墓中，石磬铭文提及"天子匽喜，共桓是嗣。高阳有灵，四方以鼏"。墓主乃秦景公，所说"高阳"，很可能就是秦祖所出的颛顼。这表明秦人很早就有祖述颛顼的传统。很多学者赞成前述秦公簋为秦景公时物，若然，秦人同时追叙颛顼和禹，可以表明禹并非最古。而即便秦公簋时代更早③，也很难说其时秦人只知禹而不知颛顼。

值得注意的是，比较和秦公簋铭文相近的秦公王姬镈、钟和秦公镈铭文，与"受天命，鼏宅禹迹"相应的是"受天命，赏宅受国"，"受天命，奄有下国"，④ 皆称受天命而有宅有国。这很可能表明，秦人提及"鼏宅禹迹"，仅仅只是从得到居处的土地这个角度而言的，而并不是在说有关禹为最早人王的古史。《左传·襄公四年》就载："虞人之箴曰：'芒芒禹迹，画为九州，经启九道。民有寝庙，兽有茂草，各有攸处，德用不扰……'"这个被引用的"虞人"的箴言，很可能表明了当时人的共识，即认为民之处所，皆是"禹迹"。《尚书·立政》有"陟禹之迹"，《诗·大雅·文王有声》的"丰水东注，维禹之绩"，《商颂·殷武》的"设都于禹之绩"，《左传·哀公元年》的"复禹之绩"，皆假"绩"为"迹"⑤。杨筠如根

---

① 参见李学勤：《申论四方风名卜甲》，见《中国古代文明研究》。

② 参见杨向奎：《应当给"有虞氏"一个应有的历史地位》，载《文史哲》，1956(7)；王树民：《夏、商、周之前还有一个虞朝》，载《河北学刊》，2002(1)。

③ 目前有襄公、文公、德公、宣公、成公、穆公、共公、桓公、景公、哀公诸说。

④ 参见李零：《春秋秦器试探——新出秦公钟、镈铭与过去著录秦公钟、簋铭的对读》，载《考古》，1979(6)；《考古发现与神话传说》，见《李零自选集》，74～75 页。李学勤：《秦公簋年代的再推定》，见康世荣主编：《秦西垂文化论集》，472 页，北京，文物出版社，2005。

⑤ 参见马瑞辰：《毛诗传笺通释》卷三十二，1186～1187 页。刘掞藜认为"丰水东注，维禹之绩"之"绩"当从毛传、郑笺(参见刘掞藜：《讨论古史再质顾先生》，见顾颉刚编著：《古史辨》第1册，166 页)，恐非是。但是他的目的在于反驳顾颉刚。

据《说文》："陟，登也"来解释《尚书·立政》的"陟禹之迹"①，则《逸周书·商誓》中武王所说"在昔后稷，惟上帝之言，克播百谷，登禹之绩，凡在天下之庶民，罔不惟后稷之元谷用蒸享"的"绩"，也是假借字。由武王所表述后稷"克播百谷，登禹之绩"，天下庶民都"用蒸享"之事，我们可以重新考虑《鲁颂·閟宫》。《閟宫》说后稷"奄有下国"（秦公镈铭文"奄有下国"或与此有关）、"奄有下土"，其义近于秦公簋铭文的"鼏宅禹迹"，是讲得到居处的土地；而未必是顾先生在"层累说"中所强调的"做国王"②，更不是顾先生在"层累说"中所注意的讲古史，以禹为历史的开端——这恐怕是在成见指导下的一个有意误读。

《閟宫》说后稷"缵禹之绪"，又有"至于文武，缵大王之绪"，则似乎《閟宫》中后稷和禹的关系，类似文武和大王一样，有血缘关系，因此顾先生以此时的禹为周人所述的祖先。不过也可能并非如此，类似的无血缘关系而缵绪的例子，可参《大戴礼记·少闲》孔子所叙成汤的"服禹功以修舜绪"，古文《尚书·仲虺之诰》也有："天乃锡王勇智，表正万邦，缵禹旧服。"看来"缵禹之绪"，只是表彰后稷的"克播百谷"的大功勋，以之为大禹治水的未竟之功，为周朝的统治披上合法化的外衣③。

推想当时人多提"禹迹"，或可能还有一个隐含的意义，那就是因为禹是功高而最终导致传子的人，所以登禹之迹，就意味着不但可以奄有九州，而且可以"家天下"。《尚书·立政》就说："其克诘尔戎兵，以陟禹之迹，方行天下，至于海表，罔有不服。以觐文王之耿光，以扬武王之大烈。"

由此来看《商颂·长发》，它说"洪水芒芒，禹敷下土方。外大国是疆，幅陨既长"，就是在谈疆域。这时候再说"有娀方将，帝立子生商"，

---

① 杨筠如：《尚书核诂》，407 页。

② 刘掞藜已有反驳，但是未注明"奄有下国"之含义。参见刘掞藜：《读顾颉刚君"与钱玄同先生论古史书"的疑问》，见顾颉刚编著：《古史辨》第 1 册，89～90 页。

③ 顾先生在《鲧禹的传说》一文中（吕思勉、童书业编著：《古史辨》第 7 册，158～159 页），不参考他自己认为时代较古的《逸周书·商誓》之语，而突出说禹为耕稼的国王，用时代较晚的《天问》《论语·宪问》之语证成《鲁颂·閟宫》中的稷"缵禹之绪"，恐不当。

就是为商朝的统治建立合法性。顾先生在"层累说"中说："上帝建国，商与禹有什么关系呢?"由此推测"禹是上帝派下来的神，不是人"，恐怕未能理解谈论大禹治水、禹迹的含义。看《商颂》后文"相土烈烈，海外有截""帝命式于九围""九有有截"，就是讲的"合法"地夺取禹迹，最终夺了天下："韦顾既伐，昆吾夏桀"。商人（或者商之后的宋人）既认为自己的统治有天命，所以不会顾忌禹是夏之先。顾先生要由《长发》以证明禹和夏桀"二人漠不相关，很是明白"，恐怕是成见在先①。虽然对于夏代世系，有着包括禹与不包括禹的两种说法，《容成氏》就只说启以后十六世，即便这能代表一种较早的观念（因为传说禹曾让位于皋陶、益），也并不能表明禹和夏朝没有丝毫关系。

因此，顾先生所说禹"地位的独立，神话的普遍"，其独立、普遍，是源于有限的《诗经》文本的叙述；而之所以叙述禹，则出于合法地拥有疆域之故，并不是以禹作为古史的开端。总之，顾先生以《诗经》中的禹为"截断众流"的关键，却又只想建设东周以后的系统信史，已经存在矛盾。而从《诗经》来讨论西周时期的禹，却想排除《尚书》等其他共时性的西周早期文献，难免有成见在先故而选择性地运用史料之嫌。至少存在解释上的疑义，未必具有绝对合理性，我们还可以有另外的诠释。从西周的材料来看，大禹并不是当时最古的人王，大禹和商周也没有什么重要关系。

（四）新蔡简的问题

2003 年出版发行的《新蔡葛陵楚简》中，不仅出现了包山简、望山简中祭祷者所祷祠的楚先祖老童、祝融、穴熊，而且第一次出现了颛顼。新蔡楚墓的年代约在楚悼王三年（公元前 398 年）②，正当战国中

---

① 参见刘掞藜：《读顾颉刚君"与钱玄同先生论古史书"的疑问》，见顾颉刚编著：《古史辨》第 1 册，86 页；胡堇人：《读顾颉刚先生论古史书以后》，见顾颉刚编著：《古史辨》第 1 册，94 页。

② 参见宋华强：《新蔡葛陵楚简初探》，113～115 页，武汉，武汉大学出版社，2010；李学勤：《清华简〈楚居〉与楚徙郮郢》，载《江汉考古》，2011(2)；拙作《由清华简〈系年〉谈战国初楚史年代的问题》，载《史学史研究》，2013(2)。

期。新蔡葛陵楚墓的墓主坪夜君成是楚昭王之子文坪夜君子良的后代，"身份等级仅次于楚王"。所以董珊先生拼接简甲三11、甲三24所得："昔我先出自颛顼，宅兹雎、漳，以选迁处"，就非常有意义了，他指出：

> "昔我先出自"之"我先"应即"楚先"，是特指楚人之先祖。文献中以"出自"来叙述世系的用例，常常追溯到古史传说中的帝王。例如：……《史记·楚世家》说"楚之先祖出自帝颛顼高阳"；《大戴礼记·帝系》说"颛顼娶于滕氏，滕氏奔之子谓之女禄氏，产老童"。《山海经·大荒西经》说"颛顼生老童"。[①]

但是郭永秉先生认为："通过对望山、包山和新蔡等几批楚国祭祷简文的考察，我们可以得出一个印象，即楚人祭祀的最高远的先祖（很有可能是始祖），应该就是老童。从前已引及的《左传·僖公二十六年》'夔子不祀祝融与鬻熊，楚人让之'来看，这种情况不是偶然的，只能说明楚人或与楚同族的人也并没有祭祀颛顼的习惯……战国以后，即使颛顼在楚国先祖世系中确有一个位置，但他和老童以下的楚先祖是有所区别的。"[②]

按《礼记·丧服小记》和《礼记·大传》均记："王者禘其祖之所自出，以其祖配之。""禘"的对象是"始祖所自出"[③]，这表明"始祖所自出"和"始祖"确实有区别，所以"颛顼"和"楚先"应该有一定区别。当然，"禘祭"不是常祀，所以包山等简中并不多提颛顼。《国语·楚语》记申叔时论傅太子，说到"教之《世》"，而坪夜君成的身份很高，当也受此教育。

---

① 董珊：《新蔡楚简所见的"颛顼"和"雎漳"》，载"简帛研究"网，2003-12-07。

② 郭永秉：《楚地出土战国文献中的传说时代古帝王系统研究》，121 页。

③ 参见(清)孙希旦：《礼记集解》卷三十二，866 页，北京，中华书局，1989。崔述曾对此说有批评，认为"祖之所自出"就是始祖，但徐旭生先生不同意其说，参见徐旭生：《中国古史的传说时代》，236～237 页。陈成国先生根据金文指出周穆王时禘祭已经有变化，不必祭祖之所自出，行禘祀者不一定是王，参见陈成国：《中国礼制史(先秦卷)》，160、223 页，长沙，湖南教育出版社，2002。按：陈说于160 页说"禘祭其始祖"，于223 页则说"祭祖之所自出"，当是以始祖为祖所自出，从崔述之说。

因此坪夜君成在祷告之语中说"昔我先出自颛顼，宅兹睢、漳，以选迁处"，应该表明当时楚国贵族早已经把颛顼当作祖之所自出。陕西凤翔1号秦公大墓中，石磬铭文提及"天子匽喜，共桓是嗣。高阳有灵，四方以鼎"。墓主乃春秋时期的秦景公，所说"高阳"，很可能就是秦祖所出的颛顼。这表明秦人可能至晚在春秋时期就有祖述颛顼的传统。所以楚人说及颛顼，恐怕不是"战国以后"的事，而是有可能更早。

马王堆帛书《经》①中记载了黄帝、高阳之事，上海博物馆藏简《三德》篇和《经法》《经》诸篇有思想关联②，也出现了黄帝、高阳的对话，这里的高阳当即是颛顼。传世文献有不少黄帝与颛顼的记载，如《吕氏春秋·序意》记："文信侯曰：'尝得学黄帝之所以诲颛顼矣，爰有大圜在上，大矩在下，汝能法之，为民父母。'"《鹖冠子·数始五帝治天下第七》载："昔者帝颛顼年十五而佐黄帝，二十而治天下。"上博简《武王践祚》篇记："武王问师尚父曰：'不知黄帝、颛顼、尧、舜之道存乎？'"有黄帝、颛顼、尧、舜（尚不足五帝，这或许再一次表明，五帝之成为系统，仅是配合五行家之言。古人称道古帝王，多随意而指称。《大戴礼记·武王践祚》则只有"黄帝、颛顼"，不及尧、舜，可能是传写脱漏，也可能二者是"异文"的关系）。

《墨子·非攻下》记："昔者三苗大乱，天命殛之……高阳乃命【禹于】玄宫，禹亲把天之瑞令，以征有苗。"（《艺文类聚·符命部》引《随巢子》载："昔三苗大乱，天命夏禹于玄宫。"）或许因为高阳（颛顼）和夏禹的这种关系，夏人便以颛顼为祖：《国语·鲁语上》记展禽说："有虞氏禘黄帝而祖颛顼，郊尧而宗舜；夏后氏禘黄帝而祖颛顼，郊鲧而宗禹；商人禘舜而祖契，郊冥而宗汤；周人禘喾而郊稷，祖文王而宗武王。"《礼记·祭法》与此略有不同，作："有虞氏禘黄帝而郊喾，祖颛顼而宗尧。夏后氏亦禘黄帝而郊鲧，祖颛顼而宗禹。殷人禘喾而郊冥，祖契而

①　《经》，原称《十大经》，李学勤先生认为"十大"为小题，"经"为大题，今从之。参见李学勤：《马王堆帛书〈经法·大分〉及其他》，见陈鼓应主编：《道家文化研究》第三辑。

②　曹峰：《〈三德〉所见"皇后"为"黄帝"考》，见《上博楚简思想研究》，台北，万卷楼图书股份有限公司，2006。

宗汤。周人禘喾而郊稷，祖文王而宗武王。"展禽之语和《祭法》都说虞、夏禘黄帝而祖颛顼，此中《祭法》说殷、周人都禘喾值得注意。不过展禽之语，说的不是历史事实。因为甲骨文中，至今还没有发现明确的祭祀舜的记录。[①] 所以丁山先生曾指出："虞夏之禘黄帝，商周之禘帝喾，此周人新说，绝不合于殷商祀典。"[②]徐旭生先生也指出，展禽有可能只是根据周时虞、夏、商的后嗣的祭祀活动，而说出那一段话的[③]。陈戍国先生则指出："《大传》与《鲁语》说的意思是相通的……但周礼并不尽然(西周之初武、成时期可能实行过)……西周康王之后禘祀所行范围，春秋时期犹然，而与《礼记·大传》所说迥不相侔。"[④]因此，展禽《祭法》之语可能是本于西周早年的祭祀活动，虞、夏、商的后嗣的祭祀活动，或者某些记载而言的。但是展禽、《祭法》所承认的虞、夏、商、周这个古史框架，则应当形成得更早。

郊、禘之说可能较晚，但是祖、宗之说仍值得考虑。《孔子家语·庙制》说：

> 子羔问曰："《祭典》云：'昔有虞氏祖颛顼而宗尧，夏后氏亦祖颛顼而宗禹，殷人祖契而宗汤，周人祖文王而宗武王。'此四祖四宗，或乃异代，或其考祖之有功德，其庙可也。若有虞宗尧，夏祖颛顼，皆异代之有功德者也；亦可以存其庙乎？"孔子曰："善！如汝所闻也。如殷、周之祖宗，其庙可以不毁。其他祖宗者，功德不殊，虽在殊代，亦可以无疑矣。《诗》云：'蔽芾甘棠，勿翦勿伐，邵伯所憩。'周人之于邵公也，爱其人犹敬其所舍之树，况祖宗有功德，而可以不尊奉其庙焉？"

----

① 王国维《殷卜辞中所见先公先王考》文中，论喾、舜之处不可靠，参见常金仓：《古史研究中的泛图腾论》，见《二十世纪古史研究反思录》，103～104 页，北京，中国社会科学出版社，2005；裘锡圭：《释〈子羔〉篇"铯"字并论商得金德之说》，见武汉大学简帛研究中心主办：《简帛》第二辑，上海，上海古籍出版社，2007。

② 丁山：《祭典分论》，见《中国古代宗教与神话考》，477 页，上海，龙门联合书局，1961。

③ 参见徐旭生：《中国古史的传说时代》，233～234 页。

④ 陈戍国：《中国礼制史(先秦卷)》，160 页。

也说虞夏祖颛顼，但是认为有虞氏宗尧，与展禽之语不同而与《祭法》相合。有虞氏以颛顼为祖，前面郭永秉先生已经考出其君王世系（颛顼→幕→迥→舜）；而《孔子家语·庙制》所引孔子论《甘棠》之语，倒与上博简《诗论》相合。因此，虞、夏、商、周祭祀中的祖、宗之说，仍值得考虑。

李零先生曾经指出，《世本》和《帝系》的祭祀系统就是以《国语·鲁语上》和《礼记·祭法》为基础整理而成；并推测炎帝系统和太皞、少皞没能进入这一祭祀系统的原因，是因为炎帝系统的各支是属于"异德合姓"的姻亲，而太皞、少皞集团则在东方，与周人关系较为疏远①。因此，以黄帝为始祖的一元系统，虽并非确切有血缘关系，但是在祭祀系统上，具有一定合法性。而这个建构，已经承认了虞、夏、商、周的系统。

《国语·周语下》记太子晋之语"夫亡者岂繄无宠？皆黄、炎之后也"，但此时炎帝后裔已经衰微。因此，黄帝一元系统的形成和确立，有可能就在此一时期稍后，而其形成是和权势、实力分不开的。至于最后出现以黄帝一元的"五帝"并得到"公认"（《吕氏春秋》《孔子家语》等的五帝仍然有不同），这就是基于权力等因素之上的选择问题了。当然为了拼合出"五"，也会对一些人物进行调整。正如《孔子家语·五帝》说"其应五行而王，数非徒五，而配五帝，是其德不可以多也"，崔述也早看出"帝亦不以五为限"②。本来是有很多"帝"的，但是五行说风行之后，人们为了凑数，便进行了调整。

（五）清华简的问题

关于尧舜，战国时人的称道已经很普遍。可是顾颉刚先生在"层累说"中的考订则认为"东周的初年只有禹是从《诗经》上可以推知的；东周的末年，更有尧舜，是从《论语》上可以看到的"。过去虽有很多学者批

---

① 李零：《出土发现与古书年代的再认识》，见《李零自选集》，52 页。
② 崔述：《补上古考信录卷之上·前论一则》，见顾颉刚编订：《崔东壁遗书》，27 页。
按：蒙文通前引文也本此而立说。

评顾先生的观点，但是却找不出比较可信的材料来反驳。而金文又属于比较特殊的材料，较少谈古代史，所以就连郭沫若先生也承认"层累说"是一个卓识（郭先生所著《金文所无考》，就没有认识到金文之特殊性）。现在清华大学藏战国简的《保训》篇中，出现了尧舜，其年代恐怕要远远早出《论语》。

清华简的年代，李学勤先生指出曾请北京大学加速器质谱实验室、第四纪年代测定实验室做了 AMS 碳 14 年代测定，经树轮校正的结果是公元前 305±30 年，为战国中晚期之际①。《保训》全文不长，参考清华大学出土文献研究与保护中心的《释文》和学界意见，间以己意，笔者以为可以写定如下：

> 惟王五十年，不瘳，王念日之多历，恐，述《保训》。戊子，自济济。己丑，昧【爽】……【王】若曰：发，朕疾适甚，恐不汝及训。昔前人传宝，必受之以诵。今朕疾允病，恐弗念终，女以书受之。钦哉，勿淫！昔舜，久作小人，亲耕于历丘，恭求中，自稽厥志，不违于庶万姓之多欲；厥有施于上下远迩，乃易位迩稽，测阴阳，至物咸顺不逆。舜既得中，焉不易是，变命，身滋服，惟允翼翼，不懈，用作三诸之德。帝尧嘉之，用受厥绪。呜呼！祗之哉！昔微格中于河，以覆有易，有易服厥罪。微无害，乃续中于河。微志弗忘，传贻子孙，至于成汤，祗服不懈，用受大命。呜呼！发，敬哉！朕闻兹不久，命未有所延。今汝祗服毋懈，其有所偷息，不及尔身受大命。敬哉，毋淫！日不足，惟夙不祥。

《保训》篇记载的是周文王诫武王之语，其中讲到舜、上甲微如何"求中""传中"之道，具有十分重大的意义。现在《保训》中记载周文王讲尧舜的事情，无疑对于古史研究有重大意义。问题是，《保训》所载的这个尧舜之事，能早到什么时候？是否具有可信性？

据李学勤先生介绍："《保训》篇完全是《尚书》那种体裁，开头……

---

① 参见李学勤：《论清华简〈保训〉的几个问题》，载《文物》，2009(6)。

是文王发布遗言的准备仪式，和《尚书·顾命》所记周成王死前的仪式相似，只是简单一些。"①李先生的意见很有启发性。《保训》简文中，有不少词句也见用于年代很早的典籍。如"厥志"，见《尚书·盘庚中》："予若吁怀兹新邑，亦唯汝故，以丕从厥志。天佑下民，作之君，作之师，唯其克相上帝，宠绥四方。有罪无罪，予曷敢有越厥志"；"万姓"，可参《尚书·立政》："帝钦罚之，乃伻我有夏，式商受命，奄甸万姓"；"祗服"又见《尚书·康诰》："子弗祗服厥父事"；"用受"，见于《逸周书·尝麦》："士师用受其藏。"

从金文来看，以"惟王"多少"年"开篇的青铜器铭文，多见于西周中晚期②（《尚书·洛诰》用"惟七年"，无"王"字，在篇末），如西周中期的有：曶鼎（《殷周金文集成》5.2838），望簋（8.4272），师酉簋（8.4288），牧簋（8.4343）；晚期的有：柞钟（1.133），散伯车父丁（5.2697），小克鼎（5.2796），虢姜簋（7.3820），五年师旋簋（8.4216），走簋（8.4244），元年师旋簋（8.4279），伊簋（8.4287），师𫘦簋（8.4311），师颖簋（8.4312），𦔮比盨（9.4466）。战国时期的曾姬无卹壶（15.9710）、陈璋鬲（16.9975）也有类似表述，恐只能看作一种遗存，就如同战国时期的楚王酓章钟，也偶用"惟王五十又六祀"这种类似西周早期的文字一样（不过西周早、中期这种语句常放在结尾处，《尚书·洪范》《逸周书·大匡》《逸周书·文政》用"惟十有三祀"，《逸周书·武儆》用"惟十有二祀"，在篇首，但是没有用"王"字）。尤其值得注意的是，前述牧簋（8.4343）铭文不仅有"惟王七年"，而且有见于《保训》的"匐（服）厥罪"。

当然，《保训》中有一些词句，见用于载籍的年代或稍晚，如"有施"，见《逸周书·官人》："有知而言弗发，有施而心弗德"；"咸顺"，见于《逸周书·大匡》："生敬在国，国咸顺"；"唯允"，可参《尧典》："夙夜出纳朕命，唯允"；"不懈"，《国语·周语中》有："以敬承命则不

<hr />

① 李学勤：《周文王遗言》，载《光明日报》，2009-04-13。

② 可参见范常喜：《金文"惟"字记时句断代研究》，见教育部人文社会科学重点研究基地、华东师范大学中国文字研究与应用中心主办：《中国文字研究》第七辑，南宁，广西教育出版社，2006。此蒙网友海天提示，谨致谢忱。

违，以恪守业则不懈，以恭给事则宽于死，以俭足用则远于忧。若承命不违，守业不懈，宽于死而远于忧，则可以上下无隙矣"；"帝尧嘉之"的"嘉之"，《左传·桓公十七年》记："秋，蔡季自陈归于蔡，蔡人嘉之也。"不过相近词或词组之间的比较，有一些不足以完全确定词语的具体使用年代。因为有些词历时很久，如前述"万姓"见于《尚书·立政》，时代很早，但是也见于较晚的《韩诗外传》卷五："是则兼制天下，定海内，臣万姓之要法也。"而西周时期留存至今的文献非常稀少，所以上述载籍的年代虽晚，但是所用之词语，有可能源自更早的年代，则《保训》自可用之。

值得注意的是，有一些词可能使用的时间较短，后来便被相近的词所代替，其间的变化具有一定的断代意义。如前述"服厥罪"，见于《保训》和牧簋铭文（"厥罪"也见于《康诰》），这应该是西周时期的说法。唐钰明先生曾指出："凡用'厥'作代词的器铭，有较大可能属西周或西周早期（当然也可能晚至春秋战国）；而凡用'其'作代词的器铭，则必定属于西周晚期以后。"①《左传》中就三见"伏其罪"：《隐公十一年》"君谓许不共，故从君讨之。许既伏其罪矣，虽君有命，寡人弗敢与闻"。《庄公十四年》"傅瑕贰，周有常刑，既伏其罪矣"。《定公十四年》"晋国有命，始祸者死。二子既伏其罪矣，敢以告"。（"其罪"则见于《论语·公冶长》："子谓公冶长可妻也。虽在缧绁之中，非其罪也。"）再如"祗"和"敬"文义相近，单独使用时多不别，如《保训》中既有"祗之哉"，也有"敬哉"。但是和"服"连用时，《保训》和《尚书·康诰》都是用"祗服"；而《左传·僖公二十八年》的周天子命晋文侯之辞，则用"敬服"。《康诰》和周天子命晋文侯之辞都是官方用语，出现这种差别，当是时代变迁使然。

因此，《保训》的年代要早于《左传》《论语》。如果《左传》所记语言有一些是得自实录的话，那么确实可以认为《保训》写成于西周中晚期，至

---

① 唐钰明：《其、厥考辨》，载《中国语文》，1990（4）。此蒙网友海天提示，谨致谢忱。按：《保训》篇"其有所犹疑，不及尔身受大命"，"其"不是代词，当作"若""如果"讲。

少也要早于春秋中期。因为到春秋末年，孔子已经多次讲过尧舜了，他当然是从前辈那里闻见有关故事的，而有关的故事让多闻阙疑的孔子深信不疑，一定要有一个较长的流传时间，以形成普遍的"历史"常识。即便退一步讲，就算认为《保训》所使用的词语，有个别的年代有可能较晚，这也可能是《保训》的这些部分经过了后人的改写（这在古书的流传中较为常见）。而《保训》主体之写成，当在西周中晚期，其来源当更早。《保训》简文中，文王明确地对武王说："汝以书受之"，则《保训》篇有可能是改写自实录。故《保训》所载的尧、舜故事，不大可能是春秋战国时人的拟古、托古之作。[①]

如果《保训》篇主体的写作年代在西周中晚期，则其价值将非常大。我们知道，近年发现的燹公盨铭文，开篇就说："天命禹敷土，随山濬川"，时代在西周中期。裘锡圭先生曾指出："虽然燹公盨恰好是西周中期器，但是这却并不能成为支持顾（颉刚）氏'禹是西周中期起来的'说法的证据。在此盨铸造的时代，禹的传说无疑已经是相当古老的被人们当作历史的一个传说了。"[②]《尚书·洪范》已经提及鲧、禹，但是学界对于其年代还有不同意见。虽然竹简《保训》不像青铜器那样具备明显的早期时代特征，竹简的年代是战国中晚期之际；但是其记载的内容可能很早。因此，很可能在西周中晚期，尧、舜的故事也"无疑已经是相当古老的被人们当作历史的一个传说了"。

李学勤先生曾推测燹公的"燹"就是"遂"，为舜之后。[③]《左传·襄公二十五年》载子产云周武王"庸以元女大姬配胡公，而封诸陈"，《昭公三年》称晏子说："箕伯、直柄、虞遂、伯戏，其相胡公、大姬已在齐矣。"《昭公八年》记史赵曰："自幕至于瞽瞍无违命，舜重之以明德，置德于遂。遂世守之。及胡公不淫，故周赐之姓，使祀虞帝。"均记舜之后

———————————

①　文友子居先生认为《保训》是春秋中期的作品，本文有一些文献比较资料是由他最先提出，谨致谢忱！

②　裘锡圭：《新出土先秦文献与古史传说》，见《中国出土古文献十讲》，22页。

③　李学勤：《论燹公盨及其重要意义》，见《中国古代文明研究》，169～170页；《楚简〈弟子问〉与"燹"字》，见《文物中的古文明》，北京，商务印书馆，2008。

人与周的关系。最近公布的《上海博物馆藏战国楚竹书（七）》中的《吴命》篇，有不少史事可与《左传》《国语》等相参，其简 8 记吴国之词说"以陈邦非它也，先王故姊大姬之邑"①，也证实了周武王以大姬配胡公并封之于陈之事。这些记载的年代虽晚，但有的是史官之语，有的是博物君子之言，有的是外交辞令，恐怕难以协同作假。故周初人对于虞舜故事及其后裔，当均有所了解，因此才有周武王嫁女之事。那么周文王对武王讲虞舜的故事，就确实有可能。

然则很可能在西周初期或先周时期，舜的故事及其世系、后裔就已经为当时人所熟知了。若然，这对于我们重新认识、研究中国古代史，有非常重大的意义。我们虽然尚不能知晓尧、舜时期尧、舜故事，但是我们至少可以知道，在奠定我们礼乐文明的西周早期乃至先周时期，舜的故事，舜的世系、后裔就已经是为人所习知的了。

（六）结论

顾先生的"层累说"，作为近代以来为数不多的独创性理论，是永远值得崇敬的。作为一种解释古代史的模式，也是可以成立的。但是从更严格的意义上来讲，根据上述对于"层累说"的分析和对今古文问题的回顾，以及对出土文献材料的诠释，可以看出，商、周不同源，是今古文经学的一个老问题。顾先生从《诗经》开始讨论这个问题，并把禹作为"截断众流"、从文献记载建构系统信史的关键点（开始只想建设东周以来的系统信史），恐怕难以服人，很可能在解释《诗经》上存在一定问题；而想排除《尚书》等文献中的一些西周时期的共时性材料，也属不当。从传世和出土的文献材料来看，尧、舜、禹、契、稷结构，是许多文献的核心。因此，古书、铭文多提到"禹"而少提到尧、舜，应当允许有另外的解释，而未必能够证明古史当从禹开始"截断众流"。

就信史的起点而言，至少借助甲骨文，我们已经可以提前到商代；

---

① 参见拙作：《读〈吴命〉札记》，载 Confucius2000 网"清华大学简帛研究"专栏，2009-01-11。注：因网站关闭，此文已查询不到。

而史墙盘铭文尤其是眉县杨家村青铜器铭文也说明了西周世系的可靠性①。从商周以来的文献记载来看，我们可以知道当时人常提到夏，《容成氏》《大戴礼记·少闲》以及《史记》等所记夏代世系当是渊源有自的。现在借助清华简《保训》，我们可以知道至晚西周中叶的人已经很熟悉尧、舜故事。因此，借助于出土和传世文献，我们不仅可以追溯到夏、商、周三代，乃至可以考虑虞、夏、商、周四代的框架（当然，虞代的许多细节还不清楚。而顾先生在《浪口村随笔》等书中虽然有关于有虞世系的精彩研究，但这些显然不是他的重点所在——顾先生只愿意说说商、周的先公以及夏桀）。至于黄帝一元的五帝系统之确立，则还只有一些从祭祀方面提出的解释，很可能黄帝系统的形成要早于五帝的建构。但是在黄帝一元之外，还有太皞等系统，还有许多需要研究的地方。

---

① 参见李学勤：《眉县杨家村新出青铜器说明了什么》，见《中国古代文明研究》。

后　记

　　《新出简帛的学术探索》一书，出版至今已经十年多。书出版之时，不仅有一些校勘未尽的问题，也存在一些错误和当补之处。虽在呈送同好时夹有附页，终为憾事。小书忝列第六届高等学校科学研究优秀成果奖二等奖，更让我考虑出修订版。于今重版，所当改订之处更多，本已有新修稿，只是所费太多，终只能在原版基础下，尽量修补一些必要之处。

　　小书由恩师李学勤先生百忙之中赐序，遗憾者先生已驾鹤西去。所当告先生在天之灵者，是先生序中说我从游之时，学术路数业已定型，这固然是因我先从廖名春师学习，不过廖师却一再指导我要读先生之书，学先生之法，我认真研读了《周易经传溯源》《古文献丛论》《当代学者自选文库：李学勤卷》《走出疑古时代》等书，当时也有很多机会亲聆先生讲读简帛，故如果我当时有学术路数的话，所得于先生者，也不在少数。

　　小书最初定名是"返古求新：新出简帛与学术探索"，后因故改为现名。书中的篇章，展示了我这些年的研究路向，就是在出土文献的整理基础上，研究一些学术思想史上的问题，并进行一些反思。我感觉旧有的定式过实，非常具有可操作性，故没有为虚的可能留下位置。即便出土文献展示了不再虚无的冰山之尖，但大家只是震慑于其寒芒，找出一个位置安抚彼此，少有人去注意那海水之下的巨大冰山。当时破坏居多，不但一些朋友有质疑，就连我自己也惶惑自己有时是否也在回头走向旧的定式。然而我总觉得如果不找一个可靠的基础，即便建设，也如沙中建塔，至少也需要从一个明确定义的基石开始吧。不过有一些朋友还是乐于利用新材料进行重建工作，或怀疑出土文献能否改写学术思想史，当然也有个别知音。多年来，我还在探索这些基础，但是这并不是件容易的事情，目前也只是某些点上有了一些新认识。也许，"探索"是一个永无止境的事业，永远在路上。

北京师范大学历史学院提供"励耘史学文丛"出版机会，北京师范大学出版社的编辑们为本书的初版、再版付出了艰苦的工作，这些我永远铭感于心。

李　锐

2020 年 11 月 5 日

图书在版编目（CIP）数据

新出简帛的学术探索/李锐著. —北京：北京
师范大学出版社，2020.12
　　（励耘史学文丛）
　　ISBN 978-7-303-26687-6

　　Ⅰ．①新… Ⅱ．①李… Ⅲ．①简（考古）－研究－中国
②帛书－研究－中国　Ⅳ．①K877.54②K877.94

中国版本图书馆 CIP 数据核字（2021）第 004126 号

营　销　中　心　电　话　　010-58807651
北 师 大 出 版 社 高 等 教 育 微 信 公 众 号　　新外大街拾玖号

XINCHU JIANBO DE XUESHU TANSUO
出版发行：北京师范大学出版社 www.bnup.com
　　　　　北京市西城区新街口外大街 12-3 号
　　　　　邮政编码：100088
印　　刷：天津旭非印刷有限公司
经　　销：全国新华书店
开　　本：730 mm ×980 mm　1/16
印　　张：27.75
字　　数：395 千字
版　　次：2020 年 12 月第 2 版
印　　次：2020 年 12 月第 2 次印刷
定　　价：80.00 元

策划编辑：刘东明　　　　　　责任编辑：李春生
美术编辑：李向昕　　　　　　装帧设计：李向昕
责任校对：段立超　　　　　　责任印制：马　洁